目录

第十二章　基金　/919
第十三章　财务和财产　/1232
第十四章　学院　/1274
第十五章　章程 H 下的机构规定　/1302

后记　/1304

第十二章 基金

受捐赠的大学讲席[1]

由 2008 年 3 月 12 日第一号动议、2008 年 4 月 23 日第二号动议以及 2008 年 7 月 2 日第三号动议修正

1. 由校方接受的用以捐助大学教学的款项应用于支付以下若干学部的大学讲师的薪金：

基金	学科	学部或系
英语讲师基金	英语	英语
基尔贝讲师基金	农业史和农业经济学	土地经济学
西季威克纪念基金	哲学	哲学
歌德勒讲师基金	经济学	经济学
哈德菲尔德讲师基金	病理学各论	生物
哈丁基金	动物学	生物
汉弗雷·欧文·琼斯讲师基金	物理化学	物理和化学
尤斯塔·格尼爵士捐助	林学	土地经济学
埃里克·雅罗讲师基金	亚述学	考古学
现代希腊语基金	现代希腊语	古典、现代和中世纪语言学
日本研究基金	日本研究（川岛讲师）现代日本研究（富士银行讲师）	亚洲和中东研究
斯塔布里奇讲师基金	神学和自然科学（斯塔布里奇讲师）	神学
威廉·M.绍尔博士讲师基金	精神病学（威廉·M.绍尔博士讲师）	临床医学
肯尼迪·雷赫现代希伯来语基金	现代希伯来语	亚洲和中东研究
扎伊德酋长伊斯兰教研究基金	伊斯兰教研究	神学

---

[1] 受捐赠的教授席位和副教授席位参见关于教授和副教授的规章。

(续表)

基金	学科	学部或系
阿里·雷查和默罕默德·索达瓦尔讲师基金	波斯研究	亚洲和中东研究
赫舍尔·史密斯知识产权法讲师基金	知识产权法	法学
希比特固体力学基金	固体力学	工程学
赫舍尔·史密斯药物化学讲师基金	药物化学	任何与临床医学学院相关的系或化学系
性别研究基金	性别研究学	地理
阿尔瓦立德王子殿下基金	伊斯兰教研究	中东研究
大卫和爱莲·波特人权和治理	人权和治理	社会和政治科学

基尔贝

2. 基尔贝讲师应开设乡村保护、农业史和农业经济学的相关课程。

歌德勒

3. 评议会校务理事会于1949年4月接受尊敬的歌德勒公司提供的每年120英镑的捐赠,用以加强其对大学经济学教学的支持。

汉弗雷·欧文·琼斯

4. 如果将来汉弗雷·欧文·琼斯讲师基金与其他基金合并以进一步资助校方物理化学的教学,则"汉弗雷·欧文·琼斯"总应成为该职位名称的一部分。在职位空缺期间所产生的基金利息应加入到基金的本金之中并进行投资。

埃里克·雅罗

5. 如果埃里克·雅罗讲师基金当年的收入超过了500英镑但不足550英镑,则超出500英镑的部分可用来支付退休金计划中校方针对讲师的出资款项。

路易斯·吉布森

6. 路易斯·吉布森讲师的薪金和退休金缴纳款应从现代希腊语基金中支付。路易斯·吉布森讲师的部分职责在于按照现代和中世纪语言学学部委员会的要求,为要参加现代和中世纪语言荣誉学位考试现代希腊语科目考试的学生开展教学工作。

凯雷和斯多克斯奖学金

7. 两名大学数学讲师可分别获得凯雷讲师和斯多克斯讲师称号。当没有讲师获得凯雷讲师或斯多克斯讲师称号时,根据实际情况,学部总委员会可根据数学学部委员会的推荐,将该称号授予给一名本大学的数学讲师。

空缺额

8. 当由第1条中提及的捐赠所资助的讲师职位空缺,并且相应的学部或系任命委员会认为合适时,则该委员会在经一名大学在职讲师的同意后可将该职位授予给他或她。

基金、学生奖学金、奖项、讲师奖学金等

奖 励 通 则

1. 除非有明显证据证明管理该奖励的规章或文件有相反意思,任何大学学生奖学金、学术奖学金、奖学金、奖项、奖章或者其他此类奖励的竞争只限于事实上是大学成员的候选人。在任何时候,关于某奖励的规章要求在某个日期前向教务长或其他特定人员提交申请书或登记材料,均应被解释为向教务长或其他特定人员提交申请书或登记材料的到达时间不得晚于该日期。 候选人资格的限制 申请日期

2. 考官有权以他们认为适合的方式授予达到某一奖励所要求的优秀标准,但因其他人更加优秀而未得到奖金的学生以荣誉奖,但荣誉奖不得授予未达到该优秀标准的人。 荣誉奖

3. 如果获得大学学生奖学金、学术奖学金、奖学金、奖项、奖章或者类似奖金或荣誉奖的候选人居住于校方认可的住所,并且该候选人已将该定居住所的名称载入候选人登记表中,除了他或她的学院的名称以外,则该住所名称亦应出现在获奖公告中。

4.（a）基于规章的目的,附属学生①必须被认为自其第一次定居于大学辖区的学期起已定居三个学期,并且是在第一学期被准许入学。 身份和资格

（b）获得文科硕士或文科学士学位的人任何时候都不具备资格获得只有本科生有资格获得的大学奖项、学术奖学金、学生奖学金或其他类似奖金。基于有关其他奖金中的候选人身份的规章之目的,一人获得文科硕士学位的那个学期应视为他或她的第 20 学期,一人获得文科学士学位的那个学期应视为他或她的第 10 学期。

5. 候选人被选拔为某一大学奖金的获得者的期限通常开始于校务理事会认可此选拔之日或此后不久,但出于任何其认为充分的理由,校务理事会可推迟该奖金的起始日期至一个其认为合适的时间。

6. 根据校务理事会解答有关疑问的决定,当对学生奖学金、学术奖学金或其他类似奖金的分期发放需要满足某些要求,而这些要求通常可被动议所取消,并且获奖人是因为校务理事会同意推迟奖金的起始日期而在分期

---

① 附属学生（Affiliated Student）:指在其他学校获得本科学位后再到剑桥申请攻读本科学位的学生,通常可比正常学生少读一年。——校者注

发放所要求的期限内没有全部满足这些要求时,则当其已部分满足这些要求时,他或她应获得相应比例的奖金。

学生奖学金和学术奖学金

期限限制

7. 如果大学学生奖学金、学术奖学金或者类似奖励的授奖人了解到获奖者已经获得了学院的院士奖学金,或者被授予了资助研究的其他奖金,或者被任命至某个职位,或者被大学雇佣,则他们应考虑此情况,酌情减少或扣发此奖励的奖金。

奖金的减少或扣发

8. 根据某些特殊规章的规定,大学学生奖学金、学术奖学金或类似奖励的授奖人可要求奖金的全部或部分用于以下一个或多个目的:

(a) 购买书籍或录音产品;

(b) 购买设备;

(c) 出国旅行。

延续支付

9. 如果一项学生奖学金或学术奖学金的奖金的分期发放是基于授奖人对获得者所提交报告的同意,则授奖人可授权他们中的一个人或多个人行使此项权力。但该授权应当经由授奖人与财务主管或者任何其他支付此项奖金的主管部门沟通后有效。尽管要求报告必须在规定时间前提交,但在此时间之后提交的报告若获得了授奖人的同意,则校务理事会也可批准发放奖金。

奖项和奖章

应陈述的信息来源

10. 候选人应在他们提交的作品的序言中概括性地陈述并在注释中具体地陈述;他们取得信息的来源,利用他人作品的程度,或者获得来自研究指导人、导师及其他人的帮助和建议,以及所提交的作品中具备独创性的部分。

作品的先前使用

11. 候选人还应在序言中陈述所提交作品或其中任何部分过去的使用情况(如果有的话),以及是否全部或部分发表过;研究生还应进一步陈述作品的主题是否以及如何与他或她获批准的研究课程或者为大学的学位提交的作品相关。

12. 为某一大学奖项而提交的作品不得被考官或评审人认为与候选人曾发表过的作品相同,或在他处作为学位论文使用过,或在进入大学前为某一奖项使用过;如果提交作品的一部分曾这样使用过,或者如果是研究生,提交的作品已经为申请大学学位而提交过,或者与这样提交的作品密切相关,考官或者评审人有权将此等情况纳入评奖考量中。

例外情况

13. 第11条和第12条不适用于亚当斯奖、哈内斯奖以及雷蒙德·霍顿·史密斯奖。第12条不适用于黑乐奖、艾伦·麦克阿瑟奖、格奇奖、国会议员历史学奖、萨拉·诺顿奖、亲王奖和瑟尔沃尔奖。

奖 品 书 籍

14. 如果一名奖项获得者被要求或被选中将所有或部分的奖项价值用于购买书籍,并被要求或自己期望在购买的书上印上学校徽章,他应当向教务长提交每册此种书的名称,并说明其价格和特殊装订费(如果有的话)。 — 应用

15. 教务长应有权在与校长商议后,允许在根据第14条提交名称并经校长批准的书籍上盖印大学徽章,还应给每本书发一张载有奖项的名称、年份以及获奖者的姓名和学院的标签;但当包括装订和盖章在内的一本或几本书的花费超过奖项价值时,不得做出此批准。 — 什么可被批准

16. 教务长应保管用于根据上述规章或关于任何奖项的特别规章而盖印书籍的模具。 — 模具的保管

奖品的颁发和获奖作品的朗诵

17. 每年,在由校长从复活节学期中选出的一次集会上,照例本是在评议会楼颁发的奖项应由名誉校长或校长颁发给几名获奖者;因英文诗歌而获名誉校长奖章的获奖者应在该集会上朗诵他或她的诗歌。

获奖作品的存放

18. 不管奖项或其他奖励的规章是规定将胜出作品存放在大学图书馆还是其他地方,作者都有责任确保作品的副本已被装订或包装,并且书脊或封面具有符合教务长要求的题字,以供识别。奖金在胜出作品的副本完成以上存放之前不得发放。

未使用收入的投资

19. 除非某一特定基金的规章有相反规定,当年未使用的基金收入应通过投资或其他方式累积起来;校务理事会的财政委员会经考虑负责基金管理的经理或者其他机构可能做出的建议后,决定将此类累积用作以后年份的收入还是加入基金的本金之中。 — 未使用的收入

授奖人的任命等

20. 不管学生奖学金、学术奖学金、奖学金、奖项、奖章或者其他类似奖励的规章规定经理、推选人、授奖人、考官或评审人经其他机构的提名由校务理事会还是学部总委员会任命,如果必要,无论在特别规章所规定的日期之后基于何种原因进行此类提名或任命,校务理事会或学部总委员会(视情况)(或者,如果在合理期限内主管机构未能考虑任命,教务长则)有权任命

	被提名的人。
授权代表	21. 根据对大学有约束力的信托条款,当根据条例应当作为考官、评审人、推选人或者经理等承担基金相关职能的大学职位空缺时,或者该职位拥有者由学部总委员会根据章程D第二章第5条、第6条被允许请假时,校务理事会有权任命一名摄政院成员。该摄政院成员有权参加会议并投票,或者履行相关条例规定的其他职责,其应当被视为拥有该特定大学职位。

特 别 规 章

2009年计算机实验室研究学生基金

名称和目的	1. 应有一项基金名为2009年计算机实验室研究学生基金。该基金的目的在于资助剑桥大学计算机实验室的博士研究生。
经理委员会	2. 该基金由计算机科学和技术学部委员会管理,该委员会可将与此基金相关的任何职能授权给一个委员会,这个委员会不必完全由该学部委员会的成员组成。
使用	3. 经理应将该基金的收入用来为计算机实验室的博士研究生提供财政资助。此资助的构成如下: (a) 由经理随时决定的一定水平的生活费; (b) 学生的学校和学院费用的支付; (c) 由经理决定的用于额外培训、设备、旅费、会议等的其他花费。 在考虑学生是否应获得基金提供的奖励时,经理应注意学术成就的相关证据。
资格	4. 为了获得资助资格,候选人必须已经在计算机实验室中上博士学位的研究课程并已获得大学注册研究生的身份或正在谋求研究生教育委员会的批准。如果候选人还不是大学的成员,他或她应当在成为博士生后的米迦勒学期结束前被学校录取。基于充分的理由,经理可将录取时间延后。
特定称号的学生	5. 由经理决定并经捐助人同意,奖项的接受人可以被指定为特定称号的学生,并且每项此类奖学金都应包含有向基金提供捐赠的人或机构的名称。
未使用收入	6. 任何未使用的收入,在经理的决定下,或者加入到基金的本金之中,或者累积作为下一年或下几年的收入使用,或者更一般性地用作计算机实验室博士研究生的津贴。
	7. 在特殊情形下,经理可将未指定捐赠目的的基金本金的一个部分或多个部分用于依照上述规章第3条去资助学生。

AT&T 通信工程剑桥实验室奖

1. 由 AT&T 剑桥实验室捐赠给大学的总计 5000 英镑的款项构成了一项基金,称为 AT&T 剑桥实验室奖基金,该基金当用于提供一个奖项:AT&T 通信工程剑桥实验室奖。 　名称和目的

2. 该奖项每年由工程技术荣誉学位考试第二部分 B 的考官向考试中在电子或信息工程的任何领域里获得突出成绩的候选人颁发,除非授奖人认为没有可获得此奖项的足够优秀的候选人存在。 　如何授出奖项

3. 奖项的价值为该基金的年纯收入。 　价值

4. 授奖人有权使用累积收入提供一个或多个额外奖项,但金额不得超过工程学学部委员会在校务理事会随时批准范围内所决定的数额。任何未使用收入应加入基金的本金之中。 　累积收入

C.C. 阿伯特基金

从已故的冈维尔与凯斯学院的 C.C. 阿伯特教授的遗赠中接受的款项构成了一项基金,称为阿伯特基金。该基金的收入应作为对大学为费兹威廉博物馆委员会创立的基金的补充,用于博物馆的采购项目。

亚 当 斯 奖

1904 年《捐赠》,第 393 页

1. 亚当斯奖每年为在纯理论或应用性质的数学科学(包括天文学)任何分支的研究中获得的成果提供奖励。 　奖项

2. 该奖项应由五名评审人组成的评审团授出,包括: 　评审人
(a) 由数学学部委员会任命的两人;
(b) 由圣约翰学院理事会任命的两人;
(c) 由皇家学会任命的一人,该人应为学会成员但不常驻剑桥。

评审人应在复活节学期被任命,从他们被任命之后的第一个 10 月 1 日起服务四年。数学学部委员会应在(a)类评审人中任命一名为评审团的主席。除非没有候选人,否则每位评审人都可从亚当斯奖基金中获得一笔由数学学部委员会在校务理事会随时批准范围内所决定的款项。

数学学部委员会的秘书任评审团的秘书。

3. 本奖项自奖项授出前一年的 10 月 31 日起向以下所有个人开放, 　谁可竞争

(a) 在联合王国拥有职位，不论是在大学内还是其他机构，并且

(b) 40 岁以下，特殊情况下评审人可放宽此年龄限制。

任何与资格有关的问题应由评审人裁决，并且该裁决为最终裁决。

公告主题

4. 至迟在每年四旬斋学期的最后一天，评审人须公布下一年授出的奖项涉及的研究的一般范围。评审人应在联合王国中广泛宣传该奖项并邀请人来申请。任何基于上述第 3 条规章有资格并希望成为该奖项候选人者，应当在下一年 10 月 31 日前经由秘书寄送给评审人一式六份包含有履历与发表作品列表的申请表，一并寄送六份他或她希望评审人纳入考量的已发表或未发表的作品。

5. 评审人应有权从候选人提交的作品的推荐人那里获得意见，并就不同情况向推荐人支付一笔由评审人在校务理事会随时批准范围内决定的费用。

授奖价值

6. 奖项至迟在申请截止之日后第一个四旬斋学期的最后一天颁发。

7. 该奖项每年的价值应为前一财政年度内奖项基金的收入扣除奖项宣传和选拔优胜者的花费。该奖项应均分为以下三部分发放：

(a) 三分之一给予所公告的获奖者；

(b) 三分之一给予奖励公布时获奖者隶属的机构，用于支付他或她的研究费用；

(c) 三分之一给予在颁奖未来两年内以其为作者的文章得到国际公认杂志的编辑接受发表的获奖者，该文章是他或她的一般研究领域的实质性原创文章（通常至少 25 页）。在特殊情况下，评审人可准许延长接受发表的时间期限。如果获奖者没能满足此条件，或者没能申请延长时间期限，那么奖项的未付比例应依数学学部委员会的决定，或加入基金的本金之中，或累积作为今后年份的收入。

未授奖时

8. 如果当年未授奖，相关年份的收入应依数学学部委员会的决定，或加入基金的本金之中，或累积作为今后年份的收入。

9. 经圣约翰学院理事会同意，校方可随时修改以上规定。

航空研究基金

由约翰·达文波特·斯德雷在截至 1942 年的七年间捐赠并由学校经 1935 年 10 月 22 日第一号动议接受的 10000 英镑所构成的基金，现称航空研究基金，其收入应依工程系主任的决定用于资助该系航空研究的一般领域。

阿尔昆讲师奖学金

1. 由三一学院的怀特·汗恩·雷昂·布里坦爵士提供的捐赠,应构成一项基金,称为阿尔昆讲师奖学金基金。该基金的本金和收入都应用于举办一场名为阿尔昆讲座的年度讲座。 —— 基金

2. 每年由校长任命阿尔昆讲师。该讲师应以英国与欧共体之间的关系为主题,在大学里举办一场讲座。 —— 讲师

西德尼·阿伦奖

2008年6月11日第一号动议

1. 由语言学名誉教授P. H. 马修斯为纪念已故比较语言学教授W. 西德尼·阿伦,捐赠给大学的2500英镑构成一项基金,该基金的收入应用于提供一个名为西德尼·阿伦奖的奖项。该奖应授予语言学方面的优异者。此处的语言学应理解为包括一般的语言学研究,以及特殊语言或语系的历史和结构的研究。 —— 基金、奖项和目的

2. 每年应由语言学荣誉学位考试的考官主席、现代和中世纪语言学荣誉学位考试第二部分的考官主席共同将本奖项授予给在最后一年的语言学荣誉学位考试或现代和中世纪语言学荣誉学位考试中都取得优异成绩的候选人。 —— 如何授奖

3. 要获得本奖项的被考察资格,候选人须提供他或她最后一学年与一般语言学研究、特殊语言或语系的历史和结构的研究相关的,在语言学荣誉学位考试或现代和中世纪语言学荣誉学位考试中使用的至少三篇论文。现代和中世纪语言学学部委员会可随时宣布哪些荣誉学位考试论文符合奖项要求。 —— 谁有资格

4. 由考官决定奖项的价值。 —— 价值

5. 未授奖的年份的收入应加入基金的本金之中。 —— 如未授出奖项

阿伦、密克、里德研究奖学金基金

1. 代表阿伦、W. A. 密克、阿米·玛丽·普雷斯顿·里德基金的投资应构成一项基金,称为阿伦、密克、里德研究奖学金基金。 —— 基金

2. 该基金的收入应用于维持阿伦、W. A. 密克、阿米·玛丽·普雷斯顿·里德学者的日常开销,其人数由作为奖学金推选人的研究生教育委员 —— 目的

会随时决定。

获奖学者的义务
3. 获奖学者有义务从事文学或科学研究。该奖学金应向大学的研究生和有志于作为注册研究生从事校内各领域研究教学的进修生开放。但推选人在授阿伦奖学金时应优先考虑艺术类、人文学科和社会科学的相关科目；密克奖学金应优先考虑生物科学和物理科学的相关科目，包括数学、地理、技术、医学和兽医学。

使用
4. 研究生教育委员会可随时决定使用本基金的方式。

期限
5. 奖学金的期限不得超过三年，并不得延期至该获奖学者作为一名注册研究生的第十二个学期。

价值
6. 奖学金的价值应由推选人在校务理事会随时批准的范围内决定。

补助金
7. 推选人可从基金里累计未使用的收入中为学者提供补助薪金。

阿尔瓦立德王子殿下基金
2008 年 4 月 23 日第三号动议

基金和目的
1. 校方从阿尔瓦立德王子殿下处获得的共 800 万英镑的款项应构成一项基金，称为阿尔瓦立德王子殿下基金，该基金用于促进伊斯兰教的研究。

管理委员会
2. 基金由以下人组成的委员会进行管理：艺术和人文学院理事会主席，亦为本委员会主席；人文和社会科学学院理事会主席；亚洲和中东研究学部委员会主席；中东研究系主任；以及阿尔瓦立德王子殿下伊斯兰教研究中心主任。

基金的使用
3. 基金中的可使用部分应用于：

（a）支付一名大学讲师的薪金、国民保险、退休金缴纳款和相关的间接支出，该讲师应为中东研究系的阿尔瓦立德王子殿下伊斯兰教研究讲师，并为阿尔瓦立德王子殿下伊斯兰教研究中心副主任；

（b）资助阿尔瓦立德王子殿下伊斯兰教研究中心的活动，由管理委员会决定，包括为中心主任和副主任的差旅及与此类活动相关的花费提供补助金；

（c）由中心管理委员会决定数量的从事伊斯兰教研究的博士后、访问学者和研究生提供资助；

（d）偿还校方为中心前十年的收入提供承保而从自身财力中所支出的任何数量的款项。

未使用收入
4. 基金在一个财政年中未能根据第 3 条得到使用的可用部分可累计并在下一年或下几年中使用。

变更
5. 经阿尔瓦立德王子殿下同意，校方有权根据经理的建议修改以上条款。

麻醉学基金

1. 由剑桥大学麻醉学信托受托人给予大学的款项应构成一项基金,称为麻醉学基金。 名称

2. 由临床医学学部委员会处置本基金的本金和收入,其应当用于促进大学在麻醉学和相关科目上的教育和研究工作。 目的

盎格利亚电视公司基金

1. 盎格利亚电视有限公司为纪念格伦·丹尼尔教授当选考古学迪斯尼教授职务而于1975年给予校方的10000英镑应构成一项基金,称为盎格利亚电视公司基金。 名称

2. 该基金的收入应用于: 目的

(a) 提供一个奖项,称为盎格利亚奖,由考古学和人类学荣誉学位考试的考官授予在该考试中的考古学科目上表现最为优秀的候选人;

(b) 推动考古学家的培养工作,依迪斯尼教授的决定,可为由考古系组织的挖掘、野外课堂和访问提供补助。

3. 由迪斯尼教授在校务理事会随时批准的范围内决定奖项的价值。 奖项价值

汤姆·阿普·里斯基金

1. 为纪念冈维尔与凯斯学院院士、植物学教授汤姆·阿普·里斯而捐赠的款项应构成一项基金,名为汤姆·阿普·里斯基金。该基金的收入应当用于支持在植物科学系中工作并且其研究需要财政支持的本科生或研究生。 基金和目的

2. 该基金的经理应为植物科学系主任以及另外两名由生物学学部委员会在米迦勒学期任命的人组成,任期四年,从被任命后的1月1日算起。 经理

3. 在一个财政年度中未使用的收入,应根据经理的决定,加入基金的本金之中,或者累积作为未来年份的收入。 未使用的收入

阿伯瑞基金

1. 由萨琳娜·阿伯瑞夫人为纪念其已故丈夫,1947年至1969年间担任托马斯·亚当斯爵士阿拉伯语教授的阿瑟·约翰·阿伯瑞而捐赠给校方 名称和目的

的款项应构成一项基金,称为阿伯瑞基金。该基金的收入用于在英联邦的英语区内提供一项 A.J. 阿伯瑞教授旅行奖学金,通过资助学生访问阿拉伯语或波斯语国家,来培养对阿拉伯语和波斯语研究的兴趣。

谁有资格授奖人

2. 奖学金候选人应只限于母语为英语且为英联邦国家公民的学生。

3. 本奖学金由亚洲和中东研究学部委员会授予,他们可将本处各规章下的全部或部分职权委予一个并非完全由该委员会成员组成的委员会。

如何授奖

4. 本奖学金授予在东方研究荣誉学位考试的阿拉伯语或波斯语或两者中表现优秀的学生,优先给予两个科目均为优秀的学生。

何时授发

5. 本奖学金从 1973 年开始授予,每隔不低于三年时间授予一次,无论其间是否有合适的候选人申请。

申请

6. 欲申请本奖学金的具有合适资格的学生,应当在学位全体授予大会的第一天以前向教务长提交一份申请表,并附他在荣誉学位考试中的表现细节以及对目标旅行的一篇简短描述。

价值

7. 授奖者可在授奖时决定奖学金的价值,但期不得低于基金的三年收入。

颁奖日

8. 应在学位授予大会第一天后的四个星期内授出本奖项。

旅行报告

9. 获奖者应向授奖者提交关于他或她旅行的简短报告,报告到达授奖者手中的时间不得迟于旅行结束的那个学期或者假期之后的第一个学期的中期。

阿莫勒和布拉西奖及勋章

名称和目的

1. 由阿莫勒和布拉西公司每年捐赠的款项应当用于设立两个奖项,分别称为阿莫勒奖和布拉西奖。

如何授奖

2. 由自然科学荣誉学位考试中的材料科学和冶金学考官授予本奖项,一个奖项由此考试第二部分的考官向在该部分考试中表现优秀者授予,另外一个奖项由此考试第三部分的考官向在该部分考试中表现优秀者授予。

勋章

3. 获得自然科学荣誉学位考试第三部分奖项的优胜者还可获得由阿莫勒和布拉西公司提供的一枚勋章。

阿什比学术奖学金基金

基金和目的

1. 由最高级巴思爵士(CBE)、英国皇家学会会员、发动机工程师、原工程学教授、皇家学会研究教授——M. F. 阿什比教授捐赠给本大学的款项,应构成一项基金,为纪念他,该项基金命名为阿什比学术奖学金基金。该基金为从事力学和材料科学等工程学系相关领域研究的研究生提供资金支持。

2. 基金的收入以及捐赠者未明确指定用途的那部分基金本金,应当用于在力学和材料科学领域提供一项奖学金,称为阿什比学术奖学金。 学术奖学金

3. 奖学金的推选人有工程学系主任、相关部门主任以及由工程学系理事会在米迦勒学期任命的一名该部门员工,该员工从他或她被任命后的第一个1月1日起服务四年。 推选人

4. 要获得此奖学金候选资格,候选人必须是工程学系已注册或正试图取得注册的为获得博士学位从事研究的研究生。 谁有资格

5. 奖学金的基础期限为一年,并且可由推选人延长至第二年或第三年,但一般不应再加延长。 期限

6. 该奖学金应提供: 提供内容
(a) 由推选人决定的一笔生活费用;
(b) 支付该学者的大学和学院学费的费用;
(c) 由推选人决定的其他费用,如设备和差旅花费等。

F. W. 阿斯顿基金

1. 从已故的弗朗西斯·威廉·阿斯顿遗产中获得的款项应构成一项基金,称为F. W. 阿斯顿基金。 名称

2. 该奖项应由自然科学荣誉学位考试第三部分实验和理论物理科目的考官颁发给在此次考试中的项目工作方面表现最为优异的两名候选人,一个奖项颁发给在实验项目方面表现优异的候选人,另一个则颁发给在理论项目方面表现优异的候选人。 应用

BBV 基金会基金

1. 从比尔保的 BBV 基金会获得的捐赠应构成一项基金,称为 BBV 基金会基金,用于资助 BBV 基金会访问教授或者 BBV 基金会访问研究员。 基金和目的

2. 基金由一个经理委员会管理,该委员会由以下成员组成: 经理
(a) 校长(或正式任命的代理人)任委员会主席;
(b) 由学部总委员会从其自身提名人选中任命的两人;
(c) 由学部总委员会任命的六人,分别经由以下机构推荐:生命科学学院理事会、临床医学院理事会、人文和社会科学学院理事会、物理科学学院理事会、工学院理事会以及艺术和人文学院理事会。

(d) 由学部总委员会在 BBV 基金会的推荐中任命的三人。

(b)到(d)类经理应在米迦勒学期任命，并从任命之日后的第一个 1 月 1 日起任职四年。

访问教授
3. BBV 基金会访问教授应由学部总委员会在听取经理建议的基础上，根据章程 D 第十五章第 1 条(c)(iii)赋予的职权进行选举。该特殊教授职务的名称应当由学部总委员会在每次选举时决定。

访问研究员
4. 基金经理根据学部总委员会的批准，选举 BBV 基金会访问研究员。

谁有资格
5. 有资格成为访问教授或研究员的人须是在世界任何地方工作的具有西班牙国籍的学者和科学家，以及不具有西班牙国籍但永久在西班牙工作的学者和科学家。

期限
6. 访问教授或研究员的期限通常不少于 3 个月，但不得超过一年，具体期限由学部总委员会在每次选举时决定。在期限内，除非获得学部总委员会准许休假，否则访问教授或研究员应居住在校内。

薪酬
7. 本基金首先用于为当选教授或研究员的人提供薪金和差旅费，以及所有因举行选举而产生的花费。经学部总委员会同意，经理有权批准为教授或研究员的支出支付额外的款项。任何结余应转入下一年使用。

最低人数
8. 非经在所有经理都被召集参与的会议中至少 4 人的多数同意，经理决议无效。

英国石油公司研究所基金

由 2008 年 2 月 13 日第一号动议修正

名称和目的
1. 从英国石油公司获得的用于资助石油科学工作的款项，应构成一项基金，称为英国石油公司研究所基金。

经理
2. 本基金应处在经理董事会的控制之下，经理应为：

(a) 由学部总委员会任命的三人，其中两人为英国石油公司推荐；

(b) 地球科学系、应用数学与理论物理系、化学系、工程学系以及化学工程与生物技术系的主任或他们的代理人；

(c) 英国石油公司石油科学教授；

(d) 一名由物理科学学院理事会任命的人员，一名由工学院理事会任命的人员；

(e) 至多三名由经理决定的增选人员。

第(a)和(d)类经理董事会的成员应在米迦勒学期被任命，并从任命之日后的第一个 1 月 1 日起任职四年。经理可在选举第(e)类成员的同时，决定他们任职至被选举当年或下一年的 12 月 31 日。

3. 学部总委员会应任命第(a)类经理中的一人为主席。经理应在其成员中推选一人任秘书。

4. 经理应负责管理该基金以向石油科学的教学和研究工作提供支持,应指导研究所的研究工作,并鼓励与同类的系在石油科学相关领域的合作。 　职责

5. 该基金应首先用于提供英国石油公司石油科学教授的薪金、国民保险金、退休金缴纳款和其他由校方支付的间接支出,以及其他由校方或学部总委员会随时确定的类似学校职位的持有人的上述花费。 　教授

6. 根据第5条之规定进行支付后,该基金的本金和收入经经理应决定可用于资助研究所的石油科学工作。

7. 经理可决定将某一财政年度未使用的基金收入加入到基金的本金之中,或累积起来作为未来年度的收入使用。 　未使用收入

詹姆斯·拜尔德基金

1. 根据 A.D. 瑟妮特夫人的遗嘱而获得的720000英镑,按照该遗嘱之条款应构成一项基金,称为詹姆斯·拜尔德基金,用于资助从事医学研究的大学研究生。 　基金和目的

2. 管理本基金的经理董事会由以下成员组成: 　经理
(a) 皇家医学教授;
(b) 两名由临床医学学部委员会任命的人员;
(c) 一名由生物学学部委员会任命的人员。

第(b)和(c)类经理应当在米迦勒学期被任命,并从其任命之日起下一年的1月1日起任职四年。经理须每年在其中选举一个主席。临床医学学部委员会的秘书担任该经理董事会的秘书。

3. 基金的收入应当用于第1条指定之目的,或向从事医学研究的大学研究生提供拨款或助学金,或为资助以上学生从事相关研究而向临床医学学部委员会提供拨款。

4. 除第1条,动议可修改任何上述条款,但条款必须与瑟妮特夫人的遗嘱内容保持一致。 　规则的修改

乔治·皮特·贝克医学奖

1. 由三一学院的医学博士乔治·皮特·贝克提供的款项构成了一项基金,用于为医学学士第二部分考试的候选人提供奖项。 　基金和目的

2. 本奖项的名称为乔治·皮特·贝克医学奖。 　名称

| 如何颁奖 | 3. 本奖项用于为每一学术年中的医学士期末考试的第二部分中多项选择、扩张配对和结构化问答部分获得最高成绩的候选人颁发奖金。
| 价值 | 4. 本奖项的价值为每年的基金收入。

斯坦利·鲍德温基金

| 基金和目的 | 1. 为纪念大学前名誉校长,来自比尤德利、三一学院可敬的鲍德温爵士,由玛莉·金罗斯慈善信托提供的款项构成一项基金,用于鼓励研究1919年至1939年期间的英国政治史。
| 经理 | 2. 本基金的经理为历史学学部委员会,该委员会可将条款授予的职能授权给一个委员会,其成员组成并不仅限于学部委员会。
| 奖学金 | 3. 本基金的收入首先用于提供一至两项斯坦利·鲍德温奖学金,由经理颁发给正在从事或打算从事第1条所指定领域课程学习或研究的研究生。奖学金第一次颁发的涵盖期限为一年,以后可每年颁发一次,最长期限为三年。
| 价值 | 4. 各奖学金的价值由经理在校务理事会的批准范围内决定。
| 申请 | 5. 经理在每年的米迦勒学期应发布申请本奖学金的邀请公告,指出申请书最后接收日期。获得奖学金者姓名应在下一年的6月30日前公布。
| 基金奖助 | 6. 经理可从基金累计未使用收入中为在第1条指定范围内作研究的研究生提供奖助,支付其与基金目的相关的研究开支。

巴尔夫基金和奖学金

1904年《捐赠》,第347—350页

| 名称和目的 | 1. 本基金称为巴尔夫基金,致力于促进生物学的原创性研究。
| 由经理和学部委员会进行管理 | 2. 本基金由三名经理与生物学学部委员会共同管理,下文称该学部委员会为委员会。经理由委员会任命,每五年任命一次。经理可以是也可以不是委员会的成员,退任经理可重新获得资格。经理的所有权力均经由出席会议的多数人行使,但至少有两名经理出席会议。
| 巴尔夫奖学金 | 3. 本基金获得的收入应当用于:
(a) 提供一项奖学金,名为巴尔夫奖学金,获得者须从事生物学尤其是动物形态学的原创性研究。
(b) 通过临时性拨款,促进以上科目的原创性研究。
| 奖学金的价值 | 4. 每年的奖学金价值应由委员会经经理建议针对学生获奖期的每个年份在校务理事会批准范围内决定。

5. 如果当年的基金收入连同基金的累积收入足够提供一个新的名额,经理可向委员会提名一名他们认为确实有资格的人以供委员会选拔;当认为其符合要求时,委员会应当选拔该获得提名的人。当其认为可以提供一个新的名额时,经理应当公布该名额或可能出现的名额,并且经理在提名一人参与选拔时,须考虑提交给他们的所有候选人的资格。 经理向委员会提名

6. 奖学金不得通过竞争性考试授出。 无须考试

7. 依据上述条款规定,委员会的经理可采取他们认为合适的任何步骤调查候选人的资格。

8. 本奖学金的候选人资格对外开放,如果获奖学生不是大学成员,则必须在选拔后的下一个学期结束以前取得大学成员身份并在获奖期限内保有此身份。 如果并非大学成员

9. 在奖学金期限内,学生应从事生物学的原创性研究,不得有系统性的经商、就业或从事任何教育性的或其他在基金管理的受托人看来将干扰其对学生考察的工作。 学生需致力于生物学研究

10. 任何时候,当其得知学生在经商、就业或从事其他将影响其对学生考察的工作,经理应立即拜访他或她并予以阻止,如果学生拒绝或忽视该阻止,则其应向委员会报告情况,如果委员会认为合适可取消该生奖学金资格。 过失导致资格取消

如果经理认为学生基于其他理由例如不良身体状况或懒惰,未履行或不能履行本奖学金的要求,他们可如实向委员会汇报,如果董事认为合适可取消该生奖学金资格。

11. 获奖学生的学习地点和性质应当经由经理批准,但该学生须至少用其奖学金期限内的三个学期在大学内学习,除非经理在委员会的批准后基于其他理由免除此要求。为了敦促学生勤奋学习并监督其学习进度,经理在其认为必要时,可要求学生提供有关他或她学习科目的报告或其他信息。 学习地点和性质；勤奋和进展

12. 依据上述规定,本奖学金在三年内有效;但经理可提名(如果他们认为是合适的),委员会可选出(如果他们认为是合适的)已遵照预期的承诺工作并在经理或委员会看来对生物研究确实感兴趣的学生第二次获得本奖学金,但不得超过三年。 期限

13. 经理可随时决定学生津贴的支付方式。 津贴支付

14. 为促进生物学尤其是动物形态学的研究,经理可经委员会同意,将提供奖学金和其他选拔相关必要开支后的基金累积未使用收入,向获得巴尔夫奖学金的学生或其他从事研究的个人提供资助,此资助亦须遵循经理经委员会批准后制定的条件。 未使用收入

| | 15. 除第1条，动议可修改以上条款，但本基金的主要目的，即促进生物
变更 | 学的原创性研究不得变动。

巴尔夫·布朗基金

名称和 | 1. 由冈维尔和凯斯学院的 W. A. F. 巴尔夫·布朗教授留下的 10000
目的 | 英镑遗产产生的盈余应构成巴尔夫·布朗基金，用以推动昆虫学的研究
| 工作。

经理 | 2. 本基金由两名经理管理，他们应是由学部委员会任命的生物学学部
| 大学职员，其中一人由基因系主任提名，另一人由动物学系主任提名。经理
| 须在米迦勒学期被任命，并从其任命后的下一个1月1日起任职两年。

奖助 | 3. 任何在大学工作的大学成员都有资格申请本基金的赞助，支持其对
| 昆虫学的学习，同时：
| （a）应优先考虑学生；
| （b）应优先考虑在该领域的研究，尤其是在英国境内的研究；
| （c）不得为注册研究生提供拨款直接支持他或她经核准课程的学习或
| 研究。

| 4. 在每年的米迦勒学期经理须公布申请基金赞助提交的时间或期限。
| 5. 任何未使用收入不应加入基金的本金之中，而应累积以作为未来年
| 份的收入之用。

巴特利特基金和奖项

基金和 | 1. 由应用概率信托捐赠给大学的款项应构成一项基金，称为巴特利特
目的 | 基金，以纪念女王学院文学硕士、原大学数学讲师莫里斯·史蒂文森·巴特
| 利特教授，该基金用来促进数理统计和应用概率方面的研究工作。

奖项 | 2. 本基金的收入应当用来提供一项奖项，称为巴特利特奖，该奖项应当
| 每年授予一次，由统计科学硕士学位考试的考官颁发给在该考试中的应用
| 概率方面表现优异的候选人。

价值 | 3. 奖项的价值应该是本基金收入的总额，具体数额由统计实验室主任
| 在校务理事会随时批准的范围内加以决定。

巴蒂/布朗/克拉文/戴维斯/皮特/波尔森和瓦丁顿奖学金（大学古典学奖学金）

1904年《捐赠》，第294、96、283、300、307、121、326页

1. 巴蒂/布朗/克拉文/戴维斯/皮特/波尔森和瓦丁顿奖学金（大学古典学奖学金）应被分为两组，第一组由克拉文/皮特和瓦丁顿奖学金组成，另一组由其余的奖学金组成。

2. 奖学金应根据古典学荣誉学位考试的第一部分B的候选人表现授出。只有在第18条指定的古典学荣誉学位考试的论文中总分达到第一等级的候选人才能被授予此奖学金。

3. 由古典学学部委员会在校务理事会随时批准的范围内决定每个奖学金的价值；但第一组奖学金的价值应大于第二组。

4. 古典学学部委员会为巴蒂/布朗/克拉文/戴维斯/皮特/波尔森和瓦丁顿基金的经理，委员会有权将基金相关职能授权给一个由其全部或部分成员组成的委员会。经理须在每年的四旬斋学期期末前决定那个学术年份的奖学金如何授出。相关基金的收入允许时，应尽量使第一组（包括一项格拉文奖学金）和第二组奖学金每年都能授出。

5. 奖学金的颁奖人应为古典学荣誉学位考试第一部分B的考官，他们同时也是希腊语和拉丁语约翰·拉诺赫总管奖学金的评审人和颁奖人以及哈拉姆奖和亨利·阿瑟·托马斯奖的颁奖人。应当支付给一个或多个奖学金的非大学职员颁奖人以一定的款项，具体款项由古典学学部委员会在校务理事会随时批准的范围内决定。

6. 如果任何一组颁发两种奖学金，获奖者的姓名应依据他们的优秀程度排序，奖学金依据其创立时间排序（即，第一组的克拉文/皮特/瓦丁顿，第二组的巴蒂/布朗/戴维斯/波尔森）；如果一组中的学者被认为是具有同等优秀程度的，这一点应公布，早先创立的奖学金应颁发给姓名依字母表次序在前的学者。

7. 每项奖学金都从颁发日前的10月1日算起三年有效。校务理事会可根据古典学学部委员会的建议决定如何为每个学者分期支付他或她的奖学金奖金。

8. 在支付完奖学金奖金以及基于第5条规定支付给颁奖人费用后，几个基金中累积的未使用收入可由古典学学部委员会决定用于提供赞助金，以促进古希腊和古罗马语言与文明知识的研究。

克劳德·贝丁顿夫人基金和奖项

名称   1. 由已故的弗朗西斯·埃特尔·贝丁顿夫人留给校方的共500英镑遗产构成了一项基金，称为克劳德·贝丁顿夫人基金。

使用   2. 基金收入的一半用于提供一项英文文学奖项，称为克劳德·贝丁顿夫人英语文学奖；另一半基金收入用于提供一个现代语言学奖，称为克劳德·贝丁顿夫人现代语言学奖。

英语文学奖   3. 克劳德·贝丁顿夫人英语文学奖应每年由英语言文学学士荣誉学位考试第二部分的考官颁发给在此部分考试中最为优秀的本科生，同时他或她（的成绩）必须达到第一等级的标准。

现代语言学奖   4. 克劳德·贝丁顿夫人现代语言学奖应每年由现代和中世纪语言学学士荣誉学位考试第二部分的考官颁发给在此部分考试中最为优秀的本科生，同时他或她（的成绩）必须达到第一等级的标准。

购买书籍   5. 每个获奖者获得的款项都必须用于支付购买由其挑选并经校长批准的书籍。

未使用的收入   6. 任何奖项未颁发年份的未支付收入应归入基金的本金之中。

贝得佛德地理旅行奖金

     1. 由匿名捐赠者提供的捐赠构成了一项基金，本基金的收入用于支付一个或多个年度旅行奖金，本奖金的价值由剑桥大学地理学会依据校务理事会的批准决定。但所有奖学金的价值总和不得超过基金的可用收入。当年未使用的基金收入或为在下一年度颁出一个附加奖留出的基金收入应在基金中累积，从决定之日起用以创立一个新的奖项。

     2. 用于以上奖项的规则，除了名称和目的条款外，剑桥大学地理学会经校务理事会批准后可随时加以变更，但在捐赠者去世以前须经其同意。

西奥多·夏邦·比布基金

名称   1. 已故的马萨诸塞州波士顿的埃特尔·哈斯金斯·比布夫人遗赠的，依其要求作为给予西奥多·夏邦·比布的礼物的款项，构成了一项基金，称为西奥多·夏邦·比布基金。

使用   2. 依据比布夫人遗赠协议，本基金的本金和收入应依大学医学教学、研究或实验目的而加以使用，当年的校长对基金的使用拥有绝对的抉择权。

3. 每年未使用的基金收入应归入基金的本金之中。

贝尔、阿伯特和巴尔斯基金
1904 年《捐赠》，第 301、319、322 页

1. 获得以上基金授予的奖学金或助学金（或两者）的文科学士候选人应是需要资助并且在他们的学习中表现突出并为他们的导师所推荐的人，如果被批准获得学士学位但尚未获得时，他们应根据当时授奖人的要求继续在大学学习。

2. 奖学金的每年价值由授奖人在校务理事会随时批准的范围内依个案决定，该款项应于学生攻读文学学士学位期间的每个学期期末分期均额付款。如果颁奖人同意获奖人在获得学士学位后继续持有奖学金或如果该学生是在获得学士身份后才经选拔持有奖学金时，他或她应在接下来的三个学期内的每一学期获得此支付，但在获奖人获得学士学位一年后，将不能再获得支付。颁奖人可决定奖学金的期限从奖项授出时学年的年初开始。助学金的价值由颁奖人在校务理事会随时批准的范围内决定。

3. 如当时的颁奖人认为因学生的经济状况发生变化应停止此奖学金时，可停止支付此奖学金。

4. 因为持有人的不当行为以及不勤勉或无法取得进展，当时的颁奖人有权剥夺持有人的称号和奖学金。

5. 授奖人应该是校长（或正式任命的代理人）和四名由校务理事会在米迦勒学期任命的评议会成员，并在任命后的下一个 1 月 1 日起任职两年。在每年四旬斋学期开始前授奖人应从他们中选举一人为秘书。

6. 应通过导师在每学期结束前向秘书提交申请。导师应提供：

（a）证明候选人是文学学士的候选人的证明书；（b）作为申请基础的候选人经济状况的事实；（c）候选人在他或她的学习中的表现；（d）任何可让候选人基于章程 E 第二章得到优先考虑的事实。导师还应当向秘书通报包括获得奖学金的候选人经济状况有任何实质性变化的情况。

7. 奖项应尽量在学期休假结束后授出。

8. 校务理事会基于颁奖人的建议决定向秘书支付的款项，支付方式则由财务主管决定，从基金中支出。

9. 每年基于以上条款未使用部分的基金收入可经颁奖人建议平均分配给费兹威廉学院和纽霍学院，用以向以上机构中作为文科学士候选人并且根据管理机构随时决定的条件需要经济支持的学生提供奖励。

奔达尔梵文奖学金

名称　　　1. 奔达尔梵文奖学金每年须通过竞争授出。

谁可竞争　2. 任何非研究生的学校成员,如果自他或她第一个居住学期到颁奖时未满12个完整学期,或者他或她在奖项期内仍有资格成为东方研究荣誉学位考试的候选人,都能成为奖学金第一次选拔的候选人。优先考虑在古典学荣誉学位考试中获得优等成绩的候选人,或者在申请本奖学金的最后一日前在教务长处被亚洲和中东研究学部委员会主席证明其在拉丁语和希腊语或者两者之一中具有杰出知识的人。

3. 如果一人已获得该奖学金,但仍然是大学成员且非研究生且在他或她第一个居住学期起未满15个学期,仍可再次竞争;但其他条件相同的情况下,第一次参与选拔的候选人应当优先考虑,且任何人不得第三次获得此奖学金。

提交名单　4. 导师在候选人参与竞争的学年的12月1日前应将他们的名单提交给教务长。

授奖人　　5. 授奖人应是东方研究荣誉学位考试梵文部分的考官。

测试论文　6. 第一次选拔的候选人须接受东方研究荣誉学位考试第一部分的试卷梵文1和梵文2的问题测试。再次参与选拔的候选人如果也是荣誉学士学位考试第二部分梵文内容候选人,应对他或她那部分的工作进行测试。再次参与选拔的候选人未在荣誉学位考试中提交梵文论文的,应当通过他们的导师向颁奖人提交他们第一次被选拔以来学习梵文的证明。

期限　　　7. 从颁奖之日起,本奖学金为期一年。

价值　　　8. 亚洲和中东研究学部委员会在校务理事会随时批准的范围内决定本奖学金的价值。

未使用的收入　9. 亚洲和中东研究学部委员会可决定使用本基金累积的未使用收入,以促进和鼓励大学本科生对梵文的学习。

本　德　奖

基金　　　1. 根据文学硕士、前圣约翰学院阿尔弗雷德·菲利普·本德牧师的遗嘱而给予大学的款项,应当单独投资,并构成一项基金,称为本德基金。

奖项　　　2. 应设立一项奖项,称为本德奖,每年由东方研究荣誉学士学位考试的考官授予其认为在此考试第二部分的圣经希伯来文中表现最突出的候选人。

3. 亚洲和中东研究学部委员会在校务理事会随时批准的范围内决定本奖项的价值。 价值

4. 亚洲和中东研究学部委员会可决定使用本基金累积的未使用收入，以促进和鼓励大学圣经希伯来文的研究工作。 未使用的收入

约翰·本内特基金

1. 玛丽·本内特为纪念她已故的丈夫、莫德林学院第三等圣迈克尔和圣乔治勋位爵士、文科硕士约翰·所罗门·本内特，所给予校方的捐赠应构成一项基金，称为约翰·本内特基金，用以促进中东历史的研究工作。 基金和目的

2. 本基金收入的首要支出应当用于提供一个举办的讲座，称为约翰·本内特讲座。 讲座

3. 基金的经理为中东研究中心的管理委员会，由其任命讲师。经理任命讲师的间隔应尽量不超过三年。 经理

4. 讲师的薪金由经理在校务理事会随时批准的范围内决定。 讲师的薪金

5. 经理可随时决定将基金累积的未使用收入用于： 未使用收入

（a）演讲需要的任何开支；

（b）中东研究中心与研究有关的任何开支，优先考虑旅游或研究出版所需的花费。

本森英语图书馆基金

本基金的收入源于莫德林学院 A.C. 本森博士于 1925 年遗赠给英语学部的款项中未使用的盈余，是应第一次世界大战后英语图书馆的请求而创立的，称为本森英语图书馆基金。基金的收入应根据英语学部委员会的自由决定，用于维持英语学部图书馆的日常运营。

贝吞·贝克尔基金

1. 由已故的彭布罗克学院神学博士、前玛格丽特夫人神学教授 J. F. 贝吞·贝克尔教授遗赠的款项构成了一项基金，称为贝吞·贝克尔基金。 名称

2. 依据贝吞·贝克尔遗赠条件，本基金每年的收入应提供给三一学院教授，由他们自由处分，以促进世界范围内的神学的更广泛性研究，可以但非必须优先考虑剑桥大学的男性成员或女性成员。 目的

贝文基金

本基金由原三一学院院士、1893 年到 1933 年间的阿默纳勋爵阿拉伯语教授安东尼·阿什利·贝文遗赠,并由校方于 1933 年经由 1934 年 1 月 26 日第二号动议接受而创立,名为贝文基金。本基金由图书馆委员会基于大学图书馆的利益而决定加以使用。

伯纳加尔勋章和奖项
1904 年《捐赠》,第 428 页

1. 此勋章称为伯纳加尔勋章。

目的　2. 此勋章由东方研究荣誉学位考试第二部分的考官颁发给其认为在此考试的印度语或印度语言谱学部分中表现突出的候选人,但他或她须具有足够的资格。

3. 勋章的获得者还可获得一笔奖金,奖金的额度由亚洲和中东研究学部委员会在校务理事会随时批准的范围内决定。

未使用收入　4. 在提供了第 2 条和第 3 条的花费后,亚洲和中东研究学部委员会还可依促进和鼓励大学印度语言谱学研究的目的而自由决定使用基金未使用的收入。

拜弗基金

基金和目的　1. 依据罗兰·哈里·拜弗的遗嘱赠予校方的由 1949 年 10 月 29 日第一号动议接受的款项,根据捐赠者遗嘱分配给费兹威廉博物馆,以修建格拉姆·罗宾逊工作室。剩余的部分则应构成一项基金,称为拜弗基金。

收入　2. 本基金收入由费兹威廉博物馆委员会随时用于购买水彩画。

如何使用　3. 每年收入的一半可存留下来用于购买具有非比寻常的重要性的作品,另一半则可由主任予以支配,而无须学部委员会的事先同意。

卡门·布莱克尔日本研究奖

基金和目的　1. 由原日语讲师、克莱尔学院院士卡门·布莱克尔的学生和朋友捐赠的款项构成了一项基金,称为卡门·布莱克尔基金,用于促进本大学中日本文化的研究工作。

2. 亚洲和中东研究学部委员会为本基金的经理。 —— 经理

3. 本基金的首要花费是提供卡门·布莱克尔奖,每年由东方研究荣誉学位考试第二部分考官颁发给在此次考试中的日语部分的杰出者。 —— 奖项

4. 本奖项的价值由经理在校务理事会随时批准的范围内决定。 —— 价值

5. 经理可将基金累积的未使用收入用于为亚洲和中东研究学部的图书馆购买与以下内容有关的书籍和其他研究资料：(a) 日本宗教信仰；(b) 日本历史、文学和 1945 年前的思想。 —— 未使用收入

F.F.布莱克曼纪念基金

1. 由已故圣约翰学院院士、植物学副教授 F.F. 布莱克曼的夫人埃尔西·布莱克曼给予校方的捐赠构成了一项基金,称为 F.F. 布莱克曼基金。此基金的收入的使用应当有利于植物科学系的植物生理学科目。 —— 名称和目的

2. 本基金应由两名经理管理,其应为： —— 经理

（a）植物学教授,

（b）植物科学系成员,由学部总委员会根据生物学学部委员会提名而任命。

3. 本基金的首要花费是为开设 F.F. 布莱克曼植物生理学讲座的讲师提供酬金,支付开销。经理应尽量每间隔不超过三年的时间安排一次讲座。经理应从基金中提供拨款,以支付讲座出版所需的费用。 —— 讲座

4. 支付完第 3 条规定的费用后,剩余收入可由经理随时决定用于与植物生理学有关的其他目的。 —— 收入的其他用途

E.J.布莱斯博士基金

1. 依据遗赠者的遗嘱,E.J. 布莱斯博士基金的全部可使用收入应当用于推广和促进生物学分支的纯科学研究,不得用于经济、技术和医药生物学的目的。 —— 目的

2. 本基金的经理由查尔斯·达尔文动物胚胎学教授、威廉·邓恩爵士生物化学教授、约翰·汉弗雷·普拉默细胞生物学教授以及植物学、生物学和动物学教授组成。 —— 经理

3. 本基金收入的首要花费是提供查尔斯·达尔文动物胚胎学教授的薪金、国民保险金、退休金缴纳款和家庭慰问金。 —— 教授职务

4. 支付第 3 条费用后,剩余基金收入可由经理随时决定用于支付与该教授工作直接相关的花费。 —— 剩余收入

规则的复审　5. 学部总委员会应当在就以下情形下就基金收入的使用情况与经理磋商：

（a）动物胚胎学教授犯错，

（b）1984—1985学年，以及此后每隔25年，

并且这些磋商结论所产生的影响始终不应触及第1条所确定的基金的本旨。

博斯卡文基金

基金　1. 依照三一学院尊敬的米尔德梅·托马斯·博斯卡文的姐姐、尊敬的帕米拉·舍勒克夫人的遗嘱接受的款项构成了一项基金，称为博斯卡文基金。

目的　2. 本基金的本金和收入都应由费兹威廉博物馆委员会自由处置，应用于为费兹威廉博物馆购买艺术作品，尤其是雕塑作品和金属工艺品，并用于维护博物馆的馆藏。

植物园捐赠基金

1. 植物园捐赠基金由为植物园之利益而捐赠给校方的款项构成。

2. 本基金的收入应由学部总委员会经与植物园委员会商讨后使用，用于支付植物园通常对外开放部分的维持和保养，除此以外的维持和保养费用应由一般大学基金支付。

3. 任何未使用收入应归入基金的本金之中。

P. W. 布里恩基金

基金和目的　1. 玛格丽特·布里恩夫人为纪念其丈夫——皇后学院的植物学教授派斯·拉格·布里恩而捐赠的款项构成了一项基金，其收入应用于提供一个称为P. W. 布里恩植物学奖的奖项。

如何颁奖　2. 本奖项由植物科学系主任于每年暑假结束前授出，颁发给在自然科学荣誉学位考试第二部分植物科学科目的研究项目的执行中表现突出者，且此人应打算在植物科学任何相关领域继续深入学习或研究。

价值　3. 本奖项的价值为基金的收入。提供的款项应当用于购买获奖者挑选并经植物科学系主任同意的书籍或其他材料。

如果未授出　4. 未授出奖项的年份的收入应加入本基金的本金之中。

英国石油化学基金

1. 大学所接受的由英国石油股份公司为支持化学研究工作提供的 150 万英镑构成了一项基金,称为英国石油化学基金。本基金的经理为: 基金和经理
(a) 化学系主任,亦即经理主席;
(b) 英国石油公司化学教授;
(c) 一名由英国石油公司任命的人士。

2. 本基金的收入首先用于提供大学英国石油公司教授的薪金、国民保险金和退休金缴纳款。 教授职务

3. 支付第 2 条款项后,本基金应根据学部总委员会基于经理建议决定的方式用于支持化学系的化学教学或研究工作。 教学或研究

4. 一个财政年度中未使用的基金收入应在下一年中根据第 3 条使用。 未使用的收入

雅各布·布洛诺夫斯基基金

1. 为纪念其丈夫——基督学院的文科硕士、哲学博士雅各布·布洛诺夫斯基,由丽塔·布洛诺夫斯基夫人提供的捐赠称为雅各布·布洛诺夫斯基基金,该基金的收入应用于鼓励科学史与科学哲学的研究。 名称和目的

2. 每年由自然科学荣誉学位考试第二部分科学史与科学哲学科目的考官向在此考试中表现突出的候选人颁发一项称为雅各布·布洛诺夫斯基奖的奖项。 奖项

3. 本奖项的价值为本基金的每年收入。 价值

4. 任何年度未授出奖项的基金收入应归入基金的本金之中。 如果未授出

布鲁邦克基金和奖学金

1. 由玛丽·布鲁邦克夫人遗赠给大学的款项构成了一项基金,称为布鲁邦克基金。该基金提供一个或多个布鲁邦克研究员的薪金、退休金缴纳款和其他支出,以促进与食物保存原理及实践相关的生物化学和生物物理学专门研究。 名称和目的

2. 本基金的管理以及研究员的选任由经理董事会执行,该董事会的成员为生物化学系、植物科学系、生理学系、发展学系和神经学系主任,生物技术和生物科学研究委员会秘书或他或她的授权人,邓恩营养实验室主任,以及其他四名由经理提名经校务理事会在米迦勒学期任命、从任命之日后第 经理

	一个 1 月 1 日起任职四年的成员。
法定人数	3．除非通知了所有的经理成员开会并经出席成员的至少 6 人通过，否则经理的任何决议均为无效；如果某一项决议在所有经理间传阅并经全体签署，该决议具有和召开会议相同的效力。
选拔通知	4．经理应至少在选拔前三个月公布其计划。
谁可当选	5．经理可选择他们认为有资格的任何人担任本研究员职务，无论其是否是大学成员；经理可采取其认为合适的步骤确定他们的资格。
任期	6．研究员职位的任期由经理决定。研究员可被再次选任，但其总任期一般不得超过三年。
研究员的职责	7．布鲁邦克研究员应全职从事经经理批准的科目的研究工作。研究工作应在剑桥大学中进行（除非在特殊情况下经理允许其离开或者在其他地方进行研究）并且应遵从经理提出的条件。
教学工作	8．研究员可在经经理许可后每周从事不超过 6 小时的有偿教学工作，其研究员基金不被扣减。
薪金	9．经理在校务理事会随时批准的范围内决定研究员的年度薪金。薪金以季度预付方式支付给研究员。
条件	10．经理在批准研究员提交的研究进度报告后，可向其支付薪金，或薪金的分期付款。
	经理可将对研究员报告的审查权授权给他们中的一个或多个成员进行。经理应将此授权行为告知财务。
	经理认为研究员不再适合担任本研究员职位时，可随时终止其任期。
	11．根据第 7 和 8 条，研究员应将其获得其他奖金以及他或她计划从事经理批准以外的工作通知经理。收到此通知后，经理应考虑是否降低研究员的薪金金额。
	12．经理应从基金中支付任命研究员和研究员的工作所需的费用。
未使用收入	13．经理可依实现基金目标之目的决定本基金累积未使用收入的使用。
	14．除第 1 条外，经经理建议，动议可变更以上条款。

彼得·布鲁克奖

基金和目的	1．由临床医学学部前副讲师、皇家精神病学家学会会员、文科硕士、休斯学院的查尔斯·彼得·拜农·布鲁克赠予大学的款项构成了一项基金，本基金的收入应用于提供一项彼得·布鲁克奖。本奖项的目的在于鼓励临床医学学生在精神病学或与此医学分支相关的基础科学方面的研究。

2. 本奖项应向在校内正在谋求或已经取得大学临床医学研究的学士学位或外科学士学位的所有人开放，但任何人在获得外科学位6个月后不具有申请本奖学金资格。 谁有资格

3. 获奖者应当提交一份已经完成或者部分完成的研究，或者一份所从事研究的具体研究计划。 提交研究材料

4. 精神病学教授应在每年的米迦勒学期公布一份关于申请提交的日期和方式的通知。 通知

5. 颁奖人应是精神病学教授和至少一名由教授任命的其他人。 颁奖人

6. 奖项的价值是基金的每年收入。 价值

7. 当年未授出奖项的，未使用收入应加入基金的本金之中。 未使用收入

布鲁克斯基金

1. 已故的弗里德里克·汤姆·布鲁克斯教授遗赠给大学的款项构成了一项基金，称为布鲁克斯基金。本基金的目的在于促进植物学的原创性研究。 名称和目的

2. 基金的经理应是植物科学系主任、指定至该系的教授、附属系之主任，一名经生物学学部委员会任命的弗兰克·斯玛特奖学金的推选者，以及另外一名经系主任推荐、由学部委员会在米迦勒学期任命的人士，该人士从任命之日下一个1月1日起任职四年。 经理

3. 经理可决定将基金收入按照第1条的目的为植物科学系，或在系里或主任所批准的其他地方工作的研究人员提供拨款。 基金的使用

4. 在向研究人员提供拨款时，经理应当优先考虑： 谁可获得优先权
（a）从事不少于两年时间的研究生研究工作的人员；
（b）研究真菌学、细菌学、植物病理学、植物生理学或植物生态学问题的人员。

布罗特顿奖

1. 布罗特顿奖应当由东方研究荣誉学位考试第二部分的考官颁发给在该考试中的南亚研究方面表现突出者。如果有两名候选人同等优秀，应当优先考虑在梵文方面表现突出者。 奖项

2. 亚洲和中东研究学部委员会在校务理事会随时批准的范围内决定奖项的价值。 价值

3. 当布罗特顿基金具有足够的盈余时，亚洲和中东研究学部委员会应 奖助

有如下权力：

(a) 如果获奖者在南亚研究的某些分支从事进一步学习或研究并在所选科目上取得很好的进展,可在下一米迦勒学期结束前增加拨款。

(b) 为促进南亚研究而提供其他奖助。

未使用收入　　4. 亚洲和中东研究学部委员会可决定将基金累积未使用收入用于促进和鼓励南亚研究尤其是梵文研究。

布朗基金和勋章

1904 年《捐赠》,第 100—102 页

四种勋章　　1. 威廉·布朗爵士基金会提供的四种勋章应颁发给每年举行的希腊颂诗或悲歌、拉丁语颂诗或悲歌、希腊讽刺短诗、拉丁讽刺短诗竞赛的获胜者。

谁具有资格　　2. 任何住宿本科生都可成为任一威廉·布朗爵士勋章的候选人,只要从他或她住宿的第一个学期起到他或她提交作品的日期不超过七学期。

科目的公布　　3. 每年的 6 月 1 日前考官须公布科目,以及诗歌长度的限制(如果他们觉得合适);作品必须在下一年的 2 月 1 日当天或提前提交给教务长。

提交作品的方法　　4. 每个候选人都须提交三份作品副本给教务长。作品须为印刷或打印版;作品须有题词但不应有候选人的姓名,并附上写有相同题词的密封信封中,信封中应有候选人名字和学院名称信息。

考官　　5. 勋章的颁奖者为三名由古典学学部委员会提名并由学部总委员会在每年的四旬斋学期后半学期中任命的考官担任。除非没有作品提交,否则考官可从布朗基金获得一笔由学部委员会在校务理事会随时批准的范围内决定的款项。

收入的使用　　6. 布朗基金应首先用于支付勋章及其包装的费用、考官的费用。其次可用于维持一个或多个的布朗奖学金。基金累积的未使用收入可由古典学学部委员会决定用于提供助学金,促进语言学和古代希腊和罗马文明的知识。

布朗纪念基金

名称和目的　　1. 在大学成立的布朗纪念基金,用于促进语言学、文学、历史和阿拉伯宗教、波斯宗教、土耳其宗教或其他与亚洲同源人群宗教的研究,尤其是为大学图书馆购买或取得相关科目的图书或手稿,或为出版可归为此分支学科研究相关的文本、翻译稿或其他书籍,或这些科目的教学或调查工作提供赞助或捐赠。

经理　　2. 五位经理受托管理本基金。其中两位应由校务理事会任命,其他三

位由亚洲和中东研究学部委员会任命。经理应在米迦勒学期被任命并从任命后的下一个1月1日起任职四年。

只有在至少三名经理出席的情况下，经理的所有权力才可经由出席会议的多数方行使，并且该会议应经适当方式召集。

3. 经理可决定本基金本金所产生的收入依指定的目的提供赞助。 奖助

4. 经理有权依指定目的使用经校务理事会财务委员会批准的本基金本金的任何比例。

5. 经理的账户须每年审计一次，并与大学账户一起公布。 账户

6. 除第1条外，动议可变更以上条款，但基金的目的，即促进语言学、文学、历史和阿拉伯宗教、波斯宗教、土耳其宗教或其他亚洲同源人群宗教的研究不得改变。 动议做出的变更

7. 依据以上规定，如果经理认为合适，有权为规范其基金管理和管理过程方便起见而随时修改有关的规则。

E.G. 布朗纪念研究奖学金

1. 为表示对1902年到1926年间托马斯·亚当斯爵士阿拉伯语教授E.G. 布朗在波斯语研究上对伊朗人民作出贡献的赞赏，伊朗政府捐赠的款项本构成了E.G. 布朗纪念研究奖学金。只要伊朗政府继续捐赠，本基金应每年通过比赛颁发。 名称

2. 本奖学金年度酬金为伊朗政府提供的款项。 价值

3. 本奖学金的推选人为亚洲和中东研究学部学位委员会。推选人可将其由此处条款规定的任何职能授权给由学位委员会不超过三个成员组成的委员会。 推选人

4. 要获得本奖学金资格，候选人应当： 谁有资格

(a) 是在波斯语或伊朗语上获得优等成绩的大学毕业生；

(b) 打算从事波斯语或伊朗语，或者波斯文学或伊朗文学或波斯历史和文明的相关分支学科的研究；

(c) 已成为或正在谋求成为剑桥大学的注册研究生；

(d) 正常情况下，在候选当年的4月1日未满29岁。

5. 候选人应在学位授予的第一天前向教务长提交申请。每个申请中都必须提供证明候选人符合第4条要求的证据，并提供他或她打算从事的研究的大纲。 申请

6. 选拔应在本科学位授予典礼第一天后的四个星期内进行。 选拔

7. 本奖学金的期限为一年，但如果他或她符合第4(d)条的要求，则 期限

在第二年或第三年可申请再次参与选拔。获奖学生成为大学注册研究生后,获奖期限应视情况而定。如果该学生不再是注册研究生,则他或她的获奖期限也因此终止。

未使用收入

8. 推选人可首先决定将基金累积未使用收入用于提供第二项奖学金或其他奖励,以资助大学研究生从事波斯研究。以上使用之后的剩余收入,由亚洲或中东研究学部委员会以其他任何由学部委员会随时决定的方式,鼓励大学波斯语的研究。

奥斯卡·布朗宁研究会基金

名称和目的

1. 奥斯卡·布朗宁研究会为了教育学系向大学提供的捐赠构成了一项基金,称为奥斯卡·布朗宁研究会基金。

奖项

2. 基金的收入应首先用于提供一项称为查尔斯·福克斯奖的年度奖。本奖项由研究生教育证书考试的考官颁发给其认为在证书考试中表现突出的候选人。本奖项的价值由教育学系主任在校务理事会随时批准的范围内决定。

未使用收入

3. 在根据第2条提供了查尔斯·福克斯奖后,未使用收入应由教育学系主任决定根据以下目的使用:

(a) 支付由系主任随时挑选的一名讲师举办教育学某一科目的讲座,该讲座应被称为奥斯卡·布朗宁研究会讲座,支付由讲座引起的酬劳金和其他费用。

(b) 为本系大学职员提供资助,支付他们出版所需费用。

(c) 为系图书馆购买额外图书或其他材料。

(d) 用于其他由教育学系主任决定的类似目的。

马修·邦克布勒奖

基金和名称

1. 为纪念三一学院的文科硕士、哲学博士马修·邦克布勒,由特雷莎·克雷及其他人捐赠的款项构成了一项基金,本基金的收入应用于提供一项称为马修·邦克布勒奖的奖金。

如何授出奖项

2. 本奖项由哲学学部学位委员会颁发给由哲学博士学位哲学考试的考官推荐的、在考试中总体表现良好的候选人。

3. 本奖项不应由两名(不含两名)以上的候选人分享。

价值

4. 本奖项的价值是本基金的每年收入。

如果未授出

5. 如果当年的奖项未授出,该年的收入应纳入到基金的本金之中。

哈里·邦宁研究员基金

1. 由金斯林的哈里·H.邦宁先生遗赠的 101593 英镑构成了一项基金,称为哈里·邦宁研究员基金。 — 名称

2. 本基金的经理为兽医学系主任和其他四名由兽医学系委员会任命的成员,其中两名应由生物学学部委员会提名。 — 经理

3. 除非通知了所有的经理成员开会并经出席成员的多数通过,否则经理的任何决议均为无效。

4. 本基金的收入应当用来提供哈里·邦宁研究员的薪金,该研究员应当从事猫和狗的诊断和治疗研究,以促进它们的福利。哈里·邦宁研究员应由经理选拔,经理还有权决定从基金收入中支付额外费用促进该研究员的工作。 — 研究员

5. 哈里·邦宁研究员的期限由经理在每次选拔时决定,但一次不应超过三年。 — 期限

6. 哈里·邦宁研究员的薪金经经理建议由学部总委员会决定。 — 薪金

7. 经理可决定将未使用收入纳入基金的本金之中或累计作为将来年度的收入。 — 未使用收入

布尔尼奖和奖学金
1904 年《捐赠》,第 390 页

1. 布尔尼基金的收入应用于促进宗教哲学的研究(以上词语应理解为包括了基督教伦理和与基督教证据和真理相关的问题),并每年提供一项布尔尼奖和一项布尔尼奖学金。

2. 本奖的评审人和本奖学金的推选人应是诺里斯—哈尔瑟神学教授和两名由学部总委员会在米迦勒学期前任命的评议会成员,其中一名由神学学部委员会提名,另一名由哲学学部委员会提名,以上两人任期至下一学年米迦勒学期的最后一天。 — 评审人和推选人

3. 推选人可从基金累积的未使用收入中提供他们认为合适的款项作为第二个奖项,或第二个奖学金,或为了促进宗教哲学研究而提供赞助。 — 第二个奖项或奖学金

布 尔 尼 奖

4. 布尔尼奖的价值由评审人在校务理事会随时批准的范围内决定。 — 价值

5. 每个受聘的评审人均可从布尔尼基金收入中获得一笔由神学学部委

员会和哲学学部委员会在校务理事会随时批准的范围内决定的一定金额，除非根据第7条之规定没有论文提交给评审官。

如何授出论文

6. 奖项应当授予给在哲学荣誉学位考试第二部分的候选人提交的有关宗教哲学科目的优秀学位论文或神学和宗教研究荣誉学位考试的第二部分B的候选人提交的宗教哲学科目的优秀学位论文。

7. 第6条指定考试的两个考官委员会在其每年的最后一次会议中应确定出两篇在宗教哲学领域科目相关考试中候选人提交的两篇最好的学位论文。每篇经考官鉴定的学位论文都必须提交给评审人，由评审人依他们的意见将本奖项颁发给最值得赞赏的两篇学位论文。

优先考虑基督学院成员

8. 如果评审人认为两名候选人提交给他们的论文同等优秀，且其中一名是基督学院的成员，则应将此奖项判给该候选人。

条件

9. 获奖者应确保他或她的学位论文的打印本或印刷本存放在大学图书馆中，在此项工作完成之前不得获得奖金。

布尔尼奖学金

价值

10. 布尔尼奖学金的每年价值由推选人根据个案中该名学生在学习或研究上可获得的其他酬金情况而加以决定，但不得超过校务理事会随时批准的数额。

谁有资格

11. 奖学金向大学的所有成员开放，但至奖学金推选日时他或她自寄宿第一学期起不得超过17个学期。候选人应当在四旬斋学期期中以前向教务长提交他们的姓名，奖学金的选拔应在四旬斋学期期末前进行。

候选人资格

12. 除了竞争性考试，推选人可采取任何他们认为合适的步骤考察奖学金候选人的资格。如果存在两名同等优秀的候选人，并且其中一名是基督学院的成员，则应将奖学金判给该成员。

期限

13. 本奖学金的期限为一年。可再参与选拔一次。

学生的义务

14. 获奖学生有义务根据由其提议并经推选人批准的计划从事宗教哲学的学习和研究，除非经推选人同意修改此安排。

限制

15. 未经推选人同意，在奖学金期限内学生不得从事有酬金的其他工作。

雷蒙·布顿基金

基金与目的

1. 由三一学院的雷蒙·布顿先生于2001年提供给大学的250000英镑构成了一项基金，称为雷蒙·布顿基金，本基金应用于促进和鼓励大学的经济学研究。

2. 经济学学部委员会为本基金的经理，他们可将此处条款规定的部分或所有职能授权给一个委员会,其成员来源可不仅限于该学部委员会。

3. 本基金的本金和收入应在经济学学部提供一项蒙田·布顿奖学金。本奖学金向已经或将要注册成为大学研究生的任何人开放。获奖者应在经济学学部从事进一步的学习和研究,并可在学部委员会的安排下在获奖期内从事教学助理工作。 谁有资格

4. 授奖的基础期限为一年,可由经理延期至第二年或第三年。 期限

5. 经理在校务理事会随时批准的范围内决定获奖者可获得的酬金。

6. 根据以上条款提供至少一次的蒙田·布顿奖学金的支付,经济学学部委员会可将基金每年收入的盈余和其他累积未使用收入用于鼓励经济学的学习和研究。

7. 任何未使用的收入,可由经理决定,纳入到基金的本金之中,或累积作为以后年份的收入。 未使用收入

8. 除了基金应致力于促进经济学的学习或研究外,经经济学学部委员会建议,校方可随时变更以上条款。

格莱格·拜瑞奖

1. 罗伯特·格莱格·拜瑞教士的遗赠构成了一项基金,称为格莱格·拜瑞基金。本基金的收入应用于提供一项格莱格·拜瑞奖,颁发给一篇与宗教哲学某一科目相关的学位论文。学位论文的长度不得少于1万字,但不得多于2万字。 基金和目的

2. 格莱格·拜瑞奖的价值由评审人在校务理事会随时批准的范围内决定。 价值

3. 本奖项向大学的所有成员开放,但候选人自住宿学期起到论文提交的最后一天不得超过18个完整学期,并且他或她未曾获得布尔尼奖或格莱格·拜瑞奖。 谁有资格

4. 评审人为布尔尼奖评审人。每个受聘评审人都可从格莱格·拜瑞基金中获得由神学学部委员会和哲学学部委员会在校务理事会随时批准的范围内共同决定的款项,但如果没有论文提交给该奖项,则不得向评审人支付。 评审人

5. 候选人应在四旬斋学期假期前向教务长提交他或她论文提及的主题。教务长应将提及的主题提交给评审人并通知候选人评审人是否同意此主题。 论文的主题

6. 获奖者应确保他或她论文的打印版或印刷本存放在大学图书馆中,并且在此项工作完成之前不得获得奖金。 条件

7. 评审人可决定从基金累积的未使用收入中提供奖助以促进宗教哲学的学习。 未使用收入

J. P. T. 伯里基金

图书馆委员会可自由决定将 J. P. T. 伯里基金的收入用于购买 1814—1914 年间出版的珍稀法国书籍。所购书籍应附上藏书票,说明此书乃该基金所购。

蒙塔古·巴特勒奖

奖项	1. 本奖项是一项与图书相关的奖项,称为蒙塔古·巴特勒奖,每年为拉丁六步格诗的最佳独创作品颁奖。
公告	2. 在每年的 6 月 1 日前,布朗勋章的考官应公告作品的主题,所有的作品都应在次年的 2 月 1 日前向教务长提交。
长度	3. 任何作品都不得超过 150 行。
候选人	4. 住宿本科生都可成为每年蒙塔古·巴特勒奖的候选人,条件是在作品提交的最后一天,他或她已在校一年,并且从他或她住宿第一学期起到那天未超过完整的七个学期。
作品的提交	5. 候选人应亲自向教务长提交他或她的作品的三份副本。副本不得为候选人手写版。作品应写有题词而不是候选人的名称,并且应同时提交外表写有同样题词的密封的信封,信封中应包含有候选人的姓名和学院名称。
授奖	6. 本奖项由布朗勋章的考官颁发。除非没有作品提交,否则考官可获得由古典学学部委员会在校务理事会随时批准的范围内决定的一笔款项。
获奖作品的副本	7. 奖项颁发当年,获奖作品的副本应被送往三一学院院长、大学图书馆、三一学院图书馆和当年的各个考官。
如果奖项未授出	8. 奖项未授出年份的基金纯收入应转移至大学图书馆基金中并用于购买拉丁诗歌或其他与拉丁诗歌研究相关的书籍,购买的所有书籍上都应有其由捐赠的蒙塔古·巴特勒奖基金纯收入购买的记录。

布特菲尔德奖学金

基金和目的	1. 遵照薇雷纳·南·罗伯岑·麦克柯里里克的遗嘱接受的 10000 英镑构成了一项基金,称为麦克柯里里克基金,本基金用于资助学生从事糖尿病的研究。
奖学金	2. 为纪念唐丁学院院长、原皇家医学教授、医学博士、斯特奇弗德勋爵布

特菲尔德,本基金的收入应当每年提供一项奖学金,称为布特菲尔德奖学金。

3. 本奖学金向从事或打算从事糖尿病领域研究的所有大学在册研究生开放。　　资格

4. 本奖学金的颁奖人为皇家医学教授、临床生物化学教授和另一名由学部总委员会经临床医学学部委员会推荐在米迦勒学期任命的成员,此人从任命次年的1月1日起任职四年。　　颁奖人

5. 本奖学金的基础期限为一年,如果颁奖人对学生的学习进展感到满意,可延长期限,但一次不超过一年。　　期限

6. 本奖学金的价值应为基金每年的收入,但如果颁奖人认为适合可颁发较小价值的奖学金。　　价值

7. 在每年的米迦勒学期,临床生物化学教授应公告提交申请的时间和方式。　　公告

8. 在一个财政年度未使用的收入应纳入到基金的本金之中。　　未使用收入

剑桥显示技术(公司)卡文迪什基金

1. 为物理学系的利益,由出售大学所持有的剑桥显示技术控股有限公司的部分股份而获得的款项构成了一项基金,称为剑桥显示技术(公司)卡文迪什基金。

2. 本基金由两名经理管理,一名是卡文迪什物理学教授,另一名为杰克逊自然哲学教授。　　经理

3. 本基金的本金和收入应由经理处置并用于资助由卡文迪什物理学教授主持的研究。　　目的

剑桥显示技术(公司)梅尔维尔基金

1. 为化学系的利益,由出售大学所持有的剑桥显示技术控股有限公司的部分股份而获得的款项构成了一项基金,称为剑桥显示技术(公司)梅尔维尔基金。

2. 本基金由三名经理管理,一名是梅尔维尔高分子合成实验室主任,一名是化学系主任,另一名为英国石油公司化学讲席教授。　　经理

3. 本基金的本金和收入应由经理处置并用于资助由梅尔维尔高分子合成实验室主任主持的研究。　　目的

剑桥金融研究支持基金

名称和目的　　1．派瓦克特基金会赠予大学的1千万英镑构成了一项基金，称为剑桥金融研究支持基金，本基金的收入应用于促进在财政各方面、财政机构和财政市场及其与经济运行之间关系的研究和学习。

经理　　2．本基金的经理应是：

(a) 校长（或正式任命的代理人），亦即经理主席；

(b) 贾奇商学院院长；

(c) 九名由商业和管理学学部委员会任命的成员（其中一人是校外的财政学教授）；

(d) 维斯利·简维和威廉·简维或者他们指定的继承人以个人身份参与。

第(c)类成员在米迦勒学期任命并从他们任命的次年1月1日起任职四年。

3．少于五人参加的经理会议不得通过任何决议。

4．基金及其之后随时接受的赠予应由经理根据2001年3月31日派瓦克特基金会和大学签订的协议之规定进行管理。

《剑桥季刊》奖

1．由《剑桥季刊》的编辑们赠予大学的1600英镑构成了一项基金，该基金的收入应当用于提供一项称为《剑桥季刊》奖的奖金。

如何授出　　2．本奖项由英语荣誉学位考试第二部分的考官颁发给在此考试中提交了最佳学位论文的候选人。

额外奖项　　3．如果有多名足够优秀的候选人，考官也可决定授出一个或多个《剑桥季刊》奖。

价值　　4．《剑桥季刊》奖的价值由英语学部委员会在校务理事会随时批准的范围内决定，但：(a) 如果授出两个奖，两个奖具有同样价值；(b) 每年奖项的合计价值不超过基金的每年收入。

未使用收入　　5．未使用收入由学部委员会决定或者纳入基金的本金之中，或者累积作为未来年份的收入。

剑桥大学医学院公共健康慈善基金

1. 由剑桥大学医学院慈善机构捐赠的 100 万英镑在校内创立了一项基金,称为剑桥大学医学院公共健康慈善基金。 — 基金

2. 本基金的目的在于资助临床医学院的公共健康机构的工作。为了临床医学院公共健康和初级护理系的利益,或为了此机构中其他成员的利益,经理具有绝对权力决定本基金的使用。 — 目的

3. 本基金的收入通常被特定地用于支持以上目的,但不得阻止经理在考虑可能的问题后,为了实现以上目的,在被视为有利的并且适合的情况下,利用部分或全部本金。

4. 本基金的经理由以下人组成: — 经理
 (a) 皇家医学教授(亦主席);
 (b) 公共健康机构的主管;
 (c) 公共健康区域主管;
 (d) 公共健康和初级护理系主任;
 (e) 由上述(a)到(d)经理指派的至多三名其他成员。

5. 经理可决定每隔一段时间召开一次会议,但每一学年不得少于一次。

6. 基金每年收入中未使用的盈余应由基金经理决定,或纳入到基金的本金之中,或累积作为下一年或几年的收入。 — 未使用的收入盈余

剑桥大学医学院自主基金

1. 由剑桥大学医学院慈善机构捐赠的 100 万英镑在校内创立了一项基金,称为剑桥大学医学院自主基金。 — 基金

2. 本基金旨在推动临床医学院的临床、教育和研究需求。为促进此目的,皇家医学教授可随时自由选择以任何方式使用本基金。 — 目的

3. 本基金的收入通常被特定地用于支持以上目的,但不得阻止经理,在考虑可能的问题后,为了实现以上目的,在被视为有利的并且适合的情况下,利用部分或全部本金。 — 经理

4. 基金每年收入的未使用盈余由皇家医学教授决定,或纳入到基金本金中,或累积作为下一年或几年的收入。 — 未使用的收入盈余

梅巴·舍伍德·坎普·贝尔基金

名称

1. 前不列颠群岛植物学研究会荣誉会员、副主席梅巴·舍伍德·坎普·贝尔女士的遗赠构成了一项基金,称为梅巴·舍伍德·坎普·贝尔基金。

目的

2. 本基金的收入应由植物科学系主任决定为植物科学系员工中的低级成员提供奖助,使他们能够从事欧洲花卉植物学工作并开展以研究或学习为目的的欧洲旅行。

罗萨里·坎内基金

名称和目的

1. 从剑桥基金会的受托人处接受的146万英镑构成了一项基金,被称为罗萨里·坎内基金,用以资助大学在医学和心理学领域的教育、学习和研究。

经理

2. 本基金的管理应委托给以下三名经理:皇家医学教授、实验心理系主任和一名由学部总委员会任命的经理。经理可根据第1条之规定决定本基金收入的使用。

卡 卢 斯 奖

1904 年《捐赠》,第 397 页

名称和目的

1. 本基金由威廉·卡卢斯牧师的朋友于1852年创立并分别于1853年和1894年扩大,用于鼓励对希腊文《新约》的精细研究。本基金的收入用于每年提供一个或几个奖项,称为卡卢斯希腊《新约》奖。本奖项的价值不超过基金的可用收入,具体款项由神学学部委员会在校务理事会的批准范围内随时决定。

谁可竞争

2. 所有大学成员均可成为本奖项的候选人,只要在选拔时:
(a) 他或她已经在校五个学期;
(b) 如果是毕业生,他或她获得第一次学位迄今不超过十年,无论此学位是本校或他校的。

考官

3. 学部总委员会根据神学学部委员会的提名任命两名考官。他们应在每年的复活节结束前被任命,并在接下来的两个学术年内持有本职位。

4. 除非本奖项无候选人,否则各考官可每年从基金收入中获得由神学学部委员会在校务理事会随时批准的范围决定的一笔款项。其他所有考试费用均应当从基金中支付。

5. 考试应在米迦勒学期开始后至结束前举行，由考试委员会公告考试的举行日期。但举行日期不得为其他神学奖项或奖学金举行考试的日期。 考试的日期和性质

6. 候选人的导师应当在考试之前的 10 月 20 日或之前将候选人的姓名提交给教务长，此后教务长应当立即和考官沟通。

7. 考试应包括两页印刷试卷并在一天内完成。

8. 考试应包含有翻译、关于批判主义的问题，以及解释希腊文《新约》中的指定文本。

材料科学和冶金学中央发电局奖

1. 由中央发电局赠予校方的 2000 英镑构成一项基金，称为中央发电局奖基金，用于为材料科学和冶金学提供一项称之为材料科学和冶金学中央发电局奖的奖项。 基金和目的奖项

2. 本奖项由自然科学荣誉学位考试第二部分的材料科学和冶金学考官颁发给在此考试中表现突出者。 如何颁奖

3. 本奖项的价值应为本基金的年度收入。 价值

马丁内格·塞萨内斯康伯爵夫人遗赠

1. 由马丁内格·塞萨内斯康伯爵夫人遗赠给冈维尔与凯斯学院的款项构成了一项基金，称为马丁内格·塞萨内斯康伯爵夫人基金。 名称

2. 本基金的受托人是冈维尔与凯斯学院的院长和院士。 受托人

3. 本基金的收入应首先用于提供一项亨利·卡灵顿和本坦·杜蒙·郭奖学金，依为进行在讲希腊语言的地区旅行之目的而颁奖，优先考虑与希腊文学学习相关的目的。 目的

4. 依据以上条款之规定，校方有权为实施本基金的目的而制定并随时修改有关条款。

5. 获奖学生应根据古典学学部委员会批准的计划从事第 3 条所指定的进修或研究。此安排应包含有在讲希腊语言的地区作不少于四个月的旅行和停留。

6. 本奖学金向所有在校注册研究生开放，只要他或她自在校第一学期至选拔当天已度过不少于两个完整学期。 谁有资格

7. 奖学金的推选人应为古典学学部委员会，他们可采取任何他们认为合适的步骤考察候选人，但奖学金不应通过竞争性考试的结果授出。 推选人

申请　　　8. 在每年的复活节学期前，学部委员会应公告奖学金申请提交的日期和方式。奖学金的选拔应在米迦勒学期中由学部委员会决定的日期举行。

期限　　　9. 本奖学金自选拔日那天到下一年的 9 月 30 日有效。学生有权再次参加选拔，但不得多于两次。

报酬　　　10. 本奖学金的酬金不得超过基金可用收入，具体由学部委员会在校务理事会随时批准的范围内决定。酬金应由学部委员会随时决定的分期付款形式支付，如果学部委员会认为学生未足够勤勉地学习课程时，可拒绝支付任何一期付款。

未使用收入　　　11. 基金累积的未使用收入可由学部委员会决定用于为在讲希腊语言的地区进行旅游提供奖助。所有作为大学成员的古典学学生都有资格获得此奖助。

12. 学部委员会可将与本奖学金有关的职能授权给一个委员会，其成员来源不仅限于学部委员会。

H. M. 查维克基金

名称　　　1. 依照 H. M. 查维克教授的遗嘱由大学接受的收入应构成一项基金，称为 H. M. 查维克基金。

经理　　　2. 本基金收入的管理应委托给一个由以下成员组成的经理委员会：
（a）三名成员由英语学部委员会任命；
（b）一名成员由考古学和人类学学部委员会任命；
（c）一名成员由亚洲和中东研究学部委员会任命；
（d）两名成员由学部总委员会任命。

经理委员会的成员须在米迦勒学期任命并从其任命次年的 1 月 1 日起任职四年。经理委员会应至少每年举行一次会议，并应在贝尔塔·费尔伯茨夫人纪念基金经理会议后立即召开。

目的　　　3. 本基金的收入应当用于提供奖学金、奖项和奖助以促进此处条款后附录中列举的任何科目的学习和研究。每年收入应平均分为两部分，一部分用于为附录 A 类中的科目提供奖励，另一部分用于为附录 B、C、D 类中的科目提供奖励。在每一年年末，两部分中任何未使用的收入，应当由经理委员会决定纳入到基金本金中或者作为下一年相同部分的额外收入。

奖项　　　4. 设立的两个奖项，其价值由经理委员会在校务理事会随时批准的范围内决定。奖项每年授予给盎格鲁-撒克逊语、挪威语和凯尔特人语荣誉学位考试的候选人。N. K. 查维克奖由荣誉学位考试第一部分的考官颁发给在考试中表现最突出者，H. M. 查维克奖由荣誉学位考试第二部分的考官颁发给在考试中表现最突出者。任何一年未授出的奖项的价值纳入当年可用金额中为附录中 A 类科目提供其他奖项。

5. 至少每两年一次为 A 类或 B 类或两者下的某一科目或多个科目颁发至少一项 H.M.查维克奖学金。每项奖学金的价值应由经理委员会在校务理事会随时批准的范围内决定。英国或爱尔兰的任何大学的研究生或研修生都有资格获得此奖学金,但优先权应给予大学的毕业生或研究生或申请被授予研究生资格的申请人。不得进行竞争性考试并且无年龄限制。每项奖学金基础年限是一年,其持续期可延长并且其价值可重新考虑,但最高期限不得超过三年。 　　奖学金

6. 经理委员会有权提供奖助以支付包括旅游、生活、参加会议或课程,或其他可促进学习或研究之目的的项目,奖助可给予任何与附录中 A、B、C 或 D 类科目有关的大学成员。 　　奖助

7. 授予奖学金和奖助一般有一门语言或多门相关语言要求,但一般应排除纯粹语言学、生物人类学的学习、偏重医学、与石器时代有关的考古学的学习,或者完全关于物质文化的学习。 　　条件

8. 在米迦勒学期经理委员会应公告奖学金或奖助的申请邀请以及申请提交的特定日期和方式。 　　奖项公告

9. 除了本条款,动议可变更规范本基金的规则,但本基金的名称不得改变。 　　变更

附　　录

对以下科目可颁发奖学金、奖项和奖助,同时各科目应符合以下要求:

A. 公元 1050 年前大不列颠群岛或斯堪的纳维亚人或公元 600 年前日耳曼人或凯尔特人的历史、文学、思想、宗教、社会、古物和艺术。

B. 与主要在公元前 1000 年前的近东某个民族或多个民族有关的上述科目。

C. 与任何现代原始民族或多个民族的当地文化有关的上述科目。

D. 包含在文明、文学、思想、宗教、社会学或艺术的一般历史或比较研究中的科目,但全部或主要与公元 1050 年后的西欧,或者古典希腊和罗马时期,或古典印度时期,或其他具有类似的先进文化的时期相关的科目应当排除在外。

约翰·查维克希腊语和拉丁语研究基金

1. 由唐宁学院的荣誉院士、前希腊语副教授、文学博士约翰·查维克从罗马林瑟学院授予他的安东尼奥·费尔特利内利奖所获得的收益中赠予大学的款项构成了一项基金,称为约翰·查维克希腊语和拉丁语研究基金,本 　　名称和目的

基金的目的在于促进希腊语和拉丁语以及其他与之密切关联学科的学习和研究。

经理　　2. 本基金的经理应为：
（a）比较语言学教授；
（b）古典学学部委员会任命的两名成员；
应在米迦勒学期任命第（b）类经理，从其任命次年的1月1日起任职两年。

基金的应用　　3. 本基金的收入由经理决定用于：
（a）为从事第1条指定科目的深造和研究的研究生以及其他人员，包括大学的访问学者，提供赞助。
（b）通过其他方式提供帮助以促进第1条指定科目的深造和研究工作。

未使用收入　　4. 一个财政年内的未使用收入由经理决定纳入到基金的本金之中或者累积作为下一年的收入。

诺拉·查维克基金

名称　　1. 由诺拉·查维克夫人遗赠给大学的款项构成了一项基金，称为诺拉·查维克基金。

目的　　2. 基金的收入应当用来为一个副教授职位——称为诺拉·查维克凯尔特研究副教授——提供部分或全部费用，或者可由学部总委员会在英语学部委员会的推荐下决定向盎格鲁-撒克逊、挪威及凯尔特系安排一个非教授或副教授职位的大学职位（但本职位的持有者应主要从事凯尔特语的教学和研究），为此大学职位提供部分或全部费用。

钱伯音乐基金

名称和目的　　1. 由匿名捐赠者赠送给大学用于推广一个小合奏室内音乐会的10000英镑构成了一项基金，称为钱伯基金。

经理　　2. 基金的本金和收入应由经理处置，经理由音乐教授和音乐学部委员会任命的两名成员组成，这两名成员每次任职两年。

经理的权力　　3. 经理有权决定作为小合奏成员的音乐家的雇佣酬金和条件，关于音乐会主题的所有安排都应经过学部委员会的批准。

格雷斯和托马斯·C.H.陈奖学金基金

1. 从托马斯C.H.陈夫妇处接受的款项构成了一项基金，称为格雷斯和托马斯C.H.陈奖学金基金。本基金的本金和收入，以及其他服务于同一宗旨的可用资金，应当用于向在艺术与人文学院或人文社会科学院的任何科目中开始从事博士研究的博士生提供一项奖学金。有资格的学生应为中华人民共和国居民或在中华人民共和国定居的人。应优先考虑来自香港特别行政区以外的省份或地区的申请人。 名称和目的

2. 本基金的经理应为：(a) 艺术与人文学院理事会主席，或者他或她的代理人，(b) 人文社会科学院理事会主席，或者他或她的代理人，以及(c) 研究生董事会秘书。 经理

3. 本基金首先应用于为打算从事艺术与人文学院和人文社会科学院任何科目的哲学博士学位研究生学习的中华人民共和国学生提供一项奖学金，称为"格雷斯和托马斯C.H.陈奖学金"。如果研究生表现足够优秀，截止到2007年，至多可颁发三项格雷斯和托马斯C.H.陈奖学金，以后四年至多每年可颁发两项，并且至少在2030年前每年颁发一项。 奖学金

4. 格雷斯和托马斯C.H.陈奖学金一般从选拔日的下一个10月1日、1月1日或4月17日起三年有效。 期限

5. 格雷斯和托马斯C.H.陈奖学金应提供：

(a) 由经理决定的一笔生活费；

(b) 支付学生的大学和学院的费用。

6. 在某一特殊年度若无合适的哲学博士生出现，经理可决定将基金用于资助哲学硕士或在相关学院学习一年课程的同等学位持有者。在任何每三年或每年颁奖一次的年度，若无足够的候选人，则该年度的奖项可保留到下一年。 当没有合适的候选人

7. 奖学金应由经理董事会任命的选举委员会授出。 如何授出

8. 经理可采取他们认为适当的方式通过必要的步骤推广奖学金项目。

9. 奖学金获得者有权知悉资助的来源并有机会与捐赠方进行合适的接触。

10. 经理应向捐赠者提供每年基金使用报告以及被资助学者的名单和他们的学习领域。校方应每年向捐赠者提供关于每位学者所从事研究的报告。 年度报告

名誉校长勋章

向精通古典学问者颁发两枚勋章
1904 年《捐赠》,第 370 页

谁有资格　　1. 每年至多为精通古典学问者提供两枚名誉校长勋章,颁发给在当年古典学荣誉学位考试的第二部分获得优异成绩并符合第 2 条有资格的学生,前提是颁奖者认为这些学生在该考试中的成绩以及在其他大学中的考试理应获得该奖项。

　　2. 本勋章的颁发所考察的资格应局限于已经通过选拔获得大学古典学奖学金的学生,或者获得这些奖学金颁奖人荣誉提名的学生。

　　3. 在 4 月的最后一个工作日或之前,对于参加古典学荣誉学位第二部分考试、并根据第 2 条有资格参与奖项竞争的候选人,教务长应向古典学学部委员会主席提供其参加大学考试和奖项竞争的详细记录。

颁奖人　　4. 颁奖人应是古典学荣誉学位考试第二部分考官主席以及由古典学学部委员会在四旬斋学期期末前任命的不少于两名但不多于四名成员。这些人中应包括一名某年大学奖学金颁奖人的代表,该奖学金的候选人应符合第 2 条的要求。

获奖的公布　　5. 胜出候选人的姓名应由颁奖人在复活节学期结束前公布。

一枚关于英文诗歌的勋章
1904 年《捐赠》,第 382 页

谁有资格　　1. 每年住宿在学校的本科生均可成为英文诗歌名誉校长勋章的候选人,只要他或她住宿在校第一学期到作品提交的最后一天未超过七个完整学期。

考官　　2. 考官为爱德华七世英文文学教授和其他两名由学部总委员会在每年的四旬斋学期经校务理事会提名任命的考官。除非没有作品提交上来,此两名考官每人均可从本基金中获得由英语学部委员会在校务理事会随时批准的范围内决定的一笔款项。

主题的公告和作品的提交　　3. 在每年的 6 月 1 日或之前考官应公告勋章作品的提交邀请通知,如果他们认为适合,还可公布诗歌的主题。诗歌不得超过 200 行或者其他考官公告的长度。所有作品都应在下一年的 2 月 1 日前向教务长提交。

作品如何提交　　4. 候选人应向教务长提交他或她作品的三份副本。作品应是印刷版或打印版;作品上应有题词而不得有候选人的姓名,并且应附带一个表面写有相同题词的密封信封,信封中应含有候选人的姓名和学院名称信息。

5. 获胜候选人应当在获胜作品朗诵之日在评议会大楼朗诵,并且应将诗歌的印刷版或打印版存放在大学图书馆中。

作品：朗诵

一项鼓励英国法学习的奖项
1904 年《捐赠》,第 398 页

英国法名誉校长勋章应由法学硕士考试的考官颁发给在英国法和法律史方面表现突出者。本勋章不必每年颁发,颁发与否取决于是否有异常优秀的候选人。并且候选人应当在他或她住宿学校第一学期起的第 15 个学期前进行此考试。在每年的复活节学期前法学学部委员会应公告下一年度考试中的哪个论文可被视为本奖项的论文。

档案馆街 1 号侵权法奖
2008 年 1 月 30 日第一号动议

1. 由档案馆街 1 号为促进侵权法的学习而每年提供的款项应平均用于：

基金和目的

（a）提供一项称为档案馆街 1 号侵权法奖的奖项,由法学硕士学位考试的第一部分 A 和第二部分 B 的考官颁发给在考试中第四卷的表现突出者,以及

（b）资助购买由钱伯斯为斯奎尔法律图书馆挑选的书籍。

2. 如果当年奖项未授出,该年未使用收入应用于上述第 1(b)条规定的目的。

未使用收入

乔叟阅读奖

1. 大学英语讲师、西德尼·苏萨克斯学院的 C. H. 佩奇博士的赠予构成了一项基金,该基金的收入应当用于提供一项称为乔叟阅读奖的奖项。

奖项

2. 本奖项经奇数年份的比赛授出,且应当向所有大学住宿学生成员开放。

3. 本奖项由两名由英语学部委员会在授奖年份的四旬斋学期期末前任命的评审官颁发。

评审官

4. 本奖项的考试为候选人大声朗读其所选择的乔叟诗歌作品的一段文字。候选人的导师在考试前 14 天向教务长提交候选人的姓名以及所选篇章。

考试

5. 胜出者有资格第二次参与竞争。

价值	6. 本奖项的价值由英语学部委员会在校务理事会随时批准的范围内决定
	7. 基金未使用收入由英语学部委员会决定纳入基金的本金之中或积累作为以后年份的收入。

化学捐赠基金

化学捐赠基金平均分为六份，作如下使用：
- 化学系获得五份
- 材料科学和冶金学系获得一份

下一代化学基金

名称和目的	1. 从瓦特斯·孔德特公益信托和菲利普·约瑟·布朗博士处接受的款项构成了一项基金，称为下一代化学基金，用于如下目的：资助在化学系尚处于化学领域学术生涯早期研究阶段的任何年龄的个人。本基金可包括从其他机构或个人获得的为此目而捐赠的款项。
经理	2. 本基金的经理为化学系主任，乔弗利·莫尔豪斯·吉布森化学教授，物理化学教授（1920），化学教授（1968）和英国石油公司化学教授（1702）。如果一名经理既是化学系主任又是以上提及的教授之一，在有约束力的决定事件中，该经理拥有决定性的一票。
期限	3. 本基金的本金和收入应用于提供每年不受限制的 5 万英镑的奖助（或由经理决定授予较少数额），以资助化学系一名或多名下一代研究员的研究。经理可决定每个研究员的期限并可将期限延长一年或多年，但最长期限不得超过五年。当下一代研究员不再成为大学的雇佣者时，他或她的下一代奖学金以及其他相关的奖助也将终止。
奖学金名称	4. 基金的经理负责为下一代研究员颁奖。经理可参考基金捐赠人或机构的名称决定本奖学金的名称，但授出的奖学金应至少包括一项瓦特斯·孔德特下一代奖学金，以及一项菲利普和帕特里西亚·布朗下一代奖学金。
未使用收入	5. 一个财政年度的未使用收入应累积，并根据第 3 条在以后的任何一个或多个年份中使用。

中国研究基金

名称和目的	1. 为促进中国研究而向校方捐赠的款项构成了一项基金，称为中国研

究基金。

2. 本基金的经理为亚洲和中东研究学部委员会,其有权将与本基金有关的部分或所有职能授权给由学部委员会任命的至少三名成员构成的委员会。

3. 本基金的收入应由经理决定用于:

(a) 提供一个年度奖项,称为中国研究奖,其价值由经理在校务理事会随时批准的范围内决定,由东方研究荣誉学位考试第一部分和第二部分的考官颁发给在中国研究论文中的表现突出者。

(b) 通过其他方式推动中国研究(包括为大学成员提供旅行费用,为访问本大学的中国研究学者提供费用)。

吕川奖学金和高级访问奖学基金

1. 大学从吕川基金会接受的款项构成了一项基金,称为吕川奖学金和高级访问奖学基金,本基金的收入应用于提供吕川研究奖学金和高级访问奖学金以支持台湾研究的教学和研究,研究的范围在东亚研究会偏好领域内。

2. 本基金的经理应为:

(a) 四人由东亚研究会管理委员会任命,其中一人应为中国研究领域教授;

(b) 一人由吕川基金会任命。

第(a)类经理应在米迦勒学期获得任命,并从任命次年的1月1日起服务任职一年。

3. 本基金的收入应由经理决定用于:

(a) 为吕川研究员提供薪金、国民保险金和退休金缴纳款,此人应从事台湾研究领域的教学和研究;

(b) 为吕川高级访问学者提供生活薪金和旅行费用,此人应在台湾研究领域从事他或她的专门研究。

4. 挑选吕川研究员时,基金经理应参考候选人的书面研究计划书。在考虑延长研究员的原定期限时,经理应考虑最初研究计划的进展。

5. 本基金的经理有权在学部总委员会随时批准的范围内随时决定吕川研究员的期限以及各期限内的薪金。

6. 当本基金经理认为研究员未能勤勉地履行他或她的职责时,可随时终止本奖学金。

7. 本基金经理有权随时决定吕川高级访问学者的邀请期限和授予的生

未使用收入　　8. 任何一财政年度未使用的基金收入可纳入基金的本金之中或者累积作为以后年份的收入，由经理决定用于第1条列举之目的。

吕川讲师奖学基金

基金的目的　　1. 由加利福尼亚吕川基金会赠予大学的款项构成了一项基金，称为吕川讲师奖学基金。本基金的收入首先用于提供吕川讲师的酬金。

讲师　　2. 在每年的复活节学期，亚洲和中东研究学部委员会或者任命一名讲师在下一个学术年持有本职位，或者延期一年，但延期不得延续超过两年。如有可能，学部委员会在任命时，应挑选有资格开展台湾历史或文化主题演讲的学者。

职责　　3. 讲师在持有他或她的职位时，在一个完整学期内应开展两次关于中国研究的某些方面的演讲，其中应被理解为已包含有台湾文化和历史。

酬金　　4. 支付给讲师的酬金的金额由学部委员会在校务理事会随时批准的范围内决定。另外，学部委员会也应决定在基金收入中扣除演讲的费用和其他演讲相关的费用。

数学运筹学研究丘吉尔教授奖学基金

基金　　1. 为纪念丘吉尔爵士，从ESSO石油有限公司接受的为一个数学运筹学研究教授职位捐赠的款项构成了一项基金，称为丘吉尔数学运筹学研究教授奖学基金。

经理　　2. 本基金由数学学部委员会任命的三名经理管理，其中包括一名统计实验室主管，纯数学和数学统计学系主任以及一名丘吉尔数学运筹学研究教授。

收入的使用　　3. 本基金的收入首先用于支付丘吉尔数学运筹学研究教授的大学应付的薪金、国民保险金和退休金缴纳款。

4. 根据第3条提供支付，以及支付每年举行教授选拔所需费用后，本基金的收入应以学部总委员会经经理建议决定的方式资助纯数学和数学统计学系统计学实验室的教学和研究。

未使用收入　　5. 财政年度未使用基金收入可在下一年根据第4条规定加以使用。

土木工程基金

一 般 规 章

1. 由土木工程研究会赠予大学的款项构成了一项基金,称为土木工程基金,本基金首先用以提供如下奖项:
   (a) 一项土木工程研究会管理学奖;
   (b) 一项土木工程研究会土壤力学罗斯科奖;
   (c) 三项向工程学荣誉学位考试任何科目中表现突出者颁发的土木工程学贝克尔奖。
   以上奖项应根据后列特别条款颁发。

2. 本基金的经理须为工程学学部委员会。 —— 经理

3. 根据后列特别条款提供奖金后,本基金收入的盈余应以工程系主任随时决定的方式用于培训工程师对工程项目经济学、工程作业的组织和管理以及工程设计和结构在审美方面考虑的关系之能力。 —— 未使用收入

土木工程研究会管理学奖

1. 土木工程研究会管理学奖应每年由工程学荣誉学位考试第二部分B的考官颁发给在此考试的管理学方面成绩优异的候选人。

2. 本奖项的价值由工程学学部委员会在校务理事会随时批准的范围内决定。

土木工程研究会土壤力学罗斯科奖

1. 土木工程研究会土壤力学罗斯科奖每年由工程学荣誉学位考试第二部分B的考官颁发给在此考试中土壤力学领域成绩优异的候选人。

2. 本奖项的价值由工程学学部委员会在校务理事会随时批准的范围内决定。

土木工程学贝克尔奖

1. 两项土木工程学贝克尔奖由工程学荣誉学位考试第二部分A的考官颁发给两名在此考试中的任何一领域取得优异成绩的候选人。

2. 一项土木工程学贝克尔奖由工程学荣誉学位考试的第二部分B的考官每年授予在此考试中的任何一领域取得优异成绩的候选人。

3. 每个奖项的价值由工程学学部委员会在校务理事会随时批准的范围

内决定。

B. R. D. 克拉克奖

名称　　1. 由 B. R. D. 克拉克夫人为纪念她的丈夫、三一学院文科硕士布鲁斯·罗伯特·邓肯·克拉克(1924—1998)捐赠的款项构成了一项基金,称为 B. R. D. 克拉克基金。

经理　　2. 本基金的经理为法学学部委员会,其可将条款下部分或全部职能授权给一个由至少三个人组成的委员会,其中一名应为法学学部委员会成员。

如何授出　　3. 本奖项每年由法学硕士学位考试的考官颁发给在此考试中总体表现最佳的人。

价值　　4. 本基金的价值由法学学部委员会在校务理事会随时批准的范围内决定。

未使用收入　　5. 学部委员会可决定未使用基金收入或者纳入基金的本金之中或者累积作为下一年的收入。

大卫·L. 克拉克讲师奖学金

基金　　1. 为纪念前考古学大学讲师、彼得学院院士大卫·L. 克拉克所赠予的款项构成了一项基金,称为大卫·L. 克拉克基金。

经理　　2. 基金经理应为:
(a) 一人由考古学和人类学学部委员会任命,并为主席;
(b) 一人由考古系主任任命;
(c) 一人由彼得学院管委会任命。
每个经理在米迦勒学期任命并从次年 1 月 1 日起任职四年。

讲师　　3. 大卫·L. 克拉克讲师由交替年份的经理任命并持有本职位两个学年。讲师的职责是在大学中于经理批准的日期举办一天的演讲,演讲内容为考古学方法和理论的新发展。

酬金　　4. 从基金收入中支付给讲师的酬金由经理在校务理事会随时批准的范围决定。另外,经理可从基金收入中支付演讲所需费用。

2000 古典学学部吁求基金

基金和目的　　1. 应古典学学部的吁求而立契捐赠的款项构成了一项基金,称为 2000 古典学学部吁求基金。本基金的收入应用于资助大学希腊语和拉丁语的学习和教育以及为此目的而进行的发展和获得资源的活动。

2. 本基金的经理为古典学学部委员会。 经理

3. 一个财政年度中未使用的基金收入由经理决定或者纳入到基金的本金之中或者将其作为将来年份的收入。 未使用收入

4. 根据第 1 条提供支付后,基金的收入由经理决定随时通过其他方式用以支持促进和鼓励大学古典学的研究。 其他收入的使用

克莱默斯阅读奖

1. 伊曼纽尔学院的院士、艾灵顿和博斯沃斯盎格鲁-撒克逊教授——彼得·阿兰·马丁·克莱默斯的遗赠构成了一项基金,其收入用于提供一项克莱默斯阅读奖。 奖项

2. 本奖项每年通过比赛授出并向所有在校住宿学生开放。

3. 本奖项的考试由候选人阅读其选择的一段其在盎格鲁-撒克逊、挪威及凯尔特系学习到的语言的诗歌,也就是:古英语、古挪威语、中世纪威尔士语、中世纪爱尔兰语、中世纪凯尔特语和岛上拉丁语。候选人必须在四旬斋学期的最后一个星期五前向盎格鲁-撒克逊、挪威及凯尔特系秘书提交他或她的姓名,连同其所选篇章的详细资料。 考试

4. 本奖项由一组不少于两人的评审人颁发。评审人每年由盎格鲁-撒克逊、挪威及凯尔特系主任提名,并在收到候选人资料后的复活节学期中进行任命。 评审人

5. 考试应在复活节学期前举行。

6. 本奖项的获得者不得在同一语言上第二次竞争此奖项。

7. 本奖项的价值由盎格鲁-撒克逊、挪威及凯尔特系主任在校务理事会随时批准的范围内决定。 价值

8. 如果当年的奖项未授出,则其收入应纳入基金的本金之中。

克利福德·常瑟·戴维·戈特利布奖

1. 由克利福德·常瑟为纪念一个合作伙伴——戴维·戈特利布而每年提供的款项,应当用来提供一个奖项,称为克利福德·常瑟·戴维·戈特利布奖。 名称

2. 本奖项应当每年由法学荣誉学士学位考试第一部分 B 的考官授予在此次该部分考试中表现最优秀的候选人。 如何授予

3. 支付给每个获胜者的总额不少于 50 英镑的款项应该用于购买获胜

者选定的书籍。

克利福德·常瑟·C.J.汉姆森奖

1. 由克利福德·常瑟为纪念三一学院院士、比较法名誉退休教授 C.J. 汉姆森而每年提供的款项用以提供三个克利福德·常瑟·C.J. 汉姆森奖。

如何授出

2. 本奖项应按以下规定颁发：

（a）一项由法学荣誉学位考试第一部分 B 的考官向在此考试第 10 页的合同法中表现突出者颁发的奖项；

（b）一项由法学考试第二部分的考官向在此考试第 44 页的法律责任部分中表现突出者颁发的奖项；

（c）一项由法律硕士的考官向在此考试中的比较法部分表现突出者颁发的奖项。

价值

3. 各奖项的价值为克利福德·常瑟每年提供金额的三分之一。

克利福德·常瑟欧洲法奖

名称

1. 由克利福德·常瑟每年为欧洲法研究提供的款项应平均用于以下方面：

（a）提供一项称为克利福德·常瑟欧洲法奖的奖项，由法学荣誉学位考试第一部分 B 或第二部分的考官颁发给在此考试第 26 页的欧洲法中表现突出者；以及

（b）用于为斯奎尔法律图书馆购买图书。

未使用收入

2. 任何一年未授出奖项的收入应依照第 1 条(b)指定目的加以使用。

科贝特基金

基金

1. 由三一学院医学博士、原大学病理学讲师路易斯·科贝特遗赠的款项构成了一项基金，称为科贝特基金。

目的

2. 本基金的收入由病理学教授随时决定用于促进病理学研究。

科克莱尔基金

名称

1. 为纪念 1908 年到 1937 年的费兹威廉博物馆马雷馆长和主管——西德尼·卡莱尔·科克莱尔爵士所捐赠的款项构成了一项基金，称为科克莱

尔基金。

2. 本基金的收入应由主管一次性分配给博物馆助理员工成员进行外国旅行。 目的

多洛泰阿·寇克基金

1. 克莱尔学院的文科硕士 B.E.寇克上校为纪念其妻子多洛泰阿而赠予给学校的款项构成了一项基金,称为多洛泰阿·寇克基金,目的在于促进关于斯堪的纳维亚国家早期历史的原创性研究著作的出版。 名称和目的

2. 本基金的经理应为斯堪的纳维亚研究基金的经理。 经理

3. 本基金的本金和收入应由经理决定根据他们认为适合的条件用以资助英国作家出版书籍、回忆录或文章,为丹麦、冰岛、挪威和瑞士公元1500年前的历史和文化的知识积累做出贡献。 基金的使用

4. 经理应发布持续期间不短于三个月的公告,内容为其打算考虑要求从基金中获得资助的申请。 程序

5. 申请者应按照经理的要求向其提交需要资助的作品的原稿,并提供作品已由作者本人或以作者的名义支付了版税而被接受出版的证据。

6. 经理应任命一个或多个裁定人就提交的作品向其提供报告,如果产生费用的话,则决定从基金中向每个裁定人支付一笔费用。 裁定人

7. 获胜申请人的姓名连同他们获得的数额应在《通讯》上发表,但在作品出版前不得获得此奖助。 奖助的支付

8. 被授予奖助的各出版作品中须印有如下提示: 鸣谢

本印刷本……因斯科亚里特于1951年为纪念多洛泰阿·寇克而向剑桥大学提供的捐赠才得以出版。

丹尼斯·克尔基金

1. 大学依照丹尼斯·内里甘·克尔的遗嘱而接受的款项构成了一项基金,称为丹尼斯·克尔基金。 名称

2. 本基金的收入由费兹威廉博物馆的绘画部、图画部和报刊部所得,并且依据克尔先生的遗嘱,应根据以下目的加以分配: 目的

(a) 图画帧的保存;

(b) 由绘画部、图画部和报刊部的成员为研究陈列引起的旅行费用。

(c) 任何可增进绘画部、图画部和报刊部的效率和愉悦使用之目的。

| 分配权 | 3. 费兹威廉博物馆的馆长经绘画部、图画部和报刊部管理员建议分配本基金收入，并应向费兹威廉博物馆委员会报告。

威廉·乔治·克林斯基金

| 名称 | 1. 由前剑桥乐器公司主管、已故的威廉·乔治·克林斯向大学遗赠的款项构成了一项基金，称为威廉·乔治·克林斯捐赠基金。

| 使用 | 2. 本基金的收入应根据工程学学部委员会的决定加以使用，并应符合其认为合适的以下条件：
（a）为在工程学系从事工程学领域研究的大学成员提供奖助；
（b）通过其他手段以促进和资助工程学领域的研究。
但依据捐助者的意愿，总是将优先权给予在电子工程和机械工程学领域的研究。

| 公布获奖情况 | 3. 每个基金授出奖项的年份、获奖者姓名，但不包括获奖的金额，应在《通讯》上发表。依照工程学学部委员会决定的方式支付本奖。

英联邦图书馆基金

| 基金 | 1. 从英联邦皇家学会图书馆持有的基金的受托人处接受的款项应构成一项基金，称为英联邦图书馆基金。

| 目的 | 2. 本基金的本金和收入应用于促进英联邦皇家学会图书馆和英联邦皇家学会档案馆的编目和数字化工作、大学图书馆的英联邦官方出版物网上目录记录发行、提供从英联邦皇家学会到大学图书馆中的英联邦皇家学会图书馆的电子通道。

| 年度报告 | 3. 图书馆委员会应向受托人提交关于基金管理的年度报告，直到基金收入和本金全部用完。

比较法捐赠基金

| 经理 | 1. 比较法捐赠基金的经理应为法学学部委员会，学部委员会可将条款下的部分或全部职能授权给一个委员会，其成员来源不限于学部委员会。

| 未使用收入 | 2. 本基金的收入应由经理决定随时用于法学系的一般目的。经理可将一个财政年度的未使用收入纳入到基金的本金之中。

寇贝特基金和奖项

1. 依据基督学院文学士萨穆尔·斯汤达·寇贝特的遗嘱而由大学接受的款项构成了一项基金,称为寇贝特基金,本基金用于促进和鼓励大学古典希腊语的学习。 — 名称和目的

2. 本基金的经理为古典学学部委员会,学部委员会可将与本基金有关的部分或全部职能授权给一个委员会,其成员来源不限于学部委员会。 — 经理

3. 称为寇贝特奖的奖项每年由古典学荣誉学位考试第一部分B的考官颁发给在此考试提交了试卷2的候选人。本奖项应授予在试卷2和试卷11(如果提交的话)中表现突出的候选人。颁奖时,考官应考虑各候选人在大学入学考试时的希腊语知识。 — 奖项

4. 本基金的收入首先用于提供寇贝特奖。本奖项的价值由经理在校务理事会随时批准的范围内决定。 — 价值

5. 本基金的第二项开支应是提供一个年度讲座,称为寇贝特讲座。 — 演讲

6. 寇贝特讲师应由古典学学部委员会每年任命一次。讲师有义务在大学的一个完整学期内举办一次讲座,主题为古希腊语。 — 讲师的职责

7. 由经理在校务理事会随时批准的范围内决定讲师应获得的酬金金额。另外,经理可决定支付讲座费用和举办此讲座引起的其他费用。 — 酬金

8. 本基金累积未使用收入应由经理随时决定: — 未使用收入

(a) 为希腊语大学本科生提供奖助,以便其在古希腊人定居地或其殖民地开展旅行;

(b) 为古典学学部的毕业生或研究生提供类似的奖助;

(c) 通过其他方式支持促进和鼓励大学希腊语的学习。

阿兰·科特莱尔爵士奖

1. 为纪念前校长、基督学院院长、冶金学戈德史密斯教授阿兰·寇特莱尔在物理冶金学领域作出的贡献,由其在70岁生日时捐赠的款项构成了一项基金,称为阿兰·科特莱尔爵士基金。本基金用于提供一项奖项,称为材料科学和冶金学阿兰·科特莱尔爵士奖。 — 基金和奖项

2. 本奖项由自然科学荣誉学位考试第一部分B的考官颁发给在此考试的材料科学和冶金学两个科目中表现突出者。 — 如何授出

3. 本奖项的价值为基金的每年收入。 — 价值

4. 未授出本奖的当年收入应纳入到基金的本金之中。 — 未颁发奖项

阿兰·寇尔森奖

基金和奖项　　1. 从 A. S. 寇尔森处接受的 1 万英镑款项构成了一项基金,称为阿兰·寇尔森基金,本基金的收入应用于提供一项奖项,称为英国帝国扩张史阿兰·寇尔森奖。

如何授出　　2. 本奖项由历史荣誉学位考试第二部分考官向颁发给在此考试中提交了关于英帝国扩张领域(包括 1776 年前的北美历史)的主题最佳论文的候选人,该领域应被理解为覆盖了包括个别殖民地的发现、征服、定居和发展,移民和殖民者的哲学和动机以及帝国扩张和发展中的公共意见的角色等主题。

价值　　3. 本奖项的价值为本基金的每年收入。未授出奖项的当年收入应纳入基金的本金之中。

F. R. 考帕·里德基金

名称和目的　　1. 由考帕·里德夫人遗赠的款项构成了一项基金,称为 F. R. 考帕·里德基金,本基金的目的在于提供有助于促进古生物学研究的旅行资助。

经理　　2. 基金的经理为地球科学系主任和两名地球科学和地理学学部成员,其中一人由该学部委员会在每年的米迦勒学期任命,并从次年 1 月 1 日起任职两年。

使用　　3. 本基金的收入应由经理随时决定依照他们认为合适的条件用于为打算从事古生物学研究的大学成员提供旅行资助。

克莱格·泰勒基金

基金和奖项　　1. 克莱格·泰勒基金的收入应当用于提供一项或多项年度奖,称为克莱格·泰勒奖,由哲学学部委员会颁发给由哲学荣誉学位考试第一部分 A 和第一部分 B 或者第二部分的考官推荐的,在此考试的以上任何部分或其中的某一单元(哲学学部委员会可随时指定)中获得最优异成绩的学生。

如何颁奖　　2. 哲学学部委员会有权在任何一学年确定多个授予克莱格·泰勒奖的领域。

如未授出　　3. 由哲学学部委员会决定,未授出奖项当年的收入纳入基金的本金之中或累积作为未来年份的收入。

约翰·克莱恩慈善基金

1904 年《捐赠》,第 565 页

1. 用于救济贫病学生的克莱恩慈善金的分配人应当是:校长、冈维尔和凯斯学院院长、皇家神学教授、皇家民法教授和皇家医学教授及首席药剂师。 分配人

2. 首席药剂师由其他分配人在米迦勒学期结束前任命,从次年 1 月 1 日起任职 5 年。 药剂师

3. 分配人至少一个学年开会一次。 分配人会议

4. 分配人须每年在《通讯》上公告说他们将考虑学生的申请,申请应由其所在学院的导师提出。

格兰莫大主教奖、赞助和奖学金

1. 从亨利·塞克斯牧师处接受的遗赠款项应分别投资并构成一项基金,称为亨利·塞克斯基金。 基金

2. 校内设立一项名为格兰莫大主教奖的奖项,颁发给一篇以公元 1500 年到 1700 年间英格兰教会教义、组织和仪式变化的结果和动机为主题的论文,以及这些变化对英国人的政治经济、国内外、文学、社会、宗教和家庭生活方面的影响。 奖项

3. 本奖项应当在每年的米迦勒学期颁发。

4. 历史学学部委员会应在奖项授出前一年的米迦勒学期公布授奖条件。 奖项公告

5. 本奖项候选人应为大学成员,且距其获得第一个学位——无论是本校还是其他学校,已不少于三年。 谁可竞争

6. 本奖项的评审人为历史学学部委员会,委员会有权任命评议人。每个评议人都可从基金中获得由评审人在校务理事会随时批准的范围内决定的一笔金额。除非条款中特别规定,评审人可将它们的所有职能授权给一个由三名成员组成的委员会,其成员不必均来自历史学学部或历史学学部委员会。 评审人

7. 学生必须在指定授奖日期所在学期中期结束前提交他或她论文主题的科目,以取得评审人的批准;此批准必须在该学生获候选人资格之前获得。已为一项大学奖项或哲学博士学位提交论文的候选人,必须声明为本奖项提交的论文与他或她此前的论文不存在实质性的相似。 提交论文

8. 必须在颁奖当年的 10 月 1 日前向教务长送交论文。

9. 向获胜者提供奖项是本基金的首要开支。本奖项的价值由历史学学部委员会在校务理事会随时批准的范围内决定。奖项的管理费用以及向评审人认为值得发表的任何论文提供发表赞助是本基金的第二开支；累积收入的剩余或任何其他累积的部分可经评审人决定为获胜者提供额外奖金。

10. 根据第 9 条提供本奖项后，基金累积的未使用收入应经评审人随时决定用于以下目的：

（a）提供赞助以促进对 1500 年到 1700 年间的英国宗教史的研究，涉及由 1500 年至 1700 年间英格兰教会的教义、组织和仪式的变化结果和动机，以及这些变化对英国人的政治经济、国内外、文学、社会、宗教和家庭生活的影响。评审人应在校务理事会随时批准的范围内决定赞助的价值。

（b）提供一个或两个格兰莫大主教奖学金，获奖者应致力于对 1500 年到 1700 年间的英国宗教史的研究，涉及由 1500 年至 1700 年间英格兰教会的教义、组织和仪式的变化结果和动机，以及这些变化对英国人的政治经济、国内外、文学、社会、宗教和家庭生活的影响。本奖学金的推选人为本奖项的评审人，他们要进行选拔时应公告申请截止的日期和提交方式。本奖学金向已经是或将成为大学注册研究生的所有人开放。本奖学金的价值由评审人在校务理事会随时批准的范围内决定。奖学金的基础期限是一年，可延长此期限并复核其价值，但最长期限不超过三年。

11. 如果获奖论文出版后的销售极大增加了本基金的收入，超过了第 6 条、第 9 条和第 10 条指定用途需要提供的金额，校务理事会可基于财政委员会的建议，向大学图书馆或大学出版社提供赞助。

12. 塞克斯先生遗嘱的第 5 款（刊登在《通讯》上，1927—1928 年，第 634 到 635 页）应添加到所有全部或部分由基金付费出版的论文中。

克拉文基金和奖学金

1904 年《捐赠》，第 286 页

1. 克拉文基金的经理应为古典学学部委员会。

2. 应提供一项克拉文奖学金，用以促进语言学、文学、历史学、哲学、考古学、古希腊和罗马艺术以及古印欧语言比较语言学的研究。

3. 本奖学金获得者应根据学部委员会批准的计划，从事第 2 条指定的一个或多个科目的进修或研究。该计划应包括离校 6 个月以上，除非委员会决定免除此项要求。

4. 本奖学金向大学所有注册研究生开放，只要他或她成为研究生的学期至选拔日不少于两个完整学期。

5. 由学部委员会选拔学生,他们可采取其认为合适的步骤考察候选人资格;但奖学金不应根据竞争性考试的结果颁发。 推选人

6. 在每年四旬斋学期结束前,委员会应公告奖学金申请提交的日期和方式。奖学金的选拔应由委员会决定在米迦勒学期的某天举行。 申请

7. 本奖学金从选拔日到次年的 9 月 30 日间有效。获奖学生有不超过两次的再选拔资格。 期限

8. 本奖学金的酬金金额不超过基金可用收入,由学部委员会在校务理事会随时批准的范围内决定。酬金依据委员会随时决定的分期付款方式支付,如果委员会认为学生未足够勤勉地学习他或她的课程时,可拒绝任何一期付款。 酬金

9. 在支付克拉文学生和学者的酬金以及从基金中支付给考官费用后,基金的盈余应当用于促进第 2 条指定科目的研究。 基金盈余

10. 根据委员会决定的目的和他们认为合适的条件,可从基金收入中为克拉文学生或从事此研究的其他人提供奖助。本奖助可包括对获得者生活费的支付。 奖助

11. 委员会可将基金相关职能授权给一个委员会,其成员不必均来自学部委员会。

大卫·克莱顿基金

1. 为纪念应用数学教授、基督学院院长大卫·克莱顿而捐赠的款项构成了一项基金,称为大卫·克莱顿基金,本基金的收入应当用于资助在水力学、声音学、波学和振动学领域从事应用数学研究的尚处于其研究生涯的早期阶段的人。 基金和目的

2. 本基金由如下人员组成的经理进行管理: 经理
(a) 应用数学和理论物理系主任(或者正式任命的代理人),任主席;
(b) 应用数学教授;
(c) 一名由应用数学和理论物理系主任任命的成员;
(d) 一名通常为大学成员且由数学学部委员会任命的成员。

第(c)和(d)类中被任命的成员应在米迦勒学期任命,并从任命后第一个 1 月 1 日起任职四年。

3. 本基金的收入应当用于提供四项大卫·克莱顿奖学金,本奖学金由经理在第 1 条阐明的领域内每年进行选拔。本奖学金的目的在于使在本大学攻读某个更高级别学位或工作的人访问其他机构或在其他机构攻读某个 奖学金

更高级别学位或工作的人访问本大学。本奖学金的期限长达三个月。经理应优先考虑持有低级职位的人（包括研究生）。

申请的提交
4. 在每年的米迦勒学期，经理应发布申请提交的日期和方式的公告。

未使用收入
5. 每个财政年度未使用的收入由经理决定或者纳入到基金的本金之中或者累积作为以后年份的收入。

克洛泽奖学金

名称和目的
1. 克洛泽基金的收入应用于提供一项旨在促进对希伯来文和希腊文圣经、宗教历史和基督神学的认识的奖学金。本奖学金的价值应由推选人在校务理事会随时决定的范围内在不同情况下考虑学生在学习或研究上可能接受的其他酬金后决定。

谁有资格
2. 本奖学金向已注册或将注册成为大学研究生的所有人开放，只要他或她首次进行注册所在年份年末至今不超过四年。

推选人
3. 奖学金的选拔应由如下推选人组成的机构进行：

（a）皇家神学教授，玛格丽特夫人神学教授和诺里斯·哈尔瑟神学教授。

（b）三名由神学学部委员会任命的成员。

推选人可采取他们认为适合的步骤考察候选人的资格，但本奖学金不得根据竞争性考试的结果授出。

学生的职责
4. 获奖学生应根据其本人建议并经推选人同意的计划，在推选人任命的监督人的指导下从事一项进修或研究课程。每年的复活节学期监督人应向推选人提交一份关于学生工作的书面报告。

期限
5. 本奖学金基础期限为一年，获奖学生在未来不超过三年时间内有再次被选拔的资格。

选拔的公告
6. 推选人应发布持续期不短于三个月的关于他们将举行选拔意愿的公告。

支付
7. 本奖学金的酬金以由推选人随时决定的分期形式支付，当推选人认为学生未足够勤勉地学习他或她课程时，可终止奖学金或拒绝任何一期付款。

未使用收入
8. 如果他们认为合适，推选人可将基金累积未使用收入在任何年份用以提供一个或多个他们认为合适的金额的附加奖学金，或提供赞助以促进或鼓励第1条所指定领域内的学习。

克罗特·拜农基金

1. 由已故的三一学院的维农·本莱恩·克罗特·拜农遗赠给大学的金额构成了一项基金,称为克罗特·拜农基金。 名称

2. 本基金收入的三分之一用来维护考古学和人类学博物馆。 博物馆的维护

3. 本基金的剩余三分之二收入以及累积的盈余应保留作为一项捐赠基金,并根据第 4 条规定,由博物馆委员会基于以下用途进行处置: 捐赠基金

(a) 在国内外博物馆或其他组织的主办下购买或资助挖掘或探险,以为博物馆获取新材料;

(b) 提供拨款资助挖掘成果或其他由博物馆主办而获得的成果的发表;

(c) 博物馆委员会经与考古学和人类学学部委员会协商后随时决定的与博物馆相关的其他用途。

4. 捐赠基金下的探险计划应包含在学部委员会的年度预算中并且此探险应获得学部总委员会根据大学教育基金第 1 条的规定所作出的同意。

康克利夫基金

1. 校方依照利奥纳德·丹内汉姆·康克利夫的遗嘱获得并由 1937 年 12 月 12 日第一号动议接受的款项,称为康克利夫基金。 名称

2. 可累积的基金收入应经由费兹威廉博物馆委员会随时决定用以购买艺术作品。 目的

3. 通过本基金获得的物品应当加以展示。 要求

库特伯特医学人文学奖

1. 苏珊·莫利努·华纳和安德鲁·卡鲁为纪念他们的父亲弗里德里克·诺顿·库特伯特而向大学捐赠的 5383 英镑构成了一项旨在每年颁发一个医学人文学奖的基金。 基金和目的

2. 该奖项称为库特伯特医学人文学奖,每年向一篇不少于 3000 个单词的涉及临床医学与人文学的相互影响的文章颁奖。 奖项

3. 本奖项向在剑桥大学从事临床学习且是医学士荣誉学位考试第三部分候选人的所有人开放。奖项材料必须由医学教育学系主任在每年的 2 月 1 日前提交。 谁有资格

4. 本奖项由学部总委员会经临床医学学部委员会提名任命的两名评审 评审人

| 价值 | 5. 本奖项价值为颁奖所在财政年度的基金收入。 |
| 未使用收入 | 6. 未授出奖项年度的未使用收入应纳入基金的本金之中。 |

罗伯特·达格利实基金

基金和目的	1. 英娜·达格利实夫人为纪念她的丈夫、基督学院文科硕士罗伯特·塞利尔·达格利实而遗赠的款项构成了一项基金，旨在鼓励俄语学习。
经理	2. 本基金经理是：斯拉夫语系主任（或由系主任任命的摄政院成员），亦即主席，以及两名由现代和中世纪语言学学部委员会任命的斯拉夫语教学职员，他们须从被任命的次年1月1日起任职两年。
基金的使用	3. 经理可从基金收入或基金累积的未使用收入中向大学本科生成员提供奖助或贷款，以资助他们前往俄罗斯或在俄罗斯进行与在本大学的学习有关的旅行。

当克维茨—帕加蒙奖

由 2008 年 12 月 13 日第一号动议修正

基金	1. 由帕加蒙出版社主席罗伯特·麦克斯韦尔先生代表《化学工程科学》给予大学的款项构成了一项旨在鼓励化学工程研究的基金，称为当克维茨—帕加蒙基金，以纪念已故的原鹏布鲁克学院研究员和化学工程壳牌石油集团教授、文科硕士 G.C. 彼得·维克特·当克维茨。
奖项	2. 本基金的收入应用于提供一项称为当克维茨—帕加蒙的奖项，每年四旬斋学期由化学工程学系主任颁发给其认为在化学工程学相关科目中表现最为突出的博士学位的成功申请者。
谁有资格	3. 根据所在年份的研究生规章，经研究生教育委员会批准获得博士学位的学生均有资格获得本奖项。
价值	4. 本奖项的价值为基金的收入。

格伦·丹尼尔奖

| 基金和目的 | 1. 路得·丹尼尔夫人为纪念其丈夫、圣约翰学院院士、不列颠学会学员、文学博士格伦·爱德蒙·丹尼尔所捐赠的款项构成了一项基金，此基金的收入应当用于提供一项称为格伦·丹尼尔考古学奖的奖项。 |
| 奖项 | 2. 本奖项在每年大学暑假之前由考古学系主任颁发给在考古学人类学 |

荣誉学位考试第二部分 B 的考古学科目中表现突出、并且打算对此科目进行全职进修或研究的学生。

3. 本奖项的价值为本基金的收入。款项应当用于购买由获奖者挑选并经系主任同意的书籍。 — 价值

4. 任何年度未授出奖项的未使用收入应纳入到基金的本金之中。 — 未使用收入

苏伦卓纳特·达斯古普塔基金

1. 由苏伦卓纳特·达斯古普塔夫人为纪念其丈夫苏伦卓纳特·达斯古普塔而向学校捐赠的 4000 英镑构成了一项基金，称为苏伦卓纳特·达斯古普塔基金，本基金的收入应当用于推动大学的印度哲学研究。 — 名称和目的

2. 本基金的经理为亚洲和中东研究学部委员会，委员会可将其与本基金相关的职能授权给一个委员会，其成员不必限于学部委员会委员。 — 经理

3. 本基金收入首先用于向由经理随时任命的一名讲师提供薪金和费用，该名讲师应举办一门包括至少三次讲座的印度哲学课程，该讲座称为苏伦卓纳特·达斯古普塔讲座。经理可从基金中支付出版讲座的费用。 — 讲座

4. 根据第 3 条提供支付后，基金中累积的未使用收入由经理决定用于其他与本基金创立目的相符合的其他用途。 — 收入的其他使用

戴维斯—琼斯纪念基金

1. 从六名本校毕业生——1901 年至 1904 年间教师培训学院的成员处获得的款项构成了一项基金，称为戴维斯—琼斯纪念基金。本基金创立于 1930 年，用以纪念在 1914 年至 1918 年间的战争中丧生的伊曼纽尔学院的文科硕士 J. L. 戴维斯和国王学院的文科硕士 R. A. 琼斯。 — 名称

2. 本基金由借贷基金第一委员会管理，它的本金应当用于为从本校或其他学校毕业的并打算参与教育学系教学的学生提供免息贷款。 — 管理

3. 由学院导师向教务长提交贷款申请。每个申请都必须得到教育学系主任以陈述形式给出的支持。 — 申请

4. 收款人必须签写还款保证。委员会有权决定和放松还款条件。

亨利·洛伊·迪安奖

1. 由病理学系和其他系的大学职员捐赠的款项构成了一项基金，用于授出一项临床病理学的奖项。 — 基金和目的

| 名称 | 2．本奖项的名称为亨利·洛伊·迪安奖。
| 谁可竞争 | 3．本奖项向所有在剑桥从事临床学习并已成为医学学士考试第一部分考生的所有大学成员开放。
| 如何颁奖 | 4．本奖项根据每年举办的专门考试的结果颁发，由病理学教授和两名由学部总委员会经教授提名任命的评审官执行。
| 价值 | 5．本奖项的价值金额由临床医学学部委员会在校务理事会随时批准的范围内决定，但不得超过基金的可用收入。
| 通知 | 6．病理学教授应公布考试通知，通知专门考试的日期和申请资料提交的最后期限，申请资料提交期限不得少于通知公布后的六个星期。

德·弗瑞恩基金

本基金来自于J.G.德·弗瑞恩先生的遗赠，由校方于1965年接受并在1965年10月27日的《通讯》上宣布。基金的收入应由图书馆委员会决定用于购买音乐领域的书籍和手稿。

欧德特·德·摩格鲁基金和奖学金

| 基金和目的 | 1．为纪念格顿学院的文学博士、法语教授欧德特·德·摩格鲁教授，由纽霍学院的文学博士多洛泰·克尔曼提供的捐赠构成了一项基金，称为欧德特·德·摩格鲁基金。本基金的目的在于推动法语或法语文学的学习和研究。
| 奖学金 | 2．本基金的收入应当用于提供一项称为欧德特·德·摩格鲁奖的奖学金，本奖学金的获得者应从事法语或法语文学的某个科目的进修或研究。
| 推选人 | 3．本奖学金的推选人为法语德拉帕斯教授和两名由现代和中世纪语言学学部委员会于米迦勒学期任命的成员，该两名成员从其被任命的下个1月1日起任职两年。
| 谁有资格 | 4．本奖学金向所有大学注册研究生开放，只要从其被准许成为一名研究生所在学期起到选拔不少于两个完整学期。
| 选拔 | 5．在四旬斋学期结束前，委员会应公告本奖学金申请提交的日期和方式。奖学金选拔应在米迦勒学期开始前举行。
| 期限 | 6．本奖学金的期限为一年，从选拔后的10月1日起计算。
| 价值 | 7．奖学金的酬金由推选人在校务理事会批准的范围内决定，但不得超过基金的可用收入。

8．推选人可从基金的收入以及基金累积未使用收入中为奖学金获得者

或其他在法语或法语文学领域中工作的研究生提供奖助,用于购买书籍或设备或去法语地区学习所需的访问花费。

埃韦琳·德·罗思柴尔德爵士金融学基金

1. 从爱兰达基金会获得的用于资助一项期限为十年的教授奖学金的款项构成了一项基金,称为埃韦琳·德·罗思柴尔德爵士金融学基金。 名称

2. 本基金的经理为贾奇商学院院长、时任埃韦琳·德·罗思柴尔德爵士教授以及另一名由商学和管理学学部委员会每五年任命一次的成员。如果其中两个职位由同一人承担或者其中一个或多个职位空缺或期限截止,商学和管理学学部委员会应重新补充任命一名或多名经理以确保一直有三名经理。 经理

3. 本基金的本金和收入应在埃韦琳·德·罗思柴尔德爵士金融学教授任期内为其提供薪金、国民保险金、退休金缴纳款和其间接向校方缴纳的费用。 教授职位

4. 根据第 3 条提供支付后,本基金的本金和收入应通过学部总委员会根据经理的推荐批准的方法资助金融学的教学或研究。 教学和研究

5. 如果教授期限届满后有剩余的基金本金和收入,则应当用于第 4 条阐明的用途。 教授期限届满

6. 任何一财政年度的未使用收入应根据第 3 条或第 4 条的规定在下一年或未来几年使用。 未使用收入

阿吉巴德·邓尼奖

由 2007 年 11 月 21 日第三号动议修正

1. 每年应颁发两项阿吉巴德·邓尼奖,一项由工程学荣誉学位考试第二部分 A 的考官、另一项由荣誉学位考试第二部分 B 的考官分别颁发给在上述部分考试的结构理论学中表现最为突出的候选人。 颁奖人和科目

2. 本奖项的价值由工程学学部委员会在校务理事会随时批准的范围内决定,但不得超过阿吉巴德·邓尼基金的可用收入。 价值

3. 在工程学学部委员会的建议下,校方可随时修改以上条款,但本奖项必须始终称为阿吉巴德·邓尼奖且应始终致力于鼓励结构理论学的研究。 修订

神学（德语）基金

名称和目的

1. 由匿名捐赠者捐赠的款项构成了一项基金，称为神学（德语）基金，旨在鼓励在大学里从事或打算从事一项神学学习或研究课程的大学成员学习德语。

经理

2. 神学学部委员会为本基金经理，并可任命一个其成员不限于学部委员会的委员会依照以下条款履行经理职责。

收入的使用

3. 经理决定本基金的收入及本基金累积的未使用收入可通过奖助或其他方式用于鼓励在大学里从事或打算从事一项神学学习或研究课程的大学成员学习德语。

奥斯丁·多布森基金

名称和目的

1. 由已故的 M. E. 多布森夫人为纪念其父亲奥斯丁·多布森而遗赠的 700 英镑构成了一项基金，称为奥斯丁·多布森基金，本基金的收入应当用于为英语文学的学习突出者提供一项年度奥斯丁·多布森奖。

2. 在重点考虑了提交的作品在文风以及作为优秀文章所应具备的优点后颁发此奖。

如何颁奖

3. 本奖项由英语荣誉学位考试第二部分的考官颁发给在关于实用批判和悲剧的论文以及所有考生均须提交的论文中表现最突出者。

附加奖项

4. 如果有多名同等优秀的候选人存在，考官可授出一个或多个奥斯丁·多布森奖。

价值

5. 奥斯丁·多布森奖的价值由颁奖人在校务理事会随时批准的范围内决定，但(a)他们授出的一个或多个奖项应具有相同价值，并且(b)每年授出的奖项的总价值不得超过基金的每年收入。

未使用收入

6. 未使用收入应纳入到基金的本金之中。

修改

7. 除了第 1 条和第 2 条及本条，动议可变更其余条款，但在第 1 条和第 2 条中所阐述的基金的主要目的不得更改。

丹尼斯·杜勒临床解剖学奖

奖项、科目和价值

1. 皇家解剖学检查员、皇家外科医师学会会员丹尼斯·杜勒的赠予构成了一项基金，称为临床解剖学基金，旨在鼓励临床解剖学的学习和研究。

2. 本基金的收入应当用于提供一项丹尼斯·杜勒临床解剖学奖，每年向临床解剖学领域的某一科目的论文颁发。本奖的价值应为颁奖所在财政年度的基金收入。

3. 本奖项向所有在本大学为攻读医学学士学位和外科学学士学位从事一项临床医学课程学习的人开放,但如果他或她通过最终医学学士考试到申请资料提交最后一日已经过去五年,则将丧失资格。 — 资格

4. 在米迦勒学期,皇家医学教授和解剖学教授应发布公告,告知候选人提交奖项申请资料的日期和方式,以及与奖项应提交论文科目、形式、长度相关的要求。 — 申请的公告

5. 本奖由皇家医学教授和解剖学教授(或他们的代理人)颁发给其认为表现最佳者。 — 如何授奖

6. 奖项可颁发给两个候选人合作提交的一篇论文。在比较合作或独立作品时,评审人应对合作作品提出更高的标准。如果为一篇合作论文颁奖,奖项应平分给合作作者。 — 合作提交

安东尼·多莱尔奖

1. 由斯拉夫语研究系的大学讲师、基督学院的约翰·豪雷特博士为纪念其父亲安东尼·多莱尔所给予的捐赠构成了一项基金,称为安东尼·多莱尔基金。 — 名称

2. 应有一个安东尼·多莱尔奖,每年由现代和中世纪语言学荣誉学位考试第一部分 A 的考官颁发给在考试中表现突出者。 — 奖项

3. 本奖项价值为获奖者挑选并经斯拉夫语研究系主任同意的书籍。 — 书籍

布里恩·道格拉斯基金

1. 依照圣约翰学院的音乐学士布里恩·道格拉斯的遗嘱获得的款项构成了一项基金,称之为布里恩·道格拉斯基金。 — 名称

2. 本基金的收入由音乐教授处置并用于鼓励大学音乐的学习,以及在音乐学部中用于由音乐教授决定的其他与音乐相关的目的。 — 目的

德莱维特奖

1. H. W. 德莱维特的遗赠构成了一项基金,该基金的收入用于提供一项德莱维特奖。 — 基金

2. 本奖项由自然科学荣誉学位考试第一部分 B 的考官颁发给在此次考 — 如何授奖

试的生态学科目中表现突出者。

3. 未授出奖项年度的收入应纳入基金的本金之中。

格登·达夫基金和奖项

1. 由已故的爱德华·格登·达夫遗赠的款项构成了一项基金，称为格登·达夫基金。

2. 本基金首先用于提供一项格登·达夫奖，颁发给以下主题的论文：文献学、古文书、印刷术、书籍装订、书籍说明、书籍科学和书籍相关的手稿和艺术。

3. 本奖项向所有大学成员开放，每年颁发一次。图书馆委员会至迟于米迦勒学期开始时提供奖项公告。

4. 本奖项的价值为图书馆委员会在校务理事会随时批准的范围内决定的金额。

5. 候选人应在米迦勒学期最后一天前通知教务长其论文拟写的主题。教务长应将该主题提交给图书馆委员会并通知候选人他们是否批准此主题。

6. 图书馆委员会在考虑论文核准主题时，委员会只能任命至多两名评审人。有一篇或多篇论文提交的年度，评审人可从基金中获得图书馆委员会在校务理事会随时批准范围内决定的与提交论文数量相当的款项。

7. 论文应至迟于四旬斋学期的最后一天提交给教务长，论文不得超过1万字且须为打印版或印刷版。

8. 在复活节学期授出本奖项。如果提交的论文中有多篇足够优秀，评审人可增加一个奖项但价值不得超过图书馆委员会在校务理事会随时批准范围内所决定的金额。如果没有候选论文优秀到可获得此奖项，当年的奖金应作为第10条规定的收入使用。

9. 获奖者应确保他或她的论文的打印版或印刷存放于大学图书馆中，在此之前不得获得奖金。

10. 提供一个或多个奖项后，基金收入应由图书馆委员会随时决定用于为大学图书馆购买古老或稀有的手稿、印刷书籍和书籍装帧，在挑选和购买中应优先考虑公元1700年以前完成手写、印刷、制作或生产的。

11. 基金的任何一部分收入均不得用于大学图书馆的一般支出。

东米德兰区域考试委员会基金(EMREB基金)

1. 由东米德兰区域考试委员会(EMREB)转交给校方的资产构成一项基金，称为EMREB基金。

2. EMREB 基金的本金和收入由地方考试委员会处置并用于以下 *目的*
目的：
（a）推动和发展由米德兰考试组管理的普通中等教育考试证书；
（b）向因人员过剩或提早退休而终止雇佣的 EMREB 员工付款；
（c）向调往剑桥在地方考试委员会工作的 EMREB 员工提供调动费；
（d）支付向校方转移资产以及因 EMREB 的工作和 EMREB 或它的管理委员会的义务和义务引起的可能由校方支付的费用。

教育捐赠基金

本基金产生于 1958 年的教育证书费用累积基金，经学部总委员会批准，由教育学学部（后为教育学系）使用，现被称为教育捐赠基金，该基金应由教育系主任决定基于教育系学生的利益而使用。

弗朗克·爱德华·埃尔莫基金

1. F. E. 埃尔莫基金的经理应为皇家医学教授（或者由其任命的代理 *经理*
人），并由其担任主席，以及三名由生物学学部委员会在米迦勒学期任命并从任命的下个 1 月 1 日起任职三年的其他人员。

2. 本基金收入首先用于提供由经理决定的一定数量的弗朗克·爱德 *奖学金*
华·埃尔莫研究奖学金。获奖人应致力于在校内外从事医学或医学的某个分支研究。本奖学金的价值由经理在校务理事会随时批准的范围内决定。向一个或多个学生提供付款后，如果其认为合适，则经理可从基金收入中提供资助以支付学生为从事研究引起的费用。

3. 经理可从基金累积的未使用收入中提供资助，以促进本大学尤其是 *未使用*
临床医学院或生物学学部的医学教育的学习或研究。 *收入*

工程学捐赠基金

应代表工程学院的吁求所捐赠的款项——具体细节已在《通讯》1950 年 1 月 23 日（第 658 页）公告——构成了一项基金，称为工程学捐赠基金，本基金的收入由工程学系主任决定用于系里的一般目的。

恩尼斯基伦第六伯爵基金

名称　　1．由恩尼斯基伦爵位遗孀纳尼·亨德森·科尔为纪念其已故的丈夫——三一学院的文科学士恩尼斯基伦第六伯爵大卫·劳里·科尔而向大学遗赠的款项构成了一项基金，称为恩尼斯基伦第六伯爵基金。

收入的使用　　2．本基金的收入应由图书馆委员会决定用于为大学图书馆购买如下科目的书籍：历史、军事科学、园艺学、树木学、植物学、动物学、农业学、动物农业、野生动物、自然界、户外运动、伟大的绘画作品、伟大的文学作品、西方伟大的政治家、存储学和金融学。这样购置的书籍都应粘贴有标签以记录此书是由本基金购买的。

未使用收入　　3．未使用收入不应纳入基金的本金之中，而应累积以作为以后年收入之用。

凯特·恩特威斯尔纪念基金

基金和目的　　1．为纪念于1959年8月19日去世的彭布罗克学院的兽医学士、文科学士凯特·恩特威斯尔而捐赠的款项构成了凯特·恩特威斯尔纪念基金，用以鼓励兽医学的学习和研究。

经理　　2．本基金五名经理分别为：兽医学系主任、兽医学系秘书、兽医临床研究教授和剑桥大学兽医学会会长和秘书。

讲座　　3．本基金的收入应用于资助凯特·恩特威斯尔讲座。经理每年任命一名讲师在兽医学系举办一堂讲座。

　　4．讲师应从基金中获得由经理在校务理事会随时批准的范围内决定的一笔款项。

厄斯金·钱伯斯公司法奖

奖项以及如何授出　　1．每年从厄斯金·钱伯斯处获得的款项应平均使用如下：

（a）提供一个奖项，称为厄斯金·钱伯斯公司法奖，由法学荣誉学位考试第二部分的考官每年颁发给在此次考试的公司法卷中表现最佳者；以及

（b）用于为斯奎尔法律图书馆购买书籍。

未使用收入　　2．在任何一年度未授出奖项的未使用收入应用于以上第1（b）条的目的。

不动产管理开发基金

由校方经 1956 年 1 月 28 日第一号动议接受的以特许测量师哈罗德·萨穆尔的名义提供的款项构成了一项不动产管理开发基金,以信托的形式保有并在经理的酌情决定下用于促进大学不动产管理的研究和学习。

本信托协议在 1995 年 10 月 24 日特许测量师 B.G.K.奥素普给校长的信件中做了详细规定,重述如下。校方通过 1962 年 11 月 3 日第四号动议取消了不动产管理系,解散了不动产管理委员会,并在原来位置上建立了一个土地经济系和土地经济委员会。在解释本信托期限时,不动产管理系和不动产管理委员会应被分别视为是土地经济系和土地经济委员会。

1. 萨穆尔先生愿意与校方立约提供 7 年每年 35700 英镑的款项(在支付当时所得税标准税率较低)。此奖共产生 250000 英镑的款项。

2. 本基金应当由经理进行管理。四名经理分别是:诺埃尔·迪安先生、E.P.维勒先生、T.C.托马斯先生和本人。当本人不再为经理时,经理数量应增加到以下提及的五人。

3. 当迪安先生或维勒先生去世或辞职时,分别由不动产管理系主任和不动产管理委员会主席继任。当托马斯先生或奥素普先生去世或辞职时,分别由一名学部总委员会提名的人以及其他两名经皇家特许测量师学会会长提名并由不动产管理委员会任命的人继任,期限为四年且具有再次获得任命的资格。

4. 经理应根据以下条款自行管理基金。他们可用基金支付他们自己的费用或其他所有费用、支出和在他们看来属基金管理所必需的花费。

5. 本基金以信托形式保有,由经理决定用以促进剑桥大学不动产管理学的研究和学习。不带任何偏见地执行决议或根据条款的大意,本基金适用目的应包括确立办公室和职位、奖学金和学术奖学金以及提供建筑和设备。

6. 经理经与不动产管理委员会协商后随时决定基金的哪一部分作为收入以及哪一部分作为本金可用以投资。

7. 经不动产管理委员会建议并获得大学章程和条例所要求的批准后,经理可随时有权对基金的收入或本金加以使用。

8. 本基金或其任何部分可随时通过经理认为合适的方式以校长、院长以及剑桥大学学者的名义进行投资,经理有权决定改变或实现该投资。

埃文斯基金

名称和目的	1. 依照已故的克莱尔学院文学硕士伊沃·休·诺曼·埃文斯的遗愿创立的埃文斯基金的本金和收益由国民西敏寺银行持有（下称为受托人）并依第 2 条指定的咨询委员会认为的适合于促进东南亚（优先权给予婆罗洲、马来半岛和泰国）人类学和考古学（广义上的）研究的目的，作以下使用：

(a) 旅行奖学金，根据捐赠人的意愿称为埃文斯奖学金；
(b) 获得此奖学金学生的研究成果的印刷和出版的费用；
(c) 为人类学和考古学博物馆支付购买标本和材料的费用；
(d) 通过其他方式促进本基金的目的实现。

咨询委员会	2. 根据捐赠人的意愿，第 1 条所提及的咨询委员会应由以下人员组成：

(a) 威廉·维斯社会人类学教授；
(b) 迪斯尼考古学教授；
(c) 一名由学部总委员会任命的人员；
(d) 两名由考古学和人类学学部委员会任命的人员；
(e) 一名由受托人任命的人员。

第(c)和(d)类成员在米迦勒学期任命并从其任命的下一个 1 月 1 日起任职四年。考古学和人类学学部委员会须在他们任命的成员中提名一人担任委员会秘书。

法定人数	3. 非经由所有成员均被召集且至少三名委员会成员参加的会议同意，咨询委员会的任何动议均不得通过。
奖学金的资格	4. 任何大学的研究生都有资格申请本奖学金，只要他或她计划从事东南亚一个或多个地区相关的研究，并且此研究将会为促进剑桥大学的人类学和考古学的研究作出一份贡献。
选拔和申请通知	5. 咨询委员会应发布持续期至少为三个月的关于他们进行埃文斯研究员选拔的通知。委员会有权在选拔通知中提示拥有指定身份或者提出一份与特定地域或主题相关的旅行和研究计划的候选人将被优先考虑。在委员会公告指定的日期内候选人应将申请提交给咨询委员会秘书，连同他们提议的旅行或研究的大纲。
颁奖	6. 埃文斯奖学金至迟于每年复活节学期结束前颁发。
期限	7. 咨询委员会可决定奖学金的基础期限为一年或两年；申请参加原始期限为两年的选拔的候选人应具有博士后身份。研究员有资格参加一次最长期限不得超过一年的再选拔，无例外情况，总共不超过三年。再选拔取决于在指定期限内提交给咨询委员会的关于研究员在他或她任期内研究的勤

勉程度和进展的满意度报告。

8. 埃文斯研究员应根据咨询委员会批准的计划旅行或进行研究。委员会可要求研究员发表他或她研究的成果并有权批准一项奖助以支付印刷和出版的费用。 — 义务

9. 埃文斯研究员的薪金由咨询委员会于每年发布举行选拔的通知时在校务理事会批准范围内决定。 — 薪金

10. 咨询委员会有权批准使用基金的本金和收入以为考古学和人类学博物馆购买人类学和考古学标本和其他材料,并以其他方式实现第1条指定的基金目的。 — 基金的其他使用

11. 除了第1条和本条,校方可经咨询委员会提议并经受托人同意随时修改以上条款。 — 变更

埃文斯奖基金

1904年《捐赠》,第407页

章程E,第三十章

1. 埃文斯奖基金应用于提供一项或多项年度奖项,称为埃文斯奖。本大学所有成员均可成为本奖项候选人,只要在考试时他或她:(a) 已经上学五学期,(b) 如果是名研究生,则从获得第一个学位(不论是本校还是其他学校的)至今不超过十年;同时,曾获奖者不得再成为候选人。 — 谁可参与竞争

2. 本奖项的价值由神学学部委员会经校务理事会批准后随时决定,但金额不得超过基金的可用收入。

3. 考试由两张试卷组成,内容包括公元461年之前的指定的希腊文和拉丁文神学著作选段。试题中应包括笔译和阐释,以及有关早期基督教文学史和学说史的问题,问题应与所选文本及其所在时段有关。其他希腊文和拉丁文神学著作的篇章也可用于设置笔译和阐释。 — 考试

4. 考试应在米迦勒学期期中与期末之间举行,考试委员会应公告考试日期。考试日期不得为其他神学奖项或奖学金举行考试的日期。

5. 候选人姓名应在考试前的10月20日当天或以前由其导师提交给教务长,教务长应立即与考官沟通。 — 姓名提交给教务长

6. 神学学部委员会应当每年挑选指定神学著作,并将挑选出的著作于考试举行前的米迦勒学期结束前公布。 — 科目

7. 学部总委员会经神学学部委员会提名任命两名考官。考官应在每年复活节学期结束前任命并在接下来两个学年间持有本职位。除非无奖项候选人,否则每个考官每年可从基金中获得由神学学部委员会在校务理事会随时批准的范围内决定的一定金额的款项。所有其他考试费用均可从基金中 — 考官

支付。

埃里克·埃文斯基金

基金　　1. 校方从已故的凯瑟琳学院文科学士埃里克·埃文斯创立的埃里克·埃文斯纪念信托中获得的捐赠构成了一项基金,称为埃里克·埃文斯基金。该基金的收入通过学术奖学金、奖学金或奖助或其他方式为大学成员提供与他们参与运动或身体放松相关的资助。

经理　　2. 本基金由三名经理管理,分别是体育教育主管和两名由运动委员会在米迦勒学期任命、从下一个1月1日起任职三年的其他成员。

申请　　3. 经理随时决定发布基金资助申请的邀请通知。

乌里克·里查德森·埃文斯研究基金

名称和基金　　1. 依照国王学院的理科博士、前金属腐蚀科学讲师乌里克·里查德森·埃文斯的遗嘱,由校方从其遗嘱执行者处接受的款项构成了一项基金,称为乌里克·里查德森·埃文斯研究基金,用于资助大学金属腐蚀研究。

收入的使用　　2. 本基金的收入由材料科学和冶金系主任随时决定通过以下一种或多种方式促进防腐学和金属氧化学的研究和教学:

(a) 设置和维持多个研究职位;

(b) 设置一项奖学金;

(c) 维持材料科学和冶金系多个研究生或研究人员职位;

(d) 购买装置和设备;

或通过其他方式实现基金目的。

埃克森美孚化学工程奖

奖项　　1. 每年由埃克森美孚公司捐赠的款项应当用于提供一项化学工程奖项。

如何授出　　2. 本奖项每年由化学工程荣誉学位考试第二部分A的考官颁发给在考试中表现最为突出者。

费尔哈文基金

名称　　1. 为纪念费兹威廉博物馆开放一百周年,由费尔哈文勋爵给予校方的

30000英镑构成了一项基金,称为费尔哈文基金。

2. 本基金收入由费兹威廉博物馆委员会决定,用于博物馆的利益,购买英国学院派风景画作,尤其是诺里奇画派风景画作。 | 目的

3. 每年应尽可能用完基金所有收入。 | 用尽所有基金收入

4. 不得购买在世艺术家的作品。 | 限制

阿里森·费尔利法语奖

1. 由原法语教授、格顿学院院士阿里森·费尔利教授过去的一名学生给予大学的款项构成了一项基金,该基金的收入应用于提供一项纪念她的奖项,称为阿里森·费尔利法语奖。 | 名称和目的

2. 每年本奖项由现代和中世纪语言学荣誉学位考试第一部分 A 法语部分的考官颁发给在此次考试的以上科目中表现突出者。 | 如何授出

3. 未授出奖项年份的收入应纳入基金的本金之中。 | 如果未授奖

法尔肯·钱伯斯土地法奖

1. 由法尔肯·钱伯斯每年捐赠的款项应当用于提供一项称为法尔肯·钱伯斯土地法奖的奖项。 | 名称

2. 本奖项由法学荣誉学位考试第一部分 B 的考官颁发给在此次考试的土地法科目中表现最为突出的候选人。 | 如何授出

约翰·弗塞特奖

1. 为纪念彼得伯罗区医院区域研究主任和顾问病理学者、院士、皇家医师内科学会会员——弗里德里克·约翰·弗塞特而捐赠的款项构成了一项基金,称为约翰·弗塞特基金,该基金的收入应当用于提供一项称为约翰·弗塞特奖的奖项。 | 基金和目的

2. 本奖项在每年的米迦勒学期由医学皇家教授以及医学教育学主管颁发给在学校从事临床学习并参与了医学士结业考试第一部分的一个学生,该学生应被视为在他或她的临床工作中个人理解能力与病人及同事沟通能力最优异者。在作出决定过程中颁奖人应考虑从剑桥和其他地方的临床教授处收到的关于候选人的报告。 | 奖项如何授出

3. 本奖项的金额应为基金的每年收入。

4. 任何一年未授出奖项的未使用收入应纳入到基金的本金之中。 | 金额 未使用收入

E.G. 冯赛德斯奖学金

名称和目的
1. 为纪念三一学院文学硕士、医学博士、皇家内科医师学会会员，1919年6月26日溺死于安格西岛四英里桥的E.G.冯赛德斯，由冯赛德斯家族成员创立并捐赠了此奖学金，称为E.G.冯赛德斯研究奖学金，致力于鼓励神经系统器官性疾病的独创性临床研究。

管理
2. 经与兽医学部委员会协商，本基金的管理委托给临床学部委员会。

授权职能
3. 学部委员会可将全部或部分与本奖学金相关的职能授权给一个非必须由委员会全体成员组成的委员会。

基金收入
4. 信托基金的收入随时用于提供一项奖学金，称为E.G.冯赛德斯研究生医学奖学金，获得者应从事神经系统器官性疾病的临床研究。

候选人资格
5. 学部委员会可采取他们认为合适的步骤考察候选人的资格。优先权应给予医学或兽医学研究生。

期限
6. 由学部委员会依个案决定奖学金在一年、两年或三年内有效。

研究条件
7. 进行研究的条件以及地点应由学部委员会决定。

选拔通知
8. 选拔的通知持续期不得少于1个月。

选拔监督
9. 如果在发布空额通知后，学部委员会认为仍没有合适的奖学金候选人时，其有权暂停选拔一年，并且如果上述时间届满，发布空额通知后仍没有合适人选时，选拔还可以同样的方式暂停，直到学部总委员会认为有合适的奖学金候选人出现为止。

10. 奖学金空缺时的收入应纳入到信托基金中。

11. 除了第1条，动议可变更以上条款，但在威廉·G.冯赛德斯在世期间须经与他协商，同时应坚持基金的主要目的，即鼓励神经系统器官性疾病的独创性临床研究。

玛丽·菲特基金

名称和目的
1. 从已故的玛丽·菲特小姐的遗赠中获得的款项构成了一项基金，称为玛丽·菲特基金，用于维护大学建筑物。

2. 本基金的收入应当用于维护评议会大楼。

吉利安·芬博士纪念基金

名称和目的
1. 由沃夫森基金会为纪念临床医学高级研究员、克莱尔学院的吉利安·芬博士而给予校方的基金,构成了吉利安·芬博士纪念基金,用于设立一项两年一度的讲座。

2. 本基金的受托人为皇家医学教授、临床学院医学教育主管和临床医学院秘书。

风兰德基金

由威廉·风兰德博士捐赠并由校方于1958年接受的款项,构成了风兰德基金,其收入应由图书馆委员会决定用于资助大学档案馆。

费兹帕特里克基金

1. 安妮·罗萨·费兹帕特里克夫人为纪念其丈夫 T. C. 费兹帕特里克博士——前皇后学院院长以及大学医学讲师——而遗赠的2000英镑构成了一项基金,称为费兹帕特里克基金。

2. 基金的收入由卡文迪什医学教授随时决定用于提供赞助,称为费兹帕特里克赞助,用于以下目的:

（a）当卡文迪什医学教授认为授予某个医学系研究生的学生奖学金、学术奖学金或其他来源的奖项金额不足时,向其提供补充酬金。

（b）当教授认为某特殊项目值得资助时,资助医学系研究生,使其能最终完成他或她最初因获奖而进行的研究。

（c）当医学系研究生在剑桥大学以外参与会议或访问或在剑桥大学以外的实验室工作时,支付其所需费用。

费兹威廉博物馆捐赠基金

费兹威廉博物馆捐赠基金的收入应当用于费兹威廉博物馆的利益。

五项雷蒙德建筑奖

由2008年4月30日第四号动议废止

麦克斯·福布斯基金

1. 为纪念其丈夫、国王学院的拉兰·麦克斯·福布斯,由 E. M. 福布斯赠予校方的6000英镑构成了一项基金,称为麦克斯·福布斯基金。

目的	2. 本基金的收入由凯特尔·亚德委员会决定用于推广青年音乐家在凯特尔·亚德举办的音乐会。

福特英国信托基金

名称和目的	1. 由福特英国信托基金的受托人提供的捐赠构成了一项基金，称为福特英国信托基金，用于工程学系的利益。
	2. 本基金的收入由工程学学部学位委员会依据其认为合适的条件为工程学系研究生提供奖助。
奖项的公开	3. 每年应公布获得本奖助人士的姓名，但不包括奖助金额。由工程学学部学位委员会决定奖助的支付方式。

福特生理学基金

名称和目的	1. 福特基金会赠予的 240000 英镑构成了一项基金，称为福特生理学基金，该基金的收入通过支付在生理学、发展和神经学系里设立一个或多个大学职位的费用，来促进繁殖学尤其是与人类生育力控制相关方面的知识的学习和传播。
职位的设立	2. 第 1 条提及的大学职位由学部总委员会经与生物学学部委员会协商后设立。每个职位的所有费用由福特生理学基金支付。
多余收入	3. 根据第 1 条和第 2 条提供支付后，由学部总委员会在生物学学部委员会建议下随时决定用多余的收入支付根据以上条款设立职位的相关费用。

外国旅行基金

名称	1. 由已故的圣约翰学院文学硕士乔治·瓦尔特·格拉巴姆遗赠的款项构成了一项基金的核心，称为外国旅行基金，该基金由校务理事会管理。
目的	2. 本基金的收入用来资助年龄达到 50 岁的评议会住校成员出国旅行，以扩展与其教学或研究相关的分支学科的知识。
申请	3. 由校务理事会随时决定发布基金邀请奖助申请的通知。申请应提交给教务长，并附一份关于其计划或已进行的旅行的性质和目的的简短陈述。
某些申请人的优先权	4. 考虑基金奖助申请时，校务理事会应优先考虑没有资格获得旅行费用基金的申请人。在向此类申请提供奖助后，多余的收入可由校务理事会用于为其他申请人提供奖助。

福特斯基金

1. 因出版《剑桥社会人类学论文》获得的款项构成了一项基金,称为福特斯基金。 — 名称

2. 本基金的经理为社会人类学威廉·维斯教授依职权担任,以及另一名由考古学和人类学学部委员会在米迦勒学期任命的社会人类学系的大学职员,从其任命后的下一个1月1日起任职四年,但如果该名由学部委员会任命的成员不再是大学职员,他或她亦应同时失去经理资格。 — 经理

3. 本基金的收入应当为大学成员出版社会人类学出版物提供资助。优先权应给予在40岁以下以及孩子在10岁以下的申请人。 — 目的

福斯特奖基金

1. 由一名匿名捐赠者向校方提供的6570英镑构成了一项基金,称为福斯特奖基金,该基金用于每年提供两项奖项,授予给在一个学年中被认为在福斯特俱乐部或继承人组织中发表了最佳讲座的人。一项奖项在米迦勒学期颁发,另一项在四旬斋学期颁发。 — 名称和目的

2. 如果有讲座值得获得本奖项,则奖项应由生理学、发展和神经学系主任经本系研究生和研究及教学人员的推荐授出。 — 如何授出奖项

3. 所有本系的研究生或博士后研究助理或博士后研究人员都有资格获得此奖项,但曾获奖者不得再次成为候选人。 — 谁有资格

4. 本奖项的金额为250英镑或者由系主任在校务理事会随时批准的范围决定的更大金额。 — 金额

5. 本基金的本金和收入应当用于提供奖项。

麦克尔·福斯特生理学奖学金

1. 由圣约翰学院的文学博士詹米信·博伊德·哈里向大学提供的款项构成了一项基金,称为麦克尔·福斯特生理学奖学金基金,旨在鼓励生理学研究,该基金的收入应当首先用于维持一项奖学金,称为麦克尔·福斯特生理学奖学金。 — 名称和目的

2. 推选人为生理学教授和两名在米迦勒学期任命的评议会成员,其中一人由校务理事会任命,另一人由生物学学部委员会任命,此二人从其被任命的下一个1月1日起任职四年。 — 推选人

选拔的通知	3. 推选人应发布持续期不少于三个月的通知，以公布其将举行选拔的计划。
谁有资格	4. 本奖学金向所有已经成为或将成为大学注册研究生的人开放。
期限	5. 本奖学金的期限为一年。获奖学生可再参加选拔，但不得超过两次。
金额	6. 本奖学金的金额由推选人依个案考虑学生可能的财政来源后决定，但金额不得超过基金的可用收入。
条件	7. 获奖学生应在生理学、发展和神经学系里进行研究，除非经推选人批准可到其他地方工作。
未使用收入	8. 基金中累积的未使用收入由推选人决定或用于授出一个或多个附加奖学金，或以他们决定的其他方式促进生理学的研究。

T. R. C. 福克斯基金

名称和目的	1. 由国王学院院士、首任壳牌石油集团化学工程教授 T. R. C. 福克斯的朋友们和学生捐赠的款项构成了一项基金，称为 T. R. C. 福克斯基金，用来提供一项 T. R. C. 福克斯奖。
金额	2. 本奖项的金额为基金的每年收入。
如何授出奖项	3. 本奖项由化学工程荣誉学位考试第二部分 B 的考官每年颁发给在此次考试该部分表现最突出者，但他或她的成绩应达到第一等级标准。

弗雷泽社会人类学讲座基金

名称	1. 应创立一项弗雷泽社会人类学讲座基金，其每年收入应用于一个轮流在牛津大学、剑桥大学、格拉斯哥大学和利物浦大学间举办的讲座。
管理	2. 本基金由校务理事会财务委员会管理，每个学年委员会应向当年举办讲座的大学支付基金的年度收入。
任命	3. 当该讲座在剑桥大学举办时，讲师应由考古学和人类学学部委员会任命。

巴托·弗雷勒爵士纪念基金

名称	1. 由巴托·弗雷勒爵士纪念基金的受托人支付给大学款项形成的投资，构成了一项信托基金，称为巴托·弗雷勒纪念基金。
目的	2. 本基金的收入应用于促进与英联邦国家任何部分有关的知识的学习和研究，但联合王国和印度次大陆国家除外。

3. 本基金的经理为玛丽·尤弗雷西亚·默斯利基金的经理。如果有合适的候选人,每年经理应在复活节学期结束前提供一个或多个巴托·弗雷勒奖学金。   展览

4. 该奖学金通常一年有效,但经理可决定延长一年,其可与其他酬金共存。   期限

5. 获奖人如果还不是本大学成员,必须在下一个学年的第一学期末前成为本大学成员。   有效条件

6. 候选人必须在教务长指定日期内向其提交申请,申请应包含对其建议的学习或研究过程的陈述以及他们的资格证明。   申请

7. 向大学成员授予的奖学金的奖金应在颁奖通知发布时支付。如果获奖人不是大学成员,奖金应在其满足第5条要求的证据提交后支付。   支付

8. 每个获奖人应在一年期限结束后尽快向教务长提交一份关于他或她研究的简短报告,该年份里这样的研究在出版时应向本奖学金致谢。   研究报告

富士通基金

1. 富士通提供的捐赠构成富士通基金,基金的目的在于提供一项富士通自动计算学奖学金。   名称和目的

2. 本奖学金的推选人为计算机实验室主管和三名由校务理事会任命的其他成员,一人由富士通提名,一人由学部总委员会提名,一人由计算机科学与技术学部委员会提名。在米迦勒学期任命推选人并从任命后的下一个1月1日起任职三年。   推选人

3. 推选人采取其认为合适的步骤考察候选人资格并挑选其认为适合的候选人。参与选拔的学生不是本校成员的应要求其成为本校成员。   谁有资格

4. 获奖学生有义务在计算机实验室从事一项关于自动化计算或其他相关科目的研究培训课程。   义务

5. 一项奖学金的基础有效期不超过三年,但学生可在第四年再次参与选拔。   期限

6. 本奖学金的金额为: 金额

(a) 每年不少于350英镑的酬金,由校务理事会在每次同富士通协商授出竞争性奖学金时决定;

(b) 校务理事会财务委员会可批准一项额外金额以支付学生的大学和学院费用。

7. 酬金以季度分期预付的形式支付给学生。第二次和以后的支付应基于计算机实验室向财务主管提供的关于该学生在勤勉地从事一项课程的研   支付

|出版和申请专利| 究和学习的证明而做出。

8. 在捐赠者同意的前提下,学生可免费出版与他或她的科学实践相关的作品,但学生应向捐赠者提交一份他们在奖学金期间撰写的论文或报告或其他出版物。在特别情况下计算机实验室主管认为可将学生工作成果申请专利的,学校应当通知富士通。

汉斯·加杜纪念基金

|名称和目的| 1. 从 C. M. 加杜给予学校的遗赠产生的收入构成了一项基金,称为汉斯·加杜纪念基金,旨在促进和推动脊椎动物学的研究。

|经理| 2. 本基金的经理由动物学系主任和两名由生物学学部委员会在米迦勒学期任命的其他成员组成,此二成员从其任命后的下一个1月1日起任职五年。

|使用| 3. 经理应决定将基金用于:
(a) 支付一名称为汉斯·加杜讲座的讲师的费用和开支;
(b) 提供保存或研究英国脊柱动物群的费用;
(c) 支付生物学学部委员会批准的一支小型生物探险队的费用;
(d) 生物学学部委员会随时批准的其他与脊柱动物学学习相关的目的。

|讲师| 4. 汉斯·加杜讲师由经理任命,任期为一年,但无须每年任命一名讲师。讲师应经经理批准提供脊柱动物学某个方面的科目的一次或几次讲座。这些讲座称为汉斯·加杜纪念讲座。经理可从基金中提供出版讲座内容的资助。

伊斯贝尔·弗来舍·加登基金和奖学金

|名称和目的| 1. 由已故的伊斯贝尔·弗来舍·加登夫人遗赠给大学的款项构成了一项基金,称为伊斯贝尔·弗来舍·加登基金。本基金的收入应当用于提供一项奖学金,称为伊斯贝尔·弗来舍·加登奖学金,旨在促进考古学或天文学的学习和研究。

|经理| 2. 本基金由以下四名经理管理:
(a) 考古系主任;
(b) 天文学研究会主管;
(c) 一名由考古学和人类学学部委员会任命的人员;
(d) 一名由物理和化学学部委员会任命的人员。
第(c)和(d)类经理从其被任命的下一个10月1日起任职三年。

3. 如果有足够优秀的候选人,本奖学金在考古学和天文学间轮流颁发。 　如何授出

4. 经理应发布至少为期六个月的通知,以公布其举行选拔的计划。在通知中他们应提示奖项科目和申请提交的日期和方式。 　申请

5. 如果通知发布后在指定科目中无足够优秀的候选人,经理可决定将本奖学金安排颁发给其他科目。

6. 本奖学金向在本校已经或即将注册为研究生的所有人开放。 　谁有资格

7. 由经理决定本奖学金的基础期限为一年、两年或三年;获奖者有资格再次参与选拔,但奖学金的总期限一般不得超过三年。 　期限

8. 学者每年的薪金由经理在校务理事会随时批准的范围内,考虑了学者可获得的其他财政收入后决定,但总金额不得超过本基金的可用收入。 　学者薪金

9. 所有未使用收入由经理决定,或作为下一年收入,或用于为获奖提供奖助,支付他或她在奖学金期间由其课程引起的附加支出,包括额外的培训、会议、田野工作或其他课程的费用。 　未使用收入

约翰·斯坦利·加丁纳奖学金

1. 由约翰·斯坦利·加丁纳教授遗赠给大学的款项构成了一项基金,称为约翰·斯坦利·加丁纳基金,本基金的收入应通过提供一项约翰·斯坦利·加丁纳奖学金以促进动物学研究。 　名称和目的

2. 本基金的经理委托给三名经理和生物学学部委员会(以下称委员会)。经理不一定是委员会成员,经理由委员会在米迦勒学期任命并从任命后的下一个1月1日起任职五年。经理的所有职权由出席会议的大多数人执行,但该会议必须至少有两名经理出席。 　经理

3. 本奖学金向所有通常定居在欧洲以外的英联邦国家内的不列颠臣民或英联邦公民开放。 　资格

4. 本奖学金的选拔应依照规范巴尔夫奖学金的条款的方式进行,同时该奖学金规则第5条到第10条亦适用于本奖学金的选拔。 　选拔方法

5. 不是大学成员的获奖学生应在选拔下一个学期结束前成为大学成员,并在其有效期限内一直保有此身份。 　学生义务

6. 在奖学金有效期间,学生通常应从事全职的学习和研究,但经理有权将以上要求替换为学生从事全职学习和研究培训的义务。

7. 如果经理由于某些原因认为获奖学生未实现或未打算实现奖学金的目的,他们可向委员会报告,委员会认为合适时可取消该学生的资格。

8. 除非经经理批准,否则获奖学生应在动物学系中进行学习。经理可采取他们认为必要的步骤要求学生勤勉和取得进步,并可要求学生提交其

希望的有关他或她学习的科目的报告或其他信息。

期限　9. 一项奖学金的基础期限由经理决定但不得超过三年。如果经理和委员会认为获奖学生的工作特别明显地表明了其对动物学研究的兴趣,以致他或她应当继续在下一个三年或部分期限中持有本奖学金时,则他或她可重新参与选拔。`

金额　10. 本奖学金的金额为基金本金产生的年收入或累积收入,或为由经理决定的并预先以季度均额分期付款的方式支付给学生的小额款项。

罗伯特·加丁纳纪念奖学金

两个基金　1. 为纪念其兄弟罗伯特,由苏珊·加丁纳女士和玛格丽特·加丁纳女士遗赠给大学的款项应被周知为玛丽、苏珊、玛格丽特·加丁纳捐赠,并分别构成两个基金,称为苏珊·加丁纳基金和玛格丽特·加丁纳基金。

目的　2. 本遗赠的收入应通过维持一项或多项罗伯特·加丁纳纪念奖学金帮助或使三一学院、都柏林学院或其他爱尔兰大学的研究生或本科生转到剑桥大学进行本科学习或研究生学习。

谁有资格　3. 任何爱尔兰大学的成员都有权获得本奖学金,当有两名或两名以上的同等优秀的候选人存在时,推选人应根据创立者的意愿将优先权给予拥有天赋的文学学生、三一学院和都柏林学院的本科生或研究生以及爱尔兰土地所有权人的后代。

推选人　4. 推选人为校长以及四名在米迦勒学期任命的评议会成员,两名由校务理事会任命,两名由学部总委员会任命,从其任命后的下一个1月1日起任职四年。

选拔通知　5. 如果计划在某一年举行选拔,则推选人应在前一年的11月30日前公告奖学金申请的日期。他们应同时采取他们认为合适的步骤通知所有爱尔兰大学和大学学院的院长、校长或名誉校长,邀请它们提名候选人。

候选人提名　6. 候选人须由其所在大学或大学学院提名。每个候选人须在推选人根据第5条公告的日期内向教务长提交身份和资格证明,连同他或她所在学院或大学的记录以及他或她打算在剑桥大学从事的学习和研究过程的陈述。要声明其具有爱尔兰土地所有权人后代优先权的候选人,应提交他或她认为有助于支持此声明的证据。

获奖者的义务　7. 除非推选人同意延期到更晚的日期,否则所有非本校成员的获奖者应在选拔举行前的那个学期结束前获得大学成员资格,并且应在奖学金有效期内保有大学成员资格。

8. 所有获奖者应成为章程B第三章第1(a)条指定的学士学位或法律

硕士学位或一个文凭的候选人，或从事全日制学习和研究培训。不得有系统性的经商、就业或从事任何教育工作或其他在基金管理的受托人看来将干扰他或她学习的其他工作。

9．由推选人依个案决定本奖学金的有效期为一年或两年或三年。 期限

10．每项奖学金的金额由推选人在校务理事会随时批准的范围内决定。 价值

11．预先分期向学者支付奖金，但当推选人对学者的勤勉和进步表示不满意时，可随时拒绝支付。 支付

12．未经推选人同意，罗伯特·加丁纳纪念奖学金不得与校内其他奖学金或学生奖学金，或大学中的职位，或学院的研究奖学金薪金一起持有。 限制

奥利夫·盖堤基金

1．为纪念圣约翰学院的文学硕士奥利夫·盖堤，由其亲戚和朋友们捐赠给大学的款项构成了一项基金，称为奥利夫·盖堤基金，本基金的收入应当用于支持一项生物物理学和胶体科学奥利夫·盖堤奖学金。 名称和目的

2．获奖学生应全职从事生物物理学和胶体科学的学习和研究培训。

3．推选人为生物物理学系主任和时任约翰·汉弗雷·普拉默细胞生物学教授，和两名由校务理事会在米迦勒学期任命的从任命后的下一个1月1日起任职三年的其他成员，一人由生物科学院理事会提名，另一人由自然科学院理事会提名。 推选人

4．在满足了获奖学生工作的必要设备后，推选人可决定本奖学金由一个系持有。 系部

5．本奖学金向所有大学的研究生开放，优先考虑来自不列颠以外大学的研究生。

6．推选人应发布关于其举行选拔的计划的通知，且不少于三个月。选拔应不迟于7月31日。 选拔通知

7．推选人可采取他们认为合适的步骤评估候选人在奖学金要求的相关领域的研究培训能力。

8．由推选人决定奖学金的期限为一年、两年或三年；一年或两年期限奖学金获得者有资格再参与选拔，但奖学金总期限不得超过三年。 期限

9．不是本大学成员的学生必须在他或她获得推选后尽快成为本大学成员。

10．推选人在考虑了学生的经济状况后在校务理事会随时批准范围内决定奖学金的酬金，但金额不得超过基金的可使用收入。推选人可决定酬金分期付款方式，但当他们认为学生在完成他或她的学习课程中未尽勤勉 价值

时，其可拒绝支付任何一期付款。

未使用收入　11. 基金累积未使用收入由推选人决定用于支付学生的旅行费用或与他或她获得推选人批准的研究有关的其他特别费用。

格 奇 奖
1904 年《捐赠》，第 429 页

颁奖频率　1. 本奖项称为格奇奖，通过每两年举行的竞赛授出，由前两年本金（1000 英镑）的利息构成。

科目　2. 本奖项颁发给生理学或其某个分支（即生物组织学、生理化学或生理物理学，这里的生理学在广义上使用）的最佳原创观测成果。但观测成果限于候选人住宿学校开始从事的研究。

谁有资格　3. 本奖项的候选人（必须是本校研究生）应当：

或者是（a）在他或她入学后的六个学期内已在大学实验室学习或参加了学校的讲座，并从其入学到奖项颁发时已经过五年但未至七年的大学成员。

或者是（b）在奖项颁发时其已注册成为研究生，但不超过五年。

在《通讯》公布条件　4. 生物学学部委员会应在预授奖项的前一个米迦勒学期在《通讯》上公布颁奖条件的通知。

考官　5. 考官是生理学教授和两名由生物学学部委员会提名并经学部总委员会任命的人员。被提名的人员必须应或已经在大学从事生理学或其分支学科的教学。应在奖项授予所在学期的上个 5 月结束前任命评审人。除非无作品提交，每个由生物学学部委员会提名的考官均可从本金中获得一笔由委员会在校务理事会随时批准范围内决定的一定数量的款项。考官有权提

评议人　名一名或多名评议人（不超过三人），由学部总委员会任命。每名获得任命的评议人均可从本金中获得由学部委员会在校务理事会随时批准范围决定的一笔款项。任命的评议人数量不得超过预期论文的数量。

提交论文的时间　6. 候选人须在颁奖前的四旬斋学期的 5 月 1 日前告知生物学学部委员会他或她论文的主题，并在 9 月 7 日前向教务长提交论文。生物学学部委员会应当决定其提交的主题是否在第 2 条规定的范围内。

论文可以讲座形式提交　7. 考官可要求候选人以讲座的形式提交论文，并且论证其中提到的实验和研究。

颁奖时间　8. 考官于每年的 10 月颁发本奖，共七项。

9. 考官应向生物学学部委员会报告是否有论文提交以及,如果有,已颁发的奖项。学部委员会主席应随即通知考官其决定。

10. 如果在某一年度未能颁发奖项,则前两年本金的收益应计入动物学博物馆的账户。

性别研究基金

2008 年 3 月 12 日第一号动议

1. 校方收到的用于资助性别研究的教学和科研的 110 万英镑连同基于相同目的接受的款项,构成了一项基金,称为性别研究基金。

2. 本基金由如下人员构成的经理委员会进行管理:
(a) 地球科学和地理学学部委员会主席,由其担任主席;
(b) 分别由人文艺术学院、生物科学院、临床医学院、人类学和社会学科学院、自然科学院和工学院理事会任命一名人员;
(c) 地理学系主任;
(d) 地理学系性别研究中心主管;
(e) 一名由学部总委员会任命的、代表国家或国际性别研究学会的非大学住校成员;
(f) 不超过两名由该委员会指派的成员,但委员会无义务必须指派任何一人或多人。

3. 第(b)项和(d)项中的成员在米迦勒学期任命并从其任命后的下一个 1 月 1 日起任职三年。列入(f)项中的成员任职至选举当年或下一年份的 12 月 31 日,由该委员会在委派时确定。

4. 该委员会应每年举行至少三次会议。

5. 基金首先用于提供与地理学系的性别研究大学讲师有关的薪金、国民保险金、退休金缴纳款以及应由大学负担的有关间接支出。

6. 经理委员会可决定将一个财政年度中的未使用收入以及相应比例的基金,根据其决定的方式用于支持大学性别研究和教学,并与校外机构合作以促进更宽泛意义的性别研究。

根茨梅临床神经科学基金

1. 三年以来从美国剑桥董事会处获得的代表根茨梅公司捐赠的款项,用于在临床神经科学系设置一个临床神经免疫学讲师职位,连同任何后续获得的为此目的的款项,构成了一项基金,称为根茨梅临床神经科学基金。

经理	2. 本基金的经理为：
	(a) 临床神经科学系主任；
	(b) 一名由临床医学学院理事会任命的人员；
	(c) 一名由学部总委员会任命的人员。
	应在米迦勒学期任命第(b)类和(c)类中的经理，从其任命后的下一个1月1日起任职三年。
讲师职位	3. 本基金首先用于支付一名临床神经免疫学讲师的薪金、国民保险金、退休金缴纳款和学校应付的相关间接支出。
未使用收入	4. 一个财政年度内未使用的基金收入由经理决定或者纳入到基金本金中，或者累积作为下一年或几年的收入，或用于资助临床神经科学系的研究。
	5. 在特殊情况下，经理经学部总委员会同意，可决定将基金本金的一部分用于提供一项临床神经免疫学讲师奖学金或第4条列举的其他目的。

德语捐赠基金

目的	1. 德语捐赠基金收入应当用于资助大学德语的研究工作。
经理	2. 本基金的经理为德语和荷语系主任以及三名由现代和中世纪语言学学部委员会在米迦勒学期任命的其他成员，从其任命后的下一个1月1日起任职四年。
教授职位	3. 本基金每年的收入首先用于为施罗德德语教授提供薪金。
未使用收入	4. 某一年份未使用收入应通过经理决定的方式资助大学德语研究。经理也可将未使用收入纳入到基金的本金之中。

阿诺德·格斯腾伯格基金和奖学金

1904年《捐赠》，第355—358页

奖学金	1. 阿诺德·格斯腾伯格基金的收入用以维持一项或多项阿诺德·格斯腾伯格奖学金。
	2. 基金的经理委员会由六名于米迦勒学期任命的成员组成，两名由哲学学部委员会任命，两名由历史哲学科学学部委员会任命，一名由物理和化学学部委员会任命，一名由生物学学部委员会任命，从他们被任命后的下一个1月1日起任职六年。
候选人的资格	3. 本奖项向所有已成为或将成为本大学学生或注册研究生的成员开放，只要他或她在本校或其他学校成功完成了一门自然科学课程的学习。

所有被选中的候选人应声明他们在经理批准的大学中从事一门哲学课程学习的意向。

4. 奖学金申请的日期和方式由经理决定。经理应发布为期至少三个月的通知,公布其进行选拔的计划。在通知中,他们应提示申请书提交的日期。经理可采取其认为合适的步骤评估候选人的哲学学习能力。 申请

5. 本奖学金在一个学年内有效,除非经理另作决定,从选拔结束后持续一个学年。经理对学生在上一个学年的哲学学习进度满意时,可将本奖学金的期限延期至第二个或第三个学年。 期限

6. 获奖学生可收到由经理在校务理事会随时批准的范围内依个案考虑学生经济状况后决定的一笔酬金。如果奖学金期限得到延期一年,酬金的金额应每年进行再评估。经理可永久延迟支付、扣减或拒绝对学生的付款,并可永久剥夺学生获得此奖学金的资格。 奖学金的金额

奥兰多·吉本斯基金

1. 根据 1910 年 2 月 14 日的第十四号动议,由校方将捐赠给奥兰多·吉本斯纪念馆的款项转为奥兰多·吉本斯基金。 基金

2. 根据捐赠者的意愿,本基金的收入应每年支付给费兹威廉博物馆委员会,由他们安排用于增加其音乐收藏。所购买书籍应当加盖奥兰多·吉本斯的姓名章,或以委员会认为更适合的与此类似的其他方式,同其他书籍加以区别。 目的

吉布森西班牙奖学金

1. 由吉布森夫人为捐助一项西班牙文学奖学金而捐赠的款项,连同其他可能的额外基金,构成了一项基金,称为吉布森西班牙奖学金基金。 名称

2. 本基金的管理委托给四名推选人,分别为:西班牙语和葡萄牙语系主任,三名由现代和中世纪语言学学部委员会在米迦勒学期任命的其他成员,从其任命后的下一个 1 月 1 日起任职三年。三名推选人为法定人数。 管理

3. 创立一项奖学金,称为吉布森西班牙奖学金,获得奖学金的学者应根据推选人批准的计划从事西班牙文学的进修或研究。 获奖者的义务

4. 应在每年的复活节学期颁发本奖学金,在复活节学期期末以前推选人须召开会议考虑候选人的申请。 选拔

5. 推选人决定本奖学金的期限为一年、两年或三年;一年或两年奖学金获得者有资格再次参与选拔,但奖学金总期限不得超过三年。 期限

谁有资格	6. 本奖学金向所有已注册或将注册成为本大学研究生的人开放。如果获奖者不再是或停止成为注册研究生时，则奖学金的选拔或期限亦应终止。
向教务长申请	7. 本奖学金的申请应以推选人批准的形式，在其决定的日期前提交至教务长处。
候选人资格	8. 推选人依其认为合适的步骤去考察候选人资格，但奖学金不应通过竞争性考试颁发。
获奖者薪金	9. 获奖者的薪金由推选人在校务理事会随时批准的范围内决定。推选人决定薪金分期付款的方式，但当推选人对获奖者未能勤勉地从事学习或研究感到不满意时，可拒绝支付任何一期的付款。
限制	10. 在奖学金有效期间内，获奖者不得有系统性的经商、就业或从事任何教育性工作或其他在推选人看来将影响他或她的研究进程的其他工作。
累积收入	11. 本基金的累积收入可由推选人自主加以使用，并应符合其认为合适的以下条件： （a）提供一项或多项附加奖学金； （b）为获奖者提供奖助，以支持其继续从事他们的研究。

12. 动议可更改以上条款，但本基金的收入应始终致力于提供一项奖学金以鼓励本大学中西班牙文学的学习，称之为吉布森西班牙奖学金。

歌德勒基金

名称	1. 依据罗纳德·威廉·歌德勒遗嘱所接受的款项构成了一项基金，称为歌德勒基金。
经理	2. 基金经理应为： （a）地球科学系主任； （b）三名由地球学系委员会任命的人员。 应在米迦勒学期任命第(b)类中的经理，从其任命后的下一个1月1日起任职四年。
收入的使用	3. 本基金的收入应通过提供奖助的方式资助打算在地球科学系从事地球物理学研究、地球科学物理应用问题研究的研究生。
未使用收入	4. 一个财政年度内未使用的基金收入可由经理决定纳入基金的本金之中或累积作为未来年份的收入。

格拉德斯通纪念基金

1904 年《捐赠》，第 436 页

1. 应当由格拉德斯通纪念基金的受托人在每一学年颁发一项价值为 250 英镑或更大金额的格拉德斯通纪念奖。 ……价值

2. 三名由学部总委员会任命的评审人颁发本奖项，他们可从格拉德斯通纪念基金的受托人处获得一笔校务理事会批准的款项。一名评审人由每年经济学荣誉学位考试第二部分 B 的考官任命，一名评审人由历史学荣誉学位考试第二部分的考官任命，最后一名由社会和政治科学荣誉学位考试的第二部分 B 的考官任命。 ……评审人

3. 上述第 2 条所提及的荣誉学位考试考官，在每年的考官董事会年终会议上应从考试相关部分所提交的论文中确定一到两篇最佳论文。考官确定的论文应提交给评审人，由评审人向其认为最好的论文颁奖。 ……如何授出

格拉克索药理学基金

1. 由格拉克索研究集团有限公司根据 1992 年 2 月 17 日的协议支付给大学的款项构成了一项基金，称为格拉克索药理学基金。 ……名称

2. 本基金的本金和收入应当用于资助药理学系的研究，尤其但不仅仅是在心血管和胃肠药理学领域的研究，可通过学部总委员会在听取药理学系主任建议的基础上批准的方式加以使用。 ……目的

格伦尼儿童精神病学奖

1. 为纪念其丈夫、剑桥联合医院和东安格鲁地区医院董事会儿童精神病学第一顾问 R. E. 格伦尼博士，由帝国勋章获得者 E. M. 格伦尼夫人向校方捐赠的 3000 英镑构成了一项基金，旨在每年颁发儿童精神病学领域的奖项。 ……基金和目的

2. 该奖项称为格伦尼儿童精神病学奖。 ……名称

3. 本奖项向所有在剑桥从事临床研究且为医学学士结业考试考生的所有大学成员开放。 ……谁可参与竞争

4. 本奖项的颁奖人为儿童和青春期精神病学教授以及儿童和青春期精神病学大学讲师（或他们的代表）。一等奖和二等奖分别颁发给针对在医学学士结业考试的临床课程期间就诊的一名患有某种精神疾病的儿童所撰写

的带有注释的病历报告的最佳者和较佳者。

金额　　5. 一等奖的金额为颁奖当年财政年度基金收入的三分之二，二等奖的金额为收入的三分之一。

通知　　6. 在每年的米迦勒学期，颁奖人应发布下个颁奖年份的通知，公告提交病历报告的形式、构成报告基础的儿童精神病的特殊领域以及报告提交的日期和对象的细节。

未使用收入　　7. 任何一年的一等奖、二等奖或两者均未授出，则未使用的收入应纳入到基金的本金之中。

修改　　8. 除了第1条、第2条和本条以外，动议可更改以上条款。

戈德史密斯奖和勋章

奖项　　1. 由戈德史密斯公司每年提供的款项应当用于提供一项戈德史密斯奖。

如何授出奖项　　2. 本奖项由自然科学荣誉学位考试第三部分材料科学和冶金学的考官颁发给在此次考试中表现突出者。

勋章　　3. 获奖者还可获得一枚由戈德史密斯公司提供的银质勋章。

格兰基金

基金和目的　　依照三一学院的 D. H. L. 格兰先生的遗嘱获得的款项构成一项基金，称为格兰基金，由兽医学系主任决定用于资助农场动物研究。

高　基　金

名称和目的　　1. 大学依照三一学院院士、文学硕士、荣誉退休古典学布列雷顿副教授 A. S. F. 高的意愿接受的款项构成了一项基金，称为高基金。所得款项的三分之二投资为一项购买基金，收入用于为费兹威廉博物馆购买艺术作品，三分之一构成一项一般基金，其本金和收入应当用于博物馆的任何目的，包括购买艺术作品或建筑作品。

经理　　2. 本基金的经理为费兹威廉博物馆委员会。

格拉姆·史密斯基金

名称和目的　　1. G. S. 格拉姆·史密斯博士的遗赠构成了一项基金，称为格拉姆·史密斯基金,根据遗赠人的遗嘱条款,本基金应当用于病理学系相关目的,或用于致力于细菌科学的其他学部或机构的相关目的。

2. 本基金的经理为病理学教授和生物科学院秘书。任何时候如果经理在基金的使用上不能达成一致,则应将该事务提交至皇家医学教授进行裁定。 —— 经理

3. 本基金的本金和收入由经理决定根据其认为合适的条件依据第 1 条规定的目的进行使用。 —— 基金的使用

J. H. 格雷基金

J. H. 格雷基金基于剑桥大学橄榄球联合会基金提供的捐赠而创立,其收入由古典学学部委员会用于提供关于但不限于大学教育基金所支持科目的讲座支出或讲座课程支出。根据捐赠方表达的意愿,学部委员会在收入使用方面拥有广泛的裁量权,但不得用于资助已位于讲座目录中的讲座。

马克·格里格森基金

1. 为纪念圣约翰学院的文科学士马克·斯蒂芬·格里格森而捐赠的款项构成了一项基金,称为马克·格里格森基金,用于鼓励考古学的学习和研究。 —— 名称和目的

2. 本基金的经理为考古学系主任和两名分派在该系的大学职员,(此两名职员)由考古学和人类学学部委员会在米迦勒学期任命并从其任命后的下一个 1 月 1 日起任职两年。 —— 经理

3. 本基金收入首先提供一项马克·格里格森奖,该奖每年由考古学和人类学荣誉学位考试第二部分 A 的考官颁发给在此考试的考古学科目中表现最为突出的候选人。 —— 奖项

4. 本奖项的金额由经理决定,但不超过校务理事会随时批准的范围。 —— 金额

5. 基金累积未使用收入由经理决定资助大学本科生或注册研究生从事考古探险或考古田野作业。 —— 未使用收入

6. 除了第 1 条,动议可修改以上条款。

格雷莎姆病理学奖

1. 由基督学院理科博士、医学博士 G. 奥斯丁·格雷莎姆教授于 1986 年捐赠的 550 英镑,构成了一项基金,称为格雷莎姆基金,用以颁发一项病理 —— 基金和目的

学奖。

奖项	2. 本奖项的名称为格雷莎姆病理学奖。
如何授出奖项	3. 本奖项颁发给在所在学年医学士病理学结业考试第一部分中获得最高成绩者。
价值	4. 本奖项的价值为基金的年度收入。
未使用收入	5. 未授出奖项年份的未使用收入应纳入到基金的本金之中。

格林肖—帕金森基金

名称　　1. 代表已故的约翰·格林肖剩余遗产部分的投资——约翰·帕金森爵士为了支持本校而通过1961年8月2日的立契分割的善举放弃的终身权益，构成了一项基金，称为约翰·格林肖基金。

遗赠目的　　2. 本基金规程以已包含在约翰·帕金森爵士遗嘱附录中的指示为基础的规章，并遵从附录中的协议，为了符合医学实践和科学研究不断变化的性质，动议可经经理建议修改该规程；但大学应坚持遗赠的目的，下面从约翰·帕金森遗嘱中所摘抄的文字即阐述了该目的，也就是"通过提供一个奖学金或多项奖学金（定居或旅行）、创立一个实验室、购买仪器或装置或其他方式促进某人在医学领域（最好但非必须）上的科学教育和/或科学研究"。

经理　　3. 本基金的经理为：

（a）皇家医学教授；

（b）一名由校长任命的人；

（c）时任英国心脏学会会长或由其任命的代表；

（d）临床医学学部委员会随时任命的其他人。

使用　　4. 本基金收入用于维持一项或几项格林肖—帕金森奖学金。格林肖—帕金森学生有义务在经理的一般监督下，从事心脏和循环系统疾病领域尤其是治疗方面的研究。

资格　　5. 获奖学生应当是注册执业医师或医学学位的持有人，经经理批准，英国人或外国人均可，无国籍或性别限制。

G.C.格林德雷基金

名称和目的　　1. 前大学学院（现沃尔夫森学院）院士、文学硕士G.C.格林德雷的遗赠应构成一项基金，称为G.C.格林德雷基金。本基金的收入根据遗赠者的遗嘱协议，用于行为和相关心理过程以及潜在的生理机能研究的目的。

2. 本基金由三名经理进行管理,分别为实验心理学教授和其他两名在米迦勒学期任命的人员,一名由生物学学部委员会任命,另一名由生物科学院理事会任命,各自从任命后的下一个1月1日起任职三年。　　经理

格罗斯文纳基金

1. 从西敏斯基金会收到的用于支持土地经济学系不动产金融工作的款项,应构成一项基金,称为格罗斯文纳基金。　　名称和目的

2. 本基金由如下构成的经理委员会管理:　　经理
(a) 土地经济学系主任,由其担任主席;
(b) 由学部总委员会任命的两人,其中至少有一人由格罗斯文纳有限公司提名任命;
(c) 格罗斯文纳不动产金融教授;
(d) 不超过两人由经理自主委托。

第(b)类中的成员应在米迦勒学期任命并从其获得任命后的下一个1月1日起任职四年。第(d)类中的成员服务至其获得委托所在年份或下一年度的12月31日,具体由经理在委托时决定。

3. 基金收入首先用以支付格罗斯文纳不动产金融教授的薪金、国民保险金、退休金缴纳款和校方应负担的相关间接支出。　　教授职位

4. 根据第3条提供支付后,由经理决定将基金收入用于资助土地经济学系的为慈善和公共利益目的而进行的不动产金融工作。　　多余收入

5. 一个财政年度中未使用的基金收入由经理决定纳入到基金的本金之中或者累积作为未来年份的收入。　　未使用收入

库特·汗奖

1. 由库特·汗信托的受托人每年提供的款项用于提供四个库特·汗奖。　　奖项

2. 本奖颁发方式如下:　　如何颁奖
(a) 一个奖项由现代和中世纪语言学荣誉学位考试第一部分A的考官颁发给在此次考试的德语部分(选择题B)表现突出者;
(b) 一个奖项由现代和中世纪语言学荣誉学位考试第一部分B的考官颁发给在此次考试的德语部分表现突出者;
(c) 一个奖项由现代和中世纪语言学荣誉学位考试第二部分的考官颁发给在此次考试的德语部分提交了大量答卷,包括卷C1的表现突出的候

选人；

(d) 一个奖项由工程学系主任颁发给在一个经认可的考试的德语部分表现突出的制造工程学荣誉学位考试第二部分的考生。

金额　　3．每个奖项的金额为受托人提供金额的四分之一。

安德鲁·豪尔基金

名称和目的　　1．为纪念于 1975 年一次登山事故中去世的圣凯瑟琳学院的安德鲁·罗德里·豪尔而捐赠的款项构成了一项基金，称为安德鲁·豪尔基金，用于鼓励地理学习和研究。

经理　　2．本基金的经理为菲利普·雷克第二基金的经理。

奖项　　3．本基金收入用于提供一项安德鲁·豪尔奖，每年由地理学荣誉学位考试第一部分 A 的考官颁发给此次考试的最佳候选人。本奖项的金额由经理在校务理事会随时批准的范围内决定。

4．除第 1 条，动议可修改以上条款。

约翰·豪尔基金

创立目的　　1．由圣约翰学院的法律学士、文学硕士约翰·查理斯·豪尔于 1977 年捐赠给大学的款项，构成一项基金，称为约翰·豪尔基金，本基金的收入用于促进和鼓励本大学中的法律学习。

经理　　2．本基金经理为法学学部委员会，委员会可将条款下的部分或全部职能授权给一个由不少于三人组成的委员会，其中至少有一人为法学学部委员会成员。

奖项　　3．基金收入首先用于提供一项约翰·豪尔奖，每年颁发给在法学荣誉学位考试的第一部分 B 或第二部分的家庭法中表现突出者。

金额　　4．本奖项的金额由法学学部委员会在校务理事会随时批准的范围内决定。

未使用收入　　5．提供约翰·豪尔奖后，经理有权将基金中累积的未使用收入用于：

(a) 在法学学部开办讲座或开展其他教学活动，以作为大学教育基金提供教学支持的补充；

(b) 为斯奎尔法律图书馆购买书籍或其他材料；

(c) 为法学学部的其他教育或学术目的提供奖助和支付，以及在他们认为合适的条件下加入到任何奖助或支付中。

哈拉姆基金和奖项

1. 由前圣约翰学院院士、克拉文学者、文学硕士乔治·汉里·哈拉姆提供给大学的款项应分别投资，构成一项哈拉姆基金。 —— 基金

2. 在大学里创立一项年度奖项，称为哈拉姆奖，用于在意大利旅行，包括访问罗马。 —— 奖项

3. 本奖项每年由大学古典学奖学金的颁奖人颁发，并根据古典学荣誉学位考试第一部分B答卷授出。 —— 颁奖人

4. 本奖项和上述奖学金中的一个一同授出。根据哈拉姆先生的意愿，女性有资格获得本奖项。 —— 谁可参与竞争

5. 应向获奖学生支付奖项金额，前提是其通过导师在提议的旅行发生前提交了申请。

6. 除非古典学学部委员会批准的重大原因，旅行应在学生寄宿第一学期起的第13个学期的暑期前进行，在学生返回时应向教务长提交一个简短的旅行报告用于与学部委员会沟通。 —— 旅行时间

7. 本奖项金额为颁奖所在财政年的基金收入。 —— 金额

汉密尔顿奖

1. 为纪念三一学院已故院士、第一任卡文迪什实验物理学教授詹姆斯·克拉克·麦克斯韦尔，由J. M. O.汉密尔顿向大学提供的以及1937年12月12日由大学接受的款项构成一项基金，称为汉密尔顿基金，用于一个奖项，以支持无线电和用其他方式通过电磁辐射进行通信的研究，称为汉密尔顿奖。基于他们对无线电通信科学的贡献，本捐赠应将圣约翰学院荣誉院士、文学硕士约翰·安姆布罗斯·弗来明先生和大学理科博士奥利弗·约瑟夫·罗奇先生的名字联合在一起。 —— 基金和奖项

2. 本奖项每年通过竞争授出，由支付了考官费用后的上一个财政年度的基金收入构成。 —— 何时颁发

3. 本奖项颁发给最佳报告者，该报告应具体体现与电磁辐射或波传播相关的大学物理或通信、传播或信号处理学的理论和实验研究的实施。报告最长不超过5000字，但不包括附录。 —— 科目

4. 大学研究生均有资格竞争此奖项，只要： —— 谁有资格

（a）他或她获得研究生身份时至其研究课程完成不超过12个学期；

（b）截至论文提交的当天或以前的12个月内在剑桥居住不少于60天。

报告的提交	5. 已获得本奖项或获得其中一部分的候选人不得再次参加竞争。

6. 候选人应在 9 月 15 日前向教务长提交他或她计划提交报告的标题，连同一份不超过 300 字的关于报告范围的陈述。教务长应将信息提交给工程学系及物理和化学学部委员会秘书。报告必须为打印版或印刷版，在 10 月 31 日前向教务长提交一式两份。候选人可将已发表的材料在他们的报告中合并，只要该作品是在剑桥完成的，但他们应提交一份他们完整研究的相关陈述。 |
| 考官 | 7. 考官由学部总委员会在米迦勒学期前任命的两人担任，一人由工程学学部委员会提名，另一人由物理和化学学部委员会提名。奖项应在四旬斋学期的第一天之前授予。除非无报告提交，否则考官应从基金收入中获得一笔由工程学学部委员会及物理和化学学部委员会在校务理事会随时批准范围内共同决定的一定金额的款项。 |
| 奖项的分割 | 8. 在比较合作和独立作品的价值时，考官应对前者提出更高的标准。如果奖项颁发给一项合作的报告，则奖项应平分给两位合作作者。 |
| 报告的存放 | 9. 每位获奖者均应向大学图书馆提交一份他或她报告的副本。

10. 大学有权通过动议经工程学学部委员会及物理和化学学部委员会建议后随时更改以上条款，但奖项应始终将第 1 条提及的四个名字联合起来并且应始终致力于鼓励无线电研究。 |

黑 乐 奖

1904 年《捐赠》，第 401 页

主题	1. 黑乐奖应每年颁发给由候选人所提交的关于某一主题的论文，该主题经古典学学部委员会提议和批准，该获奖论文主题应在古典学学部委员会所确定的范围内。
裁决	2. 本奖应由评审人颁发，其人数不超过三人，该评审人应经古典学学部委员会提名，由学部总委员会在四旬斋学期中期以前任命。每一个评审人可收到一笔来自基金收入的款项，其金额应由学部总委员会在校务理事会随时批准的范围内决定。
谁可参与竞争	3. 本奖项对本大学的任何成员开放，只要他在奖项颁发当年的前一年期间获得了研究生学位委员会授予的博士学位。
论文	4. 在四旬斋学期的第五天以前，候选人应将他或她拟提交的论文题目告知教务长。教务长应将拟提交的题目转达给古典学学部委员会秘书，并且应通知候选人他们的题目是被批准还是否决。题目被批准的候选人应将论文提交给学部委员会秘书，论文到达秘书处的时间不得迟于四旬斋学期

的最后一天。论文长度不得超过80000字。

5. 古典学学部委员会应从按照第4条的规定提交的论文中选出不多于三篇论文,提交给评审人。应在随后到来的米迦勒学期中期以前颁发本奖。 〔颁奖日期〕

6. 本奖项的金额应是基金的年度收入除去给评审人的款项后的金额。 〔金额〕

7. 获奖候选人应将他或她的论文副本存放在古典学学部的图书馆里。

8. 如果任何一年本奖项未能授出,则应将该年度的奖金纳入到基金的本金之中。

哈克内斯奖学金

1904年《捐赠》,第337页

1. 应设立一项奖学金,称为哈克内斯奖学金,该奖学金每年颁发给精通地质学的人,包括其中的古生物学。 〔名称〕

2. 本大学的任何成员均有资格获得本奖学金,只要他已经通过文学士学位的某些期末考试,并且从其通过上述期末考试后的12月19日起距离选拔之日的期限不超过三年。 〔谁有资格〕

3. 基金的经理应该由地球科学系主任和三名由地球科学和地理学学部委员会在米迦勒学期任命的地球科学系的大学职员组成,上述三名成员的任期为三年,从其任命后的下一个1月1日起开始计算。 〔经理〕

4. 推选人委员会应当在每年的6月推选出一名获奖学者,该推选人委员会由以下人员组成:经理和当年以及前一年自然科学荣誉学位考试第二部分地质科学领域的考官组成。除非至少有五名成员在场,否则委员会不得开展任何活动。 〔推选人〕

5. 候选人的姓名应在每年的5月31日以前提交给教务长。 〔提交候选人姓名〕

6. 在做出授予本奖项的决定时,推选人应考虑获选人对包括古生物学在内的地质学的精通程度以及未来工作的希望。 〔资格〕

7. 推选人应有权采取任何其认为合理的行动以确定候选人资格;他们采取行动时发生的任何必要支出应由基金偿付。

8. 在奖学金有效期内的学年中,获奖者有义务在地球科学系主任或由系主任任命的其他人的指导下,在剑桥大学或其他地方从事地质学或古生物学的研究。 〔获奖者义务〕

9. 基金收入的第一项支出应是提供获奖者的薪金。薪金的总额应由经理依具体情况在考虑到学者可获得的其他财政资源后在校务理事会随时批准的范围内决定。薪金应以两个半年的分期形式提前予以支付。除非经理对获奖者一直以足够的勤奋从事他或她的研究感到满意,否则第二次分期 〔获奖者薪金〕

付款不会得到执行。

10. 经理可从基金收入的年度余额中拨款以资助在任期内的获奖者，也可从基金积累的任何未使用收入中拨款资助任何以前获奖的学者从事地质学或古生物学研究，给予任何人拨款的最高总额由经理在校务理事会随时批准的范围内决定。不得向其奖学金有效期结束已超过三年的获奖者提供拨款；要将任何拨款支付给一个以前的获奖者，他或她必须是在地球科学系主任或由系主任任命的其他人的指导下，在剑桥大学或其他地方继续从事地质学或古生物学的研究。

哈内斯奖

1904年《捐赠》，第409页

奖项

1. 本奖应每年提供。本奖的金额应是支付颁发奖项的费用以后基金的年度收入。

谁可竞争

2. 本奖应颁发给一篇以莎士比亚文学为主题的英文论文佳作的作者，该作者应是本科生，或者是研究生，只要其文章提交到教务长处时，自他或她获得第一个学位后的12月31日起不超过三年，无论是在本大学或另一个大学获得的学位。

评审人

3. 本奖项应由英语学部委员会提名、在四旬斋学期任命的两个人裁定。每一评审人应收到来自基金收入的款项，除非没有文章提交，其数额由学部委员会在校务理事会随时批准的范围内决定。

科目的通知

4. 评审人应在每年的米迦勒学期为论文选择一个主题并对外公布。希望提交其自己所选择的与莎士比亚文学相关主题的论文的候选人，应该在通知发布后的下一个四旬斋学期的第一天之前将此情况报告给教务长；教务长应将该提议的主题提交给评审人并将该主题是否获得批准的情况传达给候选人。

论文

5. 申请本奖的论文长度上应不超过20000字并且一般不少于15000字。每篇论文都应是印刷本或者是打印本，并附带一个关于论文长度的声明，一道提交给教务长，其到达教务长处的时间不得迟于选定主题宣布后的下一年度的8月31日。论文须有题词而不应有候选人的姓名，并附一个表面具有相同题词的密封信封中，信封中应有候选人的姓名和学院名称。

条件

6. 获奖的候选人应提交一份其论文的印刷本或打印本的副本给校长、每一个评审人、大学图书馆和基督学院图书馆。

7. 在任何时候，如评审人认为提交的论文中没有论文值得获得本奖，那么本奖的奖金应纳入到基金的本金之中。

8. 大学应有权通过动议随时改变或决定关于选择论文主题的人的规则、奖项裁定的规则,亦可以改变或决定关于奖项间隔期的规则以及关于宣布主题和论文提交时间的规则。

修改

哈内特基金

1. W. L. 哈内特中校的遗赠构成了一项基金,称为哈内特基金,按照捐赠者的遗嘱,该基金应当用来增加医学知识和帮助医学研究。

2. 本基金的本金和收入应按照学部总委员会在与临床医学学部委员会协商后随时决定的方式加以利用。

哈特里和克勒克·麦克斯韦尔奖

1. 由基督学院的文科硕士、博士、前约翰·汉弗雷·普拉默数学物理学教授道格拉斯·莱纳·哈特里遗赠给本大学的款项构成了一项基金,称为哈特里基金。

基金

2. 基金的收入应当用来提供一项称为哈特里奖的奖项,本奖项每年由自然科学荣誉学位考试第二部分的考官授给在此次考试的实验和理论物理学方面表现最突出的候选人。

哈特里奖

3. 考官应有权将一个克勒克·麦克斯韦尔奖颁发给哈特里奖的获得者。克勒克·麦克斯韦尔奖的金额应由卡文迪什物理学教授和物理学系主任共同决定;根据克勒克·麦克斯韦尔纪念基金规程第 2 条(c)的规定,应当从该基金的收入中提供该奖项,并亦应从物理学系主任处置下的基金中提供。

克勒克·麦克斯韦尔奖

哈特维伊斯兰教研究基金

1. 橡山实业集团有限公司捐赠给本大学的款项构成了一项基金,称为哈特维伊斯兰教研究基金,该基金的收入应当用来促进本大学的伊斯兰教研究。

名称和目的

2. 本基金应由一个经理委员会管理,其组成为:
(a) 校长(或者正式任命的代理人),由其担任主席;
(b) 神学学部委员会主席;
(c) 宗教和神学研究促进中心的主任;
(d) 由神学学部委员会在哈特维的提名下任命的两人。

经理

第(d)类的经理应在米迦勒学期任命,任期四年,从其被任命后的1月1日开始计算。

3. 经理应每年至少举行一次会议。

4. 经理有义务:

(a) 保证对基金财务状况的监督;

(b) 当大学决定停止向神学学部的伊斯兰教研究提供款项时,决定基金的未来用途。

大学职位

5. 基金所得收入的第一项支出应当是负担在神学学部从事伊斯兰教研究的教学或科研工作的大学职位持有者的薪金、国民保险、退休金和相关间接费用。在做出该职位的任命时,任命机构应听取一名由神学学部委员会在与经理协商后任命的评估人提出的建议。

未使用收入

6. 按照第5条提供费用支出后,基金任何未使用收入可由经理酌情用于促进本大学伊斯兰教的研究工作。

7. 这些规则在经过橡山实业集团有限公司的批准后可由动议修订。

威廉·哈维基金

名称和目的

1. 由大学医学毕业生立契捐赠的款项构成了一项基金,称为威廉·哈维基金。基金的收入(而非本金)由经理根据捐赠者的指示酌情用于下列任何一种或类似的目的:向处于困难情况下的临床医学学生提供奖助金或贷款;为医学图书馆购买专用物品;捐助奖项、学生奖学金和学术奖学金;为临床医学学生提供体育设备和设施。

经理

2. 基金的经理包括皇家医学教授、医学教育主任和两名由临床医学学部委员会在米迦勒学期任命的人,从其任命后的1月1日起任职四年。临床医学学部委员会的秘书应作为经理秘书。在每一个学年经理应至少征询一次临床医学学生的适当代表关于提供资金用于体育设备和设施的事宜,并应考虑由代表们代表临床医学学生提出的任何建议。

基金的增加

3. 经理应有权接受捐款、捐献和其他捐赠,以增加基金本金或收入,在没有捐赠者指示的情况下,经理可决定是增加到本金还是收入中。

未使用收入

4. 在一个财政年度内任何未使用收入应增加到基金的本金之中。

威廉·哈维临床医学奖学金

名称、目的和金额

1. 在每年的米迦勒学期由威廉·哈维基金的经理所确定的一笔款项应当留出,以便每年颁发数个威廉·哈维临床医学奖学金。该奖学金的数量和金额应由授奖者在可用的总额内自由裁量。其中一个奖学金应称为"剑桥大学医学毕业生基金奖学金",其中三个奖学金应称为"沃纳·雅各布森·哈里·斯蒂瓦特奖学金",其中一个奖学金应称为"邓肯·罗兰奖学金"。

2. 本奖学金的授奖者包括皇家医学教授和医学教育主任,或由临床医学学部委员会任命的他们的代理人。 授奖者

3. 威廉·哈维奖学金可颁发给在本大学攻读临床教学课程以获取医学学士学位和外科学学士学位的任何学生。沃纳·雅各布森·哈里·斯蒂瓦特奖学金应颁发给攻读医学学士或医学博士课程的学生。 资格

4. 本奖学金一般在四旬斋学期颁发。 颁发时间

西维亚·哈斯兰生态学奖

1. 由西维亚·哈斯兰博士(钮纳姆学院文学硕士、哲学博士、理学博士)提供给本大学的总额为 2000 英镑的款项构成了一项基金,称为西维亚·哈斯兰奖基金,该基金应当用来提供一项称为西维亚·哈斯兰生态学奖的奖项。 名称和目的

2. 本奖项每年由植物科学系主任、植物生态学教授和自然科学荣誉学位考试第二部分植物科学学科的考官授予在该考试中在生态学方面有突出成绩的人,除非授奖者认为没有候选人有足够的成绩获得该奖。 如何授出

3. 本奖项由书籍构成,价值为基金的年度收入,由获奖者经植物科学系主任批准后进行选择。 金额

4. 如果在任何一年未授出该奖项,则当年的收入应加入到基金的本金之中。 如果未授出

斯蒂芬·霍金宇宙学研究捐赠

1. 为向荣誉勋爵、最高级巴思爵士、哲学博士、英国皇家学会会员、拉卡斯数学教授和冈维尔和凯斯学院院士斯蒂芬·威廉·霍金的生活和研究致敬而由美国剑桥董事会捐赠的 1845000 美元构成了一项基金,称为斯蒂芬·霍金宇宙学研究捐赠。 名称

2. 基金的收入和至多三分之一的本金应专门地用于帮助、提高、援助、支持和维系应用数学和理论物理系的宇宙学或其他学科的研究,具体方式由霍金在其有生之年亲自选择和批准。此外,基金应由四名经理管理,分别是:应用数学和理论物理系主任、数学物理学教授(1967)和两名由数学学部委员会任命的经理。由学部委员会任命的经理任期为四年,从他或她被任 目的

命之日后的1月1日开始计算。经理应将基金的收入用于支持大学的科学研究和活动,这样的研究和活动应增进人类对由霍金教授提出的宇宙学和万有引力中的基本问题的理解,或者用于支持他们认为霍金教授感兴趣的研究。

斯蒂芬·霍金信托基金

名称和目的　1. 由本大学所收到的以使拉卡斯数学教授斯蒂芬·霍金教授在理论宇宙学领域的知识遗存永存不朽的款项,构成了一项基金,称为斯蒂芬·霍金信托基金。

2. 本基金可以包括由捐赠人提供的捐助和可消费的本金。可消费的本金和来自捐助的收入应当用来支持本大学理论宇宙学中心的活动,其目标如下:

（1）促进本大学理论宇宙学方面的研究和研究生教学;

（2）在国际上促进理论宇宙学方面的研究和研究生教学。

经理　3. 基金的管理应处在经理委员会的控制下,经理委员会成员包括:

(a) 应用数学和理论物理系主任,由其担任主席;

(b) 数学物理学教授(1967);

(c) 由数学学部委员会任命的在相关科学学科工作的两名教授;

(d) 一名由经理共同委派的在数学学部工作的大学教学职员;

(f) 斯蒂芬·霍金终身教授;

(g) 本大学外的由经理推荐、由学部总委员会任命的三位杰出人士。

经理任期　4. (c)项和(g)项的成员应在米迦勒学期任命,任期四年,从他们被任命后的1月1日开始计算。(d)项被委派的成员任期至他们被委派那一年或之后一年的12月31日,经理应在委派时决定。

理论宇宙学中心主任　5. 理论宇宙学中心主任应由学部总委员会在经理的推荐下任命。他或她任期为四年,有资格连任。该主任应任经理委员会秘书。

6. 中心主任职位应与应用数学和理论物理系的大学职员职位同时持有。

7. 委员会一般每个学年举行两次会议。

未使用收入　8. 在依照第2条提供支付后,基金的任何未使用收入可以累积作为未来几年的收入,或可以由经理酌情用于以下目的:

（1）资助一个或多个斯蒂芬·霍金客座教授和/或博士后研究员;

（2）支持被批准攻读数学高等研究证书的学生,或支持通过斯蒂芬·霍金奖学金被批准在应用数学和理论物理系的理论物理领域内攻读博士学位的学生。

科学咨询委员会

1. 该中心应当有一个国际科学咨询委员会,应当由不少于四位由学部总委员会在经理委员会的推荐下任命的相关科学领域非常杰出的人士组成。 委员会成员

2. 咨询委员会的成员在米迦勒学期任命,任期四年,从其被任命后的1月1日开始计算。 委员会成员任期

3. 学部总委员会在作出咨询委员会的任命过程中,应确保其成员中本大学的常住人员不多于一人。

4. 咨询委员会的主席由学部总委员会任命,其任期不超过三年,可以连任,但连任的每次任期不得超过三年。 主席

5. 中心的主任应担任咨询委员会的秘书。 秘书

6. 咨询委员会应至少每两年举行一次会议。

7. 咨询委员会的职责是就中心的科学计划和政策的所有方面向中心主任提出建议。 咨询委员会的职责

斯蒂芬·霍金客座教授

1. 学部总委员会在经理的推荐下按照章程D第十五章第1(c)(iii)条的规定任命一名或一名以上的斯蒂芬·霍金客座教授。霍金客座教授的任期一般不超过六个月,特殊情况下,不超过一年。 任期

2. 斯蒂芬·霍金客座教授的义务是参与理论宇宙学中心的教学和研究计划。 义务

3. 斯蒂芬·霍金客座教授的薪金、差旅费和生活补贴应由学部总委员会在经理的建议下决定。

4. 斯蒂芬·霍金客座教授应当居住在剑桥,除非学部总委员会同意其告假居住在外。 居住

斯蒂芬·霍金博士后研究员

1. 经理应决定每年授予的斯蒂芬·霍金博士后研究员职位的数量。这些研究员的任命应与在相关科学领域工作的应用数学和理论物理系的大学教学职员中任其他经理的人协商,由理论宇宙学中心主任进行推荐。 任命

2. 研究员的任期至多为五年。 任期

3. 研究员每年的薪金应处于经理在学部总委员会的随时批准下决定的范围内。 薪金

研究奖助金	4. 可授予斯蒂芬·霍金博士后研究员额外的研究奖助金。

斯蒂芬·霍金学生奖学金

推选人	1. 斯蒂芬·霍金学生奖学金的推选人包括应用数学和理论物理系主任、理论宇宙学中心主任和那些在应用数学和理论物理系任大学教学职员的经理。
资格	2. 为了有资格获得奖学金，候选人必须已经获得或正在寻求获得一个持有数学高等研究证书的学生身份，或一个攻读理论物理领域博士学位的学生身份，并且须在应用数学和理论物理系。

迪斯蒙·霍金斯奖

名称和目的	1. 由圣约翰学院文学硕士、皇家内科医师学会会员、皇家放射医师学会会员、前任临床医学学院临床系主任托马斯·迪斯蒙·霍金斯给予大学的金额，构成了一项基金，其收入应当用来提供一个迪斯蒙·霍金斯奖。该奖的目的是帮助学生负担出国学习选修医学期间的费用。
谁有资格	2. 本奖项应开放给正在本大学内致力于临床研究的所有本大学成员。
通知	3. 在每年的米迦勒学期，医学教育系主任应发布一个通知，公布提交申请的日期和方式。
如何授出	4. 授奖者是医学教育系的主任和副主任。在作出决定时，授奖者应考虑候选人的学术成绩，他们在大学、在临床医学学院或在他们的学院里对课外活动的贡献，以及提议的研究的性质。优先权应当给予那些打算在发展中国家研究的人。
金额	5. 本奖的金额是基金的年度收入。
未使用收入	6. 如果在任何一年奖项未授出，则当年的收入应增加到基金的本金之中。

希伯来语奖

1904年《捐赠》，第404页

章程E，第三十章	
目的	1. 1865年和1867年为了鼓励本大学里对希伯来语的研究而捐赠的资金的收入应用来提供奖项，由神学和宗教学研究荣誉学位考试、神学和宗教研究文凭考试以及哲学硕士（M. Phil.）学位神学和宗教研究考试的考官颁发。
颁奖的考试	2. 本奖每年应开放一个或更多的奖项，颁发给神学和宗教研究荣誉学

位考试第二部分 A 和第二部分 B 的候选人、神学和宗教研究文凭考试的候选人，并应颁发一个或更多的奖项给在哲学硕士学位神学和宗教研究考试的候选人，获奖者应在这些考试中的希伯来语言学论文方面表现突出。

3. 本奖的金额应不超过基金的可用收入，由神学学部委员会在校务理事会随时批准后决定。

金额

马高特·海内曼奖

1. 为纪念前纽霍学院研究员马高特·克莱尔·海内曼小姐而捐献的款项，构成了一项基金，称为马高特·海内曼基金。

基金

2. 应设立一个奖，称为马高特·海内曼奖，该奖每年由英语荣誉学位考试第一部分的考官颁发给在该考试中的试卷 5（莎士比亚）中有突出表现的人。

奖项

3. 本奖的金额是基金的每年收入。如果在任何一年本奖未能授出，则当年未使用的收入应增加到基金的本金之中。

金额

海特兰德基金

圣约翰学院文学硕士威廉·艾默顿·海特兰德剩余财产的三分之一构成了一项基金，称为海特兰德基金，该基金的本金和收入应用于由费兹威廉博物馆委员会决定并认为合适的与费兹威廉博物馆相关的目的。

海特兰德和威廉·阿迪斯·莱特基金

圣约翰学院文学硕士威廉·艾默顿·海特兰德，其剩余财产的三分之二和威廉·阿迪斯·莱特养老金基金在 1969 年 1 月 11 日的剩余资产构成了一项基金，称为海特兰德和威廉·阿迪斯·莱特基金，该基金的本金和收入应随时用于由大学图书馆委员会决定并认为合适的与大学图书馆相关的目的。

约翰和玛格丽特·亨德森纪念奖

1. 来自 A. 康福特博士（三一学院文学硕士和医学学士）和康福特夫人捐赠的 5000 美元，应构成一项基金，目的是在老人病学和老人病科领域颁发一个年度奖项。

基金和目的

名称	2. 该奖的名称应是约翰和玛格丽特·亨德森纪念奖，以纪念康福特夫人的父母。
谁可竞争	3. 本奖应开放给在剑桥大学致力于临床医学研究、攻读医学士和外科学士并且未参加最后的医学士考试第三部分的任何成员。
如何授出	4. 本奖应颁发给一篇以老人病学或老人病科领域为主题的不超过3000字的论文或其他的写作成果。该著作应以候选者在以上某一领域或该两个领域的实际实验为基础，或者应关注建议，以该实验为基础，在医疗、教学或科研方面有创新。
评审人	5. 在米迦勒学期，学部总委员会应在临床医学学部委员会的提名下任命两个评审人，任期为一年，从任命后的1月1日开始计算。评审人可以在他们的裁量权内通过口试考察一个候选者。
金额	6. 本奖的金额是基金的年度收入。如果在任何一年内没有一个报名者有足够的优势以证明其值得获得该奖，则评审人可以酌情颁发一个他们认为合适的较低金额的奖。
通知	7. 在四旬斋学期中期之前，医学教育主管应发布一个通知，给出提交作品的最后日期，条件是该日期不得早于通知发布后八个星期。
未使用收入	8. 任何未花费的收入都应增加到基金的本金之中。

希比特固体力学捐赠基金

名称	1. 代表戴维博士和苏珊·希比特女士的来自美国剑桥董事会的400万美元捐赠，应构成一项基金，称为希比特固体力学捐赠基金。
讲师	2. 本大学固体力学希比特讲师应付的薪金、国民保险、退休金缴纳款和相关的间接成本应从基金中偿付。
未使用收入	3. 在一个财政年内任何未使用的收入应增加到基金的本金之中。

约翰·希克曼马科动物研究奖

基金和目的	1. 为纪念2000年1月2日去世的动物外科学名誉退休副教授、国王学院的约翰·希克曼上校而捐赠的款项，应构成一项基金，称为约翰·希克曼基金，该基金的收入应当用来提供一项约翰·希克曼马科动物研究奖。
经理	2. 基金的经理应是兽医学系主任、副主任、大学马科动物外科医生以及大学马科动物医学讲师。
如何授出	3. 本奖项应由兽医期末考试第三部分的考官颁发给在最后一年期间在马科动物研究中的临床循环方面获得最高推荐并在该考试中在马科动物研

究的第一部分中也获得好成绩的候选人。

4. 本奖项的金额是兽医学系主任在校务理事会随时批准的范围内决定的金额。 　金额

5. 在一个财政年度内,任何未使用的基金收入由经理决定可增加到基金的本金之中或积累作为下一年的收入。 　未使用收入

伊丽莎白·希尔夫人教授基金

1. 由格顿学院斯拉夫民族研究名誉教授伊丽莎白·希尔夫人捐赠给大学的金额,构成了一项基金,称为面向博士后研究的伊丽莎白·希尔夫人教授基金,该基金的收入应用来鼓励斯拉夫民族研究的高级研究和科研。 　基金和目的

2. 基金应由五名经理管理,他们是: 　经理
(a) 斯拉夫民族研究教授;
(b) 四名在米迦勒学期任命的人员,任期为四年,从他们被任命后的1月1日开始计算,分别应由以下机构任命:亚洲和中东研究学部委员会、历史学部委员会、现代和中世纪语言学学部委员会以及科学史与科学哲学学部委员会。

3. 基金的收入应该由经理用于提供补助,支持关于公元1700年前时期斯拉夫民族研究的高级研究或科研,优先支持打算在以下任何领域进行实质性项目研究的人员:古文书学;中世纪圣徒言行录或其他文献;中世纪艺术;正统教堂的僧侣传统;中古斯拉夫对于地理、历史学或其他科学历史的贡献者传记研究。资助可以给予大学职员或其他被大学雇佣的人以及大学里学院的成员。 　资助

4. 邀请申请资助的通知应由经理酌情随时发布。 　通知

5. 基金资助的接受者应在大学图书馆中存放一份关于在资助的帮助下完成的成果的报告以及一份来自该成果的任何出版物的副本。 　存放

6. 在一个财政年度内,任何未使用的基金收入应由经理决定增加到基金的本金之中或积累作为未来一年的收入。 　未使用收入

马丁·辛兹旅行基金

1. 为纪念三一学院院士、阿拉伯语大学讲师乔治·马丁·辛兹,由帕米拉·辛兹女士、帕特里西亚·克罗恩博士以及其他人给予的捐赠构成了一项基金,称为马丁·辛兹旅行基金,其收入应用于鼓励对于东方的学习和研究。 　基金和目的

经理	2. 基金的经理应是亚洲和中东研究学部委员会,他们可以将其依据规章所享有的职权委托给一个并不必须由该学部委员会所有成员组成的委员会。
资助或贷款	3. 通过基金的收入经理可以资助或贷款帮助大学的注册研究生和其他的成员,为他们提供旅行至伊斯兰中东和北非的旅行和住宿的开支,以允许他们在这些地区从事语言、文化或历史研究。

霍特纪念基金
1904 年《捐赠》,第 358 页

名称和目的	1. 应设立一项霍特纪念基金,该基金致力于促进圣经、希腊文化和教父遗书的研究。
由经理管理	2. 基金的经理应是神学学部委员会,学部委员会可将其与奖学金有关的全部或部分职能委托给一个委员会,其成员不必均来自学部委员会。
收入	3. 基金本金所生的收入应由经理决定应用,并在他们认为合适时受制于这样的条件,用于以下目的:
资助	(a) 资助任何从事圣经、希腊文化或教父遗书的研究的人;
	(b) 资助任何与这些学科相关的研究。
基金的增加	4. 经理应有权接收促使基金本金增加的捐款、捐献和遗赠。
修改	5. 上述规定,除了第 1 条和本条外,应由动议加以变更,但基金的目的应被坚持,即促进圣经、希腊文化和教父遗书的研究。
条文	6. 依上述规定,如果经理认为合适,他们可随时制定和变更这些条文,如果他们认为这些条文有利于规范自身的程序和对基金的管理。

雷蒙德·霍顿-史密斯奖
1904 年《捐赠》,第 434 页

名称	1. 由里查德·霍顿-史密斯(文学硕士、英国王室法律顾问、前圣约翰学院院士)、他的儿子帕西维尔·霍顿-史密斯·哈特里先生(C. V. O. 医学博士、曾为同一所学院院士)以及 A. G. 沃农女士(雷蒙德·霍顿-史密斯的侄女)捐赠给大学的资金构成了一项基金,称为雷蒙德·霍顿-史密斯基金,该基金的收入应用于提供雷蒙德·霍顿-史密斯奖。
颁发给最佳医学博士文章或论文	2. 本奖每年由医学博士委员会授予给一名被该委员会评定为在学年中提交了最优秀文章或论文的医学博士学位候选人。

3. 作为任何一年颁发本奖的参考,医学博士委员会可以咨询一个独立的审阅人并可以付给该审阅人一笔由临床医学学部委员会在校务理事会随时批准的范围内决定的费用。

4. 本奖的金额应是基金在扣除按照第3条支付的任何费用后的年度净收益。应用以购买一本带压花封面的书籍,书籍由获奖者挑选,并由校长批准。任何这样购买的书籍都应加盖大学印章和霍顿-史密斯徽章签名。按照本规章,对于书的审批的申请应遵循总章程对于奖励书籍的规定提交到教务长处。

5. 大学应有权在校长、圣约翰学院院长、皇家医学教授和病理学教授的建议下由动议随时变更和修订这些规则;条件是应考虑到创始人的愿望即雷蒙德·霍顿-史密斯的名字总是与本奖项一起使用,并且本奖项应为鼓励医学和病理学而颁发。

阿伯特·霍华德爵士旅行奖学金

1. 由已故的阿伯特·霍华德爵士为植物学研究的发展而遗赠给大学的1000英镑总额构成了一项基金,称为阿伯特·霍华德爵士旅行奖学金。

2. 基金的收入应用于提供一项一年一度的旅行奖学金,颁发给一个在颁奖年在自然科学荣誉学位考试第二部分植物科学的学生中选出的候选人。

3. 每个候选人应在不迟于完整复活节学期的第七天向教务长提出申请并应提交一个关于拟展开的旅行的目的和计划的简短陈述。

4. 推选人应该是植物学教授和颁奖年里自然科学荣誉学位考试第二部分植物科学的主考官。

5. 奖学金应不迟于7月1日授出,成功当选的候选人一般被要求在之后的10月1日前使用该奖。植物学教授应有权免除这一要求。

6. 如果在任何一年推选人认为没有一个候选人应该得到该奖学金,那该年将不授出该奖。

7. 基金中积累的任何未使用的收入可以由推选人在接下来的任何一年通过资助提高奖学金的金额。

休 斯 基 金

1. 在本大学里应设立一项基金,称为休斯基金,以纪念大学前地质学讲师、女王学院的院士诺曼·弗朗西斯·休斯,该基金将专门用于地球科学系的图书馆以及图书馆的任何后续机构。

经理　2. 基金的经理应是地球科学系主任，以及至少四名由地球科学系学系委员会在米迦勒学期任命的人员，其任期为三年，从其任命后的 1 月 1 日起开始计算，他们中至少有一个人应该是系里图书馆的员工，其他人应是系里的学术员工。

　　3. 来自基金的收入应专门用于图书馆印刷制品（包括图书、期刊、会议论文集）和电子材料（包括存取期刊和数据库）的购买。

未使用收入　4. 未使用收入不得纳入到基金的本金之中而应积累用作接下来几年的收入。

章程 E，第六章

哈尔瑟基金
1904 年《捐赠》，第 117 页

收入的分配　1. 支付给牧师的 10.5 英镑的薪金，应是按照章程 E 第六章第 3 条从可得收入支出的第一笔开支；其剩余部分应分成十等份，其中八份应该用于教授的薪金，一份用于奖项，一份用于讲师的薪金。每两年支付给讲师后基金中积累的任何未使用的收入应该用于教授的薪金。

哈尔瑟牧师职位

　　2. 每年应在四旬斋学期结束前为接下来的学年遴选牧师，其应在大学里进行一次关于天启教的真理和卓越或基督教证据的布道。

哈尔瑟奖

奖项　3. 本奖向由候选人建议并由评审人批准的与基督教历史有关的某主题的论文颁发。

评审人　4. 本奖的评审人应是神学教授。评审人应有权咨询评议人。每名评议人应获得一笔来自基金收入的由校务理事会在神学学部委员会的建议下随时决定的款项。

资格　5. 候选人资格应开放给大学里未获得过本奖项的任何成员，条件是在截止日期前其应该将论文提交给教务长：

（a）自他或她的第一个居住学期后已过去至少八个完整学期，或者如果该候选人是一个附属学生的话，其第一个居住学期至今的时间应超过五个完整学期；

（b）候选人未满 27 岁。

主题　6. 为论文提议的主题每年应不迟于 3 月 15 日由候选人提交给教务长，

教务长应将该主题提交到评审人处并将批准或拒绝的信息传达给候选人。每一个候选人应在次年的 12 月 19 日那天或此前将他或她的论文提交给教务长。

7. 获奖者应在大学图书馆存放一份他或她的论文的印刷本或打印本。 条件

哈尔瑟讲师

8. 应该设立一个哈尔瑟讲师职位,每隔两年推选一次,任期为两年,从推选后的 1 月 1 日开始计算,并在间隔六年后可获得再次推选资格。 推选、任期和收入

9. 讲师在任职期间应开设一门关于基督神学的某些分支的讲座课程,讲座在数目上不少于四个,不多于八个,次数和地点由推选人随时决定。讲师应当在大学图书馆里留存一份其讲座的印刷本或打印本。 义务

10. 讲师必须是剑桥大学的毕业生,或者是一些其他大学的毕业生。 资格

11. 选拔讲师的公告应在每隔两年的米迦勒学期的前四分之一学期内发出,选拔应在该学期期末前举行。推选人有权邀请任何有资格的人士担任讲师一职。 选拔通知

12. 讲师应当获得的收入为每两年讲师薪金的可用收入。在其按照第 9 条的规定留存其讲座的副本后,应向讲师支付其应得薪金。

人道主义信托基金和奖学金

1. 人道主义信托的受托人捐赠的款项,应构成一项基金,称为人道主义信托基金,其目的在于促进国际法的研究。 名称和目的

2. 人道主义信托基金的本金应以剑桥大学名誉校长、教师和学生的名义进行投资。 投资

3. 基金的本金应致力于维持大学的奖学金,目的是培养学生在国际法领域的工作。基金现在的和积累的收入应该由法学学部委员会在国际法韦维尔教授的建议下用于支付一年不超过 40 英镑的管理费用,以及支付用于与国际法的研究和发展相关的目的。在任何年份任何未使用的收入应以这种方式积累利用。 本金和收入

4. 一项称为毕业奖学金的奖学金每两年颁发一次,条件是有一个拥有足够优势的候选人。该奖学金起始期限为一年,但是推选人可以将其再延续一年。 期限

5. 候选人必须提出证据,证明在他们的候选人资格的学年期末之前他们已经获得或可能获得在英联邦国家、美国、欧洲大陆、苏联、耶路撒冷希伯来大学的或任何其他由推选人为了本规章的目的而批准的大学或学院的学 谁有资格

	位或文凭。他们也必须提供证据证明他们适合从事高深研究。
限制	6. 本奖学金不得与一个联邦基金奖学金或一个学院奖学金或相似大小的薪金并存。
金额	7. 本奖学金的金额是一年 1000 英镑或由推选人随时决定的更大的金额；但如果一个学生持有或被选拔得到另外一个薪金，则本奖学金可以由推选人决定降低金额。这个奖学金的酬金须在开学初以三次分期付款预付。
旅行薪金	8. 推选人可以授予一个薪金以支付剑桥大学学生旅行和常驻海外的全部或部分费用。
期限的终止	9. 推选人如果认为他或她不适合继续持有奖学金，可以在任何时间终止该学生的资格。
颁奖通知	10. 法学学部委员会的秘书应在选拔进行当年在韦维尔教授认可的期刊上刊登本奖学金的通知。
申请	11. 申请应被要求不迟于 1 月 1 日到达学部委员会秘书处。
选拔	12. 如果可能，选拔应在四旬斋学期中期前进行，但是推选人不得被禁止在任何其他时间举行选拔。
条件	13. 奖励须以该生是大学成员或将成为大学成员为条件。
14. 学生应服从推选人好意的分配，在选拔后米迦勒学期初入住。
研究课程	15. 学生应在韦维尔教授的监督下攻读一门研究课程。
限制	16. 学生在他或她持有奖学金期间不可以再是法律硕士或韦维尔奖学金的候选人，但可以是一个更高学位或国际法学位的候选人。
17. 学生应该在学期内常住学校，但在入住的一个学期后学生可以由推选人允许其在其他地方居住一段特定的时期，如果这样做有利于他或她的工作。
推选人	18. 推选人应是法学学部委员会的主席（或者是当年由主席指定的副主席）、国际法韦维尔教授（或是当年由教授指定的主讲）和一个由人道主义信托的理事任命的人士。
19. 这些规定可以由大学在人道主义信托的理事同意的情况下改变。

地球物理学胡伯特奖

名称和目的	1. 由赫伯特·胡伯特（皇家学会会员、国王学院院士和理论地球物理学教授）从华盛顿的美国国家科学院授予他的阿瑟·L.戴伊奖的收益给予大学的款项，构成了一项基金，称为胡伯特奖基金，其收入用于提供地球物理学胡伯特奖。
评审人	2. 本奖的评审人应是应用数学和理论物理系主任、地球科学系主任、理

论地球物理所的主任和活动构造地质学教授。

3. 本奖每年由评审人颁发给对地球物理学领域作出最富想象力和创新的书面贡献的剑桥大学的常住本科生成员。 　如何授出

4. 本奖的金额应是由评审人在校务理事会随时批准的范围内决定的金额。 　金额

5. 本奖的公告应由评审人在不迟于米迦勒学期开始前给出。该公告应包括候选人提交本奖申请的日期和方式。

6. 本奖在四旬斋学期颁发。 　条件

7. 成功当选的候选人应将书面成果的一份副本存放在贝蒂和戈登摩尔图书馆，一份存放在地球科学系图书馆。每个图书馆应保有一份统一的已经获奖的所有书面成果的记录。

8. 从基金已经积累的任何未使用的收入中，评审人可以在任何年份颁发他们认为合适的数额的第二个奖。 　未使用收入

工业管理捐赠基金

工业管理捐赠基金的收入应该由贾奇商学院酌情用于学院的教学和科研的一般目的。

日本研究基金

1. 川岛先生捐赠的75万英镑、富士银行有限公司捐赠的相同金额以及为支持日本研究捐赠的其他金额构成了一项基金，称为日本研究基金，目的是通过校务理事会在亚洲和中东研究学部委员会的建议下批准的方式，以促进本大学的日本研究。 　名称和目的

2. 本大学为日本研究的川岛讲师和现代日本研究的富士银行讲师应付的薪水、国民保险和退休金缴纳款应从基金中支付。 　讲师

3. 在一个财政年度内的任何未使用基金收入可以由学部总委员会决定增加到基金本金中去或积累作为未来年度的收入。 　未使用收入

杰布基金

1. 由里查德·卡拉夫豪斯·杰布先生（希腊语名誉教授、本大学的议会众议员）的遗孀杰布女士给予本大学的馈赠和遗赠资金，应单独投资并构成一项基金，称为杰布基金。 　名称

大学按照亨利·恩斯特·卡石莫的遗嘱为了科研工作而接收的资金应加入到杰布基金的本金之中，但是应该另行积累。

目的
2. 基金的收入应按照第5—13条提供奖学金，以鼓励古典文学和其他文学研究。

推选人
3. 杰布奖学金的推选人是英语文学国王爱德华七世教授和四名在米迦勒学期由校务理事会任命的人士，一名由古典学学部委员会提名，一名由现代和中世纪语言学学部委员会提名，一名由资深导师委员会提名，一名由学部总委员会提名并由其担任主席，他们的任期是三年，从他们被任命后的1月1日开始计算。

未使用收入
4. 基金中积累的任何未使用收入应该用于：

（a）由推选人在考虑任何其他可得的财政资源后酌情提供资助给学生，在任何情况下不超过校务理事会在推选人的建议下随时决定的金额，以增补对这样的资助有特殊需要的学生的正常金额，无论是购买必要的书籍、满足一个学生的研究所产生的花费或实现奖学金的总体目的，或是为了其他与基金目的相关的目标；

（b）由推选人酌情在与（a）项同样的最大金额内提供旅行资助，以使学生访问与他们的研究有关的国家；

（c）颁发资助给在大学里从事古典文学或其他文学研究或学习的其他人。

杰布奖学金

目的
5. 基金的年度收入应用于提供三个杰布奖学金，该奖学金每年提供，一个提供给从君士坦丁堡建立至但丁出生时期的欧洲文学领域里某些学科的深入研究，一个提供给在任何时期的欧洲文学领域里某些学科的深入研究。

金额
6. 每个奖学金的最大金额由校务理事会在推选人的建议下随时决定。

研究领域
7. 如果任何年份在上述任何研究领域里没有候选人被推选人认为有足够的优势获得奖学金，推选人可以酌情在其他研究领域之一为该年份颁发两个奖学金。

选拔通知
8. 在每年的米迦勒学期结束前，推选人应发布一个关于申请奖学金的日期和方式的公告，奖学金的选拔应在不迟于接下来的住校生大学暑假结束前举行。

资格和任期
9. 大学里的任何毕业生都有获奖学金的资格，条件是在选拔进行的学年四旬斋学期第一天他或她未满26周岁。学生有机会重新获得为期一年的奖学金，但总年限不超过四年。重复选拔时，年龄限制的规则不适用。

10. 如果推选人在特殊情况下将奖学金期限推迟至下一年，则奖学金可在选拔或选拔后的下一个财政年度存续。

11. 推选人可以采取他们认为合适的步骤考察候选人的资格,但奖学金不应以一个竞争性考试的结果为基础颁发。

12. 在第 5 条的限制下从事与一个作者或作者们的一些文学问题相关的进一步研究是每一个学生的义务。学生拟定的研究课程需由推选人批准,在特殊情况下,可经推选人同意修改或变更课程。 学生义务

13. 根据第 6 条,推选人在考虑学生的经济来源后,决定奖学金的数额。 支付

耶利米奖

1904 年《捐赠》,第 408 页

章程 E,第三十章

1. 由詹姆斯·阿米劳·耶利米在 1870 年为了鼓励《旧约圣经》的希腊文译本和其他可能有利于阐明新约的希腊文学的批判性研究而设立的基金,其收入用于提供两个或更多个年度奖,称为耶利米奖。大学的任何成员都可以是本奖的候选人,条件是在考试时: 奖项、谁可参与竞争

(a) 他或她已学满五个学期;

(b) 作为毕业生,从其获得第一个学位至今不超过十年,无论是这个大学还是其他大学的学位。

每一个奖的金额不超过基金的可用收入,由神学学部委员会在校务理事会随时批准的范围内决定。

2. 应提供一个或更多的奖给通晓《旧约圣经》希腊文译本知识(的人),一个或更多的奖提供给通晓《次经》和《伪经》、斐洛和约瑟福斯作品以及其他希腊文学作品的人。一个被颁发《旧约圣经》希腊文译本奖的学生不应再次有资格作为《旧约圣经》希腊文译本奖的候选人,一个被颁发希腊文学奖的学生亦不得再次有资格作为希腊文学奖的候选人。

3. 应当在米迦勒学期中期以后、结束以前在由考试委员会给出通知的日期举行考试。该日期不应是任何另一个神学奖或奖学金考试举行的日期。 考试

4. 任何人不得成为一年里的两个奖的候选人。

5. 每个奖的考试都应由两篇打印版论文构成并应在一天内结束。 打印版论文

6. 候选人的姓名应在 10 月 20 日那天或之前由他们的导师们交给教务长,教务长应把他们传达给考官。 姓名提交给教务长

7. 每个考试应有两名考官,他们由学部总委员会在神学学部委员会的提名下任命。其中一名应在每年的米迦勒学期中期前被任命,从其任命后任职两年。除非没有候选人获得奖项,每一个考官每年应获得一笔来自基 考官

金的由神学学部委员会在校务理事会随时批准的范围内决定的金额。所有其他考试的支出应从基金中支付。

科目　　8. 每年度,神学学部委员会应挑选一本或一本以上书籍或部分书籍,作为特殊考试科目内容,如为《七十学圣经》奖,从此两类中选出:(1) 摩西五书和历史书籍,(2) 希伯来《圣经》和《圣录》;如果是希腊文学奖,从此两类中选出:(1)《次经》和《伪经》,(2) 斐洛和约瑟福斯作品以及其他希腊文学作品;在考试前的米迦勒学期神学学部委员会应在公告中公示挑选出来的书籍。

考试名称　　9. 考试虽然不是仅仅指向,但主要是指向选定的书籍。它包括就这些书籍中的历史、评论和解释作翻译和回答问题。如果是一个《旧约圣经》的希腊文译本奖,它也应包括就《旧约圣经》的希腊文译本与希伯来起源的关系的问题,问题可以设置用来测试候选人对其他希腊版本片段的知识。

C. H. W. 约翰斯纪念基金和奖学金

名称和目的　　1. 由 A. S. 约翰斯夫人为维持在亚述学方面的研究生奖学金的目的遗赠给大学的总金额构成了一项基金,称为 C. H. W. 约翰斯纪念基金。奖学金应称为 C. H. W. 约翰斯奖学金。

经理　　2. 基金的经理委员会应是亚洲和中东研究学部委员会。该委员会可以将他们关于基金的任何职能授权给一个委员会,其成员不必均来自学部委员会。

选拔通知　　3. 经理们应给出不少于三个月的关于他们进行选拔的计划的通知。

谁有资格　　4. 奖学金应当授予任何渴望从事亚述学研究训练的研究生。候选人应提出证据证明他们在有候选人资格的学年结束前已经获得或希望获得一个大学的学位。经理可以采取他们认为合适的方式确定候选人资格和他们从事研究的能力。

期限　　5. 经理遴选出的获奖学生最初的奖学金持续期不得超过三年,当经理对他或她的工作满意,认为达到了足够高的标准并值得获得延期,则经理有权重新选出该学生获得本奖,其持续期为不超过三年的一个时期。

6. 一个非本大学的学生应在选拔后的学期结束前成为本大学的学生并且应在持有奖学金期间保持本大学学生身份。如果该学生不能在本规章规定的期限结束前成为本大学的成员,经理应有权延长该期限。

学生义务　　7. 在持有奖学金期间学生应从事全职学习和亚述学研究训练。经理在对学生勤奋地履行他或她的义务不满意时,可在任何时候终止该奖学金。

金额　　8. 奖学金的金额是基金每年的净收入,应按季度提前分期付给学生。

未使用收入　　9. 基金中积累的未使用收入应该由经理酌情决定以下列任何或所有的

方式用于亚述学原创性研究的促进或深入研究：
(a) 提供资助给从事亚述学原创性研究的人，不必是本大学的成员；
(b) 帮助负担发掘费用；
(c) 为剑桥大学购买标本；
(d) 任何经理可能决定的其他方式。

条件是所有购买的物品应标为"C. H. W. 约翰斯纪念基金"，并且所有受惠于本基金的活动均应说明本基金的贡献。

琼斯基金

1. 由本大学在1963年按照约翰·勒基诺德·琼斯的遗嘱接收并在1963年5月8日在《通讯》上宣告的金额，称为琼斯基金。 名称

2. 基金的收入应该由费兹威廉博物馆委员会随时花费，用于购买100年以前的绘画或其他艺术作品。 目的

加勒特·琼斯奖

1. 为了纪念曾经的英格兰法律唐宁教授、三一学院院士加勒特·琼斯而捐献的资金构成了一项基金，称为加勒特·琼斯基金，其收入用于提供一项称为加勒特·琼斯奖的奖项。 基金和目的

2. 本奖由法律硕士考试的主考官颁发给在赔偿法科目考试中表现最优秀的候选人。 如何授出

约维特基金

1. 由已故的瓦尔特·约维特遗赠给大学的总金额构成了一项基金，称为约维特基金。 名称

2. 基金应按照遗赠条款用于动物疾病的进一步研究，尤其是那些可能传染给人类的疾病和驯养动物的热带疾病。 目的

3. 基金的管理应委托五名经理，他们是皇家医学教授、病理学教授、兽医科学教授、兽医学临床研究教授和兽医学系主任。 经理

4. 依照第2条的规定，基金的收入和本金由经理按照他们认为合适的以下条件酌情随时使用： 适用
(a) 购买设备和仪器；
(b) 资助在大学里从事或打算从事研究的人士；

管理分析贾奇管理教育信托工商管理硕士奖

基金和目的　　1. 在 2004 年由贾奇管理教育信托提供给大学的 5000 英镑的金额形成了一项基金,其收入用于提供一个称为管理分析贾奇管理教育信托工商管理硕士奖的奖项。

如何授出　　2. 本奖由工商管理硕士课程主任颁发给在任何一年里的管理分析课程中的最优秀者。在颁发本奖时主任应参考负责管理分析课程或其后续课程管理评估的教学办公室提交的报告。

金额　　3. 本奖的金额由商业和管理学部委员会在校务理事会随时批准的范围内决定。

如果未授出　　4. 如果在任何一年本奖没有授出,则该年基金的收入应加入到基金的本金之中。

里查德·汗基金

基金和目的　　1. 由彭布罗克学院的威廉·简威博士在 1995 年提供给大学的 6.5 万英镑的金额构成了一项基金,称为里查德·汗基金,是为了纪念前经济学教授罗德·汗,该基金应该用于促进和鼓励本大学的经济学研究。

经理　　2. 基金的经理是经济学学部委员会,它可以按照这些条款将其任何或所有职能授权给一个委员会,其成员不必均来自学部委员会。

颁奖　　3. 基金的收入和本金用于在经济学学部提供里查德·汗研究奖学金和助教职位,它应开放给已经注册为或将要注册为本大学研究生的任何人,条件是,按照捐赠者的愿望,如果两个或更多的候选人有同等资格,应优先给予是美国公民的候选人。该奖的持有者应在经济学学部委员会里从事进一步学习或研究;助教应另外从事由学部委员会分配的教学工作。

　　4. 奖项起初的持续期为一年,并可以由经理延期至二到三年。

金额　　5. 支付给奖金持有者的金额应由经理在校务理事会随时批准的范围内决定。

未使用收入　　6. 任何未使用收入可以由经理决定加入到基金的本金之中或累积作为接下来几年的收入。

康塔克基金

名称和目的　　大学为纪念硕士、国王大学院士和病理学教授阿弗雷多·安突尼斯·康塔克而接受的总金额构成了一项基金,称为康塔克基金,其收入应当用于促进病理学系的利益。

卡普兰诺夫基金

1. 由硕士、博士、历史学大学讲师和彭布罗克学院院士马克·D.卡普兰诺夫为大学图书馆的专有利益而遗赠给大学的款项构成了一项基金,称为卡普兰诺夫基金。　　名称

2. 基金的收入以及在例外情况下的本金由图书馆委员会酌情用于购买大学图书馆的物资以支持美国历史研究。　　目的

3. 任何未使用收入可以由委员会酌情加入到基金的本金之中或累积作为接下来几年的收入。　　未使用收入

卡弗里研究所基金

1. 卡弗里基金会为了支持宇宙学工作所给予的款项构成了一项基金,称为卡弗里研究所基金。　　名称和目的

2. 基金应处于经理委员会的控制下,他们是:　　经理

(a) 三名由学部总委员会任命的人员,其中两名应在卡弗里提名下任命;

(b) 两名由自然科学院理事会任命的人员。

(a)和(b)项下的经理委员会成员应在米迦勒学期任命,任期为四年,从他们任命后的1月1日开始计算。学部总委员会应任命(a)项下的一名经理为主席。

3. 研究所主任由学部总委员会在自然科学院理事会的提名下任命,并应任经理委员会的秘书。　　主任

4. 经理应负责支持宇宙学研究的基金的管理、指导研究所的工作和鼓励在宇宙学领域与同源部门的合作。

5. 基金的第一项支出是大学应支付的有关卡弗里研究所研究员的薪酬、国民保险和退休金缴纳款,研究员数量由经理决定,并且由经理推选产生。　　成员

6. 在经理决定之下,研究员任期可达五年。　　期限

7. 在剑桥大学宇宙学领域从事全职研究是研究员的义务。在任何书籍、论文或其他在研究员身份期限间实现的调查结果的出版物中,在可行的情况下应该冠以"卡弗里研究所研究员"的名称。　　成员义务

薪酬　　　8. 一个研究员的年度薪酬是由经理在学部总委员会随时批准的范围内决定的金额。

剩余收入的利用　　　9. 在按照第5条提供支付以后，基金的剩余收入由经理酌情用于下列目的：

（1）在他们考虑到与卡弗里研究所研究员从事研究有关而发生的费用是合适的时候，提供这样的资助；

（2）为支持其他在卡弗里研究所里宇宙学的其他研究项目提供资助。

未使用收入　　　10. 基金在一个财政年里的任何未使用收入可以加入到基金的本金之中，或者累积用作未来年度的收入，由经理决定。

章程E，第三十章

卡 耶 奖
1904年《捐赠》，第402页

奖项　　　1. 卡耶奖用于提供一个每四年为一篇就某些科目或问题用英语写作的学位论文颁发的奖项，该科目或问题与直到罗马主教格列高利之死的基督教会历史有关，或者与基督教义圣经权威的圣经研究有关，或实质上促进对圣经历史或希伯来和希腊圣经的了解。

谁可竞争　　　2. 本奖开放给本大学的所有毕业生以及所有名字进入研究生登记册的人士，条件是在指定提交论文的最后一天他们距离其获得第一个学位的时间不超过十年，无论是在本大学或其他大学获得的学位，还有一个条件是，以前的获奖者没有资格竞争。

金额　　　3. 本奖的金额不得超过由神学学部委员会在校务理事会的批准下随时决定的基金中累积的可用收入。

评审人　　　4. 本奖的评审人是两名由学部总委员会在神学学部委员会的提名下在授奖前一年四旬斋学期结束前任命的人。除非没有论文提交，否则每一个评审人应从基金中接收一笔由学部委员会在校务理事会批准的范围内决定的薪金。

主题通知　　　5. 在每四年的米迦勒学期，教务长应公告奖提供一个卡耶奖。在公告后的12月19日那天或之前，每一个候选人应将他或她的论文的拟定题目告知教务长，教务长应将该题目提交到评审人那里并将批准或拒绝的情况传达给候选人。候选人应将他们的论文提交给教务长，应在公告后那一年的11月15日那天或之前到达教务长处。

额外的奖项　　　6. 如果有足够优秀的论文提交，评审人有权在不超过由神学学部委员会在校务理事会随时批准的范围内决定的金额内颁发一个或多个额外的卡耶奖。

7. 一个获奖者应将两份他或她论文的印刷本或打印本的副本存放于林肯教堂图书馆,将一个副本存放在大学图书馆。 —— 条件

托马斯·吉平基金

1. 已故的 T. J. H. 吉平的捐款构成了一项基金,称为托马斯·吉平基金。 —— 名称

2. 积极用于支持诸如牛皮癣、肺病、糖尿病和癌症这些疾病的预防和可能治愈的研究。 —— 目的

3. 基金的管理委托给两名经理,他们是皇家医学教授和病理学教授。 —— 管理

4. 按照第 2 条的规定,基金本金的收入可以由经理酌定随时使用,受制于他们认为合适的条件,用于下列目的: —— 基金的利用

(a) 购买设备和仪器;

(b) 资助在皇家医学教授的指导下从事或打算从事研究的人。

亚历山大·詹姆斯·凯特基金和奖学金

1. 由已故的克里斯蒂安·凯特小姐为纪念她的哥哥亚历山大·詹姆斯·凯特(唐宁学院的学生、在 1914 年至 1918 年的世界大战中被杀害)而捐赠给大学的金额,构成了一项基金,称为亚历山大·詹姆斯·凯特基金。 —— 名称

2. 基金的收入用于为农业方面的研究生学习提供一个或多个奖学金,称为亚历山大·詹姆斯·凯特奖学金。 —— 目的

3. 奖学金的推选人是三名由生物学学部委员会在米迦勒学期任命的人,其任期是三年,从他们任命后的 1 月 1 日开始计算。 —— 推选人

4. 教务长应在咨询推选人后,任何一年都不迟于四旬斋学期末给出遴选的通知。 —— 通知

5. 为了具备获得奖学金的资格,候选人应该是一名研究生,或已经被研究生教育委员会录取为研究生,必须打算从事农业方面的研究学习。如果参加遴选的学生不是本大学的成员,则应成为本大学的成员。 —— 谁有资格

6. 奖学金的金额不超过由推选人在校务理事会考虑了学生可得的任何其他财政资源后随时批准的范围内决定的基金的可用收入。 —— 金额

7. 获奖学生应从事农业方面的深入研究或学习。 —— 义务

8. 一项奖学金起始期限为一年。获奖学生可在第二年当选,甚至还可第三年当选,但是不能再长。 —— 期限

9. 基金中累积的任何未使用收入可以由推选人随时用于资助亚历山 —— 未使用收入

大·詹姆斯·凯特学生，以及生物学学部中从事农业研究的其他学生，以满足在他们的研究过程中所产生的设备成本及其他费用。

克默德奖

奖项　　1. 由钮纳姆学院的文科硕士、医学学士、外科学学士埃德温娜·费莱博士为了纪念其父母多丽丝和斯坦利·克默德而捐赠的1000英镑，构成了一项基金，其收入用于提供一个产科学和妇科医学的克默德奖。

如何授出　　2. 本奖由产科学和妇科医学教授或由教授任命的主讲，在不迟于每年完整米迦勒学期的第一天颁发给在医学学士毕业考试第二部分中在产科学和妇科医学方面表现优异的学生。

金额　　3. 本奖的金额是由临床医学学部委员会在校务理事会随时批准的范围内决定的金额。

汉密尔顿·克尔先生信托基金
由2008年1月9日第五号动议修正

名称和目的　　1. 由汉密尔顿·克尔先生给予大学的金额加上为相同目的而接收的其他金额构成了一项基金，称为汉密尔顿·克尔先生信托基金。基金的第一笔支出是作为费兹威廉博物馆房产的一部分的密尔房和惠特尔斯服德的房产，也可以基金经理认为合宜的方式修缮，拓展这些房产。

　　2. 收入的结余由经理用于任何与密尔房、惠特尔斯服得相关的目的，或与费兹威廉博物馆有关的他们认为由基金支持可能合适的目的。

经理　　3. 基金的经理是费兹威廉博物馆委员会。他们负责批准基金收入的花费和基金本金为履行第1条或第2条之目的的用途。

汉密尔顿·克尔研究科学家呼吁基金

呼吁基金的名称　　1. 作为呼吁在汉密尔顿·克尔研究所资助一个研究科学家的结果而接收的金额，构成了一项基金，称为汉密尔顿·克尔研究科学家呼吁基金，其本金和收入用于支付研究所的研究科学家的薪金、国民保险、退休金缴纳款以及其他相关的间接成本。

未使用收入　　2. 在任何财政年里基金中任何未使用收入可以由费兹威廉博物馆委员会酌情累积用作接下来任何一年或多年的收入，或用于支持研究所的工作。

水壶庭苑音乐基金

1. 水壶庭苑音乐基金的收入用于支持一年一度在水壶庭苑的一系列音乐会。 — 目的

2. 基金的经理是水壶庭苑音乐小组委员会。 — 经理

3. 在一个财政年里任何未使用收入应累积用作未来几年的收入。 — 未使用收入

水壶庭苑旅行基金

1. 8000英镑的金额构成了一项基金,按照捐献者的愿望,称为水壶庭苑旅行基金。基金的收入致力于为学建筑的学生或学艺术史的学生提供称之为布兰库西奖助金的资助,以使他们能够出国旅行学习建筑学或艺术,条件是,在授奖者的自由裁量下,在任何年份任何未这样使用的收入可以在当年在大不列颠联合王国内为相同目的用于提供旅行资助。 — 名称和目的

2. 授奖者是建筑学教授和两名由学部总委员会在每年四旬斋学期开始前任命的建筑和艺术史学部委员会成员,一人由建筑系主任提名,一人由艺术史系主任提名。 — 授奖者

3. 在剑桥大学或其他地方的建筑系或艺术史系毕业的本大学任何成员都有资格获得来自基金的资助,但是授奖者应将优先权给予艺术学硕士身份以下的候选人。 — 资助资格

4. 对资助的申请加上一个对拟定旅行性质和目的的简短陈述应提交到建筑和艺术史学部委员会秘书处,应在不迟于四旬斋学期开始前送达该处。 — 资助的申请

5. 获得资助的学生的名字,不含资助金额,应刊登在《通讯》上。 — 资助的支付

6. 每个接受资助者应被要求:

(a)在资助公告发布后的第二年年底前利用该资助,但建筑学教授可以免除这一要求;

(b)一份就他或她学习的简要报告,完成学习后应尽快提交给建筑学教授。 — 接受资助者的义务

7. 任何年份基金收入任何未使用的部分应加入到基金的本金之中。 — 未使用收入

尼塔·金研究奖学金

1. 为了纪念自愿援助支队成员、1917年5月因流行性脑脊髓膜炎死于 — 名称和目的

法国的尼塔·马德琳·金小姐，由 L. 金夫人捐赠而设立的奖学金称为尼塔·金研究奖学金，致力于鼓励在病原学、病理学、防止发烧方面的原创性研究。

经理委员会　2. 基金的管理委托给一个经理委员会，由皇家医学教授、病理学教授和两名被任命的人组成，一人由临床医学学部委员会任命，一人由兽医学学部委员会任命，他们称为基金的经理。除非召集了所有的经理成员开会并经出席会议的至少两人通过，否则经理的任何决议均为无效。

3. 如果需要委任代理人来履行上述经理职责，代理人应出于履于上述条款的目的，在他或她担任代理人期间行使经理的相关权力。

基金的收入　4. 基金的收入应放在一个单独的账户，并随时用于捐赠一个称为尼塔·金研究奖学金的奖学金，其持有者应从事病原学、病理学及防治发烧方面研究的全职学习和训练。

候选人的资格　5. 奖项不应因竞争性考试结果而颁发，经理可以采取其认为合适的方式去考察候选人的资格。

金额　6. 奖学金的年度金额是 50 英镑或是基金可能产生的更大或更小的价值，应每半年支付给获奖者，每半年的支付提前作出。

期限　7. 经理应首先选拔他们认为合适的不超过三年的期限，并有权重新选拔一个学者享受不超过三年的奖学金，条件是再次选出的学者在该期间应从事原创性研究。

研究条件　8. 研究的地点和条件应由病理学教授在咨询其他经理的情况下决定。

选拔通知　9. 发布关于选拔通知的时间应不少于一个月。出现空缺额时应举行选拔。

选举的停止　10. 如果在发布空缺额通知之后，在经理看来仍没有合适的奖学金候选者，经理暂停选拔，但不超过一年的时间，如果在这个时间过后，在空缺额的通知发出后仍像前面所说的没有合适的候选人，选拔可以再次以同样的方式暂停，并且相同情况下将一直这样，直到在经理看来有奖学金的合适候选人为止。

未使用收入　11. 在奖学金出现空缺期间的收入应加入到信托基金中。

变更　12. 上述规章，除了第 1 条外，可由动议加以变更。

科威特基金会基金

名称　1. 从科威特科学发展基金会获得的款项构成了一项基金，称为科威特基金会基金。

经理　2. 基金应由一个经理委员会进行管理，其组成为：

(a) 数学系赛德雷尔教授作为主席；
(b) 数学和数学统计学系主任；
(c) 一名由学部总委员会任命的人员；
(d) 一名由数学学部委员会任命的人员；
(e) 两名由科威特科学发展基金会受托人任命的人员。

(c)至(e)项的经理在米迦勒学期任命，任期为四年，从其任命后的 1 月 1 日开始计算。

3. 基金收入的第一笔本金应当支付数论和代数学科威特教授的薪金、国民保险、退休金缴纳款及其他间接成本。 教授职位

4. 如果在任何时候基金的收入超过了满足第 3 条里所指费用所要求的数目，则超出该数目的收入的部分可以通过学部总委员会在经理的建议下批准的方式用于支持数论和代数学科威特教授的工作。

5. 在已经根据第 3 条作了提供并遵守第 4 条的规定的情况下，基金应该由经理酌情用于下列目的： 初级研究员

（a）提供一个数学研究科威特初级研究员的薪金，而且这笔薪金在纯粹数学和数学统计学系是持续的；

（b）随时提供称为科威特基金讲座的讲座，其主题是数论或代数领域，并且支付薪金给讲师；

（c）支持数论或代数领域的研究。

6. 选拔一个科威特初级研究员应由学部总委员会在经理的建议下进行。 选拔

7. 一个科威特初级研究员身份应存续不超过一年。期限和其薪金由学部总委员会在经理的建议下就每一个具体的情况决定。 存续

8. 在一个财政年里任何未使用收入由经理酌情决定，或者加到基金的本金之中，或者累积用作未来一年的收入。 未使用收入

克彼·莱英基金

2007 年 11 月 7 日第一号动议

1. 来自克彼·莱英基金会的金额加上其他人为了同一目的而捐赠的款项构成了一项基金，称为克彼·莱英基金。 名称

2. 本基金是为了支持基督教神学和新约的研究，应该由四名经理管理，他们由以下人员构成： 目的和经理

（a）神学学部委员会主席作为主席；
（b）玛格丽特夫人神学教授；

(c) 艺术和人文科学学院主席；

（d) 一名由克彼·莱英基金会暂时提名的人员,但如果没有提名产生,剑桥大学瑞德里大厅负责人应任经理。

教授　3. 基金收入的第一笔支出应是提供玛格丽特夫人神学教授的薪金、国民保险、退休金缴纳款和其他大学应付的相关间接成本。

未使用收入　4. 在一个财政年度里任何未使用收入由经理在学部总委员会的批准下决定,可以在任何接下来的一年或几年里用于支持教授研究,或加入到基金的本金之中。

菲利普·雷克遗赠

收入的分配　来源于菲利普·雷克遗赠的收入被等分成两个基金,称为菲利普·雷克基金 I 和菲利普·雷克基金 II。

菲利普·雷克基金 I

分配　1. 菲利普·雷克基金 I 应分配给地球科学系。

经理　2. 基金由地球科学系主任依职权和其他两名作为地球科学系大学职员,由地球科学和地理学学部委员会在每年米迦勒学期里任命的经理管理,另两名经理任期是接下来的日历年。决议除非经经理多数批准,否则为无效。

使用　3. 基金由经理酌情用于地球科学系学生和大学职员在从事地质学研究时的旅行费用。

菲利普·雷克基金 II

分配　1. 菲利普·雷克基金 II 分配给地理学系。

经理　2. 基金由地理学系主任和两名作为地理学系教学员工一员的其他经理,该两名经理由地球科学和地理学学部委员会在每年的米迦勒学期任命,任期为接下来的日历年。决议除非经经理多数批准,否则为无效。

奖项　3. 菲利普·雷克基金 II 的第一笔支出应该是按照该奖项规定提供两个菲利普·雷克奖。

资助　4. 在提供两个菲利普·雷克奖的奖金后,基金剩余的收入由经理酌情用于为地理学系研究生研究或野外测量花费提供资助,但优先权应给予正攻读研究性课程的博士候选人或者正努力成为博士学位候选人并且尚未完成 9 个学期的研究的学生。

菲利普·雷克奖

1. 应在每年提供两个称为菲利普·雷克奖的奖项给地理学荣誉学位考试的候选人。 奖项

2. 菲利普·雷克奖 I 颁发给由地理学荣誉学位考试第一部分 B 的考官裁决为在该部分中表现最出色的候选人。 如何授出

3. 菲利普·雷克奖 II 颁发给由地理学荣誉学位考试第二部分的考官裁决为在该部分物理地理学中表现最出色的候选人。

4. 本奖从菲利普·雷克基金 II 的收入中支付。每个奖的金额是 15 英镑或者是每年由经理在校务理事会随时批准的范围内决定的更大数额;但奖金的总金额不超过基金的年度收入。 金额

查尔斯·兰布奖

1. 由克莱尔学院理科博士查尔斯·乔治·兰布遗赠给大学的金额构成了一项基金,称为查尔斯·兰布基金,旨在鼓励电气工程研究。 名称和目的

2. 基金的收入用于提供一项称为查尔斯·兰布奖的奖项。

3. 本奖的授奖者是工程学荣誉学位考试第二部分 B 的考官。 授奖者

4. 本奖每年颁发给在工程学荣誉学位考试第二部分 B 的电气或信息工程的任何领域表现最优秀的候选人,除非授奖者认为没有任何一个候选人有足够优势获得该奖。

5. 本奖的金额是基金的年度净收益。 金额

6. 授奖者有权用累积的收入提供一个额外的奖或更多的奖,不超过工程学学部委员会在校务理事会随时批准的范围内决定的总金额。超过由校务理事会财务委员会决定的金额的任何累积收入应该加到基金本金中。 未使用收入

7. 上述规定,除了第 1 条和第 2 条,可由动议加以变更。

瓦尔特·朗顿-布朗爵士奖

由 2008 年 2 月 27 日第一号动议修正

1. 约翰·内维尔·布朗先生为了纪念他的叔叔、圣体学院前皇家医学教授瓦尔特·朗顿-布朗而遗赠给大学的金额构成了一项基金,称为内维尔·布朗基金。

2. 基金的收入用于提供一个称为瓦尔特·朗顿-布朗奖的奖金,该奖每年向医学博士学位或外科学学士学位候选人提交的在任何医学领域的论文

或学位论文而颁发,优先给予与内分泌学、新陈代谢医学或治疗学相关的领域。

<small>如何授出</small>

3. 本奖由皇家医学教授在咨询了医学博士委员会和外科学学士委员会后颁发。

4. 本奖的金额是基金的年度收入。

<small>未使用收入</small>

5. 如果在任何年份本奖未被颁发,未使用的收入应加入到基金的本金之中。

波西维尔·梅特兰·劳伦斯爵士的捐赠和遗赠

波西维尔·梅特兰·劳伦斯爵士基金 I

<small>基金</small>

1. 波西维尔·梅特兰·劳伦斯爵士捐赠的10000英镑的金额应以大学名誉校长、教师和学生的名义单独投资并应称为波西维尔·梅特兰·劳伦斯爵士基金 I。

<small>目的</small>

2. 基金的一半收入每年应转移为大学图书馆总基金。

3. 基金的另一半收入应由古典学学部用于鼓励古典著作研究,尤其是古代历史和希腊与罗马文物,以该学部认为最有利的方式进行。

波西维尔·梅特兰·劳伦斯爵士基金 II

<small>基金</small>

4. 波西维尔·梅特兰·劳伦斯爵士的遗赠应以大学名誉校长、教师和学生的名义单独投资并应称为波西维尔·梅特兰·劳伦斯爵士基金 II。

<small>目的</small>

5. 基金收入的五分之一每年应转移到大学图书馆总基金中。

6. 基金收入的五分之四由古典学学部使用并且首先用于以下目的:

(a) 提供劳伦斯古代哲学教授、劳伦斯古代考古教授、比较语言学教授的薪水、国民保险和退休金缴纳款的一半,但该部分支出不得超过基金收入的十分之九;

(b) 一年提供 300 英镑给古典学学部的学学图书馆;

(c) 一年提供 100 英镑用于大学给在雅典的英国学院的会员费,除非大学作出相反决定;

(d) 一年提供 85 英镑给大学在罗马的英国学院的会员费,除非大学作出相反决定;

(e) 每年提供一笔钱作为补助金援助研究,其总额加上(b)项、(c)项和(d)项中规定的总额等于古典学学部可得的基金收入的十分之一。

波西维尔·梅特兰·劳伦斯爵士基金 III

7. 在根据第 6 条(a)—(e)项规定提供费用后,分配到古典学学部的波西维尔·梅特兰·劳伦斯爵士的遗赠收入剩余部分应转移到一个称为波西维尔·梅特兰·劳伦斯爵士基金 III 的一个保留基金中,将以古典学学部委员会随时决定的方式用于促进古典学研究。 | 基金和目的

赫尔施·劳特帕赫特基金

1. 为了纪念已故的赫尔施·劳特帕赫特而捐献的资金总额构成了一项基金,称为赫尔施·劳特帕赫特基金。 | 名称

2. 基金的本金和收入应由法学学部委员会支配,以学部委员会随时决定的任何方式用于促进大学里国际法研究的目的。 | 目的

法律捐献基金

1. 法律捐献基金的经理是法学学部委员会,他们可以将其依据规则所享有的任何或全部职权授权给一个并不必须全由该学部委员会成员组成的委员会。 | 经理

2. 基金的收入由经理决定随时用于法学学部的一般目的。经理有权将一个财政年里任何未使用的收入加入到基金的本金中。 | 收入花费

勒巴斯基金

1904 年《捐赠》,第 395 页 | 章程 E,第十六章

勒 巴 斯 奖

1. 一项勒巴斯奖应每年提供给以文学为主题的一篇论文。该奖的金额是 100 英镑或更大的数额,由校务理事会随时决定,不超过基金的年度收入。 | 奖项

2. 该奖的候选人资格开放给大学里任何成员,只要是本大学或其他大学的毕业生并且在教务长收到文章那天未满 30 岁。 | 谁可竞争

3. 一个考官在英语学部委员会和历史学学部委员会交替提名下于每年米迦勒学期末前被任命,任期为两年,从下一年的 1 月 1 日开始计算。除非没有文章提交,否则每一个考官应获得一笔来自基金收入的由英语和历史学部委员会在校务理事会随时批准的范围内决定的款项。 | 考官

	4. 如果在任何一年考官在作出颁奖时需要帮助,他们应提名一名或多名评议人以供学部总委员会任命。每一名评议人应收到来自基金的收入,数额可以由英语和历史学部委员会在校务理事会随时批准的范围内决定。
论文提交	5. 在每年中,每一个候选人应将他或她论文的拟定题目在2月14日以前送达给教务长。教务长应将题目提交给考官并将批准或拒绝的情况传达给候选人。论文应提交给教务长,不迟于6月30日送达,并且本奖的颁发应不迟于10月31日并进行公告。
条件	6. 每一篇文章应清楚地书写或打印或印刷,并且以其长度声明为前言,长度不应超过3万字且不少于1.5万字。已获大学其他奖项的论文或学位论文不能参加评选。
	7. 胜出候选人应将他或她文章的印刷或打印副本存放在大学图书馆中。

勒巴斯研究奖学金

名称和目的	1. 按照以上规定提供了勒巴斯奖后,勒巴斯基金的净收入用于维持一个或多个勒巴斯研究奖学金,以促进文学研究。
推选人	2. 奖学金的推选人是研究生教育委员会。
资格	3. 奖学金应开放给已是或将要成为大学注册研究生的任何人。
申请	4. 申请应提交至研究生教育委员会秘书处。申请接收的日期和提交的方式每年由委员会公告。
义务	5. 从事以促进文学研究为目的的研究是勒巴斯奖学金获奖学生的义务。在奖学金期间一个学生只要保有其身份,他就受研究生入学一般规章和攻读博士、理学硕士和文学硕士学位以及哲学硕士学位的规章的限制。
期限	6. 奖学金的有效期开始于学生当选后的10月1日,持续至由推选人在选拔时决定的一年或两年或三年。一个学生可以再次有资格当选,但奖学金的有效期总共不超过三年且该生仍然为注册研究生。
金额	7. 一个学生每年的获奖金额是由推选人在考虑了该生可得的任何其他财政资源后,在校务理事会随时批准的范围内决定的不超过基金可用收入的数额。
支付	8. 获奖金额应以推选人随时决定的分期付款的方式支付,但推选人如果对该生以足够的勤奋从事他或她的研究不满意,推选人可以停止任何分期付款的支付。

S. T. 李博士公共政策演讲基金

1. 沃尔夫森学院的荣誉院士 S. T. 李博士的捐赠构成了一项基金,称为 S. T. 李博士公共政策演讲基金,其收入用于提供一个年度演讲,称为 S. T. 李博士公共政策演讲。 基金和目的

2. S. T. 李博士公共政策讲师的任命每年由校长在不多于五个由校务理事会任命的评议会成员组成的委员会的建议下作出,该委员会成员在米迦勒学期任命,任期四年,从他们被任命后的 1 月 1 日开始计算。 讲师的任命

3. 讲师的义务是在整个学期中在大学里举办一个主题是科学、医学或技术研究与开发方面的演讲,该主题可能对未来十年的公共政策有重大意义,并且应对其政策含义进行思考。 义务

现代希伯来语肯尼迪·雷赫基金

1. 肯尼迪·雷赫慈善信托理事会为大学里被称为肯尼迪·雷赫讲师的现代希伯来语讲师职位捐赠的金额,构成了一项基金,称为现代希伯来语肯尼迪·雷赫基金。 基金

2. 基金由经理委员会管理,其组成为: 经理
（a）皇家希伯来语教授;
（b）两名由亚洲和中东研究学部委员会任命的人员,其任期为两年,从他们被任命后的 1 月 1 日开始计算,其中一名由肯尼迪·雷赫慈善信托理事会的提名而任命。

3. 基金收入的第一笔支出是现代希伯来语肯尼迪·雷赫讲师的薪水、国民保险、退休金缴纳款及其他大学应付的相关间接成本。 讲师

4. 在按照第 3 条提供支付后,基金收入由经理酌情用于鼓励大学里现代希伯来语的研究。 其他目的

5. 在一个财政年度里任何未使用的基金收入由经理决定加入到基金的本金之中,或累积用作未来几年的收入。 未使用收入

6. 大学应有权在肯尼迪·雷赫慈善信托理事会的批准下,在亚洲和中东研究学部委员会的建议下,由动议改变这些条款。

列沃顿·哈里斯基金

1. 由大学按照 1926 年 F. 列沃顿·哈里斯阁下的遗嘱接受并发布在 基金

1926年12月7日的《通讯》上的款项,应构成一项基金,称为列沃顿·哈里斯基金。

目的　　2. 基金的收入应该随时由费兹威廉博物馆用于购买艺术作品的支出上。

本·W.李维基金和奖学金

章程E,第三十八章

名称　　1. 本基金应称为本·W.李维基金,应致力于促进生物科学的原创性研究。

经理　　2. 基金的经理是：

（a）威廉·邓恩爵士生物化学教授,由其担任主席；
（b）一名由临床医学学部委员会任命的人员；
（c）一名由兽医学学部委员会任命的人员；
（d）两名由生物学学部委员会任命的人员；
（e）一名由物理和化学学部委员会任命的人员。

（b）至（e）项的经理应该在米迦勒学期任命,任期为四年,从他们被任命后的1月1日开始计算。除非通知了所有的经理成员开会并经至少三名出席成员的同意,否则经理的任何决议均为无效,但经所有经理成员签署的决议,应当具有与会议表决相同的效力。

奖学金的捐献　　3. 目前信托基金每年不超过100英镑的收入应该随时在到账时支付给经理并且存放在一个单独的账户中,并应随时用于捐赠一个本·W.李维奖学金,其持有者应该从事生物化学的原创性研究。任何来自信托基金在奖学金名额空缺期间不用作上述目的或衍生目的使用的收入,应该累积并加入到基金的本金之中,当信托基金加上这些累积的收入达到4000英镑时,这些信托基金的所有收入和累积的基金收入应该用于前述奖学金；但是经理有权在任何时间随时用这些累积或它的任何部分来补足每年100英镑的收入。

基金的增加

4. 经理应在即将选拔获奖者时,提前公之示众。

谁可以是候选人　　5. 奖学金应开放给已经获得一个学位的剑桥大学成员。它不应以一个竞争性的考试结果为基础授予。

奖金　　6. 奖学金的奖金由经理在校务理事会随时批准的范围内决定。

期限　　7. 奖学金存续期由经理在每次选拔时决定。

未使用收入　　8. 在支付学生的奖金后基金收入的任何结余,可以由经理酌情用于：

（a）提供一个或多个额外的奖学金；
（b）提供资助给一个奖学金的持有者支付他或她研究的花费。

9. 在奖学金存续期间,学生应该从事生物化学的原创性研究,并不得系统性地从事任何商业或职业,或从事在那些被委托管理基金的人看来将会严重妨碍他或她的研究的任何教育或其他工作。在任何包含奖学金存续期间从事的研究成果的书籍、论文或其他出版物里,在合适的情况下,学生应该使用"本·W. 李维学生"的头衔。 学生义务

10. 上述规定,除了第 1、3、9 条和本条外,可由动议加以修改,但基金的主要目的,即促进生物化学的原创性研究,应该被遵循。 修改

列文纪念基金

1. 查尔斯·列文和卡罗琳·埃文斯夫人为纪念他们的父亲——最高级巴思爵士、英国皇家外科医师学会会员、阿登布鲁克医院高级神经外科医生以及达尔文学院院士瓦伯勒·S. 列文而捐赠的款项,加上为此目的而捐赠的其他金额,构成了一项基金,称为列文纪念基金,用来提供一个两年一度的列文纪念讲座。 名称和目的

2. 列文纪念讲座的讲师由推选人在讲座要举行的学术年的米迦勒学期任命。在任命讲师时,推选人应考虑已故的 W. S. 列文在头部伤和医学教育上的兴趣,以及他的儿女所表达的任何愿望。 讲师的任命

3. 推选人是皇家医学教授、阿登布鲁克医院高级神经外科医生和由临床医学学部学学委员会任命的任期为四年的一名神经外科领域或神经科学领域的杰出人士。 推选人

4. 推选人有权为讲座作出安排并有权决定在基金的收入范围内付给讲师的酬金和费用。任何未使用收入应加入到基金的本金之中。 讲师的酬金和费用

列文奖基金

1. 来自以前的同事、最高级巴思爵士、英国皇家外科医师学会会员、阿登布鲁克医院高级神经外科医生以及达尔文学院院士瓦伯勒·S. 列文的 1000 英镑的捐赠,构成了一项基金,称为列文奖基金,目的是授出一个在外科方面的奖给医学学士结业考试第二部分的候选人。 基金和目的

2. 本奖的名称是列文医学奖。 名称

3. 本奖每年颁发给在那个学术年里在医学学士结业考试第二部分的多项选择、延长匹配和结构化问答组合中取得第二高的综合分数的候选人。 怎样授予

4. 本奖的金额是基金的年度收入。 金额

威廉·沃汗·路易斯基金和奖项

名称和目的　　1. 为了纪念三一学院院士、大学地理学讲师、1961 年 6 月 8 日在美国的一次车祸中去世的威廉·沃汗·路易斯而捐献的金额，构成了一项基金，称为威廉·沃汗·路易斯基金，目的是为了鼓励地理学学习和研究。

经理　　2. 基金的经理是地理系主任和三名由地球科学和地理学学部委员会任命的三名学部成员，根据第 4 条规定，这三人没有资格角逐该奖项。由学部委员会任命的成员应在米迦勒学期任命，任期为三年，从他们任命后的 1 月 1 日开始计算。决议除非有三名经理批准，否则是无效的。

奖金　　3. 基金收入的第一笔支出用来提供一个或多个威廉·沃汗·路易斯奖，该奖金额相等并且每年颁发给在地理学荣誉学位考试第二部分中，在该部分的考官看来提交了某些地理学主题方面的出色的论文的候选人。威廉·沃汗·路易斯奖的金额不超过每年由经理在校务理事会随时批准的范围内决定的基金可用收入。

研究资助　　4. 在按照第 3 条规定提供一个奖或多个奖的奖金后，基金剩余的收入应该由经理支配以在他们认为合适时随时提供资助鼓励地理学任何分支的研究。资助可以提供给大学里任何一个从他或她的第一个学位开始超过一年少于十年的成员，无论其第一学位是在本大学还是另一个大学获得的。

图书馆捐赠基金

图书馆捐赠基金的收入应由图书馆委员会酌情用于大学图书馆的一般目的上。

莱特伏特博士奖学金和奖项

1904 年《捐赠》，第 329 页

基金　　1. 由 D.D. 哈尔瑟神学教授约瑟夫·巴伯尔·莱特伏特神父在 1870 年给予大学的金额构成了一项基金，称为莱特伏特基金。

目的　　2. 基金的收入用于鼓励历史学研究，尤其是基督教会历史的研究。

经理　　3. 基金由四名经理管理，即戴谢基督教会历史教授和三名在米迦勒学期任命的人士，一名由神学学部委员会任命，两名由历史学学部委员会任命，任期是四年，从他们被任命后的 1 月 1 日开始计算。

奖学金　　4. 基金收入的第一笔支出用来提供一个或多个莱特伏特奖学金，持有者应致力于基督教会历史研究。奖学金应开放给已经或将要注册为本大学研究生的任何人。奖学金起初存续一年,并可以由经理延期为两年或三年,条件是经理对学者的勤奋和进步感到满意。

5. 奖学金的推选人是基金的经理。在米迦勒学期结束前,经理应发布一个通知,给出竞争莱特伏特奖学金的细节,时间从下一年10月1日开始。每一个候选人应被要求提交一篇长度不少于7000字且不多于15000字的论文,主题属基督教会历史,主题由候选人选择并由经理批准。如果认为合适,经理每年可以任命一名或多名评议人,评议人应就提交的论文向经理报告。每一名评议人应接受来自基金中由经理在校务理事会随时批准的范围内决定的金额。一名经理可以被任命为一名评议人,并不因此失去经理资格。 <i>如何授出</i>

6. 一个莱特伏特学者应收到由校务理事会随时决定的薪酬,由经理在考虑学者的经济状况后决定。 <i>薪酬</i>

7. 基金的第二笔支出应提供一个基督教会历史莱特伏特奖,该奖每年由神学和宗教研究荣誉学位考试第二部分B的考官颁发给在该考试中由神学学部委员会随时为该目的指定的一篇或多篇考试论文中表现最优秀者。为了作出颁奖,主考官有权:(a)既考虑在单个的论文中的出色表现也考虑在被指定的多于一篇的论文里候选人所取得的总体水平;并且有权(b)像对待荣誉学位考试条例第16条就某个被批准的主题而言的论文那样来对待它。本奖的金额由经理在校务理事会随时批准的范围内决定。 <i>奖项</i>

8. 任何基金中的未使用收入可以由经理用于促进历史研究,尤其是通过提供资助来帮助大学成员的研究以促进基督教会历史研究的目的。 <i>未使用收入</i>

9. 大学有权改变这些规定,但应该严格尊重设立者的目的,即促进历史尤其是基督教会历史的研究。 <i>改变规定的权力</i>

伦敦困难学生基金

1. 来自伦敦地方性慈善基金理事会的捐赠构成了一项基金,称为伦敦困难学生基金,其本金和收入用于满足遇到绝不是由于其自身的浪费而导致的真正困难的伦敦大学生的需要。 <i>名称和目的</i>

2. 基金由贷款基金I委员会管理。 <i>经理</i>

3. 在申请时居住在伦敦大都市警察局区的本科大学生有资格收到来自基金的援助。 <i>资助的资格</i>

4. 对于基金援助的申请由学生的导师交给教务长。 <i>申请资助的性质</i>

5. 经理可以随时酌情提供资助以促进第1条规定的基金目的;但一个

学生不再是本科生后,任何时候都不能提供资助以援助该学生。

<small>提交报告给信托人</small>

6. 在每个学年结束时,经理应提交一个报告给伦敦地方性慈善基金理事会,说明该年中提供资助的细节和接受者情况的细节。

<small>章程 E,第二十二章</small>

乔治·朗奖

1904 年《捐赠》,第 417 页

<small>六项奖科目</small>

1. 应当每年提供六项乔治·朗奖。

2. 两个奖应提供给在法律荣誉学位考试民法 I 中表现出精通罗马法的候选人,一个提供给在法律荣誉学位考试民法 II 中表现出精通罗马法的候选人,两个提供给在法律荣誉学位考试第一部分 B 或第二部分表现出精通法学的候选人,一个提供给在法律硕士考试中表现出精通法学或罗马法的候选人,候选人应该在他或她自第一个居住学期后度过 15 个完整学期前参加考试。

<small>价值</small>

3. 每个奖的金额是乔治·朗基金收入的六分之一。

曼努尔·洛佩兹—雷基金

<small>基金</small>

由格雷西·洛佩兹—雷女士为了纪念她的丈夫曼努尔·洛佩兹—雷教授而给予大学的金额构成了两个基金:曼努尔·洛佩兹—雷奖学金基金和曼努尔·洛佩兹—雷奖项基金。

曼努尔·洛佩兹—雷奖学金基金

<small>名称和目的</small>

1. 由洛佩兹—雷夫人在 1989 年 11 月给予的 25000 英镑的金额构成了一项基金,称为曼努尔·洛佩兹—雷奖学金基金,目的是鼓励犯罪学研究。

<small>经理</small>

2. 基金的经理是犯罪学所的管理委员会。

<small>奖学金</small>

3. 基金的收入用于提供一项曼努尔·洛佩兹—雷奖学金,持有者应该从事犯罪学的深入学习或研究。奖学金应该开放给任何已经或将要注册为本大学的研究生的任何人,条件是经理可以优先给予身为在经理看来对犯罪学研究的发展有着特别需要的国家的公民的学生。

4. 奖学金的推选人是基金的经理。经理应该对他们进行选拔的目的给予足够的注意。

<small>期限</small>

5. 奖学金起初存续期为一年,在例外情况下可以由经理延长为两年或三年。

6. 一个学生应该收到的金额由经理在考虑该生的经济情况后在校务理

事会随时决定的范围内决定。

7. 在经理的自由裁量下，基金中任何未使用收入可以加入到基金的本金之中，也可以累积用作接下来一年的收入。 — 未使用收入

曼努尔·洛佩兹—雷奖项基金

1. 由洛佩兹—雷夫人在1991年9月给予的2000英镑的金额构成了一项基金，其收入用于提供一名称为曼努尔·洛佩兹—雷犯罪学研究生奖的奖项。 — 名称和目的

2. 本奖由哲学硕士学位（一年课程）犯罪学的主考官颁发给在第1条或第2条关于该考试的特殊规定所规定的该学科的考试中取得最优秀成绩的候选人。 — 奖项

3. 本奖项的金额是基金的年度收入。 — 金额

4. 如果在任何一年中本奖项未被授出，该年的收入应累积到基金的本金之中。

马特·劳基金

1. 由西北地区零售水果贸易联盟给予大学的金额构成了一项基金，称为马特·劳基金，目的是鼓励大学里对水果和蔬菜的生产和存储的研究。 — 名称和目的

2. 基金的经理为植物学教授和遗传学教授。基金的收入由经理酌情根据第1条的规定使用。 — 收入的使用

赫德利·卢卡斯基金

1. 由诗人赫德利·卢卡斯和他的妻子格特鲁·爱莲·卢卡斯女士捐赠的金额构成了一项赫德利·卢卡斯基金，目的是颁发奖学金等来帮助准备进入基督教部的大学成员。 — 名称和目的

2. 基金的经理是神学学部委员会，学部委员会可将规章授予的任何或全部职能委托给一个委员会，该委员会不一定由全部学部委员会成员组成。 — 经理

3. 基金的收入用于提供一个或多个赫德利·卢卡斯奖学金，授予准备进入基督教部的大学成员。奖学金由经理颁发，他们应该对在每年米迦勒学期他们提供奖学金的目的给予注意。 — 奖学金

4. 奖学金每次颁发的数量以及每次奖学金的金额，应该由经理在考虑候选人可得的资源后在校务理事会随时决定的范围内决定。一个奖学金应该由经理决定存续一个、两个或三个学年。

资助	5. 经理可以从基金累积的任何未使用收入中提供资助给赫德利·卢卡斯学者,以帮助他们为进入基督教部做准备。

伦格仁基金

名称和目的	1. 由博士、钮纳姆学院的贝特里斯·海伦·沃斯利遗赠给大学的金额构成了一项基金,称为伦格仁基金,以纪念赫尔戈·伦格仁,其收入至少一年一次用来颁发一个或多个伦格仁研究奖给作为候选人的注册为博士学位的人,条件是他们在一个科学科目(包括数学系)方面从事研究并且不常住在英国。
经理	2. 基金的经理是研究生教育委员会。经理可以将它们的任何与基金相关的职能委托给一个由研究生教育委员会成员构成的委员会。
授奖通知	3. 经理每次邀请申请时,应该给出不少于三个月的关于他们授奖的目的的通知。
谁有资格	4. 应授奖给作为一个本大学的注册研究生已经完成了四个学期的研究的人,且他或她已经表现出了在研究方面的天分和对学习的专注,并需要经济援助。
	5. 如果在经理看来两个或多个候选人似乎同样应得奖学金,优先权应该给予在计算机实验室工作的候选人或其研究被兵役或者个人不幸所打断的候选人。
金额	6. 每一个奖的金额由经理在校务理事会随时批准的范围内决定。

艾伦·麦克阿瑟基金

章程E,第四十三章	
目的	1. 艾伦·麦克阿瑟基金的收入应该用于促进经济史的研究。
经理	2. 基金由三名经理管理,即,经济史教授和两名在米迦勒学期任命的人士,一名由经济学学部委员会任命,另一名由历史学学部委员会任命,任期四年,从他们被任命后的1月1日开始计算。
奖项的通知	3. 在每年的米迦勒学期开始前,经济史教授应在咨询其他经理后,公告其提供的奖项,该奖项被称为艾伦·麦克阿瑟奖,为任何在通知规定的日期之前由大学里任何毕业生或任何在本大学注册为研究生的人提交的在经济史方面的著作而设。
数目和价值	4. 应该颁发的奖项的数目应综合考虑提交的著作的水准以及基金的可用收入,每个奖项的金额由基金经理在校务理事会所批准的范围内确定。

5. 经理有权任命评议人对所提交的著作作出报告,但所有这样的任命都应该向学部总委员会报告。每一个评议人和任何被他或她的经理同事要求对提交的著作作出报告的经理,都应该由基金向其支付报酬,报酬标准为博士、理学硕士、文科硕士学位的规定中向对论文作出报告和参加口试或其他考试的考官支付报酬的标准。

评议人

6. 经理有权在每个奇数年份任命一名讲师,条件是有足够的收入能支付成本。一个按照本规章所任命的讲师应该被称为艾伦·麦克阿瑟讲师,并应用英语开设一门不少于四个讲座且不多于八个讲座的关于经济史某些方面的课程。

讲师

7. 讲座应该被称为艾伦·麦克阿瑟讲座,且应该在紧接着讲师被任命那个学年后的学年期间的学期举办。

8. 提供给每一个讲师的薪酬由经理决定,不应超过基金一年的预计收入的一半。

讲师的薪酬

9. 在按照前述第3—8条的规定进行了支出后,基金中累积的任何未使用收入都应该由经理随时决定加以使用且向经理认为符合下列目的的情况倾斜:

基金申请

(a) 提供资助给任何被授予艾伦·麦克阿瑟奖的著作,或被评议人以这样一个奖嘉奖的著作,帮助其支付出版成本,或者提供资助给一个艾伦·麦克阿瑟讲座或系列讲座,帮助其支付出版成本。这样的资助应在相关材料已经出版后支付。作为提供资助的一个条件,经理可以要求任何著作或任何讲座在出版前作出删节或其他改变。

(b) 补贴一个艾伦·麦克阿瑟讲师与其工作职责的表现相关的费用。

(c) 提供不多于三个艾伦·麦克阿瑟奖学金,其获得者应该致力于经济史方面的原创性研究。奖学金的推选人应该是基金的经理,经理每次打算进行推选时,应该公告申请的截止日期以及提交申请的方式。奖学金应该开放给已是或将要注册为大学里的研究生的任何人。奖学金的持续期不多于三年,从推选后的10月1日开始计算;一个奖学金可以延长,但不能长于三年的最大期限。奖学金的额度应该由经理在校务理事会随时批准的范围内决定。

(d) 提供资助以援助大学里经济史方面的研究。

(e) 以任何方式促进大学里经济史的学习。

10. 经理应该就他们对基金的管理向学部总委员会以及经济学学部委员会和历史学学部委员会作年度报告。

年度报告

诺曼·马考尔讲座

基金   1. 唐宁学院的硕士诺曼·马考尔的遗赠构成了一项基金，称为诺曼·马考尔讲座基金。

讲师   2. 一个诺曼·马考尔讲师应该由现代和中世纪语言学学部委员会随时任命。讲师的义务是在大学里举办一个或多个主题为西班牙语或葡萄牙语研究的讲座。学部委员会应该努力保障在一个五年的期间内举办不少于五个诺曼·马考尔讲座。

薪酬   3. 基金收入的首要支出是讲师的薪酬，它的数额由学部委员会在校务理事会随时批准的范围内决定。此外，学部委员会可以酌情支付讲师的任何费用。如果且无论何时基金的收入超过支付薪酬和讲师其他费用所要求的数目，超出该数目的收入可以用于支付在举办讲座中发生的其他任何费用。

马库迪图书馆基金

名称   1. 按照已故的前大学精神病学讲师和科珀斯克里斯蒂学院院士 J. T. 马库迪的遗嘱捐赠给大学的金额，由 1947 年 11 月 15 日的第三号动议接受，构成了一项基金，称为马库迪图书馆基金。

目的   2. 基金的收入应该用于向本大学提供和维持一个精神病学图书馆，或向本大学某些图书馆提供和维持一批精神病学著作，具体方式由实验心理学教授指令。

D. M. 麦克当纳资助和奖励基金

名称和目的   1. 由 D. M. 麦克当纳博士或者 D. M. C. 麦克当纳基金会或它的后继者给予大学的用于提供对考古学野外测量和研究的资助或奖励的金额，以及任何由麦克当纳协会管理委员会为同样目的从 D. M. 麦克当纳信托基金中转移出的金额，形成了一项基金，称为 D. M. 麦克当纳资助和奖励基金。

咨询委员会   2. 基金的管理应该处于一个构成如下的咨询委员会的控制下：
(a) 迪斯尼考古学教授，或他或她的代理人；
(b) 乔治·皮特-瑞沃斯考古科学教授；
(c) 一名由学部总委员会任命的人员；
(d) 两名由考古学和人类学学部委员会任命的人员，应该是考古系的大学职员；

(e) 以对考古系的兴趣而联盟的全体教师中的一名成员，由学部总委员会在咨询考古学和人类学学部委员会后任命；

(f) 两名由 D.M.C. 麦克当纳基金会任命的人员。

(d)和(e)项中的成员应在米迦勒学期任命，任期为三年，从他们被任命后的 1 月 1 日开始计算。

3. 基金的收入应该用于为考古学的野外考察和研究提供资助和奖励，给予麦克当纳协会成员或给予咨询委员会决定的其他这样的人士。

4. 咨询委员会应该有权规定他们自己的程序并有权批准关于提供资助和奖励的规则。

麦克拉奇基金

1. 已故的约翰·朱蒙德·普莱德·麦克拉奇教授捐赠的资金构成了一项基金，称为麦克拉奇基金。

2. 基金的本金和收入应该据卡文迪什教授的随时决定用于：

(a) 支付在卡文迪什实验室工作的人参加会议或访问剑桥大学以外的其他实验室的费用；

(b) 提供资助给卡文迪什实验室的贫困研究生；

(c) 向在卡文迪什实验室从事研究的人提供少于六个月的支持；

(d) 为促进卡文迪什实验室的教学和科研提供设备和书籍；

(e) 支付或贴补任何将会对卡文迪什实验室产生长远利益的主要工程的花费。

3. 未使用收入不应加到基金的本金之中，而应累积用作接下来几年的收入。

阿诺德·麦克纳奖学金基金

1. 由已故三一学院文学硕士、法律博士、前韦维尔国际法教授赫尔施·劳特帕赫特先生，为设立一个国际法方面的阿诺德·麦克纳奖学金而遗赠给大学的金额，形成了一项基金，称为阿诺德·麦克纳奖学金基金。

2. 奖学金的推选人是韦维尔国际法教授或者一名由韦维尔教授任命的代理人，以及两名由法学学部委员会任命的其他人员。

3. 在每年的米迦勒学期，教务长应该发布一个通知，公告将提供一个或多个奖学金。

谁有资格	4. 奖学金应该开放给已经入学至少8个学期并且是申请年里的法律荣誉学位考试第一部分B或第二部分的候选人或已经被归类在其中的任何大学成员。
将名字提交给教务长	5. 每一个候选人应该在不迟于本科学位授予大会首日的前一天前向教务长提出申请,并应提交一个他或她打算从事的进一步学习或研究的性质的陈述。
选拔	6. 选拔应每年在本科学位授予大会首日后的四周内方便的日期举行。推选人应该采取他们认为合理的任何步骤,无论是通过咨询任何荣誉学位考试考官还是其他方式,以确定候选人的优势和他们从事国际法进一步学习或研究的资格。如果基金的可得收入是足够的,推选人可以选拔第二位获奖者。
期限	7. 奖学金从选拔后的10月1日开始存续一年并不得延期。
获奖者义务	8. 从事国际法的学习或研究是获奖者的义务。一个获奖者不得在奖学金的期限内从事商业或职业活动,或从事在推选人看来将会干扰他或她研究的教育或其他工作。
薪金	9. 奖学金的薪金数额是由推选人在校务理事会随时批准的范围内根据具体情况决定的金额。
薪金的支付	10. 获奖者的薪金应该以等分的半年分期付款方式提前支付;但当推选人对学者从事他或她的研究的勤奋程度感到不满意时,可以扣发第二次分期付款的全部或部分。
规章可以由动议修改	11. 上述规定,除了第1条和本条外,可以由动议在韦维尔国际法教授的建议下经法学学部委员会的批准修改。

阿莱斯达·查尔斯·麦克普森基金

名称	1. 由莱纳德·麦克普森牧师遗赠给大学的金额构成了一项基金,称为阿莱斯达·查尔斯·麦克普森基金。
经理	2. 基金的经理是神学学部委员会。经理可将其与奖学金有关的职能委托给一个由学部委员会成员组成的委员会。
应用	3. 基金收入应该随时由经理在他们认为合适时在下列条件的限制下利用:

(a) 提供资助以援助值得的学生;
(b) 为研究或旅行提供资助;
(c) 为神学系图书馆购买书籍;

(d) 为经理批准的其他目的。

4. 基金的受益人只是现在或曾经的神学学部学生,从他们获得第一个学位迄今不多于十年。 受益人

5. 上述规定,除了第1条和第4条外,可经由动议在神学学部委员会的建议和神学学部的同意下而修改。

工程方面的维持资助基金

工程方面的维持资助基金的收入应该由工程学学部学位委员会酌情用于向在工程系学习且需要与他们在该系的学习相关的经济援助的本科学生提供资助。

弗里德里克·威廉·梅特兰纪念基金

1. 在本大学里应该有一个称为弗里德里克·威廉·梅特兰纪念基金的基金,致力于促进法律史以及法律语言和制度的科研和教学。 名称和目的

2. 基金的管理应该委托给七名经理。经理为校长和经任命的六名其他人士,两名由校务理事会任命,两名由法学学部委员会任命,两名由历史学学部委员会任命。经理在米迦勒学期任命,任期为四年,从他们被任命后的1月1日开始计算。经理的所有权力可以由定期召集的会议上的多数人行使,条件是至少三名经理出席。 经理

3. 由基金的本金所生的收入每年支付给经理,他们应该也有权收到基金年度收入增加的份额。经理可以把这样衍生的收入酌情提供资助给从事任何法律史或法律语言或制度研究的任何人;或者可以提供资助给讲座的举办、著作的出版或促进其他与这些系的研究有关的任何事业;他们可以在任何资助内加入任何他们认为合适的条件。 收入的利用

4. 经理有权接收捐助、捐赠和遗赠以增加基金本金。 经理可增加基金本金

5. 经理的账户应当每年审计并与大学账户一起公布。 账户

6. 上述规定,除了第1条和本条外,可经由动议修改,但第1条规定的基金的目的应该得到遵循。

7. 遵循前述规定,经理有权随时制定和(如果他们认为合适)变更在他们看来对规章程序和基金管理有利的细则。 细则

佩里格林·梅兰德奖学金

1904 年《捐赠》,第 386—388 页

基金目的　1. 佩里格林·梅兰德基金用于促进对起因于或影响基督教的传播的学科、比较基督教和其他宗教,以及基督教和其他文明的联系的研究,该基金的收入应用来提供一个比较宗教方面的奖学金,优先给予希望为传教士工作做好准备的候选人。

薪金　2. 奖学金应每年提供。奖学金的薪金应该是推选人在校务理事会随时批准的范围内决定的数额。

谁可获得　3. 奖学金应该开放给大学的任何一个毕业生或开放给已是或将要注册为本大学研究生的任何人。

推选人　4. 每年的推选人是:
(a) 神学教授;
(b) 一个在米迦勒学期由神学学部委员会任命的人。

授奖通知　5. 在每年四旬斋学期开始前推选人应该发布一个关于提出申请的日期和方式的通知。选拔应该在四旬斋学期结束前举行。

6. 攻读由推选人批准的研究课程是获奖学生的义务。

薪金支付　7. 奖学金应该以等分的半年分期付款方式提前支付,当考虑第二笔付款时,以推选人对学生勤奋地从事由他们批准的研究计划感到满意为条件。

研究报告　8. 推选人应该为了两个前述部分的目的任命他们中的一个成员,学生应随时将他或她研究计划的进展报告给该被任命的人,这是该学生的义务。

未使用收入　9. 从基金累积的未使用收入中,推选人可以提供资助给大学成员以支持第 1 条规定的那些主题的研究。

工程管理研究基金

工程管理研究基金的收入应该由工程学系主任酌情用于促进该系内管理研究一般领域的教学和科研。

伊丽莎白·曼基金

基金　1. 剑桥大学疾病预防基金(CAMPOD)给予本大学的款项,代表格顿学

院硕士伊丽莎白·希拉里·弗朗西斯·曼女士向 CAMPOD 的遗赠,形成了一项基金,称为伊丽莎白·曼基金。

2. 基金的经理暂时应为 CAMPOD 委员会。基金的收入由经理酌情用于支持病理学系的科研,以促进对疾病的了解和预防。 目的

3. 经理应该在他们认为合适的时间,以他们认为合适的方式,从病理学系内各种分支的负责人那里邀请申请。 申请

4. 在一个财政年末的任何未使用收入可以累积用作接下来几年的收入。 未使用收入

玛格丽特夫人布道基金
1904 年《捐赠》,第 65—70 页

章程 E,第十五章(1504)

1. 布道者的任命应该在布道将要举行当年之前两个学年的四旬斋学期公告。这样任命的布道者应该任职至他或她被任命后一年的 5 月的第一天。

2. 评议会的任何成员都应该可以接受任命。

3. 布道者应该在纪念捐赠者时在大学教堂举行布道。

马 雷 基 金

1. 由本大学经 1916 年 2 月 15 日第二号动议授权,出售依据查尔斯·布林斯利·马雷的遗愿留给本大学的艺术作品和书籍所得的款项,形成了一项称为马雷基金的基金。 基金

2. 基金的经理是费兹威廉博物馆委员会。 经理

3. 基金的收入由委员会酌情用于购买设备和艺术作品,以及用于博物馆的一般目的。 目的

马尔纪念基金

1. 捐赠者为了纪念理科博士、沃华德地质学教授约翰·埃德华·马尔而捐赠的基金,称为马尔纪念基金。 名称

2. 基金应用于为地质学研究领域提供资助。 目的

3. 资助应只提供给本大学的成员。 谁有资格

4. 优先权应给予已经在自然科学荣誉学位考试第一部分 B 获得优异成绩并打算从事地质学研究的申请人。

授奖者　　5．每年的授奖者是：

（a）地球科学系主任；

（b）一名在米迦勒学期由地球科学和地理学学部委员会从已经被任命为当年自然科学荣誉学位考试地质学或地质科学考官的地球科学系大学职员中任命的人，除非地球科学系主任是这个考官；

（c）一名其他人员，或者，如果地球科学系主任是这个考官，两名其他人员，以同样的方式从地球科学系的大学职员中任命。

授奖通知　　6．在每年四旬斋学期开始前，地球科学系主任应该给会计提供在授奖者支配下的金额的书面通知，并应邀请对资助的申请。授奖应该在 6 月举行。

授奖日期 未使用收入　　7．基金的年度收入可以在每年 6 月授出，但是如果在任何一年由于没有合适的候选人没有授奖，可以在下一个 6 月授出两年的收入。如果在两个连续的年份里没有授奖，一年里的未使用收入应该加入到基金的本金之中。

修改　　8．大学可以改变上述规定，但基金应该与马尔博士的名字相联系并用于地质学领域的研究。

阿弗雷德·马绍尔基金和讲座

基金　　1．应该在经济学学部设立一项阿弗雷德·马绍尔基金和一个阿弗雷德·马绍尔讲座。

讲师　　2．在每个学术年不迟于米迦勒学期末，经济学学部委员会应该任命一个讲师就职，或者推迟该任命一年；但是该任命不得连续推迟两年。

3．讲师应该在任职年里举办三个讲座（或者由学部委员会在任何情况下批准的其他数目），该讲座应涉及经济学或者经济史，或者一些其他同类主题方面的若干发展。

4．讲座应该在完整学期举办。

5．讲师应该在马绍尔图书馆存放一份讲座内容的副本。

薪酬　　6．讲师应该收到作为薪酬的由经济学学部委员会在校务理事会随时批准的范围内决定的金额，另外学部委员会可以酌情从讲师就职年份里基金的多余收入里或从基金任何累积盈余里支付讲师的任何费用，无论是旅行至剑桥大学或从剑桥大学出发或者在讲座期间居住在剑桥的费用。

停止　　7．学部总委员会可以酌情停止阿弗雷德·马绍尔讲座并将基金收入用于学院的一般目的，只要财政情况在他们看来采取这样的行动是合适的。

金斯利·马丁纪念基金

1. 由多洛泰·伍德曼女士代表已故的金斯利·马丁给予大学的捐赠形成了一项基金,称为金斯利·马丁纪念基金。 — 名称

2. 基金收入的第一笔支出应该提供一个年度讲座,称为金斯利·马丁纪念讲座,主题是南亚,优先权给予与缅甸相关的主题。讲座在完整学期里举行。 — 目的

3. 基金的经理是南亚研究中心管理委员会。 — 经理

4. 讲师由经理在每个学年任命,并在他或她被任命后的学术年底举办讲座。 — 讲师

5. 讲师的薪酬应该是由经理在校务理事会的批准下随时决定的不超过基金可得收入的金额。 — 薪酬

6. 基金中累积的任何未使用收入应该由经理酌情随时用于满足: — 基金结余
(a) 讲师所发生的与讲座相关的费用;
(b) 南亚研究中心的一般费用,优先权给予与缅甸研究相关的费用。

希伯来圣经曼森奖

1904 年《捐赠》,第 418 页

1. 希伯来圣经曼森奖每年颁发给由泰维特奖学金的考官判断为在奖学金考试中在希伯来圣经方面表现出最优异成绩的候选人或者有资格成为候选人的学生。 — 奖项

2. 本奖的价值是亚洲和中东研究学部委员会在校务理事会随时批准的范围内决定的数额。 — 价值

3. 基金中任何未使用的累积收入可以由亚洲和中东研究学部委员会酌情用于促进和鼓励希伯来圣经的研究。 — 未使用收入

4. 已经获得一次本奖的学生没有资格第二次竞争本奖。

5. 大学有权在认为合适时随时对这些规定作出改变;条件是基金的收益总是给予精通希伯来圣经者,并且本奖应该与 P. H. 曼森牧师的名字相联系。 — 规定可以被改变

数学工程奖学金

1. 来自数学工程的金额形成了一个有益于工程系从事控制系统以及相 — 目的

关领域研究的本科学生的基金。

奖学金推选人
2. 基金的本金和收入用于提供一个数学工程奖学金。

3. 奖学金的推选人是工程学系主任和两名由工程学学部委员会在米迦勒学期任命的控制研究小组成员,其任期是四年,从他们被任命后的 1 月 1 日开始计算。

4. 为了有资格获得奖学金,候选人必须已经被允许或正在寻求允许成为本大学的注册研究生。

期限
5. 奖学金起初存续一年,可以由推选人延至第二年或第三年,但不能再长。

提供
6. 奖学金提供:

（a）维持由推选人决定的支付;

（b）付款以满足获奖学生的大学和学院费用;

（c）捐款给推选人酌情决定的诸如设备、旅行费用等的花费。

克勒克·麦克斯韦尔纪念基金

名称
1. 来自弗朗西斯·凯瑟林·邓恩女士的资金形成了一项基金,称为克勒克·麦克斯韦尔纪念基金,用于纪念第一个卡文迪什实验物理学教授詹姆斯·克勒克·麦克斯韦尔。

使用
2. 基金的本金和收入由卡文迪什物理学教授随时决定用于:

（a）使一个卡文迪什实验室研究生在他或她最初被授予薪金期限届满后能继续研究,条件是在教授看来这个特定的项目值得这样的支持;

（b）支付研究生或其他研究人员在卡文迪什实验室参加会议或在剑桥大学之外的实验室访问或工作的费用;

（c）捐款支付在卡文迪什教授看来将会对卡文迪什实验室大有益处并能恰当地纪念詹姆斯·克勒克·麦克斯韦尔的名字和工作的任何项目的费用。

章程 E,第三十九章

克勒克·麦克斯韦尔奖学金

1904 年《捐赠》,第 340 页

名称和目的
1. 克勒克·麦克斯韦尔基金的收入用于维持一个或多个与卡文迪什实验室相关的克勒克·麦克斯韦尔奖学金,其目的是促进实验物理学尤其是电、磁和热方面的原创性研究。

2. 获得奖学金的人称为实验物理学克勒克·麦克斯韦尔学生。

3. 本大学里已经是卡文迪什实验室一个或多个学期学生的任何成员均有奖学金资格。 　谁有资格

4. 奖学金的推选人是卡文迪什物理学教授和卢卡斯数学教授，万一在他们之间有任何不同意见，最后的决定取决于三一学院的负责人或取决于由该负责人为此目的专门任命的某个人。 　推选人

5. 如果一个代理人被任命履行前述两个教授中任何一个的义务，这个代理人应该在他或她作为这样的副手行为期间遵从于这些规定的所有目的来接手和行使相关教授的权力。 　代理人

6. 推选人在选拔获奖者时应该依据由候选人从事实验物理学原创性研究的能力所展现的前途，并应该采取他们认为需要的步骤使他们可形成对这样的前途的判断。 　获奖者资格

7. 这样选出的获奖者应该在卡文迪什教授的指导下在本大学里从事实验物理学的原创性研究，但可以在卡文迪什教授的书面允许下在其他地方从事研究。 　获奖者义务

8. 奖学金的开始日期和期限应该由推选人决定，获奖者应该有资格重新获选，条件是获奖者的奖学金的总持续期不超过三年。 　存续

9. 获奖者的薪金是由推选人在校务理事会随时批准的范围内，在考虑了该获奖者可得的任何其他财政来源后决定的不超过基金的可用收入的数额。薪金应该以四等份分期付款的方式提前支付给获奖者。 　获奖者薪金

10. 获奖者不得在奖学金存续期间系统地从事任何商业或职业活动，或从事任何在卡文迪什教授和卢卡斯教授看来将会干扰他或她作为获奖者义务的教育或其他工作。

11. 如果卡文迪什教授和卢卡斯教授认为获奖者从事了一些商业或职业活动，或长期健康欠佳或缺乏勤奋，或因为其他事由，不再具备获得奖学金的条件，他们应该将他们的观点报告给物理和化学学部委员会，该委员会随后可以在他们认为合适时将该获奖者从奖学金中除名。 　获奖者可以被除名

12. 在奖学金会出现空缺的至少一个月前，或发生临时空缺的即刻，卡文迪什教授应该给出推选人认为需要的公告。选拔应该在空缺出现后尽可能早地举行，并且应将结果传达给校长以对外发布。 　选拔通知

13. 基金中累积的任何未使用收入，可以在卡文迪什教授的建议下，随时用于满足克勒克·麦克斯韦尔学者或其他人在卡文迪什实验室从事实验物理学原创性研究中所发生的、符合基金目的的旅行或其他费用。 　未使用收入

梅休奖

1. 本奖项称为梅休奖,应每年颁发一次,基金的年度纯收入构成本奖项的奖金。

2. 本奖应当授予给那些在数学荣誉学位考试第三部分中被该考试考官认为在此次考试中除天文学外的应用数学学科表现最佳的候选人,条件是他或她在这些科目上的成绩具有足够的资格获得本奖。

如未能授出　3. 倘若在任何一年中本奖未能授出,则此年的收入应当增加到本基金的本金之中。

J.E.O.梅恩基金

名称与目的　1. 由费兹威廉学院的约翰·埃德温·奥克利·梅恩于1969年向本大学捐赠的款项,应构成一项基金,其目的在于确保金属腐蚀及其相关领域研究工作的继续进行,该研究工作是由国王学院的理科博士、金属腐蚀科学专业的副教授尤利克·理查森·埃文斯于1921年启动的。

收入的使用　2. 本基金的收入在材料科学与冶金学院院长的随时决定之下应当用于促进金属腐蚀和氧化的研究和预防及其相关领域的教学和研究工作,采用下列一种或多种方式:

(a) 设置和维持任何委派的研究者职位;
(b) 设置一个奖学金;
(c) 维持材料科学与冶金学院的研究生或研究人员职位;
(d) 购买仪器和设备;

或符合本基金目标的任何其他方式。

外科学硕士荣誉奖

名称与目的　1. 由一位匿名捐赠者提供的基金的收入应当用来设立一个奖项——外科学硕士荣誉奖,每年授予给为申请外科学硕士学位而提交的外科手术领域内的优秀论文,或是关于临床,或是关于有关的基础科学领域。

如何授予　2. 本奖由皇家医学教授在经与外科学硕士学位委员会协商后颁发。

3. 所有被认为达到优秀标准的论文均有资格获得本奖项。倘若不止一名候选人达到了这一标准,则平分本奖。

价值　4. 本奖项的价值应是基金的年收入。

5. 在任何一年中,如果本奖项未能授出,则未使用的收入应当增加到基金的本金之中。 — 未使用收入

埃特尔·梅若斯兽医医学基金研究奖学金

1. 由 J. F. 和 E. A. 梅若斯慈善会托管人向本大学捐赠的总值为 22 万英镑的款项,应构成一项基金,称为埃特尔·梅若斯兽医医学基金研究奖学金。 — 名称

2. 本基金的经理为:兽医学学部委员会主席、兽医学系主任、兽医学院院长、兽医学系研究中心主任和兽医学系医院院长。 — 经理

3. 除非通知了所有的经理成员开会并经出席成员大多数通过,否则经理的任何决议均为无效。

4. 本基金的收入应当用来向一名埃特尔·梅若斯兽医医学研究员提供其全部或一部分的薪金,他应当从事由经理随时决定的兽医医学特定领域的高级研究工作。经学部总委员会同意后,本基金的全部或一部分本金可用于同样的目的。 — 目的

5. 埃特尔·梅若斯研究员应当由经理选拔,经理可授权从本基金的收入之中增加对讲师工作支持的经费。埃特尔·梅若斯研究员的任期由经理在每次选拔时进行确定,每次不得超过三年。 — 选拔和任期

6. 经理应当向 J. F. 和 E. A. 梅若斯慈善会托管人报告每一个埃特尔·梅若斯研究员的选拔工作及其研究领域,并应向学部委员会提交一份有关该研究员研究工作情况的年度报告。 — 年度报告

7. 埃特尔·梅若斯研究员的薪金应当由学部总委员会在听取经理建议的基础上确定。 — 薪金

8. 本基金任何未使用的收入既可增加到本基金的本金之中,也可积累以作为随后年度的收入之用,由经理决定。 — 未使用收入

医学图书馆基金

1. 医学图书馆基金的管理工作应当委托给皇家医学教授和其他两名由临床医学学部委员会在米迦勒学期任命的经理,此两名经理从其任命之后的 1 月 1 日起任职两年。卸任的经理,除被任命以填补临时空缺者以外,不得立即连任。 — 经理

2. 本基金的收入应当用于为生物学学部和临床医学学部下各系的图书馆购买书籍和期刊。 — 目的

| | 3. 为购买书籍和期刊而需要从本基金的收入中申请赞助的申请书,应当由有关各系在每学年的1月1日向临床医学学部委员会秘书提出。

4. 赞助应当主要但不是绝对地用于购买那些由于费用或其他原因,不能用系里的基金购买的书籍。

梅隆研究奖学金基金

名称和目的　1. 从梅隆·W.安德鲁基金处获得的总额为25万美元的款项应构成一项基金,称为梅隆研究奖学金基金,用于提供梅隆研究奖学金和赞助,以促进美国历史的研究工作。

2. 本基金的管理工作应当委托给六名经理:皇家近代史教授、美国历史保罗·梅隆教授、历史学学部委员会主席和三名由历史系学部委员会在米迦勒学期任命的经理。当美国历史和制度皮特教授之职分配给历史学学部时,则其是一名额外的经理。由学部委员会任命的经理成员应当任职四年,从其任命后的1月1日起开始计算。除非通知了所有的经理成员开会并经至少四名成员通过,否则经理有关选拔研究员的任何决议均为无效,但:

　　(a) 如果皮特教授是一名经理时,则所需的票数应增加一票;

　　(b) 如果皇家教授或保罗·梅隆教授是学部委员会主席时,则所需的票数应减少一票。

研究奖学金　3. 本基金的第一项支出应当用于提供一个或多个梅隆研究员薪金,该研究员应从事美国历史的原创性研究工作,在此意义上,美国历史应当被界定为从殖民地开始以来的美利坚合众国的历史。

申请　4. 经理应当在每个四旬斋学期开始以前发布一个通告,公布提交梅隆研究奖学金申请的日期以及提交的方式。获奖者名单的公布不迟于下一个6月30日。

持续期间　5. 梅隆研究奖学金的持续期间最少为一年,可由经理延长,但该奖学金持续期间总共不得超过四年。

薪金　6. 梅隆研究员的薪金应当由学部总委员会在听取经理建议后确定。

赞助　7. 在向梅隆研究奖学金提供资金后,经理有权向访问学者、研究生或非处于被监护地位的其他大学成员提供赞助,以促进第3条所规定的美国历史的研究工作。

未使用收入　8. 本基金任何未使用的收入既可增加到基金的本金之中,也可积累以作为随后年度的收入之用,由经理决定。

保罗·梅隆基金

1. 根据克莱尔学院法学博士、文科博士、尊敬的 K.B.E. 保罗·梅隆的遗嘱，本大学所收到的款项应构成一项基金，称为保罗·梅隆基金。 基金

2. 本基金的经理为费兹威廉博物馆委员会。 经理

3. 本基金的本金和收入在经理的酌情决定之下，应当用于有利于博物馆的目的，包括： 目的

（a）提供建筑物，或修缮建筑物；

（b）保存和维护博物馆的收藏品，包括为此目的而雇佣的管理人员。

保罗·梅隆自主基金

1. 根据克莱尔学院法学博士、文科博士、尊敬的 K.B.E. 保罗·梅隆的遗嘱，本大学所收到的款项应构成一项基金，称为保罗·梅隆自主基金。 基金

2. 本基金的经理为费兹威廉博物馆委员会，按照博物馆馆长经遗嘱执行人及其继任者同意后的建议而行动。 经理

3. 本基金的收入应当用于下列用途： 目的

（a）规划和执行在博物馆举行的临时展览，特别是那些依靠本大学及其学院的永久收藏而举办的临时展览；

（b）博物馆出版的或为博物馆出版的出版物的生产成本，特别是那些有关其收藏的出版物；

（c）在博物馆内策划和实施的教育规划，以鼓励更广泛的参与和欣赏其收藏；和

（d）整修用来展示永久收藏的画廊，其中包括诸如非结构性因素，如墙面、展示家具、灯具，以确保其保存的画廊外观和其展示内容的高水准。

国会议员古典学基金
1904 年《捐赠》，第 373 页

1. 国会议员古典学基金的经理为古典学学部委员会。

2. 国会议员古典学基金的收入应当用来提供： 目的

（a）两个或两个以上国会议员古典学论文奖；

（b）两个国会议员古典学翻译奖；

授奖者	(c) 两个国会议员古典学朗读奖。
	3. 国会议员古典学论文奖由经理授予。翻译奖和朗读奖的授奖者为三名评审人,经经理提名而由学部总委员会在每年的米迦勒学期来临以前进行任命。每个评审人的报酬应当从本基金的收入中支付,其具体总额为经理在校务理事会批准的范围内确定的数额。
奖项的价值	4. 每一个奖项的价值为评审人在校务理事会批准的范围内确定的金额。
竞赛通告	5. 在每年的米迦勒学期期末以前,评审人应当发布一个通告,公告翻译奖和朗读奖报名的日期和方式,以及这些奖项授予的日期。
未使用收入	6. 本基金积累的任何未使用收入在经理的酌情决定之下应当用于促进和鼓励古希腊和古罗马的语言和文明的研究。

国会议员古典学论文奖

论文奖有资格竞争者	7. 每年应当授予两个或两个以上的国会议员古典学论文奖。其中一个奖项应当授予给古典学荣誉学位考试第二部分候选人提交的优秀论文,另一奖项应当授予给古典学哲学硕士学位(一年课程)考试的候选人提交的优秀论文。
	8. 古典学荣誉学位考试第二部分的考官和古典学学部学位委员会应当从候选人提交的考试论文中分别评定出不超过三篇的他们认为应获得该奖项的论文,并应当将其提交给经理。经理可自由向不超过三名的古典学荣誉学位考试第二部分的候选人和不超过三名的哲学硕士学位候选人授予奖项。
论文的交存	9. 每个获奖者应当向古典学学部图书馆交存一份他或她的论文。

国会议员古典学翻译奖

翻译奖	10. 国会议员古典学翻译奖应当每年提供给由评审人选择的一段或数段作品的翻译,将希腊文或拉丁文的诗歌翻译成适合原文的任何风格和形式的英文诗歌。其中一个奖项应当提供给希腊文诗歌翻译的优秀作品,一个奖项应当提供给拉丁文诗歌翻译的优秀作品。
有资格竞争者	11. 本奖项应当开放给大学所有非研究生的成员,从其竞争这一奖项这一年的米迦勒学期的第一天距离其入学不超过七个学期。
翻译的交存	12. 每个获奖者应当向古典学学部图书馆交存一份他或她的翻译作品。

国会议员古典学朗读奖

朗读奖	13. 国会议员古典学朗读奖应当每年授予给大声朗读希腊文或拉丁文

的优秀候选人。其中一个奖项应提供给朗读希腊文的优秀候选人,一个奖项应当提供给朗读拉丁文的优秀候选人。

14. 本奖项应当开放给大学所有非研究生的成员,从其竞争这一奖项这一年的米迦勒学期的第一天距离其入学不超过七个学期。

15. 每名候选人须朗读: 竞争性质
(a) 提前宣布的一篇诗和一篇散文;
(b) 未提前宣布的一篇诗;
(c) 由候选人自选的一篇诗歌或散文。

国会议员英语基金

1904 年《捐赠》,第 373 页

1. 国会议员英语基金的经理为英语学部委员会。该学部委员会可任命一个不必须全由该学部委员会成员组成的委员会,以履行其根据本条例所享有的任何职权。 经理

2. 本基金收入的第一项支出应当提供国会议员英语奖,该奖项应当每年授予给英语学部中所提交的最优秀的哲学硕士学位论文。 奖项

3. 本奖项的候选人须是在英语学部学位委员会监督之下工作的研究生,其被接纳为研究生的生效日期不得早于下一个 8 月 1 日,但早于其竞争本奖项的这一学年。 有资格获得者

4. 经理授予本奖的时间不得迟于下一个复活节学期的期末。 授予时间

5. 本奖项的价值为经理在校务理事会每次批准的范围内确定的数额。 价值

6. 在向国会议员英语奖提供资金以后,本基金积累的任何未使用收入,可在经理的决定之下通过向在英语学部学位委员会监督之下工作的研究生提供研究赞助的方式,促进英语及其相关科目的研究之目的。 研究赞助

国会议员历史学基金

1904 年《捐赠》,第 373 页

1. 国会议员历史基金的经理是历史学学部委员会。该学部委员会可任命一个其成员不必均来自学部委员会的委员会,以履行其根据本规章所享有的任何职权。 经理

2. 本基金收入的第一项支出应当提供国会议员历史学奖,该奖项应当每年颁发给一篇以历史学为主题的最佳论文。 奖项

3. 本奖应开放给大学的任何成员,其应在历史学学部学位委员会的建 有资格竞争者

议的基础上，在前一个学年中已经获得研究生教育委员会授予的哲学硕士学位。

授予时间

4. 经理授予本奖的时间不得迟于下一个复活节学期的期末。

5. 本奖项的价值为经理在校务理事会每次批准的范围内确定的数额。

研究赞助

6. 在向国会议员历史学奖提供资金以后，本基金积累的任何未使用收入，可在经理的决定之下用来：

（a）向在历史学学部学位委员会监督之下工作的研究生提供赞助以协助其研究工作；

（b）以任何其他方式促进本大学的历史学研究。

查尔斯·赫斯特曼·梅尔茨基金

名称与目的

1. 由梅尔茨夫人为促进电机工程的教学、科研和研究之目的而向本大学捐赠的款项，应构成一项基金，称为查尔斯·赫斯特曼·梅尔茨基金。

经理

2. 本基金的经理为工程学学部委员会。

应用

3. 本基金的收入在经理的酌情决定之下并符合其认为合适的条件，应当用于：

（a）向大学的成员提供赞助，其应是英联邦国家的公民并在工程学学部从事电机工程的教学、科研和研究工作；

（b）以其他任何手段促进电机工程领域的教学、科研和研究工作。

赞助的公布

4. 本基金的赞助称为查尔斯·赫斯特曼·梅尔茨赞助，并且每年获得该项赞助的人员的名单——而不是赞助的金额应当公布在《通讯》上。赞助应当以经理确定的方式进行支付。

T. H. 米德尔顿基金

名称

1. 1947 年从一名匿名捐赠者处获得的一笔捐赠，是为纪念已故的农业德雷珀斯教授托马斯·哈德森·米德尔顿爵士（1902—1907 年）的研究成果，应构成一项基金，称为 T. H. 米德尔顿基金。

经理

2. 本基金由三名经理管理，其组成为：

（a）生物学学部学位委员会主席；

（b）植物学教授；

（c）一名由生物学学部委员会任命的人员。

列入（c）项的经理，应当在米迦勒学期进行任命，从其任命之后的 1 月 1 日起任职三年。生物学学部学位委员会的秘书应担任经理秘书之职。

3. 本基金的收入在经理的酌情决定之下应当用来向从事农业领域研究的研究生提供赞助,以其使能进行以从事农业学习和研究为目的的旅行。 收入的使用

4. 本基金任何未使用的收入既可增加到本基金的本金之中,也可积累以作为随后年度的收入之用,由经理决定。 未使用收入

格雷姆·明托管理学研究奖

1. 由多米诺印刷科学上市公司捐赠给大学的总额为 5000 英镑的款项,应构成一项基金,称为格雷姆·明托基金,以促进大学的管理学研究。 基金与目的

2. 该基金应该用来提供一个奖项,称为格雷姆·明托管理学研究奖。本奖项的价值为工商管理学学部委员会在校务理事会批准的范围内确定的数额。 奖项

3. 本奖项应当由管理学研究荣誉学位考试的考官授予给在此次考试中表现优异的候选人。 如何授予

4. 任何未使用收入可在工商管理学学部委员会的酌情决定之下用于促进促进和鼓励本大学的管理学研究。 未使用收入

约瑟夫·米切尔教授癌症研究基金

1. 给予和捐赠给约瑟夫·米切尔教授以促进人类癌症研究的款项,由本大学从其处获得,应构成一项基金,用于同样的目的,称为约瑟夫·米切尔教授癌症研究基金,以表彰其在 1946—1976 年担任放射线治疗癌症教授和皇家医学教授期间对癌症治疗所做的贡献。 名称与目的

2. 本基金的经理为:(a) 皇家医学教授;(b) 两名由临床医学学部委员会任命的成员;(c) 一名由生物学学部委员会任命的成员;(d) 两名由学部总委员会任命的成员。列入(b)—(d)项的经理应当在米迦勒学期中任命,从其任命之后的 1 月 1 日起任职四年。 经理

经理每年应当从成员中选出一人担任主席之职。由临床医学学部委员会的秘书担任经理秘书。

3. 在其酌情决定之下,经理可向在东英格利亚大学从事在其看来可以有助于预防、诊断或治疗人类癌症的研究工作的任何人员提供赞助;他们可对任何赞助附加他们认为合适的条件。 赞助

4. 经理有权通过接受捐款、捐助和遗赠的方式来增加本基金的收入。 收入的增加

5. 经理可酌情就有关任何本基金的申请是否具有资格的问题,征询独立评估人的意见。 评估人

| 法定人数 | 6. 除非通知了所有的经理成员开会并经至少四名出席成员的同意,否则经理的任何决议均为无效,但经所有经理成员签署的一项决议,应当具有与会议表决相同的效力。 |

现代希伯来语研究基金

| 基金 | 1. 本大学获得的旨在促进现代希伯来语研究的款项,应构成一项基金,称为现代希伯来语研究基金。 |
| 经理 | 2. 本基金应当受一个经理委员会的管理,其组成为: |

(a) 皇家希伯来语教授;
(b) 两名由亚洲和中东研究学部委员会任命的人员,从其任命之后的1月1日起任职两年。其中一人应是从事现代希伯来语教学和研究的大学职员。

| 目的 | 3. 本基金的本金和收入,在经理的酌情决定之下应当用于促进大学现代希伯来语的研究工作。 |
| 未使用收入 | 4. 在任何一个财政年度内,本基金任何未使用的收入既可增加到本基金的本金之中,亦可积累以作为随后年度的收入之用,由经理决定。 |

现代犹太研究基金

名称与目的	1. 由正义者基金会捐赠给大学的总额为5万美元的款项应当构成一项基金,称为现代犹太研究基金,应当用来促进和鼓励本大学现代犹太思想和历史的研究。
经理	2. 本基金的经理为神学学部委员会,该学部委员会可任命一个不必须由该学部委员会所有成员组成的委员会,以履行其根据本条例所享有的任何职权。
基金的使用	3. 本基金的本金和收入在经理的酌情决定之下,应当用于:

(a) 提供访问学者举办讲座的费用;
(b) 向从事现代犹太思想和历史领域研究工作的研究生提供赞助;
(c) 以任何其他方式提供协助,以促进和鼓励大学现代犹太思想和历史的研究工作。

| 访问学者 | 4. 访问学者应由经理随时任命。访问学者的义务是在完整学期中在大学举办一场或多场以现代犹太思想和历史为主题的讲座。 |
| 薪金和费用 | 5. 支付给访问学者的薪金为经理在校务理事会随时批准的范围内确定的数额。此外,经理可酌情支付该访问学者的任何费用或与访问学者到访 |

有关的任何费用。

雷克斯·摩尔基金

1. 由已故的雷克斯·摩尔男爵捐赠和遗赠给大学的款项,应构成一项基金,称为雷克斯·摩尔基金。 — 名称

2. 本基金收入的第一项支出应当用来提供雷克斯·摩尔奖,每年应当由工程学荣誉学位考试第一部分B的考官将该奖授予给在此次考试中表现最佳的候选人。本奖项的价值为工程学学部委员会在每次校务理事会批准的范围内确定的数额。 — 奖项

3. 在向雷克斯·摩尔奖提供资金以后,本基金收入的余额在工程学学部学位委员会的酌情决定之下并按照其认为合适的条件,应当用于向工程学学部的研究生和大学毕业生提供赞助。 — 赞助

4. 申请赞助的申请书应当递交给工程学学部学位委员会秘书,到达秘书的时间应在每年的7月1日或之前。申请人必须: — 赞助的申请
(a) 拥有联合王国某大学的荣誉学位或拥有学位委员会认可的其他资格;
(b) 已经或即将成为本大学的成员;
(c) 在提交申请时附加一份有关其财政状况的完整说明。

5. 赞助的持续期间可为一年、两年或三年,但任何赞助的总计持续时间不得超过三年。 — 赞助的持续期间

6. 获得赞助学生的名单,而不是赞助的数额,应当每年公布。赞助应当以学位委员会确定的方式进行支付。 — 赞助的公布与支付

7. 在任何情况下,如果学位委员会不满意学生的表现,即其未能足够勤奋地进行其研究,则学位委员会有权决定扣留赞助中未支付的分期款项。

P. A. 莫尔蒂诺基金

1. 由三一学院文科硕士、法学硕士P. A. 莫尔蒂诺向大学捐赠的总额为3000英镑的款项,应构成一项基金,称为P. A. 莫尔蒂诺基金。 — 名称

2. 在任何一年中本基金的收入和积累的收入应在病理学系主任的酌情决定之下用于寄生虫学研究之目的。 — 目的

蒙德实验室捐赠基金

本大学从向蒙德实验室捐赠的款项中获得的收入,应当用来为物理学系的研究提供支持。

莫德尔讲席基金

名称和目的

1. 由圣约翰学院的路易斯·乔尔·莫德尔教授向本大学捐赠的款项以及因保罗·厄尔多斯教授的捐赠而增加的款项,应当构成一项基金,称为莫德尔讲席基金。本基金的第一项支出为莫德尔讲师的酬金。

任命

2. 在不迟于每年四旬斋学期开始以前,数学学部委员会在纯数学与数理统计系主任提名的基础上,任命该学年担任莫德尔讲席之职的讲师或延期本届任命直至下一学年,但该任命不得连续延期两年。在提名讲师以前,该系主任应当考虑数学学部任何成员可能建议的任何名单。

义务

3. 在其任期内,讲师应当在完整学期中举办以纯数学为主题或这方面的讲座。

薪金

4. 支付给讲师的薪金为委员会在校务理事会每次批准的范围内确定的数额。此外,委员会可酌情支付讲师所发生的任何费用。

莫里恩·摩根奖

名称和目的

1. 由摩根夫人——已故皇家学会会员、唐宁学院硕士莫里恩·摩根爵士的遗孀捐赠的款项,应构成一项基金,称为莫里恩·摩根基金。

奖项

2. 莫里恩·摩根奖应当每年由工程学荣誉学位考试第二部分B的考官授予在航空工程学科表现最佳的候选人,除非考官认为没有候选人具有足够的资格应获此奖。

价值

3. 奖项的价值为本基金的年收入。

未使用收入

4. 任何未使用收入应当增加到本基金的本金之中。

变更

5. 在经工程学学部委员会提议后,大学可随时修订本规章,但本奖项应始终致力于促进航空学的研究。

莫瑞尔基金和讲席

名称和基金

1. 由已故的科学博士、前冈维尔与凯斯学院院士罗伯特·谢肃方·莫瑞尔捐赠给本大学的款项，应构成一项基金，称为莫瑞尔基金，其目标在于促进有机化学的教学和研究工作。

2. 本基金收入的第一项支出应当是根据第4条批准的客座讲师的薪金和交通费之费用。 _{收入的第一项支出}

3. 客座讲师应当称为莫瑞尔讲师，由物理和化学学部委员会在听取化学系主任和英国石油公司化学教授的建议后随时加以任命。 _{讲师的名称和任命}

4. 讲师的义务应由学部总委员会在任命时在听取化学系主任的建议后进行确定，但讲师在化学系工作的时间不得少于三个星期，并应举办至少四场符合基金目的的讲座。考虑如上确定的讲师的义务，其薪金的数额以及支付给讲师的旅行费用补助应由学部总委员会在任命的同时加以确定并应听取同样的建议。 _{讲师的义务、薪金和补助}

5. 本基金任何未使用的收入由化学系主任在听取英国石油公司化学教授的建议之后，酌情决定用于促进有机化学的教学或研究之目的。 _{未使用收入}

罗杰·莫里斯医学和外科手术奖

1. 由克莱尔学院硕士、博士罗杰·布赖恩·莫里斯捐赠的款项，应当构成一项基金，其目的在于向在医学期末考试第二部分考试中的优秀候选人颁发医学奖和外科手术奖。 _{基金和目的}

2. 奖项的名称为罗杰·莫里斯临床医学奖和外科手术奖。 _{名称}

3. 本奖应当每年授予给被皇家医学教授认为在该学年举行的医学期末考试第二部分考试中的临床医学方面表现最佳的候选人。 _{如何授予}

4. 奖项的价值各占本基金年度收入的一半。 _{价值}

5. 在任何一年中某个奖项未授出时，则当年收入的相应部分应当增加到本基金的本金之中。 _{如未能授出}

布丽塔·莫滕森基金

1. 由布丽塔·莫滕森——大学瑞典语讲师，逝世于1958年——的朋友所捐赠的款项，应构成一项基金，称为布丽塔·莫滕森基金，其收入应当向剑桥大学的研究生提供赞助，以支持其访问斯堪的纳维亚地区，以研究斯堪的纳维亚国家的文化、文学和艺术。 _{名称与目的}

2. 本基金应当由斯堪的纳维亚研究基金的经理进行管理。 _{经理}

3. 教务长应当在米迦勒学期发布一个邀请申请本基金赞助的通告。 _{提供赞助}

4. 学士学位的任何候选人均有资格获得本基金的赞助，但他或她应打 _{资格}

算在完成学位所要求的考试以前使用该赞助。

5. 申请应当通过候选人的导师提交至教务长处,到达教务长处的时间不得迟于6月1日,并必须附有一份该候选人所计划的旅行的说明。赞助的授予不得迟于复活节学期的最后一天,缴付时须向财务主管提出申请。

玛丽·尤弗雷西亚·默斯利基金

名称　　1. 由已故的玛丽·尤弗雷西亚·默斯利捐赠给本大学的款项,应构成一项基金,称为玛丽·尤弗雷西亚·默斯利基金。

目的　　2. 本基金的每年收入应当用于支持在英联邦国家中的旅行,以促进这些国家之间的学习和研究以及维护国家之间的友好关系。

管理　　3. 本基金的管理工作应委托给一个经理委员会,其组成为:校长(或经其正式任命的代理人)和四名由学部总委员会在米迦勒学期任命的其他人员,从其任命之后的从1月1日起任职四年。

奖项　　4. 本基金的奖项应当限于非文科硕士的本大学的成员,其应为实现上述第2条所提到的目的而从事相应旅行。

申请　　5. 在每年四旬斋学期以前经理宣布的日期,申请奖项的候选人应当向教务长提出申请,表明他或她打算推进第2条所规定本基金的目的之方式,并提供经理可能要求的有关他或她资格的其他证据。

日期　　6. 每年授予奖项的时间不得迟于复活节学期的期末。

持续期间　　7. 在奖项的持续期间内,奖项获得者应开始由经理批准的旅行计划,但该计划可在取得经理的同意后进行调整。

奖项的支付　　8. 奖项应按照一个或多个季度分期付款的方式进行支付,除非奖项的持有者追求上述第2条所规定的目的,符合经理的要求,否则经理不得批准任何款项。

条例的修正　　9. 上述规章除第2条和第4条以外,可经由动议修正。

莫特环境物理学基金

名称与目的　　1. 从一名匿名捐赠者处获得的款项,应构成一项基金,称为莫特环境物理学基金,以悼念原卡文迪什物理学教授、皇家学会会员、荣誉勋爵内维尔·莫特爵士。本基金的收入应当用于物理学系与环境物理研究相关的博士奖学金、助学金、旅游基金和博士后奖学金。本基金可包括为此目的而收到的其他机构或个人的其他款项。

经理　　2. 本基金的经理为:(a)物理学系主任,(b)卡文迪什物理学教授,以及

(c) 一名由学部总委员会任命的人员。如果物理学系主任和卡文迪什物理学教授是同一个人,则物理和化学学部委员会应任命另一个人担任经理,以确保有三名经理。获学部总委员会委任列入(c)项的人员,从其被任命后的1月1日起任职三年。

3. 在用本基金的收入提供了物理学系与环境物理研究相关的博士奖学金、助学金、旅游基金和博士后奖学金以后,本基金的收入可用来支持物理学系的环境物理学研究,以经理批准的方式加以使用。 _{收入的使用}

4. 在一个财政年度内,任何未使用的收入可按照第1条和第3条的规定以供随后一年或多年的花费之用。 _{未使用收入}

莫特出版基金

1. 剑桥大学出版社理事会与物理学系(卡文迪什实验室)为表彰莫特爵士教授的工作,就1967年和1975年出版的两卷《金属物理学》达成协定,从协定中获得的版税收入应构成一项基金,称为莫特出版基金,用来支持那些在卡文迪什实验室从事的研究。 _{名称与目的}

2. 本基金的经理为卡文迪什物理学教授和物理学系的秘书。 _{经理}

3. 本基金的本金和收入由经理用于: _{基金的使用}
(a) 使卡文迪什实验室的研究生和其他研究人员获得一些有关一门外语的知识;
(b) 为卡文迪什实验室的研究生和其他研究人员出席在剑桥大学以外的会议或访问其他实验室提供费用。

托马斯·穆尔维埃及古物学基金

1. 由 M. 穆尔维夫人和其他人,为纪念其丈夫托马斯·穆尔维而向本大学捐赠的款项,应构成一项基金,称为托马斯·穆尔维埃及古物学基金,其收入应当用来提供称为托马斯·穆尔维埃及古物学奖的年度奖项和其他赞助,以促进埃及古物学的研究和发展。 _{名称与目的}

托马斯·穆尔维埃及古物学奖

2. 本奖应当由东方研究荣誉学位考试第二部分的考官授予在此次考试中的埃及古物学部分表现优异的候选人。 _{奖项}

3. 本奖项的价值为亚洲和中东研究学部委员会在每次校务理事会批准的范围内确定的数额。 _{价值}

如未能授出	4. 如果在任何一年中本奖项未能授出，则根据第 6 条建立的委员会可从本基金的收入中提供不超过本奖项价值的赞助，为亚洲和中东研究学部的图书馆购买埃及古物学相关主题的书籍。

托马斯·穆尔维埃及古物学赞助

对田野研究的赞助	5. 在任何一年，在向托马斯·穆尔维埃及古物学奖提供资金或根据第 4 条的规定提供任何赞助以后，可从基金年度收入的余额中和基金积累的任何未使用收入中提供赞助，以帮助正在或打算从事埃及古物学田野研究的人员。
授奖者	6. 赞助应当由一个委员会授予，该委员会的组成为：赫伯特·汤普森埃及古物学副教授、三名由亚洲和中东研究学部任命的人员，和一名由考古学和人类学学部委员会在米迦勒学期任命的人员，从其任命以后的 1 月 1 日起任职四年。
	7. 在根据第 5 条的规定提供任何赞助的资金以后，该委员会可从本基金年度收入的余额中和基金积累的任何未使用收入中提供更多的赞助，以促进本大学的埃及古物学研究。
申请的通告	8. 在每年的米迦勒学期期末以前，委员会应发布一个通告，公告申请基金赞助的申请书提交的日期和提交的方式。

芒比基金和研究奖学金

名称与目的	1. 为纪念 1974 年去世的阿兰·诺埃·拉蒂·芒比而获得的捐赠款项，应构成一项基金，称为芒比基金，由图书馆委员会进行管理，其收入应当用来提供一项研究奖学金，用于大学图书馆的书目研究。
研究员的义务	2. 研究奖学金的获得者将被期望从事书目研究，从而为利用剑桥大学或其学院的藏书的学者们带来直接或间接的好处。
任期和薪金	3. 图书馆委员会应当有权随时决定芒比研究奖学金的持续时间，通常为一年或两年，每一任期的薪金处于校务理事会每次批准的范围中。
	4. 本基金任何未使用收入在图书馆委员会的酌情决定下，可用于满足芒比研究员在从事他或她的研究时所发生费用之需要。
推选人	5. 芒比研究奖学金的推选人为图书馆馆长（其是当然的成员），以及不超过四名由图书馆委员会随时任命的其他人员，其任职期限亦由图书馆委员会在任命时加以确定。推选人在选拔前有权酌情征求有关机构包括有关的海外机构的意见。
免除	6. 芒比研究员在其研究奖学金持续期间在大学图书馆内可免除部门或

其他工作人员的义务和责任。

玛格丽特·穆恩—兰金亚述学基金

1. 由纽纳姆学院的文科硕士琼·玛格丽特·穆恩—兰金小姐为促进亚述学的学习和研究而向本大学捐赠的款项,应构成一项基金,称为玛格丽特·穆恩—兰金亚述学基金。 —— 名称与目的

2. 本基金的经理为亚洲和中东研究学部委员会。该委员会可任命一个不必全由该委员会成员组成的委员会,以履行其对基金所享有的任何职权。 —— 经理

3. 本基金的主要目的在于提供一个亚述学研究生奖学金,称为玛格丽特·穆恩—兰金亚述学研究生奖学金。 —— 奖学金

4. 经理应当在其打算选拔以前的至少三个月时发布选拔通告。 —— 推选通告

5. 任何希望从事亚述学研究或培训的人均有资格获得该奖学金。经理可采取其认为合适的步骤,以确定候选人的资格和进行研究的能力。 —— 有资格申请者

6. 经理选拔的获奖学生的奖学金起初期限不得超过三年。当经理对他或她的工作感到满意,认为其具有足够的高标准,应获得期限的延长,则经理有权重新选拔该学生获得奖学金,延长的时间不得超过三年。 —— 持续期间

7. 不是大学成员的学生应在其获得奖学金选拔后的下一个学期期末以前,通过考录的方式获得大学成员的身份,但出于善意的原因,经理可允许学生推迟其考录到一个稍晚的日期。

8. 在奖学金持续期间,获奖学生应当专职从事亚述学的学习或研究。当其对学生的表现不满意,即该学生未能勤勉地从事他或她的研究时,则经理可随时终止奖学金。 —— 获奖学生义务

9. 奖学金的奖金为本基金的年度纯收入,应按季度分期付款的方式提前支付给获奖学生。 —— 奖金

10. 当发生奖学金空缺的时候,奖学金空缺期间本基金的收入应按以下方式使用:本基金收入的四分之三应当拨款给亚述学埃里克·雅罗研究奖学金以满足其费用之需,本基金收入的四分之一应当在经理的酌情之下用于促进亚述学一般性学习和研究之目的。 —— 当奖学金空缺时收入的使用

11. 在一个财政年度内,本基金任何未使用的收入可用来促进随后任何一年中亚述学的学习和研究工作。 —— 未使用收入

伊迪丝·玛丽·普拉特·马斯格雷夫基金
由 2008 年 4 月 30 日第五号动议修正

名称　　1. 由已故的伊迪丝·玛丽·普拉特·马斯格雷夫捐赠的总额为 1000 英镑的款项，应构成一项基金，称为伊迪丝·玛丽·普拉特·马斯格雷夫基金。

目的　　2. 本基金应当用来促进珊瑚及其相关有机体的解剖学、生理学或生活史的研究。

管理　　3. 本基金的管理工作应委托给巴尔夫基金的经理。

基金的申请　　4. 根据第 2 条的规定，本基金应当在经理的酌情决定之下，按照其认为合适的条件，用于下列目的：

（a）提供伊迪丝·玛丽·普拉特·马斯格雷夫奖学金的奖金；

（b）向有关的研究提供赞助。

有资格获得赞助者　　5. 本基金的奖项仅仅提供给联合王国、英国的自治领地、英国海外属地的大学毕业生，其目前正在动物系工作或与动物系合作。在授予奖项时，经理应优先考虑（a）女性毕业生，和（b）打算在不列颠诸岛周围以外的海域从事其研究的人员。

沃尔特·迈尔斯基金

名称与目的　　为纪念其哥哥、文科学士、文科硕士、冈维尔与凯斯学院的外科学士沃尔特·迈尔博士，丘吉尔夫人向本大学捐赠的款项所成立的基金，现在被称为沃尔特·迈尔斯基金，从该基金获得的收入在病理学系主任的决定下应当用于支持病理学系图书馆之目的。

W. P. 纳皮尔基金

名称与目的　　1. 从已故的沃尔特·珀西·纳皮尔的捐赠中获得的款项，称为 W. P. 纳皮尔基金，以向卡文迪什实验室的研究和教学工作提供资助。

本基金的使用　　2. 本基金的收入在卡文迪什教授的决定下用于：

（a）支付在卡文迪什实验室召开的小型科学会议的费用和在卡文迪什实验室工作的人员参加在剑桥大学以外举办的类似会议的费用；

（b）向在卡文迪什实验室工作的贫困研究生提供赞助；

（c）提供仪器和图书，以促进卡文迪什实验室的教学和研究工作。

3. 未使用收入不得增加到本基金的本金之中,但可积累以作随后年度的收入之用。 —— 未使用收入

纳皮尔·肖基金

1. 从已故的威廉·纳皮尔·肖爵士的捐赠中获得的款项,应构成一项基金,称为纳皮尔·肖基金,以向卡文迪什实验室的气象物理学的研究和教学工作提供资助。 —— 名称与目的

2. 本基金的第一项支出为提供纳皮尔·肖图书馆的维护费用。 —— 本基金的使用

3. 根据第 2 条的规定向纳皮尔·肖图书馆提供维护费用以后,本基金的剩余收入在卡文迪什教授的随时决定下用于:

（a）向在卡文迪什实验室从事气象物理学研究工作的贫困研究生提供赞助;

（b）支付在卡文迪什实验室召开的小型科学会议的费用和在卡文迪什实验室工作的人员参加在剑桥大学以外举办的类似会议的费用;

（c）促进卡文迪什实验室在气象物理学方面的教学和研究工作。

乔治·尼尔森爵士应用力学奖

1. 英国电气有限公司的捐赠应构成一项基金,其收入应当用来提供一个奖项,称为乔治·尼尔森爵士应用力学奖。 —— 名称

2. 根据第 3 条的规定,本奖应当每年由工程学荣誉学位考试第二部分 B 的考官授予在此次考试中的应用力学方面表现最优异的候选人。 —— 如何授予

3. 如果在任何一年中,没有候选人被认为应当获得本奖项,则该年度的基金收入应当增加到基金的本金之中。 —— 如未能授出

4. 在经听取工程学学部委员会的建议后,本大学可随时修改本规章的规定,但基金的收入应当始终用来促进应用力学的研究。 —— 规则的修正

艾萨克·牛顿基金和奖学金

1904 年《捐赠》,第 353—355 页

—— 章程 E,第二十五章

1. 艾萨克·牛顿基金应当通过设立一项或多项艾萨克·牛顿奖学金,促进在天文学科(尤其是引力天文学,同时也包括天文学和天文物理学的其他分支学科)的前沿学习和研究,以及那些在推选人看来与天文学或天文技术有直接关系的物理光学的分支学科。 —— 基金目的

受托人　　2. 本基金的受托人是三一学院院长、教师和学生。受托人有权随时将信托基金或者其中任何部分转换为货币，有权将信托基金部分或者全部再投资于其他任何的股票、基金和证券，无论向这些股票、基金和证券等的投资是否通常可以由受托人决定，只要信托基金的收入不少于现有的数量；并且受托人不对上述自行决定权的运作中可能产生的任何损失负责。

两项奖学金　　3. 基金的收入主要用于向一名或多名学生（称为艾萨克·牛顿学生）提供培养，该学生的职责是投身于天文学（尤其并且包括前述的学科）的学习和研究以及上述的物理光学的学习和研究。

获奖资格　　4. 该项奖学金应该开放给任何大学的研究生。候选者通常应是26岁以下，以选拔前的1月1日为界。如果非本大学的学生获奖，则他或者她一获机会就应该获得本大学的成员资格。

推选人　　5. 本奖学金的推选人应该是由校务理事会任命的两名本大学教授、一名由数学学部委员会任命的摄政院成员、两名由物理和化学学部委员会任命的摄政院成员。应当在米迦勒学期中期以前任命推选人，任职至翌年的9月30日，最长不得超过第三年的9月30日。每年应当举行一次以推选为目的的推选人会议。三名推选人为有效的法定人数。应当在米迦勒学期末之前公布评选的通知，候选人应当向教务长寄送他们的申请书、资历证书和其他关于他们资格的证明以及他们申请的其认为适合的学习或者研究的课程，到达教务长处的时间不得晚于四旬斋学期中期。选拔的通告中应当包括"那些在推选人看来与天文学和天文技术有直接关系的物理光学的分支学科"意义范围内的学科名录。

6. 推选人可采取其认为合适的措施来确定候选人们的智识条件，来确定一名候选人如果被选中，将会真诚地和以相应的勤勉来承担依据这些规章的学习和研究的前景。

获奖学生职责　　7. 在奖学金的持续期间内，获奖学生的职责是承担上述其申请或者经推选人批准的课程的学习和研究，除非该课程在极其特殊的情况下改变或者根据推选人的同意而调整。其学习和研究的课程应当在居住于剑桥大学的条件下或者其他经推选人确定的条件下进行，但在特殊情况下，推选人可规定或者批准其在其他地点进行相同的学习和研究并遵从其认为恰当的任何条件。

推选人可以允许一名学生在一个确定的期限内在剑桥大学外进行无薪学习，暂时中断他或她的获奖学生资格，亦可以允许该学生在返回后带薪完成他或她的学业。

选拔　　8. 选拔会议应当在每年复活节学期结束前的第二个星期举行，且通常应当选拔一个学生，奖学金持续期间始于同年的10月1日，最多可达三年。

在任何时候,基金状况允许的情况下,受托人可授权推选人选拔额外的一名学生或者额外的一名可保有三年获奖学生资格的学生,或者额外延长任何一个在推选人看来通过勤勉成功进行他或她的学习和研究课程的够格的学生,但是任何学生都不能连续地拥有获奖学生资格超过三年。

如果存在额外的奖学金名额,其选拔也应该在年度选拔中做出。但是在任何一年,不论空缺的数目是多少,如果在推选人看来没有合适的候选人,推选人可以不进行任何选拔。如果其认为合适的话,推选人可以推迟一项选拔至随后的推选会议。

9. 获奖学生的年度薪金为推选人在校务理事会随时批准的范围内决定的数额,如果本基金的收入在支付了基金的管理费用以及支付给推选人的所有费用后可以负担这样的费用,奖金应该在学生和学科的选拔结束后立即以半年等额分期付款的形式支付给学生,以便学生勤勉地从事其学习和研究。但是尽管如此,如果因疾病或者其他重大原因,学生停止进行学习和研究,推选人应该综合考虑各种因素,自行决定是否对学生半年的学习和研究支付全年的薪金。 _{薪金}

如果该基金的收入足以负担,推选人可以额外授予一项不超过校务理事会随时批准范围数额的赞助,以支持学生在学习和研究的过程中产生的学费、书本费或者其他费用。该项赞助应该以半年等额分期形式支付,每次支付应当依据学生提交的经推选人许可的陈述。

10. 如果在推选人看来某位学生未能勤勉地从事其学习和研究,他们可以因此连续扣发其两个半年的奖学金款项,推选人还应从该两个半年的终止日起取消该学生的奖学金资格。 _{学生可能被取消资格}

11. 受托人有权积累该基金收入中不用于支付上述费用和支付给推选人和学生的款项的剩余部分,以及做出他们认为适合的临时性投资,也有权自行决定使用上述盈余收入、积累和任何因此产生的利息如下(但该基金的收入始终不应当被任何这样的使用减少以至于无法足额支付上述费用以及给予推选人和学生的款项): _{暂记基金}

(a)为了支付全额的奖学金的目的而弥补该基金的短缺;

(b)提供上文所述的任何额外的奖学金或延长的奖学金;

(c)根据推选人的推荐采购学生在学习和研究他的或她的课程中所需的任何仪器或者器具,但这些仪器或者器具应当作为信托财产,应当留待推选人的任意使用,任何此类仪器或者器具出卖的所得应当被返还至本基金并且作为收入;

(d)支付与任何学生的学习或研究的课程相关的任何类似推荐的临时经费;

(e) 通过增加基金本金的方式作出投资,以按要求提供一个充足的收入来满足全额的向推选人和学生支付的款项。

艾萨克·牛顿研究所基金

名称　　1. 为艾萨克·牛顿数学科学研究院的利益的而从艾萨克·牛顿信托的受托人处收到的总额为100万英镑的资金,连同其他为同一目的而获得的其他款项,应当成立一项基金,称为艾萨克·牛顿研究所基金。

基金收入的使用　　2. 该基金的收入应当在艾萨克·牛顿研究所管理委员会的决定下,按照学部总委员会批准的方式,用于支持研究所及其活动。

未使用的收入　　3. 在一个财政年度内的任何未使用收入,经研究所管理委员会决定,或可增加到本基金的本金之中,或积累以作为来年收入之用。

吴茂生奖

基金　　1. 为了纪念剑桥大学前汉学讲师吴茂生而捐赠的资金应当成立一项基金,称为吴茂生奖基金,该基金的收入用于提供一项汉学研究奖。

奖项　　2. 本奖项应该每年由东方研究荣誉学位考试第一部分的考官授予此次考试中对汉学研究有突出成就的候选人。

　　3. 奖项的金额不应超过基金的可用收入,为亚洲和中东研究学部委员会在校务理事会随时批准的范围内决定的数额。

　　4. 倘若在任何一年中本奖未能授出,则此年的收入应当增加到基金的本金之中。

R.A.尼科尔森基金

章程E,第四十四章

名称及目的　　1. R.A.尼科尔森奖每年由获得任命的东方研究荣誉学位考试第二部分的考官颁发给在此次考试中的阿拉伯语和波斯语或者其中之一有突出表现的候选人,优先考虑在两门语言上均有突出表现的候选人。

价值　　2. 奖项的价值为亚洲和中东研究学部委员会在校务理事会批准的范围内决定的金额。

未使用收入　　3. 任何在基金中积累的未使用收入应由亚洲和中亚研究学部委员会为了实现本大学在阿拉伯语或者波斯语或者该两门语言上的前沿研究的目的而加以使用。

拉夫尔·诺布尔奖

1. 为了纪念其丈夫、国王学院的拉夫尔·阿特斯坦·诺布尔,由拉夫尔·诺布尔夫人及其家人捐赠的款项,应构成一项基金,称为拉夫尔·诺布尔基金,该基金的收入每年提供三个拉夫尔·诺布尔奖。

2. 本奖项应由医学博士学位委员会授予如下的医学博士论文:

(a) 一个或多个奖项可以授予任何下列领域的学位论文:精神病学、心理医学、神经病学;

(b) 一个或多个奖项可以授予临床性质的学位论文题目,优先授予以心理医学为主题的论文。

3. 每个奖项的金额应为基金年度收入的三分之一。

4. 如果在任何一年授予的奖项少于三个,则未使用的收入应增加到基金的本金之中。

基金和奖项

如何授予

价值

未使用收入

A. D. 诺克基金

大学于1963年接受并在1963年7月24日的《通讯》中宣布的来自阿瑟·达拜·诺克——文学硕士、克莱尔学院院士(1923—1930)、大学古典文学讲师(1926—1930)、从1930年至其逝世的1963年1月11日担任哈佛大学宗教历史弗洛廷翰教授——遗赠的基金,即现在所称的诺克基金,其收入应当由图书馆委员会为了给大学图书馆购买新书或新近的外国书籍的目的而合理使用。

罗纳德·诺里什基金

1. 《光化学反应动力学》(该书版权由作者和编者授权给了前物理化学系)销售所得的版税,应构成一项基金,名为罗纳德·诺里什基金。该基金的收入应当用于提供一项年度奖项,授予一名在物理化学方面有突出表现的本大学学生。

2. 本奖称为罗纳德·诺里什物理化学奖,应由化学系主任基于物理化学教授的推荐授予在自然科学荣誉学位考试第三部分中的物理化学科目上表现优异的候选人。

基金

奖项

章程 E，第十九章

诺 里 斯 奖

1904 年《捐赠》，第 112 页

奖项　　1. 诺里斯奖应当每年颁发给一篇不少于 10000 字但不超过 25000 字的以基督教教义或系统神学为主题的论文。

谁有资格申请　　2. 本奖应开放给所有的大学毕业生以及所有姓名登记在研究生名册上的人，只要在按要求提交论文的最后一天，距其首次获得学位的时间——不论本大学或其他大学的学位——不超过 13 年，但曾经获奖者无资格再次参与竞争。

奖项评审人　　3. 本奖应当由三名评审人进行裁断，分别为诺里斯—哈尔瑟神学教授和两名经神学学部委员会提名、由学部总委员会在四旬斋学期中期以前任命的摄政院成员，任职至翌年的四旬斋学期中期。除非没有论文提交，否则每名获得任命的评审人均可获得一笔来自诺里斯基金的薪金，其数额由神学学部委员会在校务理事会随时批准的范围内加以决定。

论文主题　　4. 每名候选人务必在四旬斋学期中期以前向剑桥大学教务长提交其论文的拟议主题。教务长应将此论文主题传达给评审人，并在四旬斋学期的最后一天前告知候选人其选题是否获得批准的情况。

　　5. 候选人应当向剑桥大学教务长提交其论文，并应确保其到达教务长处的时间不晚于 12 月 19 日。

价值　　6. 奖项的价值为神学学部委员会在校务理事会随时批准范围内决定的金额。

获奖者的义务　　7. 获奖者应当向大学图书馆留存一份其论文打印版或印刷版的副本。

北卡罗来纳州立大学基金

名称及目的　　1. 从北卡罗来纳州立大学工程学院所获得的总额为 250 英镑的捐赠，应成立一项基金，称为北卡罗来纳州立大学奖基金，用于提供一项北卡罗来纳州立大学奖。

价值　　2. 本奖项的价值为基金的年度收入。

如何授予　　3. 本奖项应该每年由化学工程荣誉学位考试第二部分 B 的考官颁发给在此次考试的理论研究或实验研究的原创性项目工作中表现杰出的候选人。但本奖项不得授予给已获得 T.R.C. 福克斯奖的候选人。

萨拉·诺顿奖

1. 由马萨诸塞州波士顿市已故的萨拉·诺顿遗赠给大学的5000美元，应构成一项基金，该基金的收入应当用来提供两项萨拉·诺顿奖，每年颁发给以美利坚合众国政治历史为主题的优秀论文。本奖设一项高级奖和一项初级奖。 —— 名称及目的

2. 高级奖应授予美利坚合众国政治历史方面的最佳论文。该奖项应当开放给在颁奖前一年已经经研究生教育委员会同意授予博士学位的大学任何成员，但提交申请奖项的论文不能是此前已提交过的论文，但如果该研究生候选人对论文进行了实质性修改，则可以。 —— 有资格获得者

3. 高级奖的通告应由剑桥大学教务长在每年四旬斋学期结束前发布。 —— 通告

4. 高级奖应由历史学学部委员会在每年四旬斋学期前指定的三名评审人颁发。每个评审人可从基金收入中获得一笔收入，具体金额为学部委员会在校务理事会随时批准范围内确定的数额，除非该年没有论文提交。 —— 评审人

5. 申请高级奖的候选人应向教务长提交他或她的论文的拟议主题，到达教务长处的时间不得迟于5月31日。教务长应将该主题提交给评审人进行批准；评审人有权修改或拒绝任何提议主题，并应将其决定在6月30日前传达给每名候选人。 —— 主题的批准

6. 一篇提议主题经评审人批准的申请高级奖的论文应向教务长提交，其到达教务长处的时间不得晚于米迦勒学期的最后一天。 —— 论文的提交

7. 初级奖应当由历史学荣誉学位考试第二部分的考官颁发给在此次考试中提交美国政治历史方面论文的候选人。

8. 本奖的价值应不超过历史学学部委员会在校务理事会随时批准范围内确定的基金的可用收入。 —— 价值

9. 任何未使用的基金积累收入，可在历史学学部委员会自主决定下，依其认为合适的条件和方式，用于提供赞助，以促进对美利坚合众国政治历史的深入研究。 —— 未使用收入

商法诺顿·罗斯奖

1. 诺顿·罗斯每年提供的可用金额应当用来提供一个奖项，称为商法诺顿·罗斯奖。

2. 本奖应由法学荣誉学位考试的考官授予在该考试第二部分的商法方面表现优秀的候选人，但他或者她应已经达到该学科的一流标准。 —— 如何授予

查尔斯·欧汉姆奖学金

古典学奖学金

名称　　1. 应当设立一个查尔斯·欧汉姆古典学奖学金,该奖学金的获得者应当根据古典学学部委员会批准的一项计划承担与某位或者某些经典作家相关的高级学习或研究。

谁有资格　2. 该奖学金应当开放给所有本大学的注册研究生,但截止到选拔日,距离其被接纳为研究生后的学期,不得少于两个完整的学期。

奖学金推选人　3. 奖学金的推选人应当是古典学学部委员会,其可采取他们认为适当的步骤去调查候选人的资格;但奖学金不应基于竞争性考试的结果而授予。

奖学金申请　4. 在每年复活节学期中期以前,学部委员会应当发布公告,公布以何种方式提交奖学金的申请以及奖学金申请提交的截止日期。奖学金的评选应当在米迦勒学期中的某一天举行,具体时间由学部委员会决定。

奖学金持续期间　5. 本奖学金的持续期间从选拔日起至翌年9月30日止。奖学金获得者可连选连任,但不得超过两次。

奖金　　6. 欧汉姆遗赠的年度纯收入的一半应当用来支付给查尔斯·欧汉姆古典学奖学金。奖学金的奖金应是由学部委员会在校务理事会随时批准范围内决定的、不超过基金可用收入的数额。奖金应按照委员会随时决定的分期付款的形式进行支付,但如奖学金获得者未能以足够的勤勉从事其研究,则委员会可终止任何一期的奖学金分期付款。

未使用的收入　7. 未使用的收入应被视为基金的积累,并应按照学部委员会随时决定的方式用于促进古典学的学习或研究之目的。

8. 学部委员会可将与奖学金有关的职能委托给一个不必须全由学部委员会成员组成的委员会。

莎士比亚奖学金

名称　　1. 应设立一个查尔斯·欧汉姆莎士比亚奖学金,该奖学金应颁发给威廉·莎士比亚作品的博学者。

价值　　2. 欧汉姆遗赠的年度纯收入的一半应该用来支付给查尔斯·欧汉姆莎士比亚奖学金。奖学金的年度价值为英语学部委员会在由校务理事会随时批准范围内确定的金额。

奖学金选拔时间　3. 奖学金的选拔工作应交由英语学部委员会,并应在每年7月最后一天以前举行奖学金选拔。

4. 奖学金获得者应按照要求承担与英国文学相关的深入研究。

5. 本奖学金的期限为一年,从选拔后的 10 月 1 日开始计算,但获奖者连选连任不得超过两次。 期限

6. 委员会可采取其认为合适的措施调查候选人的资格以及他们对莎士比亚作品的了解程度;但是奖学金不得基于竞争性考试的结果而授予。 禁止竞争性考试

7. 本奖学金应对下列人员开放: 谁有资格申请
（a）本大学（处于被监护地位）的成员,或
（b）已是或将要注册成为本大学研究生的人员。

8. 学部委员会应当在每年的米迦勒学期结束以前公布申请书提交的方式和截止日期。 奖学金申请

9. 奖学金获得者应在奖学金持续期结束时就奖学金持续期间所展开的工作提交一份报告。 报告

10. 学部委员会可从基金积累的任何未使用收入中,向研究生提供赞助,以满足其进行英语文学研究的花费。 赞助

11. 学部委员会可将与奖学金有关的职能委托给一个不必全由学部委员会成员组成的委员会。

欧内斯特·奥本海默基金

1. 从罗卡纳有限公司、恩昌联合铜矿有限公司以及罗得西亚布·洛肯希尔发展有限公司获得的捐赠,应构成一项基金,称为欧内斯特·奥本海默基金。 名称

2. 该基金的收入应以本大学认为最合适促进表面化学与胶体科学知识提高的方式,始终用于支持这些学科的教学和研究工作。 目的

欧内斯特·奥本海默基金管理委员会

1. 应当成立一个包含下列人员的欧内斯特·奥本海默基金管理委员会:
（a）主席,由学部总委员会经咨询自然科学院理事会后任命;
（b）两名由学部总委员会任命的人员;
（c）两名由自然科学学院理事会任命的人员;
（d）两名由生物科学学院理事会任命的人员;
（e）一名由技术学院理事会任命的人员。

2. 委员会成员应在学部总委员会决定的期间内任职。

3. 自然科学学院秘书应当任管理委员会的秘书。

4. 受校务理事会和学部总委员会职权管制,管理委员会的职责包括管理欧内斯特·奥本海默基金的收入,以支持表面化学和胶体科学的教学和研究,包括冶金反应的应用。

奥德旅行基金

名称和目的

1. 为了表彰国王学院院士、前剑桥大学音乐和风琴讲师、牧歌协会创始人并担任协会合唱指挥家38年的博里斯·奥德的成就,由剑桥大学牧歌协会委员会于1959年向大学捐赠的款项,应构成一项基金,称为奥德旅行基金。该基金的收入应当用于提供赞助,以协助从事音乐的学生在欧洲和处于非洲与亚洲的地中海国家旅行,或在其他特殊情况下,使他们能够增加在音乐艺术与实践上的兴趣和理解,并为同一目的提高其语言知识。

有资格申请者

2. 本大学的所有成员均有资格获得基金的赞助,但是他或她应至少花了两个完整的学期来从事音乐荣誉学位考试某一部分的学习,并且距离其入住本大学的第一学期不超过12个完整学期。

授奖者

3. 授奖者应是音乐学部委员会。

授奖的公告

4. 在每年的米迦勒学期中期前,教务长应发布公告,以邀请候选人申请基金赞助。

赞助的申请

5. 附有拟议旅行简短说明的赞助申请,必须通过候选人的导师提交给教务长,到达教务长处的时间不得迟于四旬斋学期的中期。

授予

6. 赞助应在不迟于完整四旬斋学期的最后一天授予,在向财务主管申请后方可支付。

赞助获得者的职责

7. 在旅行结束的学期或者假期之后的下一个学期中期以前,每名赞助获得者应当通过音乐学部委员会秘书向授奖者提交一份他或她旅行的简短报告。

罗宾·奥尔讲师

基金

1. 为纪念音乐博士、音乐学院名誉退休教授、圣约翰和彭布罗克学院名誉退休研究员罗伯特·凯姆斯利·奥尔而收到的捐赠款项,应构成一项基金,称为罗宾·奥尔讲师基金。

讲座

2. 罗宾·奥尔讲师应当由音乐学部委员会随时任命。该讲师的职责是在四旬斋学期期间在大学举办一场以一般性音乐兴趣为主题的讲座。

薪金

3. 讲师的薪金为学部委员会在校务理事会随时批准范围内从基金的收入中决定的金额。此外,学部委员会可从基金的年度收入或者已积累的基金收入中酌情支付讲师产生的费用或任何因举办讲座而发生的其他费用。

多萝西娅·奥新斯基基金

1. 由多萝西娅·奥新斯基博士为大学图书馆目的而捐赠的款项应当构成一项基金，称为多萝西娅·奥新斯基基金。该基金的本金和收入应在图书馆委员会的决定下用于其认为合适的与大学图书馆相关的目的。 基金和目的

2. 图书馆委员会在行使其自由裁量权时应注意到捐赠人的愿望，即基金应当用于购置中世纪手稿或用于推动中世纪史研究的进步。 捐赠者的愿望

3. 从基金支付的所有款项应冠以多萝西娅·奥新斯基的名称。 纪念捐赠者

儿科基金

1. 应设立一个名为儿科基金的基金，该基金应包括由艾达·甘迪夫人遗赠给大学的款项以及从其他来源获得的可能会随时加入基金中的更多款项。 基金名称

2. 基金的经理应是儿科教授和在阿登布鲁克医院就职的儿科会诊医生。临床医学学院的秘书或其代理人应担任基金经理秘书。 基金经理

3. 该基金的收入，连同任何超过 100 英镑的本金，应当用来提供赞助，以促进剑桥大学儿科的教学和研究工作。 目的

4. 任何在儿科医学领域工作的人在任何时候均可向基金经理秘书提出申请，以获得基金的赞助。超过 1000 英镑的赞助，应当取得所有基金经理的会议决议或者书面同意，不超过 1000 英镑的赞助，有大多数经理的经会议记录或书面取得的同意即可。 申请

儿 科 奖

1. 每年由牛栏有限公司、费森斯有限公司和法玛西亚＆阿普约恩有限公司提供的可用款项，应用来提供儿科年度奖。 奖项

2. 奖项的名称应是牛栏儿科奖、费森斯奖儿科奖和法玛西亚＆阿普约恩儿科奖。 名称

3. 该奖应对大学的所有成员开放，该成员应在剑桥大学从事他或者她的临床研究，并且是医学硕士期末考试的候选人。已被授予该奖的人无再次申请同一奖项的资格。 有资格获得者

4. 本奖项的授予者为儿科教授和由学部总委员会经临床医学学部委员 如何授予

会提名、在米迦勒学期为每一奖项分别任命的两名推选人。每名获奖者的姓名应由儿科教授向奖项捐赠者通报。

牛栏奖和费森斯奖

通告　　5. 牛栏奖和费森斯奖应当分别颁发给某一儿科领域的最佳注释病历或个案研究。在每年米迦勒学期,儿科教授应公布次年将要授予奖项的公告,载明每项奖项的价值以及将要提交的病历或者研究的格式的细节,可能构成这些提交作品的基础的儿科特定领域,以及他们应该向谁提交以及提交的截止日期。

法玛西亚 & 阿普约恩奖

6. 法玛西亚 & 阿普约恩奖应当颁发给在医学学士期末考试第三部分经批准的儿科临床操作教学课程中总体表现最优秀者。

苏奇·佩恩基金

名称和目的　　1. 为纪念其妻子、克莱尔与格顿学院大学经济学讲师苏珊娜·海伦·佩恩,由 C.C.佩恩先生捐赠的款项,应构成一项基金,称为苏奇·佩恩基金,旨在促进政治经济学方面的研究。

经理　　2. 基金经理应是经济学学部委员会,其可将其根据这些规则享有的职权部分或全部地委托给一个并非全由经济学学部委员会成员组成的委员会。

旅行赞助　　3. 经理可从基金的收入中向大学成员中将要或者想要成为经济学荣誉学位考试候选人的成员,以及那些在大学里从事政治经济学领域前沿学习或研究的毕业生提供赞助,以帮助他们支付与研究相关的去往亚洲或者在亚洲的旅行费用,或者支付其他在与亚洲相关的研究过程中产生的费用。

帕克—戴维斯生物医学科学交换奖学金

基金和目的　　1. 华纳—兰伯特公司为支持一个帕克—戴维斯生物医学科学交换奖学金而赠予学校的 40 万美元,应当成立一项基金,称为帕克—戴维斯生物医学科学交换奖学金基金。该基金的收入应当用来提供一项帕克—戴维斯生物医学科学交换奖学金,其应开放给在剑桥或者美利坚合众国或者加拿大工作的生物医学科学家。

经理　　2. 本基金的管理以及研究员的推选,均应由一个经理委员会负责,其组成为：

(a) 皇家医学教授，由其担任主席；

(b) 药理学系主任；

(c) 一名由生物学学部委员会任命的人员；

(d) 一名由临床医学学部委员会任命的人员；

(e) 一名由华纳—兰伯特公司任命的人员。

列入(c)、(d)和(e)项的经理应在米迦勒学期进行任命，从其任命后的1月1日起任职四年。生物科学学院的秘书担任经理秘书。

3. 如候选人具有足够的能力，经理应该每年选拔一名或多名研究员。奖学金的目的在于使在剑桥大学工作的人可以访问经经理批准的美国或加拿大的研究所，以及使在该两国工作的人可访问剑桥大学的研究所或和剑桥大学相关的医学研究所（或其他与之相当的研究所）。来自剑桥大学的研究员须是在剑桥大学或者该大学某个医学研究所工作的生物医学科学家；研究生有资格当选。来自美国或加拿大的研究员须是获得这些国家某所大学任命的生物医学科学家。 交换奖学金

4. 经理委员会须征求生物学和临床医学学部委员会对于帕克—戴维斯生物医学科学交换奖学金候选人资格的提名，并且一旦决定，则经理委员会应为奖学金做一定的宣传。经理应该优先考虑任命资历较浅的候选人（包括研究生）。

5. 交换奖学金的持续期间不得超过一年且不得延期。 持续期间

6. 除非经经理成员至少三人或多数通过，取二者中较大者，否则经理的任何决议均为无效。 法定人数

7. 任何未使用收入，或可加入到基金的本金之中，或可累积以作为未来年度收入，由经理决定。 未使用收入

克莱夫·帕里国际法奖基金

1. 从剑桥大学的美国校友处获得的资金应当用来成立一项基金，称为克莱夫·帕里国际法奖基金。 基金

2. 该项基金的收入应当用来提供克莱夫·帕里奖，如下：

(a) 一个奖项由法学荣誉学位考试第一部分B的考官颁发给在此次考试第一部分B的国际法方面表现杰出者；

(b) 一个奖项由法学硕士学位考试的考官颁发给在国际法方面（在学部委员会指定的国际法科目的至少三个学科中）的表现杰出者。

(c) 一个奖项由法学硕士学位考试的考官颁发给大不列颠群岛外的大

学本科毕业生，该学生至少已从事学部委员会指定的国际法科目中三个学科的学习，且在考虑了语言方面的任何不足之后，其在考试中的表现在考官看来尤为值得称赞。

价值　　3. 每一奖项的价值为法学学部委员会在校务理事会随时批准的范围内确定的金额。

赞助　　4. 在提供克莱夫·帕里奖后，基金每年的收入也可用于向已通过了国际法考试并希望继续从事国际法方面某些学科学习的、法学硕士考试的候选人提供赞助。这些赞助应经由韦维尔教授和两名由法学学部委员会任命的人员组成的委员会决定。

5. 任何未使用的年度收入应增加到基金的本金之中。

特斯里·帕里纪念基金

基金名称　　1. 恩菲斯·莫里斯·查普曼夫人赠予学校的1万美元，应当建立一项基金，称为特斯里·帕里纪念基金。

经理　　2. 基金经理应是病理学教授、血液学教授、一名由临床医学学部委员会提名的血液学者顾问，以及恩菲斯·莫里斯·查普曼夫人或者由其任命的代理人。

目的　　3. 本基金的收入应当以经理随时确定的方式，用于促进大学关于血液疾病尤其是贫血方面的研究。

规章的修改　　4. 上述规章可经由动议在经理建议的基础上进行修改，但没有恩菲斯·莫里斯·查普曼夫人或其代理人的同意，不得进行任何修改。

帕森汉姆基金和奖项

基金　　1. 本大学收到的特勒门希勒·约翰·帕森汉姆遗嘱项下的资金应当独立进行投资，且应建立一项基金，称为帕森汉姆基金。

奖项　　2. 应设立一个名为帕森汉姆奖的奖项，该奖项应每年由实验心理学系主任颁发给这样一名学生：在其看来，该生作为自然科学荣誉学位考试第二部分的候选人，在心理学或者同时在心理学和生理学上，在当年已做出了足够出色的工作；或者作为研究生，在实验心理学系经注册为哲学博士或者理科硕士的候选人，在当年已做出足够出色的工作；但本奖项不得颁发给任何已获奖的学生。

价值　　3. 本奖项由等同于基金年度收入价值的书籍构成。如果某一年该奖项未能授出，则基金当年的收入应当用于为实验心理学系图书馆购买图书。

病理学系百周年纪念基金和奖学金

1. 在 1984 年举行的病理学系百周年纪念大会之际募集的资金应构成一项基金,称为病理学系百周年纪念基金。

2. 基金经理组成为:

(a) 病理学系主任;

(b) 两名由生物学学部委员会任命的病理学系大学职员。

列入(b)项的经理应该在米迦勒学期任命,从其任命后的 1 月 1 日起任职四年。由生物科学学院的秘书担任经理秘书。

3. 基金收入应当在经理的自主决定下随时用于提供一项奖学金,称为病理学系百周年纪念奖学金,该奖学金获得者应从事病理学方面的独创性研究。任何因奖学金空缺而累积的基金收入,均应由增加到基金的本金之中或者作为额外收入而保留,由经理决定。

4. 经理应当发布其打算进行选拔的适当通告。

5. 经理可选拔任何一个他们认为合适的人获得奖学金。被选中的学生,如果不具有剑桥大学成员身份,则应在领取奖学金时获得此身份。

6. 该奖学金的持续期间应是由经理在每次选拔时确定的期间。

7. 奖学金价值为经理在校务理事会随时批准的范围内确定的金额。

病理学捐赠基金

病理学捐赠基金的收入应当用于病理学系的利益之目的。

病 理 学 奖

1. 为纪念格雷厄姆·P.麦考莱博士、马克斯·巴雷特博士以及富尔顿·罗伯茨博士,从一位匿名捐赠者处获得的总额为 175 英镑的捐赠,应当构成一项基金,称为病理学奖基金。

2. 该基金的本金以及收入应当由病理学教授自行支配,在其绝对自由裁决下,用于向在自然科学荣誉学位考试第二部分的病理学科目中表现突出者颁发奖项。

3. 本奖项应包含提供赞助,以帮助奖项获得者出版其研究成果或开展与学术团体的交流。

4. 遵从捐赠者的意愿,每项被授予的奖项应该以所纪念的三个教授中其中一人的姓名进行命名,依据获奖者在研究工作上主要关注的病理学某一特定领域。如果所从事的研究工作侧重于实验病理学,则奖项应该命名为"格雷厄姆·麦考莱纪念奖";如果主要和病理解剖学相关,则奖项应该命名为"马克斯·巴雷特纪念奖";如果主要和免疫学相关,则奖项应该命名为"富尔顿·罗伯茨纪念奖"。

珀西瓦尔基金

基金　　1. 学校在1922年从斯宾塞·乔治·珀西瓦尔遗嘱项下获得并刊登于1922年5月16日《通讯》上的资金,应称为珀西瓦尔基金。

经理　　2. 基金的经理是费兹威廉博物馆委员会。

目的　　3. 基金收入由博物馆委员会适时用于购买文学作品、纪念品,或者19世纪以前剑桥大学杰出人物的画像,或者购买其他与珀西瓦尔藏品相同类别的艺术作品。

迈克尔·帕金斯基金

基金　　1. 从帕金斯牧师处获得的用于促进动物自然史研究的资金,应当成立一项基金,称为迈克尔·帕金斯基金。

经理　　2. 本基金收入的管理工作应当委托给动物系主任和另外两名经理,该两名经理由生物学学部委员会在米迦勒学期任命,从其任命后的1月1日起任职五年。经理的所有职权可由出席经理会议的大多数成员行使,但是至少应有两名经理出席。

收入的使用　　3. 基金的收入应当用于:
(a) 提供一位讲师的费用,称为迈克尔·帕金斯讲师;
(b) 由经理决定并应符合其认为合适的条件,通过颁发临时性的奖项或赞助,向大学的年轻研究生提供资金,以促进动物自然史的研究;
(c) 其他经由生物学学部委员会随时批准的类似目的。

讲师　　4. 迈克尔·帕金斯讲师应当由迈克尔·帕金斯基金的经理任命。该讲师的任职期限为一年,并应举办一场关于动物自然史的独创性调查或解释方面的讲座,其讲座主题应获得经理批准。

菲利普王子奖学金基金

名称和目的　　1. 剑桥大学香港校友捐赠的款项应当构成一项基金,称为菲利普王子奖学金基金。基金的收入应当用于向拥有中华人民共和国香港特别行政区或台湾地区永久性居留权的学生、居民或者普通民众提供奖学金，以使他们能够获得剑桥大学录取而成为其中一员，并通过后面课程的学习获得剑桥大学学位或者其他剑桥大学的资格证书。

2. 基金应由下列人员组成的经理委员会进行管理： 　　　　经理
（a）校长，或者经其正式任命的代理人；
（b）校务理事会任命的两人；
（c）剑桥大学香港校友会任命的三人。
列入(b)和(c)项中的经理应当在米迦勒学期进行任命，他们应从其任命后的1月1日起任职三年。

3. 本基金的第一笔支出应当用来提供菲利普王子奖学金，对象是那些　　奖学金
打算获得本科学士学位的香港学生。只要候选人自身足够优秀，每年菲利普王子奖学金的获得者应当不少于三人。

4. 在不违反第1条和第3条的前提下，经理可将基金任何未使用的收　　研究生
入，向来自中华人民共和国香港特别行政区或者台湾地区的计划获得剑桥　　奖学金
大学研究生学位或其他资格证书的学生，提供菲利普王子研究生奖学金。

5. 菲利普王子奖学金应当由经理任命的选拔委员会授予。菲利普王子　　如何授
研究生奖学金应由经理授予。　　　　　　　　　　　　　　　　　　　　　　予

6. 菲利普王子奖学金和菲利普王子研究生奖学金的金额应由经理在考　　价值
虑奖学金获得者可资获得的其他资源后做出决定。

7. 在正常情况下，菲利普王子奖学金和菲利普王子研究生奖学金的持　　持续期间
续时间不超过三年，从选拔之日后的10月1日起开始计算。

贝尔塔·费尔伯茨爵士纪念基金

1. 本基金由格顿学院的成员和校友为了纪念大英帝国勋章爵士指挥官　　名称
贝尔塔·苏提斯·内瓦尔而捐赠，她结婚前的名字是贝尔塔·苏提斯·费尔伯茨爵士，因此本基金的名字是贝尔塔·费尔伯茨爵士纪念基金。

2. 基金的收入应当主要以奖学金的方式促进古北欧和冰岛的研究，每　　目的
年金额不少于50英镑，或者是提供赞助，包括路费赞助。奖学金和赞助不应通过竞争性的考试授予，而是应根据其开展高级研究或学习的能力进行评选，而这也是经理在每次选拔时必须遵循的原则。

3. 基金的经理应是斯堪的纳维亚研究基金的经理。　　　　　　　　　经理

4. 在米迦勒学期期间，剑桥大学教务长应发布公告，邀请学生来申请奖　　奖项的
学金或者赞助。　　　　　　　　　　　　　　　　　　　　　　　　　　　　公告

奖项的申请　5. 申请人应通过其导师在 6 月 1 日前将申请提交给剑桥大学教务长，同时应附带提交一份课程学习、研究或者申请人提议的旅行的陈述材料。经理应在 6 月底前颁发奖项。

用于其他目的的赞助　6. 在任何一年中，如果基金的收入在完成了基金的主要目标之后，仍然有盈余，则经理可提供赞助，以促进其他语言学、文学或者考古学的研究。

7. 这些条例可由动议进行更改，但唯一要保留的是基金的名称，必须称为贝尔塔·费尔伯茨爵士纪念基金。

《哲学杂志》基金

由位于伦敦瑞德里昂大院的梅瑟斯·泰勒和弗朗西斯有限公司捐赠的每年总额为 150 英镑的款项，应构成一项基金，称为《哲学杂志》基金，该基金应当根据卡文迪什教授的意见用于物理学系中的初级教学成员和研究人员的利益之目的，特别是涉及要出席在剑桥大学以外举行的科学会议的人员。

亚历山大·派克基金

基金　1. 为了纪念原建筑学讲师、圣约翰学院的亚历山大·托马斯·亨利·保罗·派克而捐赠的资金应构成一项基金，称为亚历山大·派克基金。

奖项：如何授予　2. 基金收入的第一笔支出是提供亚历山大·派克奖。奖项的评审人应当由建筑系主任和两名工作人员组成，这两名工作人员由建筑和艺术史学部委员会从建筑学毕业文凭考试的初试和复试的考官中推荐，并由校务理事会任命。奖项应当由评审人授予在建筑学毕业文凭考试的初试和复试中的候选人，在评审人看来，该候选人的学位论文主题能将哲学和实际建筑技术完美地结合起来。

价值　3. 奖项的奖金总额为评审人在校务理事会批准的范围内确定的数额。这笔款项中至少的一半必须拨出来用于购置书籍，并加盖本大学徽章。根据本条的规定购买书籍的申请应当依据购买奖励书籍规则通则的规定，提交至剑桥大学教务长处。

基金的第二笔支出　4. 提供奖金以后，基金收入的第二笔支出应当是提供一个亚历山大·派克奖学金，亚历山大·派克奖学金每年可由经理授予在建筑学毕业文凭考试的初试和复试中提交的学位论文被认为能将哲学和实际建筑技术完美地融合在一起的考生，并且该考生希望在该领域继续深造。本奖学金的金额应当由经理在校务理事会批准的范围内加以确定。

5. 任何未使用的收入应该增加到本基金的本金之中。

平森特—达尔文基金和学生奖学金

1. 由平森特夫人、霍拉斯爵士、尊敬的达尔文女士捐赠给大学的 5000 英镑和达尔文基金捐赠的资产（该基金由鲁斯·达尔文小姐 1929 年捐赠设立，并由其经理于 1959 年将其转移至本大学），应构成一项基金，称为平森特—达尔文基金。 名称

2. 本基金的收入应当用于提供一个名为平森特—达尔文的精神病理学奖学金，奖学金获得者应当就可能对精神缺陷、疾病或者失调产生影响的问题展开原创性的研究。 目的

3. 基金收入的管理须委托给 10 名经理，其组成为：皇家医学教授、病理学教授、实验心理学教授、精神病学教授、大学精神病理学讲师、一名由剑桥郡教育理事会任命的成员，以及四名任命的人员，其中一人由临床医学学部委员会任命，一人由生物学学部委员会任命，还有两人由经理自主任命。应当在米迦勒学期期间进行任命，从其任命之后的 1 月 1 日起任职四年。 经理

4. 除非通知了所有的经理开会并经出席会议成员至少三人的同意，否则经理的任何决议均为无效。 法定人数

5. 任何一年中基金的任何一部分未使用的收入均通过投资或者其他方式进行积累，并且任何一笔累积的收入在经理的酌情决定下并根据其认为合适的条件，应当用于： 未使用收入

（a）增加奖学金的金额；

（b）为有特殊目的的学生或者其他人士提供赞助；

（c）提供第二笔临时的奖学金；

（d）其他方式；

但本基金主要的目标始终不变，即促进任何一个可能会对精神缺陷、疾病或者失调产生影响的问题的研究。

6. 倘若有更多的捐赠提供给大学以用于相同或相似的目的，则本大学有权将这些捐赠增加到基金中，作为基金的本金或基金的累积收入。 另外的捐赠

7. 经理应当发布适当的通知，公布其打算举行选拔或从基金中提供赞助。 选拔通告

8. 奖学金的候选人资格应当是开放的，但是如果获奖学生不是本大学的一员，则其必须在评选结束后的一个学期结束前获得大学成员身份，并应在奖学金持续期间内保持这种身份。经理可采取其认为合适的步骤以确定候选人参加评选的资格。 有资格获得者

9. 奖学金的持续期间不得超过四年，由经理在选拔之日确定。首次获 持续期间

得奖学金持续时间少于四年的学生可再次参加评选，但学生持有奖学金的时间总共不得超过四年。

获奖学生的义务

10．获奖学生在获得奖学金期间，必须从事原创性的研究。他或者她在取得经理同意之后可进行教育工作或者其他工作。如果获得本奖学金的学生要在任何一本书、报纸或者其他刊物中发表在奖学金期间内的研究成果，在可行的情况下，应冠以"平森特—达尔文研究员"的称号。

11．研究工作必须在剑桥大学内进行，要在其他地方开展研究则必须取得经理的批准，必须遵循经理施加的条件。

12．经理可任命他们的任何一个成员或者其他人员去监督学生的工作，而且可用基金收入支付这些监督人员的酬金。

13．学生有义务就其每年所从事的工作书写一份声明，并提交给经理。

14．如果经理认为学生不能完成或不愿意完成奖学金设定的目标，不管出于什么原因，在适当情况下，他们有权剥夺该生的奖学金资格。

价值

15．本奖学金的价值为经理在校务理事会批准的范围内确定的数额，在每次其打算选拔前，经理均应发布选拔公告。奖金应该按季度提前支付给学生。

罗纳德·波颇维尔纪念基金

名称

1．为纪念罗纳德·乔治·波颇维尔——文科硕士、哲学博士，原大学挪威语讲师、克莱尔学院院士而捐赠的款项应构成一项基金，称为罗纳德·波颇维尔纪念基金。

目的

2．本基金的收入在现代和中世纪语言学学部委员会的酌情决定之下，应当用于促进剑桥大学斯堪的纳维亚语学习、教学或者研究之目的，通过诸如举办讲座或者研讨班、为学院图书馆购置图书，以及安排纪念活动，例如音乐会的方式加以使用。

3．基金的全部支出均必须冠以罗纳德·波颇维尔的名称。

波尔森基金和奖项

1904年《捐赠》，第121页

奖项

1．波尔森奖应当每年授予给将某位英语诗人的一组诗歌翻译成希腊文诗歌的最佳译者。本奖项的价值为古典学学部委员会在校务理事会批准的范围内确定的数额，

候选人范围

2．一名住校的本科生若自第一个居住学期至作品提交截止日不超过七

个完整的学期,则有资格成为本奖项的候选人。

3. 本奖项应由布朗勋章的考官授予,除非没有收到任何译文,其应收到来自波尔森基金收入的款项,金额为学部委员会在校务理事会批准的范围内确定的数额。 _{考官}

4. 在每年的6月1日当天或之前,考官应当发布有关比赛主题的通告,并且所有参赛的作品均应不迟于第二年的2月1日提交到剑桥大学教务长处。 _{主题通告与提交参赛作品的时间作品}

5. 每个候选人均须将他或她作品的三份副本提交到剑桥大学教务长处。作品须为印刷或打印版;作品须有题词但不应有候选人的姓名,并附一个外面有相同题词的密封信封,信封中应有候选人的名字和所在学院。 _{如何提交}

6. 奖金的支出和给考官的酬金应当是波尔森基金的第一笔支出。基金的第二笔支出应为提供一份或多份的波尔森奖学金。本基金积累的任何未使用收入,在古典学学部委员会的酌情决定之下,应当向促进古希腊和古罗马语言和文明的知识的研究提供赞助。 _{收入的使用}

大卫和爱莲·波特人权和治理基金

2008年7月16日第二号动议

1. 大卫和爱莲·波特基金会为设立一个人权和治理大学讲席而捐赠的200万英镑应构成一项基金,称为大卫和爱莲·波特人权和治理基金。 _{名称与目的}

2. 本基金的经理应当是社会与政治科学学部委员会,其可将其对本基金的任何职能授予一个并非所有成员均为学部委员会成员的委员会。 _{经理}

3. 基金收入的第一笔支出应为由本大学支付的讲师的薪水、国民保险、退休金缴纳款以及其他相关的间接费用。 _{讲师}

4. 在根据第3条的规定提供资金后,本基金的收入应当用来支持讲师的工作(或者支持该学院人权和治理的教学和研究工作),以经经理的推荐并获得学部总委员会同意的方式使用。

5. 在任何一个财政年度中,任何未使用的收入可以根据第4条的规定以供下一年度花费之用。 _{未使用收入}

6. 如果学部总委员会对社会与政治科学学部委员会提出的建议感到满意,即第3条有关资助讲师的规定已不再能提供合适有效的基金使用途径时,则本大学有权保留基金的本金和收入用于信托,以促进人权和治理的教学和研究。 _{基金的修正}

普棱德加斯特基金和奖学金

章程 E，第二十七章

1904 年《捐赠》，第 352—353 页

基金　　1. 普棱德加斯特基金应当致力于促进古希腊语言、文学、历史、哲学、考古学和艺术的学习和研究。

经理　　2. 本基金的经理应当是三一学院的院长、教师和学生。

奖学金　　3. 基金的收入应当首先用于提供一个普棱德加斯特奖学金。

4. 基于上述规定，本大学有权经由动议为实现基金的目标而订立规章，以及随时加以变更。

目的　　5. 根据古典学学部委员会批准的方案，获奖学生必须就第 1 条中所指定的一个或者多个课题进行深入学习和研究，该方案必须涉及一年中相当一部分时间不在剑桥大学进行的研究，但学部委员会在有很充分理由的特别情况下可降低此项要求。

有资格获得者　　6. 本奖学金应当对每一个注册为剑桥大学本科学生的人开放，只要自其被录取为剑桥大学本科生的那个学期至本奖学金评选日期已经过去不少于两个完整的学期。

推选人　　7. 奖学金的推选人应当是古典学学部委员会的成员，其可以采取其认为合适的步骤去调查候选人的资格；但本奖学金的授予不得以竞争性考试的结果作为依据。

申请　　8. 在每年的复活节学期来临前，古典学学部委员会应当发布公告，公布奖学金申请提交的时间。奖学金的评选活动应当在米迦勒学期举行，具体由学部委员会决定。

持续期间　　9. 奖学金应当从选拔之日持续到第二年的 9 月 30 日。一个学生连选连任的次数不得超过两次。

奖金　　10. 奖学金的奖金不得超过基金的可用收入，并且其总额为古典学学部委员会在校务理事会批准的范围内确定的数额。奖金应以学部委员会批准的分期付款数额进行支付，当学部委员会认为学生进行他或她的研究课程不够勤奋时，则其可终止对任何分期款项的支付。

未使用收入　　11. 本基金积累的任何未使用收入在学部委员会的酌情决定之下用来为促进上述的学习和研究提供赞助。

12. 学部委员会可将其对本基金的任何职能授予一个并非所有成员均为学部委员会成员的委员会。

A.J.普莱斯兰基金

1. 由已故的圣约翰学院文科硕士阿瑟·约翰·普莱斯兰捐赠给本大学的款项,应构成一项基金,称为A.J.普莱斯兰基金。 名称

2. 本基金的管理应当委托给语言中心管理委员会。 管理委员会

3. 本基金的收入应当用来提供现代语言的免费指导,主要对象是科学专业和医学专业的学生,并向出国留学的学生提供普莱斯兰生活费奖学金。本基金不少于20%的收入应当用作提供此项奖学金。 目的

4. 管理委员会的成员应当经自然科学学院、生物科学学院和技术学院提名,其应当谨慎运用普莱斯兰基金的收入。 收入的使用

5. 根据基金的可用收入,管理委员会应当安排一个或多个指导课程,每个学年至少举办一次,优先考虑暑假。 课程指导

6. 管理委员会应根据自然科学学院、生物科学学院和技术学院的需要,决定个别课程教授的语言。每门课程均应在其将要举办的那个学期或暑假的前一个学期来临以前在《通讯》上广而告之。为了保证课程能有效地进行,管理委员会有权限制课堂准入人数。 教授语言

归纳特·普莱提研究基金和学生奖学金

基　　金

1. 本信托基金的创立是为了纪念归纳特·普莱提小姐,所以命名为归纳特·普莱提研究基金,本基金应当致力于促进病因学和病理学的研究,并以特有的但并非唯一的方式提醒人们去研究那些使人在儿童时代或者生命早期就陷入瘫痪或者致残的疾病的疗法。 名称与目的

2. 本基金收入的管理工作应当委托给病理学教授和其他四名经理,即皇家医学教授、威廉·邓恩爵士生物化学教授、格顿学院的女院长,以及另外一名由经理依职权提名并经校务理事会在米迦勒学期任命的人员,此经理从其任命之后的1月1日起任职三年。 经理

3. 除非通知了所有的经理开会并经出席会议的至少三名经理同意,否则经理的任何决议均为无效。但,一份得到全部经理署名的决议与在会议上通过的决议具有同样的效力。 法定人数

4. 本信托基金的全部或者部分收入应当随时用于下列目的: 收入

(a) 提供一项名为归纳特·普莱提的奖学金,该奖学金的获得者应当从

事全职的病因学、病理学的研究和培训,以特有的但并非唯一的方式提醒人们去研究那些使人在儿童时代或者生命早期就陷入瘫痪或者致残的疾病的疗法;

（b）为促进病因学、病理学和疾病疗法的研究而提供赞助,支付此类研究的费用或支付购买此类研究所需的仪器或者材料的费用。

奖学金的暂停

5. 在任何时候,如果本基金没有足够的资金以有效地达成基金所设定的目标,则经理可合法地暂停奖学金的评选和第 4 条(b)中规定的其他支出,以积累收入。

6. 信托基金和保留基金可接受额外的资金或者有价证券以作为其额外的收入,而捐赠者的姓名可由动议纳入研究基金的名称作为其一部分。

学 生 奖 学 金

价值和持续期间

7. 奖学金的年度价值为经理随时确定的数额,其持续期间为三年。不能通过竞争性的考试授予本奖学金。

有资格获得者

8. 奖学金候选人资格是开放的,然而,假如不是大学成员,则他或她必须在评选活动之后的下一个学期结束前获得大学成员的身份,并且在奖学金持续期间内保持该身份。

空缺的通告

9. 在奖学金可能成为空缺的三个月前,或者一旦发生临时性空缺时,病理学教授必须同其他经理商议,如果看起来有必要继续进行奖学金的评选,病理学教授应当发布邀请申请奖学金的公告,并应向经理报告根据候选人资格条件提交申请的所有候选人名单。经理应当考虑教授的报告,从而从中选择他们认为最符合条件的候选人。

支付

10. 自学生获奖的那一天起,奖学金的收入应支付给学生,而且应该按照季度平均分期付款的方式进行提前支付。

研究性质

11. 学生研究的地点和类型必须得到病理学教授的同意,除非经理因为某些特殊的原因免除,否则,学生必须在投入到大学的研究中去。经理应当采用其认为合适的措施来确保学生的勤奋和进步使其感到满意,而若其认为有必要,则经理可要求学生就他或她研究的课题提交报告或其他信息。

12. 学生在获得奖学金的期间必须从事全职学习和研究的训练,不可系统地从事任何商业或职业活动,然而,在得到经理同意的情况下,他们可从事有限的教学或者演示活动从而获得报酬,而其奖学金不会遭到任何扣除,但这样的教学或者演示活动不得影响学生从事全职的学习和研究训练。

连选连任

13. 如果一名获奖学生的工作在经理看来明显是信托基金目标所在,具有特殊的前景,应继续持有奖学金,则其可以再次当选,任期不超过三年,在此期间应从事原创性研究。在这种情况下不应宣布奖学金空缺。

14. 连选连任的奖学金获得者在第二次奖学金期间内,在得到经理的同意后,可从事有限的教学或者演示活动从而获得报酬,而其奖学金不会遭到任何扣除,其前提是这样的教学或者演示活动不会影响学生的研究。学生在发表他或她在奖学金期间内进行研究所取得的成果时,在可行的情况下,应当冠以"归纳特·普莱提研究员"的称号。

15. 经理可在学生违反或未能履行本规章的规定时取消学生的奖学金。如果他们认为,出于任何其他原因,如证实健康欠佳、缺乏勤奋或道德败坏,该学生不履行或不可能履行本奖学基金设定的目标时,则经理可在他们认为合适的情况下取消该学生的奖学金。

普华永道经济学奖

1. 由普华永道会计师事务所每年提供的资金应构成一项名为普华永道经济学奖的奖学金。 〔奖学金〕

2. 本奖应由剑桥大学经济学荣誉学位考试的考官授予在此次考试第二部分 A 表现杰出者。 〔如何授予〕

亲王奖和瑟尔沃尔奖

1904 年《捐赠》,第 419—422 页

1. 构成亲王奖基金、瑟尔沃尔奖基金及历史论文奖基金的投资应形成一个单一的基金,称为亲王和瑟尔沃尔基金。 〔基金〕

2. 本基金的经理应是在历史学学部任教的教授。 〔经理〕

3. 本基金的收入的第一项支出应用于提供奖金给与原创性历史研究有关的学位论文。 〔奖金〕

4. 在偶数年授予亲王奖,奇数年授予瑟尔沃尔奖。每个奖项的价值不应超过基金收入的二分之一,由基金经理在校务理事会随时批准的范围内决定。

5. 本基金的收入的第二项支出应用于提供一枚铜质奖章,该铜质奖章应授予奖项的获得者。 〔奖章〕

6. 在上一个奖项授予的那个年度米迦勒学期结束之前,基金的经理应对奖项发布通告。 〔奖项通告〕

7. 该奖项对所有的大学毕业生以及所有在研究生注册簿上登记的人员开放,只要在指定的毕业论文提交截止日,其未满 30 岁。另外,候选人须未曾获得过亲王奖或瑟尔沃尔奖。 〔谁有资格〕

8. 每篇学位论文应由候选人自己选定主题并获得基金经理的认可。候选人应向剑桥大学教务长提交他们拟议主题的标题，不得迟于颁奖之前的那个学年的 5 月 15 日。剑桥大学教务长需向基金经理传达这些拟议的主题。

论文主题的通知

9. 每年的 5 月 15 日至 7 月 15 日之间，皇家近代史教授应召开一次基金经理会议，讨论提交上来的学位论文主题。会议最终应选拔出两个或更多人员（其中至少有一人须是基金经理）作为下一学年奖项的评审人。每名评审人可获得相应的报酬（此报酬将从基金中支付），数额相当于根据哲学博士、理科硕士和文学硕士学位规章向就学位论文给出报告并参加口试的评审人支付的费用。

10. 剑桥大学教务长应向每名候选人传达基金经理对他或她拟议主题的批准或拒绝情况。

提交论文的时间

11. 学位论文在长度上不得超过 10 万字。每篇论文应附带一份字数声明，论文须以印刷或打印的形式递交给剑桥大学教务长，并不得迟于 10 月 31 日。

12. 每一奖项的授予不得迟于 3 月 1 日。在宣布奖项的同时，评审人也可以对值得出版的其他候选人提交的论文进行表彰。

13. 胜出的候选人应向大学图书馆交存一份他或她的印刷版或打印版的论文副本。

储备基金

14. 所有本基金未使用的收入应存入到一个储备基金中，该储备基金可用于第 15 条所指定的用途。年末节余的储备基金收入均应计入下一年度的储备基金收入。

储备基金的使用

15. 经理有权在以下指定用途内使用储备基金：

(a) 用于赞助出版亲王奖和瑟尔沃尔奖获得者或奖项评审人推荐的作品。

(b) 提供一个或多个奖学金，名为亲王奖学金或瑟尔沃尔奖学金。该奖学金的获得者应致力于历史的原创性研究。该奖学金的推选人应是基金的经理，在他们打算着手进行推选的同时，应宣布提交申请日期和方式。该奖学金应对已经或将要注册成为本大学研究生的人员开放。奖学金最初可授予一年，每次能延长一年的时间，但最多不超过三年的期限。每个学生的奖金应由基金经理在校务理事会随时批准范围内决定。

(c) 赞助本大学的研究生或本大学毕业的从事历史研究的学生。

(d) 通过其他方式推进本大学的历史研究。

爱德华兹·S.皮埃尔基金

1. 从爱德华兹·施罗德·皮埃尔（1915—1932年担任剑桥大学艺术史莱德教授）的朋友和学生处收到的款项，构成一项信托基金，称为爱德华兹·S.皮埃尔基金。 _{基金}

2. 每年应有一个奖项，称为爱德华兹·S.皮埃尔奖，其价值应是爱德华兹·S.皮埃尔基金每年的收入。 _{奖项}

3. 该奖项的候选人须是建筑学专业的学生，其已经完成建筑学荣誉学位考试第一部分B和第二部分的工作室工作。 _{可申请的人员范围}

4. 在每年的米迦勒学期中，剑桥大学教务长应向该奖项的竞争者发布一个通告。 _{奖项的通告}

5. 每名候选人应提交一份自其成为一名建筑学荣誉学位考试候选人以来由其制作的制图文件夹。该项奖应授予给那些制图作品体现了其对建筑结构和材料使用有最佳了解的候选人。 _{提交作品}

6. 候选人应将文件夹上交给建筑学和艺术史学部委员会的秘书，且应不迟于授予该奖项当年建筑学荣誉学位第二部分考试的第一天。

7. 本奖应由三名名誉授奖人授予，由学部委员会在复活节学期以前提名，由学部总委员会任命。该奖项应在复活节学期结束前授予。 _{授奖人}

L. P. 普格奖章

1. 为纪念马德林学院前兽医临床研究所教授莱斯利·盆里斯·普格而捐助的款项构成一项基金，称为L. P. 普格基金，本基金的收入应用于奖励在临床兽医学中表现优异者。 _{基金和目的}

2. 该奖章由兽医学院院长每年授予一次，以表彰在兽医学期末考试的三个部分中表现优异者。 _{授予奖章}

高利·普特基金和讲师职位

1. 由基督学院院士、文学硕士萨缪尔·高利·普特捐赠给本大学的资金，构成了一项基金，称为高利·普特基金。本基金的经理应是英语学部委员会。 _{经理}

2. 本基金收入的第一项支出应是高利·普特英国文学史讲师的薪金，并在适当时，可提供该讲师的国民保险和退休金缴纳款。在每次任命时，经 _{讲师}

理应在考虑到本基金的收入和英语学部的需求,并参考了下面第 6 条规定的要求以后,决定高利·普特讲师是作为一个访问讲席(在经理所指定的期间内举办)还是设立在英语学部内的一个大学职位。

任命

3. 如果经理决定高利·普特讲师是一个访问讲席,则讲师应由一个为此目的而专门组成的委员会进行任命,该委员会应包括:

(a) 英语学部委员会主席;

(b) 学部委员会任命的三人;

(c) 基督学院管理机构任命的一人。

该讲师的义务是举办一次或多次英国文学史的讲座,具体由经理决定。

4. 如果经理决定高利·普特讲师是一个大学职位,则他们应在咨询学部总委员会后进一步确定该职位的聘用是否与章程 D 第十七章第 6 条和第 7 条规定的大学讲师的聘用一致。对这样的一个职位的任命和重新任命应由英语学部的任命委员会决定,并且任命委员会其中一人应由基督学院管理机构任命,作为这一目的的额外成员。任命讲师的任期应根据日程表 J 来决定。

薪金

5. (a) 根据第 3 条任命的高利·普特讲师的薪金,应由经理在每次选拔时决定,并经学部总委员会批准;此外,经理可酌情支付讲师的任何费用。

(b) 根据第 4 条任命的高利·普特讲师的薪金应和一名大学讲师的薪金相同。

基督学院

6. 当根据第 3 条或第 4 条的规定任命了一名高利·普特讲师,经理应通知基督学院管理机构。如果讲师被选为基督学院院士或担任基督学院的其他职务,则须用本基金的收入支付基督学院聘用讲师期间的费用,这须经过基督学院管理机构和学部总委员会的商定,以满足不同情况下维持院士或其他职务的费用。

奎乐—寇奇和 T. R. 亨基金

名称和目的

1. 为纪念国王爱德华七世英国文学教授亚瑟·奎乐—寇奇爵士和盎格鲁爱尔兰文学研究所的 T. R. 亨而捐赠给大学的款项,应构成一项基金,称为奎乐—寇奇和 T. R. 亨基金,以鼓励英语学部在文学上的创作。

奖项

2. 本基金收入的第一项支出应用于提供一项奎乐—寇奇奖和 T. R. 亨奖。

如何授予

3. T. R. 亨奖每年由英语荣誉学位考试第一部分的考官授出,奎乐—寇奇奖每年由英语荣誉学位考试第二部分的考官授出。每一奖项应授予给在上述考试有关部分提交的原创性作品中被评定为最优秀、具有创造性的候选人。

4. 每一奖项的价值应由英语学部委员会在校务理事会随时批准的范围内决定。 价值

5. 本基金积累的所有未使用收入由学部委员会任命的一个委员会决定,可用来向学部的大学生提供赞助,以促进设立本基金的目的之实现。 未使用收入

皇家建筑师协会(安德森和韦伯)建筑学奖学金

1. 由英国皇家建筑师协会提供给本大学的奖学金,称为皇家建筑师协会(安德森和韦伯)建筑学奖学金,用于本大学内的建筑学研究。 名称

2. 该奖学金将由建筑学和艺术史学部委员会颁发,其应公布候选人的条件、任期以及随时可以做出的改动,并应在奖学金空缺时发布适当的通告。 条件

希伯来语基金

1. 由萨拉曼博士募集的基金称为希伯来语基金,该基金应致力于促进希伯来语及与其相关主题的教学、学习与研究。

2. 只要本大学中仍有希伯来语副教授职位,则本基金的收入应当用于支付该副教授的薪金。

列昂·拉兹诺维奇爵士犯罪学基金

1. 本大学从已故的三一学院列昂·拉兹诺维奇爵士处获得的捐赠,应构成一项基金,称为列昂·拉兹诺维奇爵士犯罪学基金。列昂·拉兹诺维奇爵士是获得沃尔夫森犯罪学教授职位(1959年—1973年)的第一人。 名称

2. 本基金的收入应当用于提供一个奈杰尔·沃克奖和一个列昂·拉兹诺维奇爵士客座研究员奖学金。 目的

3. 本基金的经理应是犯罪学研究所管理委员会。 经理

4. 如在任何一年,奖项未能授予或未能选出研究员,则本基金的收入可增添到本基金的本金之中或积累下来作为今后的收入,由犯罪学研究所主任决定。 如果未能授予或选出

奈杰尔·沃克奖

1. 应每年颁发奈杰尔·沃克奖,以感谢国王学院的奈杰尔·沃克对本大学所做的贡献。他是第二个获得沃尔夫森犯罪学教授职位(1973年—

1984年)的学者。

| 评估人
价值 | 2. 本奖应由列昂·拉兹诺维奇爵士犯罪学基金经理每年任命的评估人授予。该奖项的价值应由基金经理酌情决定。

| 如何授予 | 3. 在评估人酌情决定下,本奖项应授予在犯罪学领域做出突出书面贡献的剑桥大学成员。

4. 任何人最多只有一次机会可以获得此奖项。

条件　5. 获胜候选人的书面作品应交存于拉兹诺维奇图书馆。该图书馆应保存一份所有获得该奖项的书面作品的清单。

列昂·拉兹诺维奇爵士客座研究员奖学金

1. 每隔至少一年,列昂·拉兹诺维奇爵士犯罪学基金的经理可选出一名列昂·拉兹诺维奇爵士客座研究员。

义务　2. 列昂·拉兹诺维奇爵士客座研究员的义务是准备、递交和讨论至少两个公开讲座,将被称为拉兹诺维奇讲座,讲座的题目须得到经理的同意。讲座应局限在与犯罪和刑事司法有关的公共政策领域内。

选拔要求　3. 在选拔每个列昂·拉兹诺维奇爵士客座研究员时,经理应考虑到列昂·拉兹诺维奇爵士的愿望,该客座研究员奖学金的获得者一般应是供职在英国或其他任何地方的政府、司法部门、议会或其他公共机构的获得特殊荣誉的人员。

4. 任何人不得两次获得列昂·拉兹诺维奇爵士客座研究员奖学金。

薪金　5. 提供给每个客座研究员的薪金,应由经理在每次选拔时决定。

条件　6. 拉兹诺维奇讲座文本的副本每次应存放到拉兹诺维奇犯罪学图书馆,图书馆应保持一份所有这些讲座的具体记录。

J. 阿瑟·拉姆塞基金

名称和目的　1. 为纪念拉姆塞教授,1977年出版的一本名为《离子和水在动物体内的运动》的书籍的版税构成了一项基金,称为J.阿瑟·拉姆塞基金,致力于促进动物学系的实验动物学的教育和研究。

经理　2. 本基金的经理应由动物学系主任和两名动物学系中的大学职员组成。这两名职员应由动物学系主任在米迦勒学期任命,从其任命后的1月1日起任职两年。

赞助　3. 从本基金本金产生的收入由经理决定,并须符合经理自认为合适的条件,用于提供以下赞助:

(a) 帮助动物学系在册的选修研究性课程的研究生访问本大学以外的

与其研究有关的图书馆。

（b）帮助动物学系选修研究性课程的研究生在入住以前参加研究试验，该试验一般应在学院工作人员的监督下进行，或者访问本大学以外的与其研究有关的图书馆。

（c）帮助自然科学荣誉学位考试第二部分（动物园研究主题）的候选人，在荣誉学位考试以前12个月中的一个或多个假期参与一项在学院工作人员的监督下进行的实验研究。

4. 上述规章可由动议进行变更，但第1条所界定的基金目的须得到遵守。

拉普森基金和奖学金

1. 已故文学硕士、前梵文教授、圣约翰学院院士E.J.拉普森教授对大学的捐赠，构成一项基金，称为拉普森基金。本基金的收入应用于提供一个奖学金，称为拉普森奖学金，以促进对伊朗研究或印度研究的学习或研究。 _{名称和目的}

2. 该奖学金应开放给任何已是或即将注册成为本大学研究生的人员，但他或她应：(a) 在本校或其他大学已顺利完成了古典学或东方研究的课程学习，和(b) 打算攻读一门属于伊朗研究或印度研究范围内的课题的学习或研究课程。 _{资格}

3. 该奖学金的申请须在复活节学期中期以前提交至剑桥大学教务长处。 _{申请}

4. 奖学金的获得者应由亚洲和中东研究学部委员会选拔，学部委员会为本基金的经理。当有两个或两个以上的申请同时满足条件时，经理应优先考虑的候选人是其兴趣完全或主要有关梵文、巴利文或阿维斯塔文语言的研究。 _{选拔}

5. 胜出候选人名单的公布不得迟于每年的7月31日。

6. 该奖学金的期限为一年，但经理可延长其到下一年度和下下一年度。在特殊情况下，经理可将奖学金的期限推迟到随后的某一年。

7. 奖学金获得者的义务在于按照经理可能施加的任何条件，承担在大学中的学习或研究任务。 _{奖学金获得者的义务}

8. 本基金收入的第一项支出应是奖学金获得者的薪金。薪金的总额应由经理在考虑到奖学金获得者可以获得的其他财政资源后在校务理事会批准的范围内决定。薪金应以等额分期付款的方式分两个半年提前支付。在经理对于获奖者以足够的勤奋从事其研究感到满意时，方可支付第二期分期付款的款项。 _{奖学金的价值及奖金的支付}

9. 基金积累的任何未使用收入应在经理的酌情决定下用于赞助从事印 _{未使用收入}

经理的授权　度研究或伊朗研究的学习或研究的学生；或赞助其他在经理看来能促进大学在这些领域的学习和研究的任何目的的活动。

10. 经理可以将其依据本规章所享有的职权授权给一个三人以上的委员会，但委员会成员并不要求全为亚洲和中东研究学部委员会的成员。

汉斯·劳星基金

基金　1. 由里斯贝特·劳星·科尔纳教授在纪念其父亲汉斯·劳星七十大寿时对大学的捐赠，应构成一项基金，称为汉斯·劳星基金。

讲师　2. 汉斯·劳星讲师须由科学史和科学哲学委员会任命。讲师的义务是在大学完整学期中举办一场以技术和工业历史为主题的讲座。

薪金　3. 讲师的薪金来自基金的收入，其数额由科学史和科学哲学委员会在校务理事会随时批准的范围内决定。此外，委员会可酌情决定从基金年度或累积的收入中支付讲师的任何费用和举办讲座的费用。

科学史和科学哲学劳星基金

基金和目的；经理　1. 从 L. 劳星博士处获得的用以支持科学史和科学哲学研究工作的 200 万英镑，应构成一项基金，称为科学史和科学哲学劳星基金。本基金的经理为：

(a) 科学史和科学哲学系主任；

(b) 科学史和科学哲学委员会秘书；

(c) 科学史和科学哲学系秘书；

(d) 惠普尔科学史博物馆的馆长。

(e) 三名由科学史和科学哲学委员会在米迦勒学期任命的人员，从其任命后的 1 月 1 日起任职两年。

大学讲师　2. 本基金收入的第一项支出应用于一名大学科学史和科学哲学讲师的薪金、国民保险、退休金缴纳款以及相关的间接费用。在每次任命讲师时，候选人的研究领域资格应由科学史和科学哲学委员会进行确定，但应排除医学史。

3. 当依照第 2 条提供资金以后，本基金应按照经经理建议、由学部总委员会批准的方式，用于支持科学史和科学哲学系的教学或研究工作，但不包括建筑方面的开支。

未使用收入　4. 在一个财政年度内本基金任何未使用的收入依照第 3 条的规定作为未来年份的费用。

罗林森基金

王室顾问律师 J.F.P. 罗林森博士阁下向大学捐赠的国王大道 14 号的永久物业及 1500 英镑,构成罗林森基金的本金。罗林森基金在每个财政年度末的一切信贷余额将转移至特殊用途基金。

阿伯特·雷吉特基金

1. 已故的 A.L. 雷吉特先生的捐赠应构成一项基金,称为阿伯特·雷吉特基金。 名称

2. 本基金的收入应用于促进本大学内科学史与科学哲学的学习和研究。 使用

3. 科学史与科学哲学委员会应负责管理基金。 管理

罗伯特·雷德爵士讲席
1904 年《捐赠》,第 261—268 页

章程 E,第十四章(**1524**)

1. 罗伯特·雷德爵士讲师应每年由校长任命。

2. 讲师应供职一个日历年度,并在此期间的完整学期中举办一场讲座,时间和地点每次由校长确定。

亨利·赖特林格基金

1. 本大学根据国王学院文学硕士亨利·西皮奥·赖特林格的遗嘱得到的款项,应构成一项基金,称为亨利·赖特林格基金。 基金

2. 本基金的经理应是费兹威廉博物馆委员会。 经理

3. 本基金的本金和收入应由经理决定加以使用,并应符合赖特林格先生遗嘱的规定,该规定见于由慈善机构委员于 1995 年 1 月 4 日和 1996 年 9 月 3 日提交的两个方案,以维护和增加由赖特林格先生捐赠给大学的美术作品,通过下列一个或多个方式: 目的

(a) 提供建筑物以收藏这些藏品,或修缮收藏这些藏品的建筑物,包括这些藏品的展示方式;

(b) 保护和维护藏品,包括为此目的而雇佣管理人员;

(c) 购买增加到收藏中的物品。

研究生福利设施基金

基金　　1. 研究生福利设施基金由1962年的一笔匿名捐赠的部分本金（由校务理事会根据捐赠人的意愿分配的份额）组成，用以协助执行有关建立一个大学中心的建议，该建议是由布里奇斯勋爵任主席的委员会就有关大学和学院之间的关系提出的。

目的　　2. 根据捐赠人的意愿，本基金的收入应该用于"为研究生提供不能从其他途径获得的福利设施"之目的。申请本基金赞助须经校务理事会在咨询经理后批准。

经理　　3. 经理应为：

（a）校长（或一名经正式任命的代理人）；

（b）一名摄政院的成员，已被任命为研究生会的名誉赞助人；

（c）一名摄政院的成员，在米迦勒学期经校务理事会任命并自任命后的1月1日起任职三年；

（d）研究生会主席；

（e）由研究生选举出来的校务理事会（d）类成员；

（f）一名由研究生会理事会在米迦勒学期选举出来的在册研究生，从选举后的1月1日起任职一年；

里 卡 多 奖

奖项　　1. 本奖称为热力学里卡多奖，每年颁发给竞赛的优胜者，其奖金由该奖项基金的年度纯收入组成。

考官　　2. 根据下面第3条的规定，本奖项应由剑桥大学工程学荣誉学位考试的考官授予在该考试的第二部分A取得最优异成绩的候选人。

3. 考官应有权宣布在任何一年中未能有足够优秀的作品提交。

未使用收入　　4. 基金积累的任何未使用收入可用于授予一个或多个额外奖项，但总额不超过工程学学部委员会在校务理事会随时批准的范围内决定的数额。在任何情况下，如果基金积累的未使用收入超过了50英镑，该超额部分应增加到基金的本金之中。

变更限制性条款　　5. 在工程学学部委员会建议的基础上，大学有随时变更本规章的自由，但须恪守的条件是，本奖项应永远被称为里卡多奖，并应专门用于鼓励热力学的研究。

里查兹基金

1. 奥德利·里查兹博士的捐赠应构成一项基金,称为里查兹基金,基金的收入应该用于向社会人类学提供资金支持。 目的

2. 本基金的经理应是社会人类学系主任,以及两名该系的大学职员。这两名大学职员由考古学和人类学学部委员会在米迦勒学期任命,从其任命后的1月1日起任职三年。 经理

3. 基金的支出应由经理决定用于向研究生提供奖学金或赞助,其应作为哲学博士、理科硕士或文学硕士学位的候选人或报考人,已经注册了社会人类学系的研究课程。 资格

4. 在任何学术年中要求基金资助的申请应在四旬斋学期的最后一天以前提交给社会人类学系主任。经理有权酌情决定是否授予候选人一项为期不超过一年的奖学金,或一项支持他或她研究的赞助。该获奖学生的薪金的数额应由经理在校务理事会随时批准范围内决定,并应以半年分期付款的形式等额提前支付,在经理对该学生认真开展他或她的研究课程感到满意时,才可提供第二次支付。 申请和奖励

大卫·理查兹基金和旅行奖学金

1. 由已故的K.理查兹小姐捐赠给本大学的款项应构成一项基金,称为大卫·理查兹基金,本基金的收入应该每年用于提供一批大卫·理查兹旅行奖学金。 基金名称和目的

2. 本奖学金应开放给正在为准备地理学荣誉学位考试第一部分B或第二部分的预备考试而攻读的在英国出生的学生。 获奖资格

3. 候选人的导师应在复活节学期第二个星期的最后一天以前,将候选人的姓名,连同一份拟进行的旅行的目的和计划的简要说明,提交给剑桥大学教务长。 奖项的申请

4. 本奖项的授奖者应是菲利普·莱克第二基金的经理。 授奖者

5. 应当授予的奖学金数量及每个奖学金的价值应由授奖者每年进行确定。在任何一年,如果授奖者认为没有一位候选人应该得到本奖学金,则这一年不得授予任何奖学金。 奖学金的数量和价值

6. 本奖学金的授予不得晚于5月31日,获胜候选人的姓名及奖项的价值均应由授奖者在6月1日通报给剑桥大学教务长。获奖的名单而不是奖项的价值应在《通讯》上公布。 授予的日期

支付	7. 奖学金获得者的奖金应在其打算旅行的那个暑假之前的学期,在他或她的导师申请时予以支付。
旅行日期	8. 旅行一般应在奖学金授予当年的下一年度的大学暑假以前进行,但地理学系主任在考虑该奖学金获得者导师的申请后,可允许推迟旅行。
变更	9. 本规章可由动议加以变更,但本基金须仍称为大卫·理查兹基金,仍用于向在英国出生的学生为其准备地理学荣誉学位考试而提供奖学金,并在其入住本校的第一年底颁发。

里奇韦—维恩旅行基金

名称	1. 由前考古学迪斯尼讲师威廉·里奇韦爵士教授及其女儿露西·维恩小姐向本大学捐赠的款项,应构成一项基金,称为里奇韦—维恩旅行基金。
第一项支出	2. 本基金收入的第一项支出应该用于维护和修理由威廉·里奇韦爵士教授捐赠给大学的日晷。
奖学金	3. 在根据第 2 条的规定提供经费用于维护和修理日晷以后,本基金的剩余收入应用于提供一项或多项里奇韦—维恩旅行奖学金,以帮助考古学或人类学专业的学生提升其专业知识,轮流优先考虑一名考古学专业的学生和一名人类学专业的学生;为此目的本基金可提供的奖学金在任何一年中不少于 50 英镑。
授奖者	4. 授奖者应是考古学和人类学学部委员会。他们可将其任何有关授奖的职权授权给一个由该学部委员会成员组成的委员会。
奖项通告	5. 一个接受本奖学金申请的通告应由授权者在 1 月 31 日以前进行公告。
资格	6. 本大学的任何处于被监护地位的成员倘若具备下列条件之一,均有资格申请: (a) 在旅行开始日,学生已完成学士学位的要求,已经至少获得考古学和人类学荣誉学位考试一个部分的荣誉;或,学生打算在完成学士学位要求的下一学年结束前完成旅行; (b) 在旅行开始日,学生已经是入学不超过一年的研究生,在考古学和人类学学部学位委员会监督下工作;或,学生打算在被接受为研究生的下一学年结束前完成旅行。
申请	7. 包含一份拟进行的旅行的时间、性质和目的的简短说明的申请应由候选人的导师提交给剑桥大学教务长,不得晚于四旬斋学期的最后一天。
授奖日期	8. 奖学金的授予不应晚于 5 月 1 日,奖金应向财务主管申请后支付。
	9. 在旅行完成的那个学期或假期的下一个学期的中期以前,每名里奇韦

一维恩旅行基金的获得者应通过剑桥大学教务长向授奖者提交一份其旅行的简短报告。 奖学金获得者的义务

里奇—金斯伯格基金

1. 从出售 C. D. 金斯伯格收藏的硬币获得的款项,由其孙女 J. M. 里奇小姐在 1964 年捐赠给本大学,并公布在 1964 年 3 月 11 日的《通讯》之中,应构成一项基金,按照她的意愿称为里奇—金斯伯格基金。 基金

2. 本基金的收入应该用于费兹威廉博物馆委员会购买硬币的花费。 目的

社会人类学瑞沃斯讲席

1. 本大学应设立一个社会人类学讲席,称为瑞沃斯讲师,以纪念皇家学会会员、前圣约翰学院院士 W. H. R. 瑞沃斯博士。 名称

2. 瑞沃斯讲师基金的经理应为: 经理

(a) 社会人类学专业的威廉·维斯教授(或经其正式任命的代理人),应担任主席;

(b) 一名由考古学和人类学学部委员会在米迦勒学期任命的人员,从其任命后的 1 月 1 日起任职四年;

(c) 一名由圣约翰学院理事会任命的人员,从其任命后的 1 月 1 日起任职四年;

(d) 一名社会人类学系的大学职员,非教授或副教授,由考古学和人类学学部委员会任命,从其任命后的 1 月 1 日起任职两年。

3. 瑞沃斯讲师可由经理在弗雷泽讲座不能在大学举办的年度任命。该讲师有义务在完整学期的某些日子在大学举办一场以社会人类学为主题的讲座。 任命和义务

4. 本讲师的薪金来自基金收入,其数额应由基金经理在校务理事会随时批准范围内决定。经理可从未使用的收入中,包括基金积累的未使用收入,支付讲座出版的费用及由讲师所产生的任何费用。 薪金和开支

A. W. 赖默·罗伯茨基金

1. 由三一学院文学硕士阿瑟·威廉·赖默·罗伯茨捐赠给本大学的总额为 1000 英镑的款项,应构成一项基金,称为 A. W. 赖默·罗伯茨基金。 名称

2. 本基金的收入应由病理学系主任进行安排,以促进寄生虫学的研究。

B. B. 罗伯茨基金

名称 1. 由丘吉尔学院三等圣迈克尔和圣乔治勋爵、已故的 B. B. 罗伯茨博士捐赠的用以支持史考特极地研究所研究工作的款项,应构成一项基金,称为 B. B. 罗伯茨基金。

目的 2. 本基金的年收入以及本基金积累的任何未使用收入,应在基金经理的酌情决定之下,用于史考特极地研究所,主要用于支持研究所的研究工作,并为此类研究提供设备。

经理 3. 基金的经理组成包括史考特极地研究所主任,以及两名经史考特极地研究所委员会提名、由学部总委员会在米迦勒学期任命的人员,从其任命后的 1 月 1 日起任职四年。

D. W. 罗伯茨奖基金

基金及目的 1. 为纪念前剑桥大学建筑学讲师 D. W. 罗伯茨而捐赠给本大学的款项,应构成一项基金,每年授出一个建筑学奖项,称为大卫·韦恩·罗伯茨纪念奖。

价值 2. 该奖项的价值奖应是本基金的年收入。

如何授予 3. 本奖应由建筑学荣誉学位考试第二部分的考官在每年的复活节学期期末以前,授予根据该学位考试相应部分条例规定提交的论文达到最优秀水平的候选人。

如未授予 4. 在任何一年中如果本奖项未能授出,则该年度的基金收入应增加到基金的本金之中。

罗斯藏书奖

名字和名称 1. 詹姆斯·H. 马洛和艾米莉·罗斯为纪念丹尼尔和乔纳·罗斯而给予本大学的捐赠,应构成一项基金,其收入应当用于提供一个奖项,称为罗斯藏书奖。

有资格申请者 2. 本奖应每年提供以供竞争,并应开放给所有在本大学居住的本科生和研究生,或者隔年在大学居住的本科生和研究生,由图书馆委员会酌情决定。

目的 3. 设立本奖的目的在于鼓励学生收集有相关性的无论任何年代的书籍,可以是任何主题,或任何流派。本奖项的参赛作品是提交的一个书籍收藏清单,以及附加的一篇论文,来阐明这些藏书的主题和意义。

4. 本竞赛,连同参与的详细规则,每年应由图书馆委员会在米迦勒学期公布。参赛作品应在四旬斋学期的第一天前提交给大学图书馆,本奖项应在复活节学期授予。 竞赛规则

5. 竞赛应由一个不少于两名评审人组成的小组进行评选,评审人每年由图书馆委员会任命。 评审人

6. 本奖项的价值至少为 500 英镑,但这笔钱应由图书馆委员会随时审核。当没有足够优秀的参赛作品应获此奖项时,则当年该基金未使用的收入可用于来年,或增加到基金的本金之中,这应由图书馆委员会决定。 价值

7. 本奖项的优胜者不得向评审人提交相同的藏书以参加第二次竞赛。 限制性条款

霍兰·罗斯奖学金

1. 由前海军历史威勒·哈姆斯沃斯教授约翰·霍兰·罗斯博士创立,目的在于鼓励大英帝国近代历史和现代问题研究的奖学金,称为霍兰·罗斯奖学金,亦应用于鼓励英联邦近代历史和现代问题的研究。 名称和目的

2. 本基金收入的第一项支出,应该用于提供霍兰·罗斯奖学金。 奖学金

3. 本奖学金的推选人应是三名由历史学学部委员会在复活节学期开始以前任命的该学部的教授,如果他们能够出任,则学部委员会应始终任命帝国和海军历史威勒·哈姆斯沃斯教授和英联邦历史司马慈教授。推选人有权增选额外的推选人,但不得超过两名。 推选人

如果帝国和海军历史威勒·哈姆斯沃斯教授是一名推选人,则他或她应是当然的主席,否则,推选人应在他们当中选出一人担任主席。

4. 任何人倘若符合以下条件,均可成为本奖学金的候选人: 有资格申请者

(a) 该候选人应是某个英联邦国家的公民,或是大英帝国或英联邦在1932 年的成员国的公民;

(b) 该候选人应在大学毕业时在历史学中获得了某种殊荣,或在由推选人看来与候选人提出的研究主题相关的其他学科上获得了某种殊荣;

(c) 该候选人或是已经在某一大学获得他或她的第一个学位,但距离其提交奖学金申请的那个学年不多于三个学年,或是已注册为研究生,但距离申请提交截止日不超过九个学期;

(d) 该候选人应向选拔人证明其在历史或其他相关研究方面的能力;

(e) 该候选人应承诺,如果当选,将在获得奖学金期间内持续地和专职地进行一些课题的研究,这些课题与自 1815 年以来大英帝国、英联邦的一般历史、宪政、社会和文化的发展问题有关,或为关乎英联邦现代问题的课题,

这些课题应得到选拔人的批准。

5. 应优先考虑有意向在英联邦或某一英联邦国家的政府机构中谋求其职业生涯的学生。

奖学金期间

6. 本奖学金的期限为一个学年，但获奖学生可在获奖的第一年中竞逐第二年的连任。

薪金

7. 本奖学金的薪金应是经理在校务理事会随时批准的范围内确定的总额。在确定奖学金的总额时，选拔人应考虑获奖候选人的财政状况。薪金应提前支付半年的分期款项，如果选拔人不满意学生的表现，即其未能足够勤奋地从事研究，则选拔人可扣发第二批的分期款项。

选拔公告

8. 本奖学金应提供给在每一学年的复活节学期举行的竞赛。在进入这个学期以前，历史学学部委员会主席应向候选人发布一个公告。候选人应在学期结束前提交其申请，本奖项应在6月底前颁发。

起始期

9. 奖学金的持续期间始于选拔后的学年，但推选人在选拔前或在选拔后可允许此学生推迟起始期，但不得超过一年。

期间条件

10. 如果获奖者不是本大学的成员，则其必须在选拔后下一个学期结束以前获得本大学成员身份，并在获奖期间保持该身份。在向本奖学金提供捐赠时，捐赠者曾表示其希望选拔出的候选人将来成为基督学院的成员，如果该候选人为基督学院所接受，则他或她在奖学金期间内可成为基督学院的成员。

第二个奖学金

11. 在任何一年中，如果推选人认为可以授予第二个奖学金，则其可以授予第二个奖学金，此时，第3条至第10条的规定应适用于该第二个奖学金及其获得者。

未使用收入

12. 根据前述第1条至第11条的规定提供奖学金以后，本基金积累的任何未使用收入可在推选人的酌情决定下使用，根据他们认为合适的条件，向本大学的研究生提供赞助，以鼓励第4条(d)项所指一切领域的研究。

13. 本规章可经动议进行变更，但罗斯博士的捐赠须始终用来提供一个奖学金，以促进第1条中所提及的研究。

阿奇博尔·道格拉斯·罗斯基金

由圣约翰学院的文学硕士阿奇博尔·道格拉斯·罗斯捐赠的款项，在本大学应构成一项基金，称为阿奇博尔·道格拉斯·罗斯基金，是一个一般目的基金。

亨利·凌·罗斯研究基金

1. 阿尔弗雷德·伯纳德·罗斯遗赠给大学的款项应构成一项基金,称为亨利·凌·罗斯研究基金。 — 名称

2. 本基金的收入应当用于提供亨利·凌·罗斯奖学金,为民族学的研究以及这类研究成果的出版提供帮助。 — 目的

3. 本奖学金由人类学威廉·维斯教授酌情提供,并应由其颁发。威廉·维斯教授可根据校务理事会下属的财务委员会的批准来决定本奖学金的价值。本奖学金的持续期间不超过三年,可由威廉·维斯教授结合具体情况决定。 — 期间和价值

4. 所有在考古学和人类学学部工作的或曾经工作过的大学师生均有资格申请本奖学金。 — 有资格申请者

劳斯·鲍尔讲师

1. 本大学在1922年接受的三一学院院士沃尔特·威廉·劳斯·鲍尔捐赠的款项,应单独进行投资,并应构成一项基金,称为劳斯·鲍尔讲师基金。本基金收入的第一项支出应当用于提供劳斯鲍尔讲师的薪金。 — 名称

2. 应在本大学内设一个劳斯·鲍尔讲师职位。

3. 在每年的米迦勒学期,数学学部委员会既可任命一人担任该学年的讲师,也可将上次的任命延期一年;但不得连续延期两年。 — 任命

4. 讲师在任职的一年中应举办一个讲座,其主题可以是数学某一领域的发展,也可以是数学在其他科学领域的应用。 — 义务

5. 讲座的举办时间应在完整学期内,一般在复活节学期举办。

6. 讲师的薪金为学部委员会在校务理事会随时批准的范围内确定的数额。此外,学部委员会可用基金年度收入或基金积累的收入支付讲师产生的任何开支。 — 薪金和开支

劳斯·鲍尔图书馆基金

本大学由1927年7月14日的动议于1927年接受的三一学院院士沃尔特·威廉·劳斯·鲍尔捐赠的1万英镑而构成的基金,即现在的劳斯·鲍尔图书馆基金,从该基金获得的收入应当在图书馆委员会的决定下,用以增进本大学图书馆的利益,或维持其开支。

英国皇家航空学会航空奖

奖项　　1. 英国皇家航空学会航空奖应提供给每年的航空竞赛。

价值　　2. 本奖项的价值总额为英国皇家航空学会为此目的而提供的奖金数额。

如何授予　　3. 本奖项由工程学荣誉学位考试第二部分B的考官授予在航空学的考试中表现最优秀的候选人。

如未能授出　　4. 在任何一年,如果本奖项未能授出,则该奖项的奖金应由大学留作下一次奖励之用。

修正　　5. 本规则可经动议变更,但该奖项须始终称为英国皇家航空学会航空奖,每年提供给航空竞赛。

贝塔·沃尔夫斯坦·莱兰兹奖

名称　　1. 由尊敬的文学博士、国王学院院士、大学英语讲师G. H. W. 莱兰兹,为纪念其母亲贝塔·沃尔夫斯坦·莱兰兹而向本大学捐赠的总额为1000英镑的款项,应构成一项基金,称为贝塔·沃尔夫斯坦·莱兰兹基金。本基金的收入应当用于提供贝塔·沃尔夫斯坦·莱兰兹奖。

奖项　　2. 本奖项每年由英语荣誉学位考试第一部分的考官授予在该次考试中表现最优秀的候选人。

价值　　3. 本奖项的价值应是基金的年收入,并应在每年的6月30日以前支付给获奖者。

奖项获得者的义务　　4. 奖项获得者应将这笔奖金用于支付某种形式旅行的费用,或用于购买书籍,或二者兼有,并应将该奖学金的利用方式以一份简短可行的陈述提交给英语学部委员会秘书。

如未能授出　　5. 在任何一年,如果没有候选人被认为应该获得本奖项,则其收入应增加到基金的本金之中。

G. H. W. 莱兰兹基金

名称　　1. 由文学硕士、文学博士、国王学院院士、尊敬的G. H. W. 莱兰兹捐赠给本大学的款项,应构成一项基金,称为G. H. W. 莱兰兹基金。

目的　　2. 本基金收入应由费兹威廉博物馆委员会随时用于采购或补贴费用以采购艺术品,以增加到费兹威廉博物馆的收藏中;以此目的采购的艺术品应包括瓷器、玻璃制品、银制品、家具（最好是欧洲的和1850年以前的）和绘画。

3. 未使用收入不得增加到本基金的本金之中，但可积累起来作为随后年度基金的收入之用。　　　　　　　　　　　　　　　　　未使用收入

雷蒙德和贝弗利·赛克勒基金会捐赠

赛克勒医学基金

1. 雷蒙德和贝弗利·赛克勒基金会捐赠的总额为120万英镑的款项，应构成一项基金，称为赛克勒医学基金。本基金的收入应当用于支持在医学方面的研究生教学和研究工作，以及用于鼓励和加强本大学或其他与本大学联系密切的机构的临床医学与基础医学的研究。　　　基金和目的

2. 本基金应由临床医学学部委员会按照赛克勒基金会和本大学于1990年12月8日达成的《赠予证明书》的规定进行管理。学部委员会应每年向赛克勒基金会受托人报告基金的运作情况。

赛克勒天文学基金

1. 来自雷蒙德和贝弗利·赛克勒基金会的总额为25万英镑的捐赠，应构成一项基金，称为赛克勒天文学基金。其收入应当用于向天文学研究所的访问学者提供赞助支持。　　　基金和名称

2. 本基金的经理应为：　　　经理

（a）天文学研究所主任；

（b）两名由物理和化学学部委员会任命的为本大学所雇佣的天文学家，其中至少有一人须拥有教授职位，且至少有一人须在天文学研究所就职。

（c）一名赛克勒基金会的代表。

3. 本基金应由经理按照赛克勒基金会和本大学于1992年12月12日达成的《赠予证明书》的规定进行管理。经理应每年向赛克勒基金会受托人报告基金的运作情况。　　　年度报告

赛克勒杰出讲座基金

1. 来自雷蒙德和贝弗利·赛克勒基金会的总额为4.5万英镑的捐赠，应构成一项基金，称为赛克勒杰出讲师座基金。其收入应当用于向杰出的学者和科学家举办医学科学领域的主题讲座提供支持。　　　基金和目的

2. 本基金应由临床医学学部委员会按照赛克勒基金会和本大学于1993年10月8日达成的《赠予证明书》的规定进行管理。

皇家医学教授捐赠基金

基金和目的

1. 来自雷蒙德和贝弗利·赛克勒基金会的、由雷蒙德·R.赛克勒博士和贝弗利·赛克勒女士捐赠的两笔总额为 20 万英镑的款项，应构成一项基金，称为皇家医学教授捐赠基金。其收入将用于向临床医学院的研究提供支持。

2. 本基金应由皇家医学教授按照雷蒙德和贝弗利·赛克勒基金会与本大学于 1996 年 12 月 23 日达成的协议的规定进行管理。

F. S. 索尔兹伯里基金

名称

1. 来自文学硕士、基督学院的弗雷德里克·斯廷普森·索尔兹伯里的捐赠，应构成一项基金，称为 F. S. 索尔兹伯里基金。

经理

2. 本基金的经理应是古典学学部委员会。经理可任命一个委员会，由古典考古学劳伦斯教授、古代史教授和不少于两名的古典学学部其他成员组成，以履行有关本基金的所有职能。本基金赞助的申请应提交给古典学学部委员会的秘书。

目的

3. 本基金的收入应当在经理的酌情决定下并符合其认为合适的条件，用于向本大学的成员从事发掘英国境内的古罗马遗址的工作提供赞助。

未使用收入

4. 未使用收入不得增加到本基金的本金之中，但可积累以作随后年度的收入之用。

哈罗德·塞缪尔奖学金

名称和目的

1. 哈罗德·塞缪尔奖学金应当用于鼓励与土地的使用、占有和开发相关的经济的、法律的或社会的研究工作。

数量

2. 鉴于不动产管理发展基金的经理对所提供的基金的限制性规定，每年提供的奖学金数量须经土地经济学委员会确定。

奖项通告

3. 在选拔举行前的日历年的 11 月 30 日以前，土地经济学委员会应通告所提供的奖学金的数量、日期、方式以及所要提交的申请。

推选人

4. 本奖学金的推选人应是土地经济学委员会，或者一个由其任命的委员会。

5. 本奖学金的选拔应在每年的大学暑假结束前举行。

6. 本奖学金的年度价值应是委员会在咨询经理以后在校务理事会随时批准的最大数额内确定的总额。此外，获奖学生从本基金获得的奖金数额可经学部委员会批准以满足大学的学费。在决定支付给每个学生的奖学金数额时,学部委员会应考虑他或她可能从其他来源获得的任何财政援助。

7. 本奖学金的候选人资格应当是开放的,但获奖者在获奖期间应为本大学在册研究生。如若获奖者失去在册研究生的身份,则他或她的奖学金资格亦因此而失效。

8. 获奖学生应从事委员会批准的研究训练课程,并令委员会满意。

9. 在满足第 7 条的情况下,本奖学金的持续期间应为两年,但在学部委员会的酌情决定之下可延长一年以上。

10. 提供给学生的奖金应按季度分期提前进行支付,如果学部委员会认为该学生未能足够勤奋地从事其研究,则可随时停止对其的支付。

桑达斯文献学副教授职位

1904 年《捐赠》,第 275—276 页

桑达斯先生的遗嘱附录描述了副教授应承担的下列义务:

鄙人将总额为 2000 英镑的税后资金捐赠给剑桥大学下属一法人机构。

鄙人建议,这笔钱应进行投资,由此产生的收入应用来支付给文献学副教授。该副教授的首任和每次空缺的弥补须经校长、不同时任校长的三一学院院长及当时构成大学图书馆委员会的其他人员组成的选拔团体任命,该副教授的任职时间由该选拔团体在其认为合适的情况下确定,并服从该选拔团体的除名决定。

鄙人宣布,此副教授的义务应是每年举办一个或多个讲座,或者在选拔团体每两年一次为此确定的适当的地点举办讲座,日期和时间由校长决定。应在学期中举办讲座,应包括与书籍、手稿、艺术的图书文献、古文书印刷、装订、插图科学有关的主题。

鄙人希望,在不抵触选拔团体酌情权的情况下,这些讲座应基于本大学图书馆或各学院图书馆的藏书,并且用其作为例证。

鄙人声明,与这笔捐赠有关的一切行政管理事务应由选拔团体决定,选拔团体的多数投票应具有相同的决定效力。

桑迪斯基金和奖学金

1. 桑迪斯基金应当主要用于促进古希腊和罗马的语言、文学、历史、考古、艺术和印欧语言的比较语言学之学习和研究。

管理机构成员奖学金	2. 本基金的管理机构成员应是圣约翰学院的院长、教师和学生。
	3. 本基金的收入首先应当用于提供桑迪斯奖学金。依据推选人批准的计划，本奖学金的获得者应从事一个或多个第 1 条所指定的前沿课题研究。该计划应包括在不列颠诸岛以外的某所大学或其他地方居住大半年的内容。
有资格申请者	4. 本奖学金应开放给：
	(a) 本大学的任何毕业生，自其获得他或她的第一个学位开始，截止到选拔日期，时间不少于三个学期但同时不多于九个学期；或
	(b) 所有在本大学注册为研究生的人员，但截止到选拔日期，从其获得研究生攻读资格的学期开始不得少于两个完整学期。
申请	5. 在每年的复活节学期开始以前，学部委员会应公布本奖学金申请的提交日期和方式。应在米迦勒学期举行本奖学金的选拔，其具体日期由学部委员会决定。
推选人	6. 本奖学金的推选人应是圣约翰学院古典文学讲师、希腊语皇家教授、拉丁文肯尼迪教授、古代历史学教授、古典考古学劳伦斯教授以及比较语言学教授。该推选人可采取其认为合适的方式调查候选人的资格，但不得通过竞争性考试的方式授予本奖学金。
奖学金期间	7. 本奖学金的持续期间自选拔日开始，截止于翌年的 9 月 30 日。学生可连选连任，但不得超过两次。
奖金	8. 本奖学金的奖金不得超过基金可用收入的总额，由学部委员会在校务理事会随时批准范围内决定。奖金应根据学部委员会的决定而分期支付，但如果学部委员会认为该学生未能以足够的勤奋从事其研究，则可随时停止对其的支付。
未使用收入	9. 在一个财政年度中，所有的基金未使用收入，在学部委员会的决定下用于有益圣约翰学院图书馆的活动。
	10. 上述规则，除第 1 条和第 9 条外，可经动议加以变更。

斯堪的纳维亚研究基金

管理	1. 斯堪的纳维亚研究基金的经理同时亦作为斯堪的纳维亚奖学金的经理。
经理	2. 经理应为：
	(a) 盎格鲁-撒克逊、挪威和凯尔特系的主任；
	(b) 三名由学部总委员会任命的人员；
	(c) 两名由近代和中世纪语言学部委员会任命的人员，其中一人应是从

事斯堪的纳维亚研究领域教学和研究的大学职员;

(d) 一名来自盎格鲁-撒克逊、挪威和凯尔特系的大学职员,由英语学部委员会任命。

3. 列于上条(b)—(d)项的经理应在米迦勒学期进行任命,从其任命后的1月1日起任职三年。

4. 本基金在任何一年中的收入可用于: 收入

(a) 提供斯堪的纳维亚奖学金的奖金;

(b) 满足沃伦贝格奖的开支需要;

(c) 在保证上述两项优先费用,并得到经理批准后,提供以弥补斯堪的纳维亚课程的教学开支,这样的课程由近代和中世纪语言学部委员会在得到学部总委员会的批准后予以安排。

5. 本基金积累的任何未使用收入由经理决定加以使用可向研究者提供赞助,以促进与斯堪的纳维亚国家有关的研究,或用于经由经理批准的符合剑桥大学中斯堪的纳维亚研究和斯堪的纳维亚教学利益的其他活动。 未使用收入

斯堪的纳维亚奖学金

6. 设立在斯堪的纳维亚研究基金中用以促进斯堪的纳维亚研究的奖学金,称为斯堪的纳维亚奖学金,应对所有本大学成员开放。 有资格申请者

7. 获奖学生有义务选择在一个斯堪的纳维亚国家(第一选择最好是在瑞典),进行有关瑞典、丹麦、挪威或冰岛的语言、文学、哲学、历史、经济条件、艺术或考古的高级研修。 获奖学生义务

8. 学生的选拔应在每年的6月进行。 选拔

9. 本奖学金的持续期间为一年,学生的连选连任不应超过两次。 奖学金的持续期间

10. 在选拔之日,奖学金的选拔或连选的候选人应已通过艺术学位的一些期末考试,从其入住的第一个学期末起不得超过24个学期。 候选人身份

11. 选拔的申请必须通过候选人的导师在6月1日以前提交给剑桥大学教务长,如果候选人选择了打算从事的高级研修课程,则另须附有一份该课程的陈述。该课程应包括在一个或多个斯堪的纳维亚国家居留不少于三个月的内容。在征得经理的同意后,该拟议的课程可获允许进行修改。

12. 经理有权采取任何其认为明智的措施,以使其能够确定候选人的资格;但不得通过竞争性考试的方式授予本奖学金。

13. 该获奖学生应获得50英镑的奖金,其支付不得迟于选拔后的第30天,本奖学金的额外奖金,根据每次校务理事会批准的最大额,可由经理在考虑该学生可资获得的其他任何财政资源以后决定。额外奖金应以两次等额分期方式支付给学生,第一次不得迟于选拔后的米迦勒学期的第一天,第 价值

二次不得迟于选拔后的四旬斋学期的第一天；但第二次分期只有在经理收到学生的一个有关其在过去半年中的工作情况的报告，并已通知财务主管其业已批准后，才可予以支付。

限制性条款　　14. 斯堪的纳维亚奖学金的持续期间不得与泰南特奖学金并存。

希 夫 基 金

名称和目的　　1. 希夫基金的收入应用来提供一个或更多的奖学金，称为乔治和莉莲·希夫奖学金，以使合适的有资格的人员能在本大学从事物理、工程学及相关科学的高级研究。

经理　　2. 本基金应由以下五名经理进行管理：
(a) 校长，或一名经其正式任命的代理人，并由其担任主席之职；
(b) 物理学系主任或一名经其正式任命的代理人；
(c) 工程学系主任或一名经其正式任命的代理人；
(d) 由校务理事会会任命的一人；
(e) 由学部总委员会任命的一人。

列于上述(d)—(e)项的经理应在米迦勒学期进行任命，从其任命后的1月1日起任职四年。

奖学金　　3. 奖学金应开放给所有本大学的在册研究生或即将注册成为本大学研究生的人员，或者已经或即将被接纳就读本大学其他一些全日制研究生课程的人员，但应优先授予给具有英国国籍的候选人，和经理认为有财政需要的候选人。

4. 经理应订立规则，根据希夫基金信托契约的有关程序公开宣传奖学金、选择合适的候选人以及公布奖学金期间。学生有资格连选连任，但奖学金的持续期间通常总计不得超过三年。

奖金　　5. 学生的年度奖金应不超过本基金的可用收入，在经理考虑该学生可资获得的任何其他财政资源以后，由其在校务理事会随时批准的范围内决定。在学生获奖期间，经理可向其提供额外的奖金，以支付从他或她的课程中所产生的额外开支，包括额外培训、会议或其他课程的开支。

6. 奖金应按季度提前支付，但如果经理认为该学生未能以足够的勤奋从事其研究，则可停止对其的分期支付。

未使用收入　　7. 任何未使用的收入或者增加到本基金的本金之中，或者积累以作为随后年度的收入之用，由经理决定。

研究员　　8. 当奖学金的获得者或曾获得过奖学金的个人已被批准攻读及已获准拥有博士学位时，经理可安排向其颁发研究员证书。则该人此后即拥有"乔治和莉莲·希夫研究员"的称号。

9. 经理可随时授予奖学金获得者或曾经的获得者以特别奖项,在经理看来该奖学金获得者作为博士学位的候选人已提交了杰出的研究成果。每个日历年设立的特别奖项不得多于一个,但校务理事会在听取经理建议后可决定免除这种限制。特别奖项的价值应由经理决定,并不得超过经理所评估的一个全额奖学金现行价值的两倍,包括一个学生为获得博士学位而修读课程时所应支付的大学和学院的费用,连同所有合理的生活开支。

特别奖项

斯伦贝谢复杂物理系统基金

1. 从斯伦贝谢公司收到的用以支持多尺度模型研究工作的款项,构成一项基金,称为斯伦贝谢复杂物理系统基金。

名称与目的

2. 本基金受一个由下列成员组成的经理委员会的管理:

经理

(a) 应用数学和理论物理学系的主任,并由其担任主席之职;

(b) 3名由学部总委员会任命的人员,其中一人的任命应经由斯伦贝谢剑桥研究中心的提名;

(c) 复杂物理系统斯伦贝谢教授;

(d) 1名由数学学部委员会任命的人员;

(e) 不超过2名的由经理酌情增选的人员。

列于上述(b)—(d)项的经理应在米迦勒学期中进行任命,从其任命后的1月1日起任职4年。列于上述(e)项的经理,其任职期间从增选之日到该年度的12月31日,或下一个年度的12月31日,由经理在增选时确定。

3. 本基金收入的第一项支出应该用于提供由大学支付的有关复杂物理系统斯伦贝谢教授以及作为基金支出的学部总委员会设立类似职位的获得者的津贴、国民保险、退休金缴纳款和相关的间接费用。

教授

4. 根据第3条的规定提供这些款项以后,本基金的收入应在经理的酌情考虑之下用于向应用数学和理论物理学系的多尺度模型研究工作提供支持。

5. 在一个财政年度,本基金任何未使用的收入既可增加到本基金的本金之中,也可累积起来作为随后年度的收入,由经理决定。

未使用收入

肖菲尔德奖

1904年《捐赠》,第400页

章程E,第三十章

1. 由1853年去世的皇家希腊语教授詹姆斯·肖菲尔德的朋友捐赠的,

名称与目的

旨在鼓励《圣经》的批判性研究的基金,应当用于提供这方面的奖项,称为肖菲尔德奖。

奖项　　2. 应设立一个或多个初级奖项和一个或多个高级奖项。奖学金价值不得超过本基金的可用收入,其总额每次应由神学学部委员会经校务理事会批准后决定。初级奖项的授奖者应是神学与宗教研究文学士荣誉学位考试第二部分 A 与第二部分 B 和神学与宗教研究学位的考试官,高级奖项的授奖者应是神学与宗教研究哲学科学硕士学位考试的考试官。

3. 初级奖项应开放给神学与宗教研究文学士荣誉学位考试第二部分 A 与第二部分 B 和神学与宗教研究学位的申请者,高级奖项应开放给在神学与宗教研究哲学科学硕士学位考试中提交有关《圣经》(包括希腊文的《新约圣经》)的批判性研究主题论文的申请者。

价值　　4. 在每年的米迦勒学期,神学部委员会应确定其打算提供奖项的数量和价值,以及荣誉学位考试各部分的试卷或旨在检测申请者之《圣经》(包括希腊文的《新约圣经》)知识的学历考试的试卷。

威廉·M.绍尔博士讲师基金

名称　　1. 从绍尔基金会获得的对本大学中的一个神经病学讲师职位(称为威廉·M.绍尔博士讲师职位)为期三年的总额为 150 万英镑的捐赠,应构成一项基金,称为威廉·M.绍尔讲师基金。

基金收入的使用　　2. 由本大学支付的有关威廉·M.绍尔博士神经病学讲师的津贴、国民保险和退休金缴纳款,应从本基金中缴付。

3. 如果且当本基金的收入超过了应由本大学支付的有关威廉·M.绍尔博士神经病学讲师的津贴、国民保险、退休金缴纳款和相关的间接费用的总额时,超过该总额的收入可用来为讲师的工作提供支持,具体方式由学部总委员会在征得临床医学学部委员会建议后批准。

未使用收入　　4. 在一个财政年度内,本基金中任何未使用的收入可根据第 3 条的规定供后继年度之花费。

施罗德日本研究图书基金

由施罗德投资管理有限公司捐赠给本大学的款项,应构成一项基金,称为施罗德日本研究图书基金。本基金的收入应在亚洲和中东研究学部委员会的酌情决定下,用来为亚洲和中东研究学部图书馆购买有关日本研究的书籍和其他材料。

A. W. 斯科特基金

1. 由 A. W. 斯科特遗赠的用以促进物理科学发展的款项,应构成一项基金,称为 A. W. 斯科特基金。 名称

2. 被称为斯科特讲座的短期讲座课程,应每年在物理学系举办。其讲师称为斯科特讲师,应由物理和化学学部委员会任命,并应从 A. W. 斯科特基金的收入中支付其报酬,其数额应由学部委员会随时确定。 讲师

3. 物理学系的主任可从每年支付给讲师报酬以后的基金收入的剩余部分中:

(a) 向物理学系在册的研究生提供赞助; 赞助

(b) 支付在该系举行的科学会议的费用。 会议

4. 本基金的剩余收入应拨付至物理学系可用基金中,用作一般性目的。 剩余收入

西 顿 奖

1904 年《捐赠》,第 369 页

1. 每年应为一首以颂扬上帝荣誉和道德劝慰为主题的诗歌,设立一个西顿奖。 奖项

2. 应由三名评定者授出本奖,应在每年的四旬斋学期任命评定者,神学部委员会提名其中的两名,英语学部提名另外的一名。每名评定者的报酬应从西顿基金中支付,除非没有参赛作品提交,否则其报酬可由神学学部委员会在校务理事会随时批准的范围内决定。 评定者

3. 本奖竞争资格向所有评议会成员和所有拥有艺术硕士学位的人员开放。 谁有资格申请

4. 在其获得任命之后的米迦勒学期中,评定者应向公众公告本奖项的主题,且所有参赛作品须在次年的 9 月 30 日以前递交给教务长。 主题、宣布时间

5. 申请者应向教务长提交其参赛作品的三份副本。该参赛作品应采取印刷本或打印本的形式;应附有格言但不得出现申请者的姓名,并应附一个密封的信封,信封外有与参赛作品上相同的格言,信封内有申请者的姓名和学院名称。 提交给教务长的参赛作品

6. 获胜的申请者应获得的奖金是基金在支付完评定者以后的净收入。 奖项的价值条件

7. 获胜的申请者应向大学图书馆交存一份其诗歌的印刷本或打印本副本。

塞奇威克奖

1904 年《捐赠》，第 404 页

奖项　　1. 一项称为塞奇威克奖的奖项，应每隔一年授予关于地质学或类似科学中的主题的最佳论文。

谁有资格申请　　2. 本奖应开放给所有的大学职员和学院的院士，以及受雇于大学的在地球科学和地理学学部进行研究的人员，且其在论文提交前的 12 个月中应有 60 天居住在本大学。

论文　　3. 应在 2007 年 10 月 1 日的当天或之前将论文提交给教务长；此后每隔一年均依此照办。所有论文均须清晰书写，或印刷，或打印。申请者可自由地在其论文中引用其已经出版的材料，但最好是提交一份与其全面研究有关的报告。

价值　　4. 获胜的申请者应获得本基金两年的纯收入，不过当没有文章被认为值得授予本奖项时，此金额应增加到基金的本金之中。

评定者　　5. 评定者应由沃华德地质学教授和两名经地球科学和地理学学部委员会提名由学部总委员会任命的人员组成。除非没有论文提交，两名由学部总委员会任命的评定者应获得本奖项基金的收入，具体数额应由地球科学和地理学学部委员会在校务理事会随时批准的范围内决定。

6. 如果评定者因生病或其他原因而无法进行评定，则应由学部总委员会在地球科学和地理学学部委员会提名的基础上任命一个代理人。

7. 在 2006 年米迦勒学期任命的评定者应任职到 2008 年的四旬斋学期末，亦即，直至奖项授出。新的评定者应在 2007 年的米迦勒学期任命，在经与即将离任的评定者协商以后，他们应为在 2010 年的四旬斋学期授予的奖项的参评论文确定一个主题；此后每隔一年均依此照办。

8. 在 2006 年米迦勒学期任命的评定者应于 2008 年四旬斋学期中的某个时间授予本奖项，与此同时，沃华德地质学教授应当公布下一次论文的主题；此后每隔一年均依此照办。

9. 经听取地球科学和地理学学部委员会的建议，本大学有权通过动议随时变更和修改本计划。

塞奇威克·罗格基金

名称　　1. 由 W. 塞奇威克·罗格少校捐赠的款项应构成一项基金，称为塞奇威克·罗格基金。W. 塞奇威克·罗格是亚当·塞奇威克·罗格教授——塞奇威克地质博物馆（现称塞奇威克地球科学博物馆）是为纪念他而建立的——的一个侄孙。

2. 本基金的本金和收入应当用于塞奇威克地球科学博物馆，由博物馆的馆长和监理会共同决定，并应取得沃华德地质学教授的同意。　　使用

约翰·罗伯特·西利社会和政治研究讲师

1. 每两年举行一次的约翰·罗伯特·西利社会和政治研究讲座，应由一名经历史学学部委员会任命的非本大学的杰出学者在每逢偶数年头的米迦勒学期举办。　　名称

2. 该讲师应在其任命之后的下一个学年的四旬斋学期中，以英语开设一门不少于四次且不多于六次讲座的课程。　　讲座

3. 支付给讲师的津贴应由学部总委员会在听取历史学学部委员会的建议后决定。讲师也应获得有关旅行和生活等方面费用的补贴，由学部总委员会在听取历史学学部委员会的建议后决定。　　津贴

西　利　勋　章
1904 年《捐赠》，第 363 页

1. 本勋章应称为西利奖章。　　名称

2. 本勋章每年可授予瑟尔沃尔奖或亲王奖（视情况而定）的一名申请者，在这一年其学位论文被评审者认定为当获瑟尔沃尔奖或亲王奖。　　如何授予

3. 除第 1 条外，本规则可经听取历史学学部委员会的建议后通过动议进行变更；但在任何情况下，都应考虑本勋章的捐赠者纪念约翰·西利爵士的宗旨。

阿尔基斯·瑟拉芬纪念基金

1. G. M. 瑟拉芬先生和夫人为纪念其子——塞尔温学院的阿尔基斯·瑟拉芬而捐赠的款项，应构成一项基金，称为阿尔基斯·瑟拉芬纪念基金，以设立一个一年一次的以生物化学为主题的阿尔基斯·瑟拉芬纪念讲座。　　名称和目的

2. 阿尔基斯·瑟拉芬纪念讲师应由推选者在将要举办讲座那一年度的米迦勒学期进行任命。　　讲师的任命

3. 推选者应由生物化学威廉·邓恩爵士教授和一名由生物化学系的大学职员在米迦勒学期选拔任命的人员组成，由任命产生的该推选者应从任　　推选者

命之后的 1 月 1 日起任职三年。

讲师的薪金和费用
4. 推选者有权安排讲师，并决定从基金收入中向讲师支付薪金和费用。

七柱奖学金基金

名称和目的
1. 从七根智慧之柱信托基金接收到的捐赠以及其他可能由该信托基金贡献的款项或除此以外具有与此相同目的的捐款，构成一项基金，称为七柱奖学金基金，其目的是根据本规则的规定，促进古典学术的发展。

经理
2. 本基金的经理应是古典学学部委员会，其可将其对本基金的任何职能授予一个并非所有成员均为学部委员会成员的委员会。

谁有资格申请
3. 本基金的收入应当用于提供一个或多个年度奖学金，称为七柱奖学金，应开放给所有在古典学学部在册攻读哲学硕士学位的学生或打算注册攻读哲学硕士学位的学生。

主题范围
4. 奖学金应用以促进古典学学部领域内的任何主题的研究，该研究应符合规范哲学硕士学位的条例的规定。当有另外一个或更多的奖学金申请者在经理看来同等优秀，则应优先考虑选择艺术或考古作为研究领域的申请者。

申请者能力
5. 经理可采取其认为合适的方式去考察申请者的能力，但不得通过竞争性考试的方式授予本奖学金。

申请、选拔和通告
6. 任何古典学学部哲学硕士学位的申请者，均应被视为是本奖学金的申请者。应在学部委员会决定的日期举行选拔，不得迟于第一个学期前的 9 月 30 日。所有获奖的申请者的姓名将刊登在《通讯》上。

奖学金存续期
7. 每个奖学金的存续期从选拔之日后的米迦勒学期开始，直到下一个 9 月 30 日止。不可二次参选。

奖金
8. 奖学金的奖金数额不得超过基金的可得收益，应由经理在校务理事会随时批准的范围内决定。该奖金应按照经理随时决定的分期款项进行支付，但经理如果不满意学生的表现，即其未能足够勤奋地进行其研究，则经理可扣留任何期次的分期款项。

未使用收入
9. 在任何年度，本基金任何未使用的收入（无论是因为在该年度没有足够优秀的申请者获得本奖项，还是其他原因）应结转以作以后年度支出之用。

10. 上述规则可经动议修改，但第 1 条、第 3 条和第 4 条所规定的本基金的主要目标应始终保持不变。

大卫·塞克斯顿基金

1. 为纪念斯科特极地研究所的研究生、伊曼纽尔学院的大卫·詹姆斯·塞克斯顿——于1989年8月16日在天山山脉的南伊尼勒切克冰川遇难——其家人和朋友向本大学捐赠的款项形成的投资，应构成一项基金，称为大卫·塞克斯顿基金，以促进极地和高山地区的科学和环境方面的研究以及这些区域的自然环境的保护。

2. 本基金的收入和累积的任何未使用的收入，应在斯科特极地研究所主任的酌情决定下用于采购研究所图书馆所需的，主题与第1条所提及领域相关的书籍。

马尔马杜克·歇尔德基金

1. 由1922年8月4日去世的唐宁学院的阿瑟·马尔马杜克·歇尔德遗赠给本大学的款项，应构成一项基金，称为马尔马杜克·歇尔德基金。该基金应遵照捐赠人在其遗嘱中所述的如下意愿进行使用：

鄙人捐赠给剑桥大学医学院的……剩余信托基金应按照以下方式加以使用：

首先用于设立一个总价值为100英镑的人体解剖学奖学金，称为马尔马杜克·歇尔德奖学金；

其次用于剑桥大学医学院的一般目的和利益，且该奖学金的持续期间和条件以及剩余信托基金的使用的一般目的应按照剑桥大学医学研究委员会确定的方式进行决定。

为实现这些条件起见，"剑桥大学医学院"应视为包括生物学和临床医学学部。

2. 本基金的经理应是：(a) 生物学学部委员会主席；(b) 临床医学学部委员会主席；(c) 两名由生物学学部委员会任命的人员；(d) 两名由临床医学学部委员会任命的人员。列于(c)项和(d)项的成员应从其任命之后的1月1日起任职三年。基金经理主席应由前述(a)项和(b)项的成员轮流担任，每人每次一年。生物科学院的秘书担任经理秘书。

3. 在向马尔马杜克·歇尔德奖学金提供支付后，本基金的收入应该在经理的酌情决定下，按照其确定的条件，用于与第1条所述的捐赠者意愿相符合的任何目的。

4. 经理提出的有关本基金本金使用的所有提案，应同时得到生物学学

赞助	部委员会和临床医学学部委员会的批准。 5. 除非经三名以上的成员同意，否则经理的任何决议均为无效。 6. 申请本基金赞助的申请书应通过相关系主任提交给经理秘书。

马尔马杜克·歇尔德奖学金

名称	1. 应利用阿瑟·马尔马杜克·歇尔德的遗赠设立一个人体解剖学马尔马杜克·歇尔德奖学金。
谁有资格申请	2. 有资格申请本奖学金的人应是入学不超过三年的大学生，以及入学不超过四年的文学士，其已经通过了第二医学硕士考试或者豁免了第二医学硕士考试，并须在以解剖学作为其学科之一的医学和兽医学荣誉学位考试的第一部分B中获得优等成绩。
奖项公告	3. 生理学、发展和神经系统科学系主任应在每年的米迦勒学期向申请者发布一个通告。申请者名单应在每年7月6日前递交到教务长处以提交给系主任。应在前述考试结果公布以后颁发奖学金。
授奖者	4. 授奖者应是皇家医学教授，生理学、发展和神经系统科学系主任或由其任命的该系的一名学术工作人员，第三名成员每年由生物学学部委员会任命，其任命不得迟于复活节学期的期末。 5. 授奖者不仅应考虑申请者在解剖学考试中的表现，还应考虑生理学、发展和神经系统科学系教职工关于申请者作为解剖学专业学生在实践和理论工作中的总体能力和业绩的报告。 6. 本奖学金的持续期间为一年。从授奖之后的10月1日开始计算，除非授奖者决定其他时间。奖学金获得者可在第二年连选连任，并因此而享有对载于第2条之规定的豁免。
价值	7. 本奖学金的奖金应是生物学学部委员会经与临床医学学部委员会磋商后，在校务理事会随时批准的范围内确定的总额。
奖学金获得者的义务	8. 未能在自然科学荣誉学位考试第2部分获得优等成绩的获奖学生，应申请参加本奖学金持续期间第一年的解剖学荣誉学位考试，除非他或她已获得该资格。在选拔前已经在前述考试中获得优等成绩或已经获得该资格的获奖学生，应开始一个经生理学、发展和神经系统科学系主任批准的人体解剖学的研究课程，并在该主任或其因此而从该系学术工作人员中任命的一人的监督下继续这项课程。
	9. 倘若在任何一年中，授奖者认为应授出第二个奖学金，则其可授予这样的奖项，那么第1条—第8条的规定亦应适用第二个奖学金及其获得者。

壳牌化学工程基金

由 2008 年 2 月 13 日第一号动议修改

1. 由壳牌石油集团捐赠给本大学以促进化学工程发展的款项应构成一项基金,称为壳牌化学工程基金。 　名称和目的

2. 本基金的管理工作应委托给五名经理。经理应为: 　经理
(a) 化学工程与生物技术系的主任,并由其担任主席之职;
(b) 化学工程与生物技术委员会的秘书,并由其担任经理秘书之职;
(c) 一名由壳牌石油集团任命的人员(或其代理人);
(d) 两名由化学工程与生物技术委员会任命的评议会成员。

列入(c)项和(d)项的经理应在米迦勒学期进行任命,从其任命后的 1 月 1 日起任职三年。

3. 本基金应当用于支付应经理的邀请来到剑桥大学的访问学者的费用,或支持化学工程与生物技术系的研究工作,或其他经理认为将有助于促进剑桥大学化学工程研究工作发展的任何目的。 　申请

4. 经理应在每年的米迦勒学期或其认为合适的其他时间举行会议。除非经其三名以上的成员同意,否则经理的任何决议均为无效。 　会议和法定人数

5. 经理应在每年的四旬斋学期向化学工程与生物技术委员会报告本基金在过去一个学年中的管理情况。 　年度报告

6. 按照上述规则的规定,经理可就其会议程序和基金的管理工作作补充规定。 　程序

肖尔语言教学基金

1. 由一匿名捐赠者捐赠而构成的款项应构成一项基金,称为肖尔语言教学基金。 　名称

2. 本基金的经理应是古典学学部委员会,其可将其对本基金的任何职能授予一个不必然由该学部委员会所有成员组成的委员会。 　经理

3. 本基金收入的第一项支出应是用于提供由大学支付的一名高级语言教学职员的津贴、国民保险金、退休金缴纳款以及相关的间接费用。 　高级语言教学职员

4. 按照第 3 条的规定提供资金以后,本基金应当以经经理确定的方式向古典学学部的语言教学工作提供资助。

5. 在一个财政年度,任何未使用的收入可依据第 4 条的规定以供随后一年或多年的花费。 　未使用收入

凯瑟琳·马奇·肖特癌症基金

1. 由哈罗德·乔治·肖特为纪念其妻子凯瑟琳·马奇·肖特而捐赠给本大学的款项,应构成一项基金,称为凯瑟琳·马奇·肖特癌症基金,其本金和收入应当用于支持人类癌症的研究工作。

2. 本基金应由肿瘤系主任在咨询皇家医学教授后进行管理。

诺曼·道格拉斯·辛普森纪念基金

名称   1. 由三一学院的文科硕士诺曼·道格拉斯·辛普森的遗嘱执行人——威廉·T.斯特恩博士和帕特里克·柏瑞楠先生捐赠给本大学的款项应构成一项基金,称为诺曼·道格拉斯·辛普森纪念基金。

目的   2. 本基金的年收入应当用来出版不列颠诸岛植物品种的诺曼·道格拉斯·辛普森收藏品,购买任何该收藏品中尚未包括的书籍或小册子,这些书籍或小册子记录有不列颠诸岛植物品种的出现或分布情况,特别是那些涉及某些地区、某些县或者某些较小地区的书籍或小册子。通过本基金购买这些书籍或小册子,应配一个特制的藏书票或印章以作标示。

3. 在任何一个财政年度中,本基金收入的剩余部分可用于收藏书籍的修复和装订费用。

经理   4. 本基金的经理应是植物科学系的植物学教授和植物标本馆的监理。

报告   5. 有关本基金在前一个财政年度的支出的报告应由植物学教授递交给植物学院的主任,大英博物馆(自然历史博物馆)、植物标本馆的馆长,英国皇家植物园和邱园的园长。

希姆斯基金和奖学金

名称   1. 由阿格尼丝·玛丽·希姆斯夫人所捐赠的款项应构成一项基金的本金,该基金应被称为希姆斯基金。

经理   2. 本基金收入的管理工作应委托给7名经理。经理的组成为:校长(或经其正式任命的代理人),由其担任主席之职;6名评议会成员,由物理和化学学部委员会任命其中的两名,数学学部委员会任命两名,临床医学学部委员会任命两名。应在米迦勒学期任命经理,从其任命之后的1月1日起任职4年。

法定人数   3. 经理在其认为合适的时候举行会议。除非经其大多数成员同意,否则经理的任何决议均为无效。如果该决议不是通过会议的形式提交审议的,则任何一名经理均可要求召开会议讨论该决议。如果经理的票数对等,则主席有权作第二次投票或投决定票。

4. 本基金的收入应用来设立一个奖学金,称为希姆斯奖学金,应授予给在物理学、化学、数学、医学学科,或在其中任何一个学科中有突出贡献和发展前途的人员。 _{目的}

5. 奖学金的年度价值应由经理在本基金年度纯收益的范围内根据收到的奖学金申请数量进行确定。 _{价值}

6. 除下文另有规定外,奖学金的持续期间应为3年。 _{奖学金持续期间}

7. 奖学金的获得者应由经理在经物理学和化学学部学位委员会、数学学部学位委员会和临床医学学部学位委员会轮流推荐申请者中选拔。关注这一特别选拔的学位委员会应亲自面试那些其认为最值得当选的候选人,并应考虑到这些申请者的个人资质及其学术记录。 _{选拔}

8. 本奖学金应开放给已经获准攻读某个学位的剑桥大学的所有成员,但每一申请者应: _{谁有资格申请}

(a)出生在大不列颠,或只要北爱尔兰仍留在英国,则应包括出生在北爱尔兰;或(b)父母为英国籍的孩子,以其出生时父母国籍为准。

9. 在每年授予奖学金当年的四旬斋学期到来以前,经理应公布一个关于奖学金授予日期、奖学金申请方式的通告,并且教务长亦相应地通知有关的学位委员会。奖学金的选拔应在通告发布后的大学暑假结束以前进行。 _{选拔的通告}

10. 获奖学生有义务致力于从事经经理批准的研究课程,并接受由经理任命的一个监督者的督导。获奖学生须在奖学金持续期间每年的年底向经理提交一份经监督者鉴定过的研究成果报告。 _{获奖学生的义务}

11. 获奖学生应致力于从事任何大不列颠研究机构的研究课程,其须取得经理相应的批准,但经理应酌情给予获奖学生在奖学金持续期间离开不列颠从事研究的机会。如果经经理批准的研究机构是伦敦的某个综合性医院,则该研究机构,如果可能的话,应是圣巴塞洛缪医院。

12. 在奖学金的持续期间,未经经理允许,获奖学生不得在某个学院获得除奖学金以外的奖励资格。

13. 获奖学生的奖金应以半年度分期付款的形式提前支付,但如果经理不满意获奖学生的表现,即其未能足够勤奋地从事其课程的研究,则经理可终止该奖学金。一旦按此终止了奖学金,则经理有权向其提供抚慰金——当经理认为这是合理的时候。 _{支付}

14. 在根据第4条和第5条的规定向奖学金提供资金后,本基金中任何未使用的年度收入或累积的收入,在经理的酌情决定之下可用来: _{未使用收入}

(a) 根据类似条件授予第二个奖学金;或

(b) 延长某一现存奖学金的持续期间至第 4 年或第 4 条的一部分;或

(c) 在经有关学位委员会的提议后,向研究生颁发补助金,该研究生在第 4 条所订明的所有科目中有突出的表现但由于不是本大学的研究生而没有资格申请本奖学金。这些补助金应符合经理认为合适的条件。

经理的权力

15. 在任何时候,如果经理认为依照本规则的规定来使用本基金的收入,不是方便有效的,则本大学在经经理建议后,有权使用本基金的本金或其任何部分,按照可能处于其绝对的酌情决定权之下的所有方式,以促进大不列颠的教育或研究工作,但因此有限期间的在大不列颠以外的教育或研究工作不应被排除。

奥列斯特和弗洛伦斯·希南尼德基金和奖学金

名称和目的

1. 由本大学根据已故奥列斯特·希南尼德博士遗嘱而获得的捐赠,应构成一项基金,称为奥列斯特和弗洛伦斯·希南尼德基金,其收入应用来提供一项奖学金,称为奥列斯特和弗洛伦斯·希南尼德奖学金。在经理的总体监督之下,奥列斯特和弗洛伦斯·希南尼德奖学金的获得者有义务从事目的在于减轻与其他系统有关的循环系统疾病的研究工作。

经理

2. 本基金的经理应为:

(a) 皇家医学教授;

(b) 医学教育机构的主任;

(c) 一名由校长任命的作为格里姆肖—帕金森基金经理的人员;

(d) 其他任何由临床医学学部委员会临时任命的人员。

奖学金

3. 本基金的收入应当用于维持一项奖学金,每三年授予一次,并且其持续期间为三年。

资格

4. 奖学金应开放给所有持有一个或多个医学士、外科学士、医学硕士和医学博士学位的本大学成员。

奖项通报

5. 在预计会出现奖学金空缺之日前至少六个月,或发生任何临时空缺之时,经理应按照本规章的规定公布所提供的奖学金,并应公布详细资料,包括奖学金的申请方式、申请者的资格以及义务、奖学金的持续期间及价值。

未使用收入

6. 如果在任何一年中发生了奖学金空缺的情况,则未使用的收入应增加到本基金的本金之中。

信 达 尔 奖

1. 本大学从威廉·信达尔上市公司获得的款项应构成一项基金,称为信达尔奖基金,其收入应当用于提供一个信达尔奖项。本奖项的价值应是该基金的年度收入。 　　奖项

2. 本奖项应由三名评定者授予,分别是建筑系的主任和两名经建筑与艺术史学部提名、由学部总委员会任命的人员,其中一人应具有建筑行业的知识或经验。 　　评定者

3. 在其每年的最后一次会议上,建筑学专业学位第一次和第二次考试的考试官应评定出三件最佳的设计作品,该作品由申请者提交以作为这些考试中工作室作品的一部分。这些设计应提交给评定者,由其将本奖项授予给其认为对建筑风格、选择和使用材料给予最多注意的设计作品,或可能创造了一个时期建筑结构模式的设计作品。 　　如何授予

西斯梅基金

西斯梅基金的收入应由兽医学学部委员会加以支配,根据该学部委员会确定的条件,用于授出与兽医学系有关的奖项。

查尔斯·斯莱特基金

1. 由已故的圣约翰学院医学士、文学硕士查尔斯·斯莱特捐赠给本大学的款项,"以任何方式促进与医学或附属于医学的其他科学相关的教学和研究工作",应构成一项基金,称为查尔斯·斯莱特基金。 　　名称和目的

2. 本基金的收入应当用来促进医学的教学和研究工作。

3. 本基金的经理应是:(a) 生物学学部委员会的主席;(b) 临床医学学部委员会的主席;(c) 两名由生物学学部委员会任命的人员;(d) 两名由临床医学学部委员会任命的人员;(e) 一名由兽医学学部委员会任命的人员。列入(c)项、(d)项和(e)项的人员的任期为三年,从其任命后的1月1日起计算。经理的主席应由列入(a)项和(b)项的人员轮流担任,每人每次一年。生命科学学院的秘书担任经理秘书。 　　经理运作

4. 除非经至少四名以上的成员同意,否则经理的任何决议均为无效。 　　法定人数

5. 经理可向本大学的职员或其他人员从事医学或附属于医学的其他科学的研究费用、与研究有关的旅行费用或为研究教学方式的旅行费用提供 　　赞助

赞助,但应优先考虑医学专业的大学生。

申请　　　6. 申请本基金赞助的申请书应通过有关学院的主管提交至经理秘书处。

艾略特·斯莱特精神病学奖

基金与目的
名称
　　1. 由精神病学学院通过获得捐赠而提供的款项,应构成一项基金,为精神病学领域的主题论文提供一个年度奖项。

　　2. 本奖项的名称为艾略特·斯莱特精神病学奖,以纪念圣约翰学院的医学博士 E. T. O. 斯莱特。

谁有资格申请
　　3. 本奖项应开放给所有正在剑桥从事临床研究的本大学成员和本大学医学学士毕业考试第一部分最后一次考试的报考者①。

如何授予
　　4. 本奖项的授予者由精神病学教授和两名经临床医学学部委员会提名、由学部总委员会任命的评定者组成。评定者可酌情对申请者加以口试考核。

价值　　　5. 本奖项的价值为基金的年度收入。

通告　　　6. 在每年的米迦勒学期,精神病学教授应当发布一个关于本奖项的通告,公告:

（a）申请者论文主题所应选择的精神病学的特定领域;

（b）论文提交的最后日期;

但这一论文提交的日期距离该通告发布之日不得少于6个星期。

如未能授出
　　7. 倘若本奖项在某一年中未能授出,则此年度的收入应增加到基金的本金之中。

斯劳特和梅奖

名称　　　1. 由斯劳特和梅每年提供的款项,应当用来设立一个斯劳特和梅奖。

如何授予
　　2. 本奖每年由法学荣誉学位考试第 2 部分的考试官授予在该部分考试中表现最佳的申请者。

弗兰克·斯玛特植物学奖学金

名称　　　1. 本奖学金称为弗兰克·斯玛特植物学大学奖学金,并应专门用于促

---

① 医学学士毕业考试第一部分在四旬斋学期(1—3月中旬)和12月份举行。——校者注

进植物学的研究工作。

2. 本奖学金的奖金为 50 英镑,或比此更多但不超过本基金年度收入的结余,由选拔者根据具体情况考虑获奖学生可能获得的其他财政资源以后确定。 价值

3. 获得本奖学金的资格为: 谁有资格

(a) 本大学的毕业生,但从其就读的第一个学期起不超过 18 个完整的学期;

(b) 研究生,尚未从本大学毕业,但从其就读的第一个学期起不超过 9 个完整的学期。

4. 本奖学金的选拔者应由冈维尔与凯斯学院的院长、植物学教授和一名由生物学学部委员会在米迦勒学期任命的、从任命后的 1 月 1 日起任职两年的人员组成。 选拔者

5. 成功的候选人应在本大学从事植物学方面的研究。 义务

6. 应由植物学教授来确定从事研究的条件及进行研究的场所。 条件

7. 本奖学金的持续期间分为一年、两年和三年,具体应由选拔者决定;持续期间为一年或两年的获奖学生可连选连任,但最多不超过三年。倘若选拔者对获奖学生的研究进展不满意,则其有权终止该生的奖学金。 奖学金持续期间

8. 应发布适当的通告,公布每次授奖的情况。在发生奖学金空缺时应做出相应的授奖。 授奖通告

9. 在奖学金空缺时,其收入应增加到该基金的本金之中。 空缺

10. 曾获得弗兰克·斯玛特奖学金,或在选拔时正持有该奖学金的冈维尔与凯斯学院的成员,如符合资格,不得被剥夺获得该奖学金的资格。

11. 本基金所累积的任何未使用收入应在选拔者的酌情决定下,按照其每次确定的方式加以应用,以促进植物学的研究。 未使用收入

12. 除第 1 条外,本规则可经动议加以变更,但本基金的主要目标,即促进植物学的研究工作,须永远予以保留。 限制性条款

弗兰克·斯玛特奖

1. 弗兰克·斯玛特奖基金的年度收入应当用来提供一个弗兰克·斯玛特植物学奖和一个弗兰克·斯玛特动物学奖。 名称

2. 每一奖项的价值为本基金年度收入的一半。 价值

3. 本奖项应由一个委员会颁发,委员会由植物学教授、动物学教授和本奖项授予年度的自然科学荣誉学位考试中植物科学和动物学的考试官组成。 授奖者

除非该委员会三名成员出席,否则不得处理任何事务。

面向精通植物学和动物学的

4．弗兰克·斯玛特植物学奖应在每年的 6 月授予那些已通过自然科学荣誉学位考试的第一部分 B、就读不超过 10 个学期、被委员会认定最精通植物科学的本大学成员。弗兰克·斯玛特动物学奖应在每年的 7 月授予那些已通过自然科学荣誉学位考试的第二部分、并且就读不超过 13 个学期、被委员会认定最精通动物科学的本大学成员。

限制性条款

5．不得两次将奖项授予给同一申请者。

如未授予

6．当没有人员被认为应当获得任何一奖项时,则该奖项的可得款项应增加到基金的本金之中。

本规则可变更

7．上述规则可经动议加以变更,但本基金的主要目标,即促进本大学的植物学和动物学研究工作,须永远予以保留。

亚当·斯密奖捐赠基金

奖项

1．两项亚当·斯密奖每年应由经济学荣誉学位考试的第二部分 B 的考试官授出,具体情况如下:

(a) 亚当·斯密奖应授予在第二部分 B 考试中整体表现最佳的考生;

(b) 亚当·斯密学位论文奖应授予在第二部分 B 考试中提交最佳论文的考生。

价值

2．每一奖项的价值为基金年度收入的四分之一。

3．在授予本奖项时,考试官应主要考察所提交作品的质量,并应考虑到申请者的建设性能力以及其所掌握的科学原则,而不是其所显示出来的博学。

赞助

4．在根据上述规章的规定向亚当·斯密奖提供资金以后,基金年度收入的余额和所累积的任何未使用收入应由经济学学部委员会在经听取一个由当时经济学学部学位委员会的主席和秘书与其他由经济学学部委员会任命的人员(从其任命之后的 1 月 1 日起任职三年)组成的委员会的建议的基础上,酌情决定用于向正攻读一门经济学研究课程并且需要经济资助的在册研究生提供赞助。在考虑向该学生提供本基金的赞助时,学部委员会和经理应考虑到的依据不仅是经济困难的事实,还应包括其学术价值。

规则的修改

5．在听取经济学学部委员会建议的基础上,本大学可随时自由变更本条例规则的规定,但:

(a) 本基金应专门用于促进经济学的研究工作;

(b) 任何由本基金提供的奖项均应冠以"亚当·斯密奖"的名称,并且其授予应符合第 3 条的规定。

赫伯特·斯密法律冲突奖

1. 赫伯特·斯密先生每年捐赠的款项,应用来设立一个奖项,称为赫伯特·斯密法律冲突奖。 _{奖项}

2. 本奖应由法学荣誉学位考试第二部分的考试官授予那些在此次考试的法律冲突科目中表现最佳的报考者。 _{如何授予}

赫舍尔·史密斯研究奖学金基金

1. 由已故的赫舍尔·史密斯博士为支持剑桥大学博士后研究工作而向本大学捐赠的1725万英镑的款项,应构成一项基金,称为赫舍尔·史密斯研究奖学金基金。本基金的收入应当用于向一定数量的赫舍尔·史密斯研究员提供津贴、国民保险、退休金缴纳款以及其他间接费用和有关本基金的管理费用之目的。赫舍尔·史密斯研究员的数量由本基金的经理随时加以确定,由研究员所产生的这些费用须经经理批准。 _{名称与目的}

2. 由一个经理委员会负责本基金的管理和研究员的选拔工作,其组成为: _{经理}

(a) 一名分别由生物科学院和物理科学院任命的人员;

(b) 两名由学部总委员会任命的人员,由其中一人担任主席之职。

3. 经理应提前至少三个月通告其准备进行选拔的计划。其有权在某一年的选拔通告中表明将优先考虑从事(某一)特定领域研究的申请者。如果在任何一年中,经理认为没有合适的申请者而出现了奖项空缺,则经理无须举行选拔。 _{选拔与申请的通告}

4. 任何大学拥有博士后或同等学力的毕业生,但通常除哈佛大学和剑桥大学外,均有资格申请研究奖学金,但该研究员获得其博士学位或同等学力的日期距离本研究奖学金持续期间开始之日的时间不得超过三年。 _{奖学金持续期间}

5. 研究奖学金的期间至少为两年但不超过三年,并不得连任。 _{持续期间}

6. 研究员的义务是全职从事一个科目的研究,该科目由经理在纯数学、物理学、有机化学、生物化学、分子生物学领域中或与实验自然科学相关的领域(但不包括科学史与科学哲学)中进行确定。这项研究工作应在剑桥大学(除非在特殊情况下经理许可在其他地方进行)内进行并应遵守经理施加的所有条件的规定。任何载有在研究奖学金持续期间的研究成果的书籍、文件或其他出版物,研究员在切实可行范围内应使用"赫舍尔·史密斯研究员"的头衔。 _{义务}

教学工作　　7. 研究员在经理许可的情况下，可承担每星期不超过 6 个小时的有偿教学工作，而不会遭受研究员津贴的任何扣减。

津贴　　8. 研究员的年度津贴应是由经理在校务理事会随时批准的范围内所确定的数额。

赞助　　9. 经理应从本基金中为任命研究员时所产生的费用提供赞助。其亦有权向研究员的研究工作提供赞助，但前提是本基金的收入可承担这些费用。

津贴的限制条件　　10. 经理根据对研究员研究工作进展报告的批准情况，向研究员支付津贴或津贴的分期款项。经理可将对研究员报告的审议工作授予其一名或更多成员。倘若经理认为研究员不合适继续持有该职位，则其可随时终止该研究奖学金。

11. 研究员应告知经理其获得的其他所有奖项的津贴，或他或她打算从事的其他非由经理根据第 6 条和第 7 条的规定而批准的研究工作。在收到此类信息时，经理应考虑是否应当减少研究员津贴。

未使用收入　　12. 依据第 1 条和第 9 条的规定向研究奖学金提供资金后，任何财政年度本基金中的任何未使用收入，在经理的酌情决定下，可：

(a) 增加到本基金的本金之中；

(b) 累积起来以作随后年度收入之用；

(c) 用来促进本大学在第 6 条所指定的一个或多个领域中的研究工作。

年度报告　　13. 经理应当每年向学部总委员会报告其对本基金的管理情况。

赫舍尔·史密斯药物化学实验室基金

基金　　1. 从剑桥大学美国之友这一机构中获得的为赫舍尔·史密斯药物化学实验室捐赠的款项，应构成一项基金，称为赫舍尔·史密斯药物化学实验室的维修和翻新捐赠基金，简称赫舍尔·史密斯药物化学实验室基金。

目的　　2. 本基金的收入应当用于赫舍尔·史密斯药物化学实验室的维修和翻新工作，其应以赫舍尔·史密斯药物化学教授批准的方式进行使用。

未使用收入　　3. 在任何财政年度中，本基金中任何未使用收入应累积起来作随后年度收入之用。

赫舍尔·史密斯知识产权法讲师基金

名称与目的　　1. 由赫舍尔·史密斯博士为设立一个知识产权法大学讲师职位而向本大学捐赠的 250 万美元，应构成一项基金，称为赫舍尔·史密斯知识产权法讲师基金。

2. 本基金收入的第一项支出应是提供由本大学支付的讲师的津贴、国民保险、退休金缴纳款以及相关的间接费用。 　讲师职位

3. 根据第 2 条的规定提供资金后,本基金的收入应当用于支持法学院的知识产权法的教学或研究工作,并应以学部总委员会在听取法学学部委员会建议的基础上批准的方式进行使用。

4. 在任何财政年度中,本基金任何未使用收入应增加到本基金的本金之中。 　未使用收入

赫舍尔·史密斯药物化学讲师基金

1. 由赫舍尔·史密斯博士在 1982 年捐赠基础上追加给大学的、以在药物化学学院设立一个大学职位的 100 万美元,以及为在药物化学学院设立一个大学讲师职位而捐赠的 235 万美元,应构成一项基金,称为赫舍尔·史密斯药物化学讲师基金。 　名称

2. 本基金收入的第一项支出应是提供由本大学支付的两位赫舍尔·史密斯药物化学讲师的津贴、国民保险、退休金缴纳款以及相关的间接费用。 　讲师职位

3. 学部总委员会在与临床医学学部委员会和物理与化学学部委员会磋商后,可随时设立一个单一任期的职位,以替代两个讲师席位中的一个。在这单一任期职位所存在的任何期间中,本基金的收入应按照上述第 2 条的规定进行安排,但支付给该赫舍尔·史密斯药物化学讲师的所有费用应该与支付给依据本条设立的职位的所有费用相同。

4. 在任何财政年度中,本基金任何未使用收入应增加到本基金的本金之中。 　未使用收入

赫舍尔·史密斯药物化学研究奖学金和奖学金基金

1. 由赫舍尔·史密斯博士为支持剑桥大学博士后和研究生在药物化学领域的研究工作而向本大学捐赠的款项,应构成一项基金,称为赫舍尔·史密斯药物化学研究奖学金和奖学金基金。 　名称

2. 本基金的经理应为: 　经理
（a）分别由自然科学院理事会和临床医学院理事会任命的 1 名人员;
（b）赫舍尔·史密斯药物化学教授。
列入（a）项的经理应在米迦勒学期任命,从其任命以后的 1 月 1 日起任职三年。

3. 本基金的收入,应当在经理的酌情决定之下用于:

研究员	（a）提供赫舍尔·史密斯研究员的津贴、国民保险、退休金缴纳款以及相关的间接费用，其应在药物化学领域从事了至少3年的研究。本研究奖学金的持续期间不超过两年。研究员的年度津贴应由经理决定。
奖学金	（b）向那些已经或即将注册药物化学领域博士学位的人员提供奖学金。本奖学金的持续期间最初为一年，获奖学生可连选连任，但此后最多三年。
	4. 在每年的米迦勒学期，经理应发布一个通告，告知奖项授予的日期、提交申请的方式。
	5. 任何载有在研究奖学金或奖学金持续期间的研究成果的书籍、文件或其他出版物，在切实可行范围内应使用"赫舍尔·史密斯研究员或大学生"的头衔。
未使用收入	6. 在任何一个财政年度中，本基金任何未使用的收入既可增加到本基金的本金之中，也可累积起来以作为随后年度的收入，由经理决定。

赫舍尔·史密斯研究生研究奖金和研究员研究奖金基金

2008 年 3 月 5 日第二号动议

名称与目的	1. 依照已故的赫舍尔·史密斯博士的捐赠意愿，从哈佛大学获得的款项，应构成一项基金，称为赫舍尔·史密斯研究生研究奖金和研究员研究奖金基金，其应被用于促进和鼓励生物化学、分子生物学、有机化学以及相关领域的研究工作。
经理委员会	2. 本基金应由一个经理委员会来进行管理，该经理委员会应由五名经学部总委员会在与生物科学院理事会和物理科学院理事会磋商后任命的人员组成。委员会的成员应从其任命以后的1月1日起任职四年。
委员会义务	3. 委员会应每年至少召开一次会议，并应与哈佛大学的赫舍尔·史密斯咨询委员会定期举行会议，以确定授予奖项的领域以及其他具有共同利益的事项，实现已故赫舍尔·史密斯博士寻求加强剑桥大学和哈佛大学合作的意愿。
谁有资格	4. 本基金应当用来向本大学由委员会所确定的一定数量的赫舍尔·史密斯研究生研究奖金和研究员研究奖金提供支持。为了获得研究生研究奖学金的资格，申请者已获准攻读的研究课程须是列入本奖学金公布的或为本奖学金接纳的研究领域之内，或申请者须已经被研究生教育委员会接纳为本大学的在册研究生。而对于研究员，获得研究员研究奖金的资格是：研究员任命之日距其获得本大学或哈佛大学博士学位之日的时间不得超过三年。
价值	5. 研究生研究奖金和研究员研究奖金的价值由委员会在经与哈佛大学

的赫舍尔·史密斯咨询委员会磋商和考虑获奖学生可获得的任何其他财政来源以后进行确定。获奖学生获得的奖金包括大学或学院的学费、一笔生活费和一笔部门费用。

6. 研究生研究奖金和研究员研究奖金的持续期间为一年或一年以上，具体由委员会确定；在委员会的酌情决定下，奖学金的持续期间可延期。 赞助

7. 经理应安排基金补助金，用以支付任何与哈佛大学有关的讨论会、会议或其他安排的费用，意在为促进赫舍尔·史密斯研究生及研究员的研究而提供支持，并支付授予奖项的管理成本。

8. 任何载有在研究生研究奖金或研究员研究奖金持续期间所获得研究成果的书籍、文件或其他出版物，在切实可行范围内应使用"赫舍尔·史密斯研究生"或"赫舍尔·史密斯研究员"的头衔。

9. 在任何一个财政年度中，本基金任何未使用的收入，依据第 4 条和第 7 条的规定，可累积到本基金的本金之中或供随后一年或多年之花费。 未使用收入

希拉·琼·斯密研究基金

1. 由宾夕法尼亚州的赫舍尔·史密斯博士捐赠给本大学的款项应构成一项基金，称为希拉·琼·斯密研究基金。 名称

2. 本基金的收入应当用于与本大学的医学研究和临床研究有关的目的，应处于皇家医学教授的绝对自由裁量之中。 目的

3. 本基金年度收入的余额既可增加到本基金的本金之中，也可累积起来以作为随后年度的收入，由皇家医学教授决定。 未使用收入

斯密—奈特奖和雷利—奈特奖

1904 年《捐赠》，第 93 页

章程 E，第二十八章和第二十九章

1. 应设立一项数学论文奖基金，用斯密奖基金［根据章程 E 第二十八章第 2(b)条的规定，斯密基金用来提供数学及其应用奖项的份额］、雷利奖基金和 J.T. 奈特奖基金的年度收入建立该基金。数学论文奖基金的收入每年应当用于向任何以数学及其应用为主题的论文提供一个或多个斯密—奈特奖和一个或多个雷利—奈特奖。 奖项

2. 本奖项应开放给： 资格

(a) 所有具有本大学文学士学位的学生，在提交论文的最后日期之时，距离其获准攻读研究生学历而非哲学硕士学位的学期的时间不少于 3 个但不超过 5 个完整的学期，或者，当其不是研究生时，距离其最后获得大学荣誉

学位考试的荣誉学位或获准攻读哲学硕士学位或文凭之日的时间不少于3个但不超过5个完整的学期；

（b）任何不具有本大学文学士学位的成员，已被接纳为研究生而不是哲学硕士学位的报考者，在提交论文的最后日期之时，距离其获准之日的时间不少于3个但不超过5个完整的学期。

评定者　　3. 本奖的评定者应是数学学部的教授或其内部某个系的教授。当评定者不能任职时，数学学部委员会有权为评定者委派一名代理人，但学部委员会应在《通讯》上公布此项委派决议，该代理人应一直任职到其任命当年的年末。

4. 申请者应不迟于四旬斋学期的第一天将其论文递交到教务长处。每一申请者应在论文的序言中申明论文中属于原创的部分。

宣布奖项　　5. 评定者应公布一个其论文被评定者评定为优秀论文的申请者的单独的清单，公布所有申请者论文的标题。该清单应按组安排，每组的申请者应具有同等的水平。在对申请者进行分组时，评定者可考虑候选人在第2条所要求的第一个学期以前获得的相关经验，即其获得大学荣誉学位考试的荣誉学位或获准攻读哲学硕士学位或文凭之日、或被接纳为研究生而非哲学硕士学位申请者之日起所获的经验，视情况而定。

标准　　6. 斯密—奈特奖所要求的标准应高于雷利—奈特奖所要求的标准。

奖项价值　　7. 斯密—奈特奖的价值在各年中均不必相等，而且雷利—奈特奖的价值在各年中亦不必相等。在任何一年中雷利—奈特奖的价值都不得超过当年斯密奖基金收入的一半，并且在任何一年中雷利—奈特奖的价值都不得超过当年斯密—奈特奖的价值。

8. 所有奖项都应当在复活节学期期末以前授予。

未使用收入　　9. 数学论文奖基金的任何未使用收入应当累积到本基金之中并作为随后年度收入之用。

斯密系统工程奖

名称　　1. 由斯密系统工程有限公司每年提供的款项应当用来提供一个奖项，称为物理学斯密系统工程奖。

如何授予　　2. 本奖应当由自然科学荣誉学位考试第一部分A的考试官授予在此次考试物理学科中的表现杰出者。

斯马茨纪念基金

1. 为纪念本大学前校长坚·克里斯蒂安·斯马茨而建立的斯马茨纪念基金,其收入应致力于促进英联邦研究。

2. 本基金收入的第一项支出应当用于斯马茨英联邦历史教授的津贴、国民保险、退休金缴纳款和家庭津贴(如果有的话)之费用。为此目的,应当每年将本基金中代表 1966 年 8 月 1 日的 68000 单位的合并基金部分的本金的利息支付给大学教育基金,并视为第一项支出已完全付清。本基金收入的第二项支出应当用于所有获得斯马茨副教授之职者的津贴、国民保险、退休金缴纳款和家庭津贴(如果有的话)之费用。本基金收入的第三项支出应当用于斯马茨纪念讲师举办的讲座和课程之费用。斯马茨纪念讲师随时由基金经理委员会在其认为合适的条件下任命。

3. 本基金的经理均须是评议会的成员,其组成为:

(a) 校长(或经其正式任命的代理人),由其担任主席之职;

(b) 两名由校务理事会任命的人员;

(c) 两名由学部总委员会任命的人员;

(d) 各由考古学和人类学学部委员会、亚洲与中东研究学部委员会、经济学学部委员会、英语学部委员会、历史学学部委员会、法学学部委员会及社会与政治科学学部委员会任命的一名人员;

(e) 一名由地球科学和地理学学部委员会从地理学系的大学职员中任命的人员;

(f) 两名由经理增选的人员,但经理没有增选人员的强制性义务。

列于(b)项—(e)项的经理应在米迦勒学期进行任命,从其任命之后的 1 月 1 日起任职四年。列于(f)项的经理应任职到其被增选当年的 12 月 31 日或翌年的 12 月 31 日,具体应由经理在其增选之时确定。

4. 经理委员会有向本大学汇报的权力。

5. 经理委员会有义务在最广泛的意义上随时提出促进英联邦研究的建议。

6. 在根据第 2 条的规定提供了相应资金后,本基金剩余的收入在经理委员会的酌情决定下,根据其认为合适的条件,应当用于促进本大学的英联邦研究之目的:

(a) 在任何一个学年中提供一个或多个斯马茨访问研究奖学金,其持续期间为一年,面向其他任何大学的成员,或面向任何其他经理认为合适的人员,但该研究奖学金不得颁发给本大学的任何职员;

奖学金　　（b）在任何一个学年中提供一个或多个斯马茨奖学金,面向剑桥大学处于被监护地位的成员,使其能在本大学中从事其研究或在其他经经理批准的英联邦范围内但不是学生原籍国的某些机构中从事其研究；

（c）为本大学的图书馆购买图书和期刊；

（d）提供旅费补助；

（e）以任何其他手段；

但经理委员会应在米迦勒学期向本大学报告前一个财政年度根据本条例规定的本基金的支出情况。

罗伯特·M.萨默斯奖

基金与目的　　1.由克莱尔·霍尔为纪念罗伯特·米尔顿·萨默斯捐赠的款项,应构成一项基金,称为罗伯特·M.萨默斯奖,其收入应该用来提供一个中国研究奖项。

如何授予　　2.本奖每年应由东方研究荣誉学位考试第二部分考试的考试官授予在此次考试中的中国研究部分表现杰出者。

价值　　3.本奖项的价值不应超过本基金可用收益的数额,具体可由亚洲和中东研究学部委员会在校务理事会随时批准的范围内确定。

未使用收入　　4.在任何一年中未能授予奖项的当年收入应增加到基金的本金之中。

阿里·雷查和默罕默德·索达瓦尔波斯研究基金

基金　　1.从弗雷顿·索达瓦尔先生处获得的款项,应构成一项基金,称为阿里·雷查和默罕默德·索达瓦尔波斯研究基金,以纪念其子阿里·雷查和默罕默德。

经理　　2.本基金应由一个经理委员会进行管理,其组成为：

（a）中东和伊斯兰教研究中心的主任；

（b）亚洲和中东研究学部委员会的主席；

（c）两名由亚洲和中东研究学部委员会任命的人员,从其任命之后的1月1日起任职两年,其中一人的任命应获弗雷顿·索达瓦尔先生或其经正式授权的代理人的提名。

目的　　3.本基金的本金和收入在经理的酌情决定之下可用于促进和鼓励本大学的波斯研究,以经理认为合适的方式应用之。

未使用收入　　4.在某个财政年度中,本基金任何未使用的收入既可增加到本基金的本金之中,也可累积起来作为随后年度的收入,由经理决定。

阿里·雷查和默罕默德·索达瓦尔讲师基金

1. 从阿泽瑞拉基金会为设立一个波斯研究讲师职位而获得的款项,应构成一项基金,称为阿里·雷查和默罕默德·索达瓦尔讲师基金。 — 基金

2. 本基金的经理为: — 经理
(a) 亚洲和中东研究学部委员会的主席;
(b) 三名由亚洲和中东研究学部委员会任命的人员,从其任命之后的1月1日起任职两年,其中一人的任命应获阿泽瑞拉基金会学部委员会的提名。

3. 本基金的收入应用来提供应当由本大学支付的波斯研究讲师的津贴、国民保险、退休金缴纳款以及相关的间接费用。 — 讲师

4. 在某个财政年度中,本基金任何未使用的收入既可增加到本基金的本金之中,也可积累以作为随后年度的收入之用,由经理决定。 — 未使用收入

D. E. B. 索尔比基金

1. 由 D. E. B. 索尔比先生为支持地质学、动物学和植物学的研究而向本大学捐赠的款项,应构成一项基金,称为 D. E. B. 索尔比基金。 — 基金

2. 本基金的经理为地球科学和植物科学系的主任。 — 经理

3. 本基金的收入在经理的酌情决定之下应当用于促进第四纪科学研究之目的。 — 目的

斯巴克·尼德曼基金

2008年1月9日第二号动议

1. 本大学根据凯伦·伊达·鲍尔特·斯巴克·尼德曼教授的遗嘱所获得的款项,应构成一项基金,称为斯巴克·尼德曼基金。 — 名称

2. 本基金的经理应是费兹威廉博物馆委员会。 — 经理

3. 本基金的收入,在费兹威廉博物馆委员会的酌情决定之下,应当用来支持博物馆数字资产的保存和管理,以及用于日常博物馆工作之目的。 — 目的

斯宾塞基金

1. 为纪念其父亲伦纳德·詹姆斯·斯宾塞——西德尼苏塞克斯学院的 — 基金

理科博士、前英国自然历史博物馆的矿物管理员、矿物学协会的主席、担任了 55 年的《矿物学杂志》编辑，由巴尔曼先生向本大学捐赠的 2000 英镑，应构成一项基金，称为斯宾塞基金。

目的　2. 本基金的收入在地球科学系主任的酌情决定之下应当用来支付从事矿物或岩石学领域研究的本大学的学生以及在地球科学系工作的研究生的旅费。

荣·斯布拉特灵基金

荣·斯布拉特灵基金的收入在兽医学学部委员会的酌情决定之下应当用来颁发一项奖项，以纪念弗里德里克·罗纳德·斯布拉特灵——文科硕士、皇家兽医外科医师学会会员（FRCVS）、前兽医临床研究系大学讲师和沃尔夫森学院院士。应由兽医学学部委员会确定授予本奖项的条件。

斯奎尔法律图书馆呼吁基金

2008 年 7 月 16 日第一号动议

名称　1. 为回应法学院呼吁而获得捐赠的款项应构成一项基金，称为斯奎尔法律图书馆呼吁基金。

目的　2. 本基金的收入，以及特殊情况下本基金的本金，应当用于购买和维护斯奎尔法律图书馆所需的资源和设施。

经理　3. 本基金的经理委员会应代表法学学部和剑桥大学图书馆，组成为：

(a) 法律图书馆委员会的主席，并由其担任经理委员会主席之职；

(b) 法学学部委员会的主席；

(c) 一名由法学学部委员会从法学学部成员中任命的人员，从其任命之后的 1 月 1 日起任职四年；

(d) 本大学图书馆馆长；

(e) 斯奎尔法律图书馆馆长。

未使用收入　4. 在某个财政年度中，本基金任何未使用的收入既可增加到本基金的本金之中，也可积累以作为随后年度的收入之用，由经理决定。

章程 E，第四十三章

丽贝卡·弗劳尔·斯奎尔基金

1904 年《捐赠》，第 146 页，由 2008 年 2 月 27 日第二号动议修正

目标　1. 丽贝卡·弗劳尔·斯奎尔基金的收入应当用于：(a) 根据第 3 条—第

8条的规定,提供多个斯奎尔法律奖学金,其中一半(或尽量接近)应称为丽贝卡·弗劳尔·斯奎尔奖学金,而另一半则称为詹姆斯·威廉·斯奎尔奖学金;(b) 根据第9条—第14条的规定,提供斯奎尔法律研究生奖学金;(c) 根据第15条的规定,向经济困难的从事法律研究的学者和其他人员提供助学金。

2. 本基金的经理为法学学部委员会,其可将依据本条例的规定而享有的职权授予一个至少由三人组成的委员会,但其中至少有一名法学学部委员会成员。

丽贝卡·弗劳尔·斯奎尔奖学金和詹姆斯·威廉·斯奎尔奖学金

3. 经理应当在每年的四旬斋学期开始以前发布一个奖学金申请邀请的通告。

4. 任何符合章程E第四十三章第2(a)条之规定的资格的学生均有资格申请本奖学金。

5. 奖学金的申请书应按照法学学部委员会秘书处提供的表格进行填写,填写完成后通过申请者的导师交回法学学部委员会秘书处,到达秘书处的时间不得迟于米迦勒学期的中期。

6. 经理应自行选出其认为在学院或大学的考试中表现优异或具有突出潜力的奖学金申请者。他们亦可要求申请者参加面试。如果出现经理认为有两个或两个以上的申请者具有获得奖学金的同等条件时,则应根据章程E第四十三章第2(b)条规定的优先规则,优先考虑基金创始人的亲属和出生在伦敦圣玛丽纽因顿地区的候选人。经理宣布奖学金获得者的时间不得迟于11月30日。

7. 奖学金价值为,在校务理事会随时批准的范围内,由经理在考虑奖学金获得者可获得的其他任何财政资源以后,再根据具体情况确定的数额。

8. 奖学金的持续期间,在任何时候均应根据奖学金获得者成为或继续保持本大学定居成员的情况而定,始于10月1日,持续期间最初为一年。如经理对学生的行为、勤勉和经济状况感到满意,可在其即将获得文学士学位的学年年末或下一学年年末重新选举该生;具有特殊能力或打算从事法律研究的奖学金获得者可在第二年连选连任。在获文学士学位后第一次获本奖学金的学生,可连任,但不得比此更长。对于任何连选连任的获奖学生,经理可调整其奖金。

斯奎尔法律研究生奖学金

研究生奖学金的通告

9. 经理应当在每年的四旬斋学期开始以前发布一个通告，公布研究生奖学金申请提交的日期和提交的方式。

有资格获得研究生奖学金者

10. 任何人打算从事法律研究和已经被接纳或寻求被接纳为剑桥大学在册研究生的人员以及符合章程 E 第四十三章第 2(a) 条之规定的资格的人员均有资格申请本奖学金。

奖学金的选拔和公布

11. 经理应自行选出其认为在打算从事的法律研究中表现优异或具有突出潜力的奖学金申请者。他们亦可要求申请者参加面试。如果出现经理认为有两个或两个以上的申请者具有获得奖学金的同等条件时，则应根据章程 E 第四十三章第 2(b) 条规定的优先规则，优先考虑基金创始人的亲属和出生在伦敦圣玛丽纽因顿地区的候选人。经理宣布奖学金获得者的时间不得迟于 9 月 30 日。倘若选拔出的申请者未能成为或不再是在册研究生，则该奖学金的选拔和保有期间均告失效。

价值

12. 奖学金价值为，在校务理事会随时批准的范围内，由经理在考虑奖学金获得者可获得的其他任何财政资源以后，再根据具体情况确定的数额。

奖学金持续期间

13. 奖学金的持续期间始于 10 月 1 日，最初为一年。经理可重新选拔奖学金获得者连任一年或两年，但不得比此更长。对于任何连选连任的获奖学生，经理可调整其奖金。

赞助

14. 申请本基金赞助的申请书可在任何时候提出，以获奖学生或研究生或任何其他符合章程 E 第四十三章第 3 条之规定的资格的人员的经济困难情况为根据。该申请书应按照法学学部委员会秘书处提供的表格进行填写，填写完成后通过申请者的导师交回法学学部委员会秘书处。该赞助价值应由经理根据每一特别申请、按照校务理事会随时确定的上限进行确定。

威廉·巴克莱·斯奎尔基金

两个奖项

1. 由 J. A. 富勒-梅特兰夫人和 F. L. 尼科尔森夫人为纪念其兄弟威廉·巴克莱·斯奎尔而向本大学捐赠的款项应构成一项基金，称为威廉·巴克莱·斯奎尔基金，其收入应当通过提供年度奖项的方式以促进音乐方面的古文物研究：威廉·巴克莱·斯奎尔奖和威廉·巴克莱·斯奎尔论文奖及研究生赞助。

未使用收入

2. 本基金积累的任何未使用收入由音乐学部委员会根据其认为合适的方式，随时用于促进音乐历史的研究之目的。

威廉·巴克莱·斯奎尔奖

3. 本奖项应每年由音乐荣誉学位考试第二部分的考试官授予那些在这两门考试中被考试官认定为在音乐历史学科上表现优异的申请者。 — 奖项

4. 本奖项的价值为由音乐学部委员会在校务理事会随时批准的范围内确定的数额。 — 价值

威廉·巴克莱·斯奎尔论文奖

5. 威廉·巴克莱·斯奎尔论文奖应当授予给在哲学硕士学位考试（一年的课程）中最优秀的课程论文和（或）学位论文，且根据音乐学院学位委员会的评定，其主题与音乐史有关。 — 奖项

6. 本奖项应开放给任何处于音乐学部学位委员会监督之下的在册研究生。 — 谁有资格获得

7. 本奖项的价值为由音乐学部委员会在校务理事会随时批准的范围内确定的数额。 — 价值

研究生赞助

8. 在任何一年中，在向威廉·巴克莱·斯奎尔奖和威廉·巴克莱·斯奎尔论文奖提供奖金以后，音乐学部学位委员会可用本基金的年度收入为某些研究生的费用提供赞助支持，这些研究生应在音乐学部委员会的监督下正从事或即将从事以音乐史为主题的研究工作。 — 赞助

9. 申请赞助的申请书应由研究生通过其导师提交至音乐学部委员会秘书处，送达至秘书处的时间不得迟于每年的7月1日。

斯坦顿宗教哲学讲师

1904年《捐赠》，第625—626页

章程E，第二十三章

1. 斯坦顿基金的收入应当用于提供宗教哲学方面的讲座。为此目的，该讲座被称为斯坦顿宗教哲学讲座，并且该讲师被称为斯坦顿宗教哲学讲师。本讲师不应视为本大学的讲师，但依据章程D第十四章第10条和章程D第十七章第12条的规定可同时获得一个本大学职位。 — 名称

2. 讲师应由一个推选者委员会任命，其组成为： — 推选者

(a) 校长；

(b) 其他五人，其中一人由学部总委员会任命，其中三人由神学学部委员会任命，另外一人由哲学学部委员会任命。

列入(b)的成员应当在米迦勒学期中进行任命,从其任命之后的1月1日起任职三年。当推选者委员会到会人员少于4人时,不得做出任何有关讲师任命的决议。

持续期间和义务

3. 讲师任职的期限不超过三学年,具体应由推选者决定,其应在每年的任期内举办不少于4个但不超过8个讲座,其数量由推选者加以确定。

4. 在其在任学年复活节学期来临以前,讲师应向神学学部委员会和哲学学部委员会提交一份声明,内容是有关他或她拟在随后的学年中举办讲座的学期以及讲座所涉及的主题。

5. 讲师的津贴数额由推选者在每次选拔时于学部总委员会批准的范围内确定。斯坦顿基金净收入的任何余额,在推选者酌情决定之下并经学部总委员会批准,应当用来促进本大学宗教哲学的教学工作。

斯塔布里奇讲师基金

名称与目的

1. 从苏珊·豪瓦奇夫人处获得的为期四年的、为设立一个神学与自然科学大学讲师职位——称为斯塔布里奇讲师——而捐赠的80万英镑,和随后为此同样目的而获得的捐赠款项,应构成一项基金,称为斯塔布里奇讲师基金。

讲师

2. 应由本大学支付的有关斯塔布里奇神学与自然科学讲师的津贴、国民保险和退休金缴纳款从本基金缴付。

3. 如果出现本基金的收入超过应由本大学支付的有关斯塔布里奇讲师的津贴、国民保险、退休金缴纳款以及相关的间接费用的总额时,则超过部分的收入可用来为斯塔布里奇讲师的工作提供资助,按照学部总委员会在听取神学学部委员会建议后批准的方式加以使用。

未使用收入

4. 在某个财政年度中,本基金任何未使用的收入根据第3条的规定可供随后年度花费之用。

斯蒂尔神学奖学金

经理

1. 斯蒂尔神学奖学金的经理为:皇家神学教授和两名由神学学部委员会任命的神学部成员。该两名成员由神学学部委员会在米迦勒学期任命,从其任命之后的1月1日起任职两年。

通告

2. 在每年的米迦勒学期结束以前,经理应发出一个通告,公布申请奖学金的日期和提交申请的方式。

奖学金的选拔和提名

3. 经理应当根据下述方案第3条第(1)款的规定告知皇家神学教授其

建议的奖学金申请者的姓名和财务情况以供皇家神学教授提名。本大学授予奖学金的权力应当由神学学部委员会行使。

4. 经理在考虑奖学金获得者的经济情况以后,应当在校务理事会随时批准的范围内确定由教授提名的奖学金获得者的奖学金价值。每一奖学金的持续期间最初为一年,可延长,其价值亦需重新进行确定,但其持续期间最多不超过三年。

价值和持续期间

5. 根据经理的建议,神学学部委员会根据皇家神学教授的提名,向符合方案第 3 条第(1)款规定资格的人员提供一定数额的赞助,其数额由经理确定。经理、教授和神学学部委员会应当考虑到申请者的经济状况。

赞助

摘录于依据 1970 年 10 月 14 日负责教育和科学事务的国务秘书根据 1960 年《慈善法案》第 18 条发布之命令所制定的方案

基　　金

1. 在本方案中"基金"一词所指的是剑桥大学被称为"斯蒂尔神学奖学金"的基金,根据 1890 年 7 月 19 日的《单边契据》而设立和管理,受埃斯特·斯蒂尔帮助和决定。

基金的受托人及管理

2. 本基金及其捐赠(包括本方案附录所载明的捐赠)由剑桥大学的名誉校长、教师和学生(以下简称"受托人")作为基金的受托人按照本方案的规定进行管理。

收入的使用

3.（1）在支付管理费用以后,本基金的年度纯收益应当由受托人用来向剑桥大学的如下成员提供奖学金、助学金、生活津贴或其他赞助:

（a）正准备在英国国教中谋求神职者;

（b）已经完成了该大学所要求的文学士学位考试者;

（c）在该大学或其中任何学院居住者;

（d）已被神学教授提名为该大学(就当时而言)奖项的获选者;
和

（e）前面提到的教授所认为需要经济援助者。

（2）在本方案规定的范围内,受托人应享有对颁发奖学金、助学金、生活津贴或其他补助金制定规则的全部权力,包括奖励的价值、期限、限制性条件、评定和选拔受惠者的方式之规则。

现 金 盈 余

4．任何时候属于本基金的所有现金和不必作为工作目的之用的余额，应用来投资，并且任何此类投资，除非由受托人拨付作为本基金本金的增加部分，可在任何时候变现；该变现的收益作为本基金的收入，用于本方案第 3 条载明的目的。

有关本方案的疑问

5．如对本方案的内容产生了任何疑问，或对根据本方案实施的或即将实施的任何行为的合法性或有效性产生了任何疑问，则应由负责教育和科学事务的国务秘书根据其认为这种理解已充分符合其目的之原则进行裁定，前提是他认为这样的申请具有合理性，该裁定对受托人以及所有对本基金提出主张的人均具有约束力。

（方案的第 6 条和第 7 条及附录在此不予转载。）

莱斯利·斯蒂芬讲师
由 2007 年 11 月 21 日第四号动议修正

名称　　1．应当在本大学设立一个讲师职位，称为莱斯利·斯蒂芬讲师。

推选者　2．应在偶数年度的米迦勒学期中选拔讲师，推选者为：校长（或经其正式任命的代理人）、三一学院的院长、奈特布里奇哲学教授、皇家近代史教授和国王爱德华七世英语文学教授。

义务　　3．讲师有义务在其任期的两年之中的完整学期内举办一个讲座。讲师应当在摄政院会议厅或其他大学建筑中或在三一学院举办其讲座。

主题　　4．讲座应以文学为主题，包括文学批评、传记和职业道德。

举办讲座的时间和地点　5．在不抵触第 3 条规定的情况下，举办讲座的时间和地点由校长确定。

6．讲师的津贴应是举办讲座当年和此前一年这两个财政年度中捐赠基金收入的总和扣除任何与讲座相关费用后的数额。

限制性条款　7．上述规定可由动议加以变更，但莱斯利·斯蒂芬的名称应当始终与基金联系在一起，并且由此产生的收入应用于以文学主题为学术目标之目的。

史蒂文森奖

1. 由已故的圣约翰学院的医学博士克劳德·玛柏莉·史蒂文森向本大学捐赠的 2000 英镑,应构成一项基金,称为史蒂文森基金,为此目的而提供一个或多个称为"史蒂文森奖"的年度经济学研究生奖。 — 基金

2. 每年应由经济学学部学位委员会向在经济学哲学硕士学位考试中表现优异的申请者颁发史蒂文森奖,至少一个但最多不超过 4 个。 — 奖项

3. 本奖项的价值为经济学学部委员会在校务理事会随时批准的范围内确定的数额。 — 价值

4. 在授予本奖项时,学位委员会应主要考察提交作品的质量,并应考虑到申请者的建设性能力以及其掌握的科学原则,而不仅仅是其所显示出来的博学。

5. 根据上述条例的规定,在向史蒂文森奖提供资金以后,基金年度收入的余额和本基金积累的任何未使用收入应在经济学学部委员会酌情决定之下用于促进经济学研究之目的。 — 未使用收入

6. 本大学在经听取经济学学部委员会建议以后可随时自由变更本条例的规定,但: — 条例的修正

(a) 由本基金提供的任何奖项应当冠以"史蒂文森奖"的称号;

(b) 应当每年至少提供一个作为经济学研究生奖项的史蒂文森奖。

兰诺克的约翰·斯图瓦特希伯来语基金和奖学金

1904 年《捐赠》,第 335 页

— 章程 E,第三章

1. 兰诺克的约翰·斯图瓦特希伯来语基金的经理为亚洲和中东研究学部委员会。 — 经理

2. 本基金收入的第一项支出为每年向至少两个希伯来语奖学金的奖项(如果有完全符合条件的申请者)提供资金。奖学金应依据竞争性考试的结果授予。 — 奖学金

3. 考试应包括三张试卷:(a) 将《旧约》指定版本中一些段落从希伯来文翻译成英文,并回答指定段落中的问题;(b) 将《旧约》未指定版本中的一些段落从希伯来文翻译成英文,并回答指定段落中的问题以及段落所指示的问题;(c) 将一些段落从英语翻译成希伯来文,并回答有关的语法和句法问题。应由亚洲和中东研究学部委员会随时确定指定版本。 — 考试

4. 考试应当在复活节学期的第一天举行。 — 考试时间

| 奖项资格 | 5．候选资格应开放给所有居住在本大学的学生，但截止到考试之时，距离其入住本大学的第一个学期的时间不能超过 9 个完整学期。候选人名单应当递交到教务长处，送达的时间不得晚于考试前的 1 月 25 日。声称享有第 7 条所载的优先权的学生应同时提交一份他或她的出生地证明。

评审者　6．应由两名考试官主持该考试，对考试官的任命应经经理提名，并不得晚于四旬斋学期中期以前。每一考试官的报酬应从本基金中进行支付，除非没有候选人；其数额可由经理在校务理事会随时批准的范围内确定。所有考试的其他费用均应从本基金中支付。

奖项　7．在每次颁发奖学金时，考试官应公布在考试中表现优异、应获得奖项的候选人的名次表。当有两个或两个以上的候选人同等优秀时，则应优先考虑出生在威尔士、赛陌生特或格洛斯特以及布里斯托市及其下各郡的候选人。

奖学金持续期间　8．本奖学金的持续期间为三年，自奖项颁发前的 10 月 1 日起开始计算。

价值　9．本奖学金的年度价值为经理在校务理事会随时批准的范围内加以确定的数额。

奖金的支付　10．每名奖学金获得者获得的奖金数额由经理建议，最后由校务理事会确定。

未使用收入　11．在根据第 2 条的规定向奖学金提供资金以后，本基金所累积的任何未使用收入，在经理的酌情决定之下并按照其认为合适的条件，应当用来：

（a）向从事希伯来文研究的奖学金获得者或其他人员提供赞助；

（b）购买书籍和其他材料；

（c）以任何其他方式帮助促进和鼓励本大学希伯来文的研究。

向捐赠者致意　根据本条例的规定，所有本基金的支出应当在《通讯》上公布，并应贯以兰诺克的约翰·斯图瓦特这个名称。

章程 E，第三章　兰诺克的约翰·斯图瓦特希腊语和拉丁文基金与奖学金

1904 年《捐赠》，第 335 页

经理　1．兰诺克的约翰·斯图瓦特希腊语和拉丁文基金的经理为古典学学部委员会。

奖学金　2．本基金收入的第一项支出为每年向至少四个希腊语和拉丁文奖学金的奖项（如果有完全符合条件的申请者）提供资金。

如何授予　3．奖学金应当根据古典学荣誉学位考试第一部分 B 的候选人的表现授予，但：

(a) 除非候选人在将希腊文和拉丁文翻译成英文的考试中其总分数处于第一等级,否则不得授予候选人以奖学金;

(b) 除非授奖者认为此情况属于例外,否则在考试中未能名列第一等级的候选人不得被授予奖学金。

4. 古典学荣誉学位考试第一部分 B 的考试官为本奖学金的授奖者。 | 授奖者

5. 在每次颁发奖学金时,考试官应公布在考试中表现优异、应获得奖项的候选人的名次表。当有两个或两个以上的候选人同等优秀时,则应优先考虑出生在威尔士、赛陌生特或格洛斯特以及布里斯托市及其下各郡的候选人。 | 奖项

6. 本奖学金的持续期间为三年,自奖项颁发前的 10 月 1 日起开始计算。本奖学金的持续期间不得与巴蒂奖学金、布朗奖学金、克拉文奖学金、戴维斯奖学金、皮特奖学金、波尔森奖学金或瓦丁顿奖学金重叠。 | 奖学金持续期间

7. 本奖学金的年度价值为经理在校务理事会随时批准的范围内加以确定的数额。此外,授奖者应有权向每个奖学金获得者授予书籍的奖项,其价值不得超过经由经理在校务理事会随时批准的范围内加以确定的数额。 | 价值

8. 每名奖学金获得者的奖金额由经理建立,最后由校务理事会确定。 | 奖金的支付

9. 在根据第 2 条的规定向奖学金提供资金以后,本基金累积的任何未使用收入,在经理的酌情决定之下并按照其认为合适的条件,应当用来: | 未使用收入

(a) 向从事希腊语和拉丁文研究的奖学金获得者或其他人员提供赞助;

(b) 购买书籍和其他材料;

(c) 以任何其他方式帮助促进和鼓励本大学希腊语和拉丁文的研究。

根据本条例的规定,所有本基金的支出应当在《通讯》上公布,并应冠以兰诺克的约翰·斯图瓦特这个名称。 | 向捐赠者致意

兰诺克的约翰·斯图瓦特宗教音乐基金和奖学金

1904 年《捐赠》,第 335 页

章程 E,第三章

1. 兰诺克的约翰·斯图瓦特宗教音乐基金的经理是音乐学学部委员会。 | 经理

2. 如果有足够优秀的候选人,则基金收入的第一项支出为每年提供至少两个宗教音乐的奖学金。奖学金应当根据一项具有竞争性的考试的结果发放。 | 奖学金

3. 考试的项目主要包括: | 考试

(a) 一篇不少于五千字但不多于一万字的论文,主题是关于宗教音乐领域的,该主题由候选人提出,并得到经理的批准;

（b）论文中的口语考试,包括听力测试、键盘测试,以及其他一些考试官认为比较合适的考试形式。

资格和认定

4. 候选人的资格要求是所有本大学在校学生,但截止到考试之日,距离他或她入住的第一个学期的学习时间不超过12个学期。每位候选人应在米迦勒学期过去四分之三的时间前向秘书处提交他或她的论文题目。声称可以依据第7条得到优先权的候选人必须同时提供他或她的出生地证明。秘书处应当把这些候选人提出的论文题目提交给经理,并在米迦勒学期结束的前一天通知候选人其论文题目是否得到批准。

5. 在四旬斋学期的最后一天以前,候选人应向秘书处提交他们的论文。每一篇论文应附带一项陈述,以说明该论文是候选人本人的作品。口语考试应当在不迟于复活节学期来临之前进行。

考试官

6. 考试由两位考试官负责。他们应当在米迦勒学期内由经理提名任命。除非没有候选人,否则每个考试官的报酬,均应从基金中支付,具体由经理在校务理事会随时批准的范围内加以确定。除了上述的支出以外,根据本规则规定的一名额外考试官亦应按照考试官和评审员的报酬进行支付,具体由经理在校务理事会随时批准的范围内加以确定。所有其他的考试费用应当由基金负责支付。

奖项

7. 假如有两个或者两个以上的候选人同等优秀,那么奖金应当优先提供给来自威尔士、赛陌生特或格洛斯特以及布里斯托市及其下各郡的候选人。

持续期间

8. 奖学金的持续期间为三年,从授予之前的10月1日开始计算。经理有权延长奖学金的持续期间到第四年,但不能比此更长。

9. 每个奖学金的年度价值为经理在校务理事会随时批准的范围内加以确定的数额。

薪金的支付

10. 在复活节学期的学期末,应举行一次选拔。每个新选出来的学生应当有权接受一笔来自于奖学金的一年的薪金。在接下来的年份,学者就职时,薪酬应当以均等定期的方式支付,但除非奖学金获得者在期限内从事经理所批准的学习课程或研究项目,否则在任何期间内均不得支付该奖学金。

未使用的收入

11. 在根据第2条的规定,向奖学金提供资金以后,本基金所累积的未使用收入应在经理的酌情决定之下,并根据其认为合适的条件,用于:

（a）为参与宗教音乐研究的学者或其他人提供薪金;

（b）在毕业生寻求研究宗教音乐的合适项目时,支付其全部或部分的费用;

（c）为音乐学院购买书籍、乐器或其他材料;

（d）以任何其他方式协助,以鼓励和促进宗教音乐在大学的发展。

根据本条例，本基金的所有支出情况应刊登在《通讯》上，并且应冠以"兰诺克的约翰·斯图瓦特"这个名称。 向捐赠者致意

12. 根据第11条的规定申请赞助的申请书，可以在任何时候提交到音乐学学部委员会秘书处。必须附带一份全面的解释性说明，以供经理参考。 赞助

格拉姆·斯多里基金

1. 由三一学院院士、英语文学荣誉副教授格拉姆·斯多里博士捐赠给本大学的款项，以及由三一学院治理机构为纪念他而追加的款项，应构成一项基金，称为格拉姆·斯多里基金。 基金

2. 本基金的经理为英语学部委员会。该学部委员会可任命一个其成员不必均来自学部委员会的委员会，以履行其根据本条例所享有的任何职权。 经理

3. 本基金的第一项支出是为由经理每年任命的讲师举办的有关英语小说的讲座提供薪金和开支，该讲座称为格拉姆·斯多里讲座。 讲座

4. 根据第3条的规定提供资金以后，在任何一个财政年度内，本基金的任何额外收入，在经理的酌情决定之下，应当用于促进大学英语文学研究之目的。

5. 本基金中的任何未使用收入既可增加到本基金的本金之中，也可累积起来以作为随后年度的收入之用，由经理决定。 未使用收入

施特劳斯基金

1. 由塞缪尔·乔治·施特劳斯财产的遗嘱执行人捐赠的10000英镑，应构成一项基金，称为施特劳斯基金。该项基金的本金可随着捐赠或者遗赠而不断增加。 名称

2. 本基金的收入由病理学系主任全权控制，应当用于为学院图书馆购买期刊或者书籍。 目的

3. 未使用的收入应增加到本基金的本金之中。 未使用收入

宗教研究基金

1. 由一位匿名捐赠者捐赠的款项，应构成一项基金，称为宗教研究基金。其收入应当用于宗教的研究，特别是神秘宗教的研究。 基金和目的

2. 本基金应受一个经理委员会的管理，其组成为： 经理

（a）校长（或者一名经其正式任命的代理人），由其担任主席之职；

(b) 神学学部委员会主席；
　　(c) 近代神学与宗教研究中心主任；
　　(d) 两位由神学学部委员会任命的成员,其每届任期不超过三年。
　3. 经理每年至少应举行一次会议。

义务　4. 经理的义务如下：
　　(c) 通过审查确保基金的经济状况；
　　(d) 当学校或者学院不再向神秘宗教研究提供赞助时,对捐赠的未来使用方式提供建议。

神学学部中的大学职位　5. 基金的第一项支出为负担在神学学部中的一个大学职位持有者的薪水、国民保险、退休金和有关的间接费用,该大学职位与神秘宗教的研究和教学有关。在这一大学职位的任命过程中,任命机构应听取一名由神学学部委员会任命的评估者的建议,神学学部委员会在任命该评估者时应与经理进行磋商。

　6. 根据第5条的规定提供资金以后,本基金的收入可在经理的酌情决定之下,用于促进本大学的宗教研究,尤其是关于神秘宗教的研究。

未使用收入　7. 在一个财政年度内,本基金的任何未使用收入既可增加到本基金的本金之中,也可累积起来以作为随后年度的收入之用,由经理决定。

外 科 系 奖

奖项　1. 应当每年设立一个外科系奖,以授予由候选人选择的有关外科学主题的优秀学位论文。

价值　2. 本奖项的价值为外科系奖基金的年度收入。

申请资格　3. 为了获得医学学士或者外科学学士学位而在大学里从事临床医学研究的人员均有资格获得本奖项,但如果其提交论文的时间距离其通过医学学士考试已经超过两年,则该论文(的作者)不具有获本奖项的资格。

学位论文　4. 论文长度不得超过五千字(除图示和表格之外),而且论文题目必须和外科医学实验或者外科门诊相关。

申请通告　5. 在每年的米迦勒学期结束之前,外科学教授应发布一个通告,公布有关下一年度论文提交的方式和日期。

授奖者　6. 本奖项应当由皇家医学教授和外科学教授(或者是他们的代理人)授予给经过其口试考试的候选人。

思维特和麦克斯韦尔奖

由麦克斯韦尔家族设立的以纪念其家族从事法律出版事业170周年的思维特和麦克斯韦尔奖,应当由法学荣誉学位考试第一部分A的考试官在每年的6月授予在此次考试中表现最优秀的候选人,但拥有其他大学法学学位的附属学生不具有申请此奖项的资格。

C. T. 泰勒基金和 C. T. 泰勒奖学金

1. 由 V. T. 泰勒先生为纪念其父亲卡斯伯特·图克·泰勒——前三一学院的文学学士而捐赠的款项应构成一项基金,称为 C. T. 泰勒基金。 — 基金

2. 基金的收入应当用来提供一个或多个奖学金,称为 C. T. 泰勒奖学金,授予那些不是英国公民的人员,以帮助其在剑桥大学从事科学方面的高级研究,包括能源、数学、地理和土地经济,但不包括医学研究。 — 奖学金

3. 基金应当由4名经理负责管理,其组成为: — 经理
(a) 校长或者经其正式任命的代理人,由其担任主席之职;
(b) 三名由校务理事会任命的其他成员。
学部委员会任命的成员每届任期三年,从当年的10月1日开始计算。

4. 根据第2条的规定提供资金以后,奖学金应当开放给任何已经注册或是即将注册为本大学研究生的人员。在有多个候选人并且候选人条件相等的情况下,应优先考虑来自于澳大利亚、新西兰和美国的候选人。 — 申请资格

5. 经理应当提前至少三个月发布其准备选拔的公告。他们有权在公告中指明,在特殊的年份将会优先考虑在特定研究领域工作的候选人。 — 选拔公告

6. 奖学金的持续期间应当在每次选拔中由经理决定。获奖学生有资格连选连任,但奖学金的持续期间总计不得超过三年。 — 持续期间

7. 获奖学金的年度奖金的数额不得超过本基金可用年度收入,其应当由经理在考虑到候选人其他可资获得的财政资源以后,在校务理事会随时批准的范围内加以确定。 — 奖金

8. 奖金按季度提前发放。但当经理对学生的表现不满意时,即该学生未能以足够的勤勉从事其研究,则经理可随时终止奖金的任何分期款项。

9. 本基金的任何未使用收入既可增加到本基金的本金之中,也可累积起来以作为随后年度的收入之用,由经理决定。 — 未使用收入

提 珀 奖

名称　　1. 由提珀基金的信托人捐赠给大学的款项,应构成一项基金,称为提珀奖基金。

目的　　2. 基金的收入应当用于提供提珀奖。本奖项的设立是为了纪念曾获得过圣约翰学院学士和硕士学位的威廉·马绍尔·提珀。本奖由神学与宗教荣誉学位第二部分 A 和第二部分 B 考试的考试官授予在此次考试的印度宗教研究中以学位论文或试卷的形式在宗教的独立研究或比较研究中具有突出表现的候选人。

价值　　3. 奖项的价值为神学学部委员会根据校务理事会随时批准的范围确定。

未使用收入　　4. 在一个财政年度中,未使用的收入应增加到基金的本金之中。

里查德·腾奇基金

名称　　1. 根据美国俄勒冈州波特兰市的里查德·T. 腾奇的遗嘱而获得的款项,应构成一项基金,称为里查德·腾奇基金。

目的　　2. 基金的收入主要是用于支付因履行 2001 年学部总委员会的协议而产生的支出。这项协议要求大学图书馆全天开放,包括星期六下午。

泰南特基金和奖学金

名称　　1. 为纪念 W. A. 泰南特先生——前伦敦泰南特公司的董事长,而由匿名捐赠者捐赠的款项,应构成一项基金,称为泰南特基金。

目的　　2. 基金的收入主要用来提供泰南特奖学金。获得该奖学金的人应对挪威从事进一步的研究和学习。

经理　　3. 基金的经理为斯堪的纳维亚语研究基金的经理。

　　4. 经理任期为三年,从任命当年的 1 月 1 日起开始计算。这不适用于依据职务产生的经理的任期。

法定人数　　5. 除非通知了所有的经理开会并经至少 3 名成员通过,否则经理有关推选研究员的任何决议均为无效。

申请资格　　6. 奖学金开放给截止到选拔之日已经通过了文学学士学位的某些期终考试的大学成员,但截止到这一天,距离其入住后的第一个学期不超过 24 个学期。已经获得奖学金的学生可再次申请,除非他不具有资格,但奖学金的持续期间总计不得超过两年。享有泰南特奖学金的学生不能同时享有斯堪的纳维亚语研究奖学金。

7. 候选人应通过其导师在 7 月 1 日前向教务长提交选拔申请。申请同时附带一项候选人正在或应当进行的课程的深入陈述。所陈述的课程应得到经理的批准,并应包含在挪威的不少于三个月的实习安排。 —— 申请

8. 假如奖学金的发放不是通过竞争性的考试,那么经理应当有权采取他们自认为具有建设性的各种方案,以审查候选人的资格。

9. 每年 6 月举行奖学金的选拔,选拔有效期为一年。 —— 选拔和期限

10. 在选拔之后的 13 日内,获奖学生可获得 50 英镑的奖金以及来自基金收入的其他额外奖金。该额外奖金由经理在考虑学生其他可以获得的财政资源以后根据具体情况进行确定。奖金分两次支付,一次是在米迦勒学期之前,一次是在四旬斋学期之前。在第二次奖金发放之前,获此奖项的学生须向经理提交上半年学习情况的报告,得到经理认可之后,由经理通知财务主管发放。 —— 价值

11. 未用于奖学金奖金的本基金任何收入应在经理的酌情决定之下,用于向学生、大学职员、本大学雇佣的其他人员、本大学中的学院院士提供赞助,以促进对挪威进行的进一步研究。 —— 赞助

12. 本规章的规定应由大学加以修改,但本基金的收入应当始终致力于提供一项奖学金,称为泰南特奖学金,以促进学生对挪威的研究。

塔尔曼遗赠

1. 雷·雨果·塔尔曼为提供奖学金而对本大学的遗赠形成的投资,应均分并成立两项基金,分别为:塔尔曼海外基金和塔尔曼欧洲基金。 —— 基金

2. 塔尔曼海外基金的收入和基金中积累的未使用收入应当由剑桥大学海外信托的受托人用来为那些在海外居住或学习的学生提供奖学金。根据捐助人的愿望,信托人在得到校务理事会批准以后,可以有权决定将塔尔曼海外基金本金的全部或一部分用于提供这样的奖学金。 —— 塔尔曼海外基金

3. 塔尔曼欧洲基金的收入和基金中积累的未使用收入应当由校务理事会决定用于本大学设立的奖学金之费用开支,该奖学金授予在欧洲居住或学习的学生。校务理事会将其依据条例享有的职权委托给一个委员会。 —— 塔尔曼欧洲基金

4. 根据捐助人的愿望,校务理事会有权决定将塔尔曼欧洲基金本金的全部或一部分用于为那些在欧洲国家居住或学习的学生提供奖学金。

神学研究奖学金

章程 E，第三十章

管理

1. 根据章程 E 第三十章第 9 条设立的神学研究奖学金，应由神学学部委员会负责管理，该学部委员会可任命一个其成员不限于学部委员会成员的委员会，以履行其根据本条例所享有的任何职权。

奖项

2. 基金的第一项支出应当是为神学与宗教荣誉学位考试、神学与宗教研究哲学硕士学位考试或者神学与宗教研究学历考试的候选人提交的优秀作品提供奖项。

如何授予

3. 神学与宗教学荣誉学位考试第二部分 A 和第二部分 B 的考试官，神学与宗教研究哲学硕士学位考试的考试官和神学与宗教研究学历考试的考试官应当有权将奖项授予给在相关考试的任何部分表现优异的候选人。本奖项称为神学研究奖。每一奖项的价值不超过基金的可支配收入，具体由学部委员会在校务理事会随时批准的范围内加以确定。

基金的其他使用

4. 根据第 2 条和第 3 条的规定向神学研究奖提供资金以后，本基金的未使用收入或本金在学部委员会的酌情决定之下，应当用来：

a. 为本大学或者其他地方打算研究神学的学生提供资金援助；

b. 在本大学中提供特别是（但并不仅仅是）与卡卢斯奖、埃文斯奖、希伯来奖、耶利米奖、卡耶奖、斯科菲尔德奖和乔治·威廉姆斯奖相关的研究领域内的神学讲席；

c. 为神学学部图书馆购买图书；

d. 以各种方式帮助促进和鼓励本大学的神学研究活动。

赞助

5. 在从事神学研究的任何本大学的学生均可申请第 4 条 (a) 款规定的赞助。在每年的米迦勒学期结束之前，学部委员会应贴出公开告示，告知申请的方式和日期。每份申请需附带关于申请人财产状况的说明。申请人必须在住宿四个学期之后，方可获得赞助。

6. 根据第 4 条 (a) 款所发放的赞助，由学部委员会决定是以一次还是分期的形式发放。分期需提前发放，但当学部委员会对学生的表现不满意时，即该学生未能勤勉地从事他或她的研究时，则委员会可延期或取消任何支付。

客座教授

7. 学部委员会有权随时任命客座教授，其应在整个学期中举办一个或多个神学讲座。在学部委员会的建议下，由学部总委员会决定客座教授的薪金以及举办讲座所产生的相关费用。

巴纳德·伦道夫基金

8. 巴纳德·伦道夫基金的收入和累积的收入可在学部委员会或根据第 1 条任命的委员会的酌情决定之下，用于为本大学中的需要财政支持的研究生提供一个或多个巴纳德·伦道夫奖学金，以使其能在本大学从事神学研究，以及用于为需要财政支持的学生赞助，以使其能在本大学或其他地方从事神学研究。

J. M. 索迪基金

1. 由科学博士、伊曼纽尔学院的约翰·马里昂·索迪为纪念1983年阿瑟·巴尔福遗传学教授退休而捐赠的款项，应构成一项基金，称为 J. M. 索迪基金，以推动大学中的遗传学研究。 基金和目的

2. 本基金应当用来提供一个 J. M. 索迪遗传学奖。本奖项的价值为基金的年度收入。 奖项

3. 本奖项应当每年由自然科学荣誉学位考试第二部分中的遗传学考试官授予在此次考试中表现最优秀的候选人。 如何授予

亨利·阿瑟·托马斯基金

1. 从已故的亨利·阿瑟·托马斯的捐赠中获得的款项，应构成一项基金，称为亨利·阿瑟·托马斯基金，以促进古典学的研究。 名称和目的

2. 本基金的收入应当用来提供一项奖学金，向本大学所有成员开放。 申请资格

3. 本基金的收入由古典学学部委员会负责管理，其可将他们与奖学金有关的任何职能委托给不一定由学部委员会全体成员组成的一个委员会。 管理

4. 在与上述规定不抵触的情况下，在古典学学部委员会的建议之下，本大学有权随时制定规则以实现本基金的目标，以及随时改变这些规则。

5. 本基金的收入应当用来支持：
（a）一个亨利·阿瑟·托马斯奖学金；
（b）亨利·阿瑟·托马斯奖；
（c）亨利·阿瑟·托马斯旅行奖学金。

6. 本基金所累积的任何未使用收入，在古典学学部委员会的酌情决定之下，并在符合他们所要求的条件的情况下，应当用来： 未使用收入
（a）根据第14—20条的规定，提供旅行奖学金；
（b）以其他方式推动古典学的研究。

亨利·阿瑟·托马斯奖学金

7. 应设立一个亨利·阿瑟·托马斯奖学金，其目的是促进对古代希腊和罗马的考古、艺术、历史、语言、法律、文学和哲学的研究，以及印度—欧洲 目的

语言的哲学比较研究。

8. 根据古典学学部委员会批准的计划,获此奖学金的学生必须从事第7条所规定的一项或多项主题的高级研究。

申请资格
9. 本奖学金开放给在本大学中注册成为研究生的任何人。但截止到选拔之日,距离其获准成为研究生的时间不得少于两个学期。

推选者
10. 本奖学金的推选者为古典学学部委员会,其可采取其认为合适的措施去调查候选人的资格,但本奖学金不得以竞争性考试的结果作为授予的标准。

申请
11. 在每年的复活节学期来临以前,学部委员会须公布本奖学金申请提交的方式和日期。选拔日应当安排在米迦勒学期,具体日期由学部委员会决定。

持续期间
12. 奖学金的持续期间从选拔之日起直至次年的9月30日。学生可以重复申请,但不能超过三次。

奖金
13. 奖学金的奖金数额,不可超过本基金可获得收入,具体由学部委员会在校务理事会随时批准的范围内加以确定。奖学金应以学部委员会决定的分期形式予以支付,但当学部委员会认为学生在进行他或她的研究课程时不够勤奋时,则可终止任何分期款项的支付。

亨利·阿瑟·托马斯奖

14. 古典学荣誉学位考试第一部分B的考试官有权酌情授予优胜者以大学古典学奖学金,授予其他候选人以亨利·阿瑟·托马斯奖的书籍,从亨利·阿瑟·托马斯基金中支付该费用。这些奖项的价值为古典学学部委员会在校务理事会随时批准的范围内确定的数额。

亨利·阿瑟·托马斯旅行奖学金

目的
15. 亨利·阿瑟·托马斯旅行奖学金应当每年授予,以使学生能去希腊、意大利以及其他地中海沿岸地区旅行。

授奖者
16. 在每年的四旬斋学期中,由古典学学部委员会任命两名授奖者。

奖项数量和价值
17. 学部委员会应当通知授奖者根据第5条(c)款确定的旅行奖学金的总额。奖项的数量和价值应当由授奖者每年确定。

申请资格
18. 在下列任何一个考试中,被授奖者认为有充分理由应获奖的学生,有资格获得旅行奖学金:

(1)古典学荣誉学位考试第二部分的初级考试;

(2)古典学荣誉学位考试第一部分A或第一部分B或第二部分;

(3)现代与中世纪语言荣誉学位考试第一部分或第二部分中的古典希

腊语考试或古典拉丁语考试；

但：

(a) 该学生此前应未获得过亨利·阿瑟·托马斯旅行奖学金；且

(b) 距离其入住的第一个学期不超过 12 个学期。

19. 在公布第 18 条所规定的考试名单以后的合适时间，最迟不超过 6 月 30 日，授奖者应当向教务长和财务主管提交获得旅行奖学金的获奖者名单和奖项价值。这份名单应立即刊登在《通讯》上。 授予

20. 旅行奖学金的奖金应当通过获奖者的导师向财务主管申请支付，申请日期应在准备旅行日期的三个月之前。申请应附有一份导师的证明书，以证明获奖学生将根据第 15 条的规定使用该奖项。 支付

21. 旅行通常应在获得奖金之后一年的暑假以前进行，但是根据获奖者导师的申请，古典学学部委员会可允许将旅行推迟到随后的某个日期。

亨利·阿瑟·托马斯研究促进基金

22. 古典学学部委员会在 2005 年 1 月 1 日获得的亨利·阿瑟·托马斯基金、巴蒂基金、布朗基金、克拉文基金、戴维斯基金、奥德汉基金、波尔森基金、瓦丁顿基金和温特·瓦尔基金所积累的未使用收入，应分别以大学名誉校长、教师和学生的名义进行投资，并应成立亨利·阿瑟·托马斯研究促进基金。 名称

23. 本基金的经理为古典学学部委员会，其根据本规则可将其所有职权授予给一个委员会，该委员会中有不少于三名成员由学部委员会指定。 经理

24. 本基金的收入可用来支持已注册研究生和大学教职人员的研究活动。申请此项基金需得到学部委员会的批准。 目的

25. 在一个财政年度中本基金中的任何未使用收入，或者增加到本基金的本金之中，或者积累以作为随后年度的收入之用，由经理决定。 未使用收入

J.J.托马森爵士奖学金

这笔价值 1000 英镑的资金由已故卡文迪什教授、三一学院院长约瑟夫·约翰·汤姆逊爵士遗赠给学校卡文迪什实验室。这笔资金应分别投资并应构成一项基金，称为 J.J.托马森爵士基金。本基金的收入由卡文迪什教授支配，用于他或她认为符合遗赠预期目的之用途。 名称和目的

蒂亚克斯德语奖学金基金

基金名称　　1. 由已故的亨利·F.蒂亚克斯先生捐赠、用于设立一个或多个奖学金以促进本大学的德语研究的款项,以及一些可支配的额外基金,应构成一项基金,称为蒂亚克斯德语奖学金基金。

推选者　　2. 本基金的管理工作应委托给一个推选者委员会负责。推选者的组成为:德语和荷兰语系主任,以及三名由现代与中世纪语言学部在米迦勒学期任命的人员。被任命的成员从任命之后的1月1日起开始任职,任期为三年。推选者的全部权力可由经通知所有成员开会的会议上出席成员的大多数来行使,但至少应有三名推选者出席。每位成员只拥有一票,学部委员会主席拥有决定票。

奖项　　3. 基金收入将被用来提供以下奖项,奖项的获得者应在德语和荷兰语系主任的指导下,从事德国语言或文化的高级研究,并遵循由推选者委员会批准的计划:

(a) 一项或多项奖学金,称为蒂亚克斯德语奖学金;

(b) 一项或多项助学金,称为蒂亚克斯助学金。

申请资格　　4. 已经注册成为或将要注册成为本大学研究生的人员,均可申请蒂亚克斯德语奖学金和蒂亚克斯助学金。

选拔　　5. 在每个复活节学期来临之前,推选者委员会应发布公告,告知申请的方式和时间。选拔日应不早于一般学位考试之后的第一个星期一。推选者委员会可采取其认为合适的措施调查候选人的资格,但本奖学金不得以竞争性考试的结果作为授予的标准。

持续期间　　6. 蒂亚克斯德语奖学金和蒂亚克斯助学金的持续期间为一年,通常从选拔之后的10月1日起开始计算。蒂亚克斯德语奖学金的获得者应当在奖学金持续的一年中在德国或者德语国家度过一定比例的时间,具体由推选者决定,但推选者可酌情放宽该条件。蒂亚克斯德语奖学金的获得者可再次申请本奖学金,但不得超过两次。蒂亚克斯助学金的获得者只能再次申请一次。

奖金　　7. 蒂亚克斯德语奖学金和蒂亚克斯助学金的奖金为推选者在考虑到获奖者可获得的其他财政资源后,在校务理事会随时批准的范围内进行个案确定的数额。但奖学金的最大价值应大于助学金的最大价值。奖学金的奖金应采取两次半年分期付款的方式提前予以支付,但当推选者对学生的表现不满意,即该学生未能勤勉地从事他或她的研究时,则其可随时终止第二次的分期款项。

8. 本基金所累积的任何未使用收入可在推选者委员会的酌情决定之下,用于: 未使用收入

（c）对蒂亚克斯学者或奖学金获得者提供赞助；

（d）对大学中其他研究德国语言和文化的人员提供赞助,但这些人应不是文学学士学位考试的考生；

（e）鼓励那些通过其他方式推动大学对德国的研究的活动。

9. 本规则可经由动议进行变更,但本基金的第一项支出应始终为维持一个或多个奖学金,以促进本大学的德语研究,称为蒂亚克斯德语奖学金。   规则的变更

蒂亚克斯奖

1. 从蒂亚克斯德语奖学金基金的推选者处获得的款项,应用来提供一个奖项,称为蒂亚克斯奖。   奖项

2. 本奖项是用来奖励那些在现代与中世纪语言学位考试第一部分 A 中德语表现优异的并且从一开始就学德语的考生。   如何授予

J. B. 特伦德基金

1. 为了回应一项吁求,即通过捐资设立一项基金以纪念已故的 J. B. 特伦德教授——基督学院的文学博士、西班牙语教授,而获得的捐赠资金,应构成一项基金,称为 J. B. 特伦德基金,其收入应当用来鼓励剑桥大学本科生和注册的研究生去西班牙语和葡萄牙语国家旅行,以研究这些国家的语言、文化、历史和音乐。   名称和目的

2. 本奖项由吉布森西班牙语奖学金的推选者负责管理。   经理

3. 在每年的复活节学期的第一天前,由财务主管通知经理基金中可支配资金的数额,然后由经理公布所提供的奖项。   授奖通知

4. 申请文学学士学位的学生和已经注册的研究生均有资格获得本基金的赞助,但申请人应具有在通过文学学位考试或提交论文以前利用该项赞助的计划,以及一些类似的计划。   申请资格

5. 申请赞助的申请书应同时附带一份关于预期旅行的说明,并通过候选人的导师递交至教务长处。申请交达的时间不得迟于复活节学期中的特定日期,该日期由推选者在此之前的米迦勒学期发布通告告知。   申请

6. 赞助的发放应不迟于复活节学期的最后一天,此前应向财务主管提出支付申请。   授予

乔治·麦考雷·特里维廉基金和讲师

基金和目的

1. 乔治·麦考雷·特里维廉基金的收入应当用来负担举办历史讲座的花费。

G.M.特里维廉讲座

2. 基金收入的第一项支出是提供一个两年一度的 G.M. 特里维廉讲座。

3. G.M. 特里维廉讲师应当在偶数年度的米迦勒学期进行任命。讲师有义务在获得任命后的学年的整个学期中开设一门英语授课的课程,不少于 6 次课但不多于 8 次课。

4. G.M. 特里维廉讲师的推选者为:皇家现代史教授、历史学学部委员会主席,以及其他三名由学部委员会在每年的四旬斋学期任命的人员,从任命当年的 4 月 1 日起任职两年。

薪金

5. 提供给每位 G.M. 特里维廉讲师的薪金不应超过本基金两年的预期收入,具体由历史学学部委员会听取推选者的意见以后加以确定。

未使用的收入

6. 在向乔治·麦考雷·特里维廉讲师提供薪金以后,本基金未使用的收入,在推选者建议的基础上,由历史学学部委员会决定应用于下列目的:

(a) 提供一场或多场有关历史主题的额外讲座,称为特里维廉讲座,并支付讲师的薪金;

(b) 支付乔治·麦考雷·特里维廉讲师的花费,或任何举办特里维廉讲座的讲师的花费。

(c) 支付任何其他由乔治·麦考雷·特里维廉讲座或特里维廉讲座产生的费用;

(d) 为出版乔治·麦考雷·特里维廉讲座或特里维廉讲座提供费用支持。

滋养层研究基金

2007 年 11 月 31 日第三号动议

基金和目的

1. 本大学所获得的由美国剑桥委员会捐赠的五百万英镑,应构成一项基金,称为滋养层研究基金,用于哺乳生物学的长期研究,重点是关于滋养层细胞方面的长期研究。

滋养层研究中心

2. 本基金以及其他出于相同目的的捐款,应形成一笔捐赠,以支持在生物科学学院建立一个滋养层母细胞研究中心。在 2007—2008 到 2011—2012 这五个财年间的每个财政年度,基金的收入以及 5% 的基金本金,在财政年度的开始阶段,均应用来支持中心的活动。每个财政年度未使用的收入均应累积起来,留待以后的财政年度使用。在2011—2012财政年度后,只有基金的收入,以及积累的收入,才应用来支持中心的活动。

3. 中心的目标是:

(i) 通过下一代研究奖学金、奖学金、研讨会、专题会、基建支持等,促进大学和附属研究所对滋养层细胞的研究和教学;

(ii) 通过访问学者奖学金、旅行奖学金和研究会议等,与外部人士合作,以促进国际滋养层细胞的研究和教学;

(iii) 通过任何方式促进滋养层细胞的研究。

4. 基金的管理工作交由一个经理委员会负责,其组成为:

(a) 生理、发育和神经学系的主任;

(b) 四名工作在相关科学领域的人士,其中至少应有三位是摄政院成员,由生物科学学院理事会任命。

5. 列入(b)的成员应当在米迦勒学期进行任命,从其任命之后的1月1日起,任职两年到四年。具体任命期限由生物科学学院理事会在任命时确定。

6. 经理委员会选出一位成员作为中心的主任。这位成员须同时也是摄政院的一员,并且要经过学部总委员会的核准。主任的任期为四年,并且可以连任。

7. 中心主任也是中心的行政负责人,同时接受科学顾问委员会和经理委员会的指导。

8. 委员会通常应每一学年举行两次会议。

科学顾问委员会

1. 中心应当建立一个国际性的科学顾问委员会,由不少于四位在相关领域具有卓越表现的科学家组成。这几位科学家,由经理委员会推荐,并应得到生物科学学院理事会的批准。

2. 顾问委员会成员应在米迦勒学期任命。从其任命之后的1月1日起任职四年。

3. 生物科学学院理事会应该保证在他们所任命的顾问委员会成员中,本大学的住校居民不多于一人。

4. 顾问委员会主席由生物科学学院理事会任命,任期不超过三年,可以连任,同样每次任期不超过三年。

5. 中心主任应担任顾问委员会的秘书。

6. 顾问委员会每两年至少开会一次。

顾问委员会职责　7. 顾问委员会职责是在有关科学项目、政策和未来中心发展方向等各个方面为中心主任提供建议。

访 问 学 者

1. 为吸引剑桥外部的人士参加中心的工作,为中心工作做出贡献,特设立访问学者奖学金,用于奖励那些希望从事滋养层细胞方面研究的人员。

任命　2. 访问学者应由中心主任在与两名以上的经理磋商以后进行任命。

要求　3. 访问学者需要在主任的总体监督下参与中心的教学和研究工作。

赞助　4. 中心主任可为访问学者提供因任命而带来的旅行和其他一些相关费用的赞助。

下一代研究奖学金

1. 为了促进中心各种层次的创新研究,可授予一定数量的下一代研究奖学金。

研究员数量　2. 经理应确定每年提供资金支持的下一代奖学金研究员的数量。中心主任根据经理的建议,负责授予本奖学金。

期限　3. 本奖学金的期限为一次一年或多年,可以由经理延长,但总年数不得超过五年。

价值　4. 每项奖学金的价值应当由经理在考虑研究员可资获得的其他研究资金以后,加以确定。

奖　学　金

推选者　1. 经理为本奖学金的推选者。

奖学金的资格　2. 为了具备获得奖学金的资格,候选人必须是生物科学学院再生工程的在读博士或者正在争取博士攻读资格的学生。

奖学金的提供　3. 奖学金应:

(a) 在最多不超过四年的时间内,保持奖学金的支付,应与由维尔康信托基金提供给研究生的奖学金保持一致,并且由经理随时审核决定。

(b) 满足学生大学和学院的学费之需的支出。

(c) 由经理依照有关研究理事会提供的优先标准,酌情决定用于其他费用的供款,比如设备、消费品、车旅费以及其他支出。

耐吉尔·特劳尔基金

基金　1. 为纪念其子耐吉尔·达维·特劳尔——彭布罗克学院的文学硕士和

医学学士,由达维·特劳尔夫妇提供给本大学的5000英镑,以及为此目的而捐赠的其他款项,应构成一项基金,称为耐吉尔·特劳尔基金。

2. 本基金的经理应由兽医学系主任和3名由兽医学学部委员会任命的人员组成。 经理

3. 除非通知了所有的经理成员开会并经出席成员的多数同意,否则经理的任何决议均为无效。 法定人数

4. 该基金的收入应用来设立一个被称为"耐吉尔·特劳尔奖"的奖项,授予兽医学学院研究临床医学并且参与了校外的专业课程训练的在校生。 目的

5. 在每年的米迦勒学期,经理应发出通知,告知申请者申请该基金的时间和方式。 通告

6. 该奖项的价值不应超过基金的收入,具体数额由经理根据个案决定。 价值

7. 经理应每年听取特劳尔夫妇关于设立该奖项的建议。

8. 在训练课程结束后,奖项获得者须向经理和特劳尔夫妇各自提供一份关于接受该训练的简要报告。

9. 本基金中的任何未使用收入,或者增加到基金的本金之中,或者累积起来作为随后年度的收入,由经理决定。 未使用收入

都铎金融计量经济学奖学金

1. 由都铎投资公司捐赠给本大学的总额为12万英镑的款项,应构成一项基金,用于在经济学学部设立一项名为都铎金融计量经济学奖学金的奖项。 名称和目的

2. 本基金的经理应由经济学学部学位委员会的主席和秘书长以及一位由经济学学部委员会在米迦勒学期任命的人组成,此人从其任命之后的1月1日起任职3年。 经理

3. 本基金的收入应当用来在经济学学部设立一个名为都铎金融计量经济学奖学金的奖项,该奖学金应开放给所有本大学的研究生或即将注册成为大学研究生的人员。奖学金的获得者应从事经济学学部的高级研究工作。 奖学金

4. 本奖项的最初期限为1年,并可由经理延长一年或两年。 奖学金持续期

5. 支付给奖学金获得者的奖金全额,应由经理在校务理事会随时批准的范围内决定。

6. 本基金中的任何未使用收入既可增加到本基金的本金之中,也可累积起来作为随后年度的收入,由经理决定。 未使用收入

H. A. 特纳奖

奖项　　1. 由 H. A. 特纳教授遗赠给本大学的 3000 英镑应构成一项基金，称为 H. A. 特纳基金，每年向经济学领域的学生提供奖项，该奖项应被称为"劳动力研究的 H. A. 特纳奖"。

如何授予　　2. 本奖项每年应由经济学荣誉学位考试第二部分 B 的考试官颁发给在此次考试中的卷三（劳动力研究部分）成绩最优的学生。由于这个原因，只有提交了劳动力研究领域论文的候选人才有资格获得奖项。

价值　　3. 奖项的价值为经济学学部委员会在校务理事会随时批准的范围确定的金额。

未使用收入　　4. 根据前述规则规定，向 H. A. 特纳奖提供资金以后，基金年度收入的结余，应增加到基金的本金之中。

特纳和纽沃尔研究奖学金

名称和目的　　1. 由特纳和纽沃尔有限公司捐赠给本大学的款项，应构成一项基金，称为特纳和纽沃尔基金，用于为特纳和纽沃尔研究员提供薪金和退休金缴纳款（此等该研究员的费用应经学部总委员会批准）和与基金管理相关的费用。

管理　　2. 本基金应由学部总委员会管理，并由其选拔研究员。

选拔通告　　3. 学部总委员会应至少提前 3 个月发出通告，公告其打算进行选拔。

资格　　4. 学部总委员会应选拔出一个其认为具备相应资格的人担任研究员，不论其是否为本大学成员，而且他们可以采用其认为合适的步骤以确认候选人的资格。当选的研究员如果不是本大学成员，则其须获取本大学的成员资格。

价值　　5. 研究员每年的薪金数额应由学部总委员会决定，并由校务理事会批准。

任职　　6. 特纳和纽沃尔研究员的任期应由学部总委员会决定，每名研究员的任期总共不得超过 5 年。

研究员义务　　7. 特纳和纽沃尔研究员应从事土木工程、化学分子工程、无机化学、物理化学、冶金工程或者物理学领域的研究（或者是经本大学推荐且经特纳和纽沃尔有限公司同意的，并且与特纳和纽沃尔有限公司的制造业有直接关联的相关学科）。每名研究员的研究均应得到学部总委员会的批准。研究工作应在剑桥大学或者经由学部总委员会批准的其他地方进行，并应遵循学部总委员会可能施加的条件。

8. 研究员有从事教学工作的义务,每名研究员的教学量应由学部总委员会在听取其所在系的系主任建议后确定。在任何学院的任教均须获得学部总委员会的批准。

9. 学部总委员会可一次性支付薪金,也可分期支付,这取决于研究员对自己研究进程情况的汇报是否得到学部总委员会的认可。 条件

10. 特纳和纽沃尔基金奖金获得者不能同时获得某学院中的有偿院士职位,也不能同时获得其他大学的奖学金或职位。 限制条件

11. 研究员如果因为该项研究而获得其他报酬,或者要求从事其他未经学部总委员会依照本规章第7条和第8条的规定批准的研究项目,则应向学部总委员会报告。收到报告后,学部总委员会应考虑是否减少该研究员的研究薪金。

蒂里特希伯来语奖学金

1904 年《捐赠》,第 309 页

1. 应有四种奖学金,称为蒂里特希伯来语奖学金。 名称
2. 任何在入住本大学后至本次考试间不超过第 19 个学期的学生均有机会申请本奖学金。 申请资格
3. 本奖学金的推选者应为皇家希伯来语教授,以及另外两名由亚洲与中东研究学部委员会提名并经学部总委员会在每年四旬斋学期来临以前任命的成员。推选者应负责组织考试。 推选者
4. 应在每年 5 月的第二个星期二举行奖学金的考试。所有希望参加考试的学生应在 1 月 25 日及此前向教务长报名。 考试
5. 奖学金应从选拔之日起持续两年时间。如果有足够优秀的学生,那么每年可以评选两名奖学金获得者。奖学金获得者的年度奖金为推选者在校务理事会随时批准的范围内确定的数额,但成绩最好的获奖者所得奖学金数额应高于成绩次之的获奖者。如果两名获奖者成绩相同,那么奖学金数额也应保持一致,其数额亦用同样的方式来确定。如果占多数的推选者认为没有候选人应该获得校务理事会所设范围内的奖学金,那么,他们可选出一名获奖者,并授予其小于该范围最低值的奖学金。 两名奖学金获得者奖学金价值
6. 已经获得过该奖学金的学生不得再次参与选拔。 不得连任

| 捐赠 | 7. 推选者有权每年用捐赠的剩余款项提供一个单独的奖金（如果允许其这种做的话）授予一名尽管未能成为获奖者，但是在考试中表现良好的候选人。可以授予奖金的价值应由推选者决定，但应与第 5 条保持一致，即必须小于校务理事会所设范围的最低值。

推选者的酬金 | 8. 每名被学部总委员会任命的推选者，如果需要为考试出考题，则可以得到一笔报酬，具体由亚洲和中东研究学部委员会在校务理事会批准的范围之内加以确定。

未使用收入 | 9. 本基金的任何未使用收入可经由亚洲和中东学部委员会的酌情决定，用于促进和鼓励希伯来语的研究工作。

阿拉姆语 | 10. 尽管名称是蒂里特希伯来语奖学金，但推选者仍应安排一些简单的段落以供将其从阿拉姆语翻译成英文并回答其中的问题。

泰 森 基 金

1904 年《捐赠》，第 427 页

章程 E，第四章

奖章和奖项 | 1. 泰森基金应用来提供一个年度奖章，称为泰森奖章，以及一个货币形式的奖项，由基金当年的年度纯收入的结余组成。

数学荣誉学位考试第三部分的表现杰出者 | 2. 该奖章应为青铜制造，每年授予在数学荣誉学位考试第三部分中被考试官认定为在天文学部分表现杰出的候选人，但同时其在该科目的作品应具有获得奖项的资格。

3. 如果考试官觉得合适他们有权决定，授出两个或者更多的奖章，并且把奖项分给两个或者更多的候选人。

如果未授出 | 4. 在任何一年，如果奖章未被授出，那么该年的收入应增加到基金的本金之中。

尼日利亚 UAC 旅行基金

基金 | 1. 由尼日利亚 UAC 上市公司向本大学捐赠的款项，应成立一项基金，称为尼日利亚 UAC 旅行基金。

管理 | 2. 本基金应由非洲研究中心管理委员会负责管理，其可任命一个下属委员会，其成员不必均来自管理委员会，以履行其根据本条例所享有的任何职权。

赞助 | 3. 本基金的收入应当用于向研究生提供赞助，以使其能访问非洲国家，尤其是尼日利亚，以研究或学习或实现其他经管理委员会批准的目的。

未使用收入 | 4. 任何未使用收入应增加到本基金的本金之中。

乌克兰文研究基金

2009 年 1 月 9 日第三号动议

1. 乌克兰文研究基金的本金和收入应当由基金经理决定,用于乌克兰文研究领域的教学和研究的利益之目的。 — 基金和目的

2. 本基金的经理应是中世纪和近现代语言研究学部委员会的主席、斯拉夫民族研究系的主任,以及另外一名由中世纪和近现代语言研究学部委员会在米迦勒学期任命的人员,从其任命之后的 1 月 1 日起任职 5 年。如果中世纪和近现代语言研究学部委员会的主席是斯拉夫民族研究系的一名成员,那么学部总委员会应再任命一名不在斯拉夫民族研究系任职的经理。经理在需要时可再增选两名。增选的经理应任职到第二年的 12 月 31 日。 — 经理

联合利华物理化学奖

1. 由联合利华股份有限公司捐赠给化学系的资金应构成一项基金。基金的收入应用于提供一个年度奖项,称为联合利华物理化学奖。 — 奖项

2. 该奖项应由化学系主任授予给一名由物理化学专业教授推荐的候选人,该候选人须参加自然科学荣誉学位考试的第三部分并在物理化学的实践工作中取得优异的成绩。 — 授予方式

3. 该奖项的价值应为本基金的年度收入。 — 价值

4. 如果任何一年该奖项未能授出,则该年的未使用收入应增加到本基金的本金之中。 — 未使用收入

范·基斯特基金会基金

1. 为设立一个大学讲师职位而由约翰和卢希勒·范·基斯特基金会捐赠的 416 万英镑,应构成一项基金,称为范·基斯特基金会基金。约翰和卢希勒·范·基斯基金会在临床神经系统学系提供约翰·范·基斯研究奖学金和嘎斯·马洛·临床医生博士研究奖学金,二者均为大脑修复领域。 — 基金和目的

2. 本基金的经理应为剑桥大脑修复中心的主席、临床神经系统学系主任,以及一个名临床医学学部委员会提名的代表。最多有两名经理可以按照要求获得连任。连任的经理须在米迦勒学期被任命,并从其任命之后的 1 月 1 日起任职四年。 — 经理

3. 如果和当基金的收入超过了需要支付给约翰·范·基斯讲师的薪 — 剩余收入的应用

金、国民保险、退休金和有关的间接费用和提供给嘎斯·马洛·临床医生博士研究奖学金资金的总和,则剩余部分应当用于资助:

(1) 讲师工作;

(2) 研究员工作;

(3) 临床神经系统学系的研究;

具体方式应由学部总委员会在听取经理的意见后加以批准。

任命　　4.（a）讲师由临床医学学部的任命委员会按照章程D第十七章第2条规定的方式加以任命。

(b) 研究员应从临床神经系统学系研究生教育委员会推荐的人选中进行挑选,并且应得到经理的批准。该奖项可经经理批准授予非临床学及取得了一个更高学位的候选人。

未使用收入　　5. 在任何一个财政年度中,本基金的任何未使用收入,可按照第3条的规定供随后任何一个或多个年度的花费之用,亦可增加到本基金的本金之中。

范·海登·德·兰奇基金

基金　　1. 由德·兰奇和德·拉·罕替基金会所捐赠的款项应构成一项基金,称为范·海登·德·兰奇基金,用于促进本大学法医学的研究。

经理　　2. 本基金的经理应为三人,在米迦勒学期学期任命并从其任命之后的1月1日起任职两年,其组成为:一人应为主席,由学部总委员会任命;一人应由临床医学学部委员会任命;一人由法学学部委员会任命。

目的　　3. 在经理的酌情决定之下,本基金的收入应当用于举办法律医学领域的讲席以促进本大学法医学领域的研究,或者为本大学购买该领域的书籍和杂志。

未使用收入　　4. 本基金所累积的任何未使用收入应按照第3条规定的目的,由经理决定加以使用。

乔治和马丽·佛高蒂斯基金

名称　　1. 由马丽·佛高蒂斯夫人遗赠给本大学的款项应构成一项基金,称为乔治和马丽·佛高蒂斯基金。

目的和资格　　2. 基金的收入应用于提供一个或更多奖学金,统称为乔治和马丽·佛高蒂斯奖学金。该奖学金应授予希腊公民,便于他们在取得本大学学位或资质的过程中能跟上课程学习。

3. 不是本大学成员的奖学金获得者，须在其当选为获奖者后的第一个学期结束前获得本大学录取资格。如确有特殊情况，经理可宽限其时间。

4. 该基金应由四名经理进行管理，其组成为： 经理

（a）大学校长或者一个及时任命的代理人员，由其担任主席；

（b）由校务理事会任命的三名经理。

列入（b）项的经理应任命之后的 10 月 1 日起任职 3 年。

5. 经理须至少提前 6 个月发布通告，告知其要授予奖学金的意向。

6. 奖学金可持续一年、两年、三年或者四年，由经理根据个案决定；奖学金可以在经理酌情决定之下延长一年、两年或者三年，但奖学金持续时间总共不得超过四年。 任期

7. 每种奖学金的价值应由经理在校务理事会批准的范围内决定，应将获奖者的经济状况考虑在内。 价值

8. 本基金任何未使用的收入既可增加到本基金的本金之中，也可累积起来作为随后年度的收入，或由经理决定用于帮助获奖者支付差旅费或其他与其学习或研究课程相关的特殊费用。 未使用收入

3-维鲁拉姆建筑奖

1. 由 3-维鲁拉姆建筑公司每年捐赠的款项应该用来提供两项奖项，称为 3-维鲁拉姆建筑奖。 名称

2. 本奖项应由法学荣誉学位考试第二部分的考试官进行如下授予： 授予方式

（a）一个奖项应授予衡平法专业考试中的成绩最优异者；

（b）另一个奖项应授予银行法考试中的成绩最优异者。

3. 每个奖项的价值应为每年 3-维鲁拉姆建筑公司捐赠的所有款项的一半。 价值

校长捐赠基金

2008 年 4 月 23 日第四号动议

1. 由匿名人士捐赠给本大学的 500 万英镑应构成一项基金，称为校长捐赠基金。该基金可包含其他为此目的而捐赠的款项。 基金

2. 本基金的经理应为大学校长、负责计划与资源的大学副校长、一名由校务理事会任命的列入（e）项的校务理事会成员以及大学教务长。 经理

3. 本基金收入的使用应有利于完成本大学通过国际最高水平的教育、学习以及对社会做出贡献的任务。 目的

未使用收入　　4. 在任何一个财政年度内的任何未使用收入可按照第 3 条的规定以供随后一年或多年的花费之目的,也可增加到本基金的永久本金之中,由经理决定。

维瑟奖章

维瑟奖章,是为纪念已故的 A. J. B. 维瑟——1934 年到 1944 年的古典考古学劳伦斯教授而设立。每年该奖章应由古典学荣誉学位考试第二部分的考试官授予此次考试的古典考古学中的成绩优异者。在任何一年奖章未授出时,古典学学部的学位委员会——在听取了考试官对古典学荣誉学位考试(一年课程)候选人在该考试中所取得成绩的汇报后——可将该奖章颁发给在考试中提交的论文获得最高成绩的候选人,该论文的主题应经学位委员会的审核评判属于古典考古学研究领域。任何人均不得两次获得该奖章。

E. C. S. 韦德奖

基金　　1. 由冈维尔和凯厄斯学院和沃尔夫森学院的文科硕士、法学硕士 J. W. N. 配第教授捐赠给本大学的款项应构成一项基金,称为 E. C. S. 韦德奖基金,该基金是为了纪念已故的法学博士 E. C. S. 韦德——冈维尔和凯斯学院和沃尔夫森学院院士、前英格兰法唐宁教授。

奖项　　2. 本基金的收入应用来提供两个奖项,称为 E. C. S. 韦德宪法学奖和 E. C. S. 韦德行政法学奖。宪法学奖应授予在法学荣誉学位考试第一部分 A 或第一部分 B 表现突出的候选人;行政法学奖应授予在法学荣誉学位考试的第一部分 B 或第二部分表现突出的候选人。

价值　　3. 每个奖项的价值应为本基金年收入的一半。

未使用收入　　4. 如果任何一年中这两个奖项一个也未能授出,则该未使用的收入应增加到本基金的本金之中。

韦克菲尔德·布克犯罪学基金

基金　　1. 普利塞拉·米切尔·安尼·韦克菲尔德夫人捐赠给本大学以促进犯罪学领域的研究和教学的款项,应构成一项基金,称为韦克菲尔德·布克犯罪学基金。

目的　　2. 在犯罪学协会管理委员会的慎重考虑后,本基金的收入应用于为拉兹诺维奇犯罪学图书馆购买书籍和其他资料。

3. 在管理委员会酌情决定之下,本基金中的任何未使用收入即可增加到本基金的本金之中,也可累积起来作为随后几年的收入。 　　未使用收入

韦克菲尔德基金和奖学金

1. 由普利塞拉·米切尔·安尼·韦克菲尔德夫人捐赠的款项应构成一项基金,称为韦克菲尔德奖学金基金,以纪念其兄弟——埃德华·罗杰·韦克菲尔德上尉,同时为了表彰其祖先埃德华·吉本·韦克菲尔德、丹尼尔·贝尔·韦克菲尔德、威廉·海华德·韦克菲尔德,以及阿瑟·韦克菲尔德在新西兰、南澳大利亚州以及加拿大的发展方面所作出的历史性贡献。 　　名称

2. 本基金的收入应用来提供一个或多个奖学金,称为韦克菲尔德奖学金。 　　奖学金

3. 奖学金获得者须从事本大学犯罪学领域前沿问题的教学或研究。

4. 本基金应由四名经理管理,其组成为: 　　经理
（a）犯罪学中心的主任;
（b）三名由犯罪学协会管理委员会任命的人员,其中该协会成员不能超过一个。

5. 任何已经或即将在本大学注册就读研究生的人,只要出生于澳大利亚、加拿大或新西兰,或者只要曾经在这些国家其中之一接受过教育,就有机会获得该奖学金。如果两个或多个候选人均出生于或者曾经就读于澳大利亚,并且成绩均等,那么,优先考虑出生于或曾经就读于南澳大利亚州的候选人。 　　资格

6. 该奖学金的持续时间应在每次推选之际由经理决定。已经获得过该奖学金的学生可以再次当选,但奖学金的总共持续时间不得超过3年。 　　持续时间

7. 每年奖学金的总额不得超过本基金在该年的总收入,在考虑奖学金获得者可资获得的其他财政资源后,奖学金的具体数额由经理在校务理事会随时批准的范围内决定。 　　价值

8. 本基金任何未动用的收入既可增加到本基金的本金之中,也可累积起来作为随后年度的收入,由经理决定。 　　未使用收入

章程 E，第九章

约翰·卢卡斯·沃克基金和奖学金

1904 年《捐赠》，第 350—351 页

一 般 规 定

管理　　1. 本基金的管理工作应委托给由剑桥大学病理学教授和其他三名经理组成的委员会。

剑桥大学皇家医学教授、生理学教授，以及英国伦敦皇家内科医学院院长，应担任经理。

除非通知了所有的经理成员开会并经至少两名出席成员的同意，否则经理的任何决议均为无效，但经所有经理传阅并签署同意的决议，应当具有与会议表决相同的效力。

2. 为履行上述规章，如果需任命一名代理人来代替前述三位教授中的任何一位，那么在担当代理人时，需取代该教授的职位，并行使相关权力。

3. 该基金的收入应用于以下方面：

（a）提供一个或多个奖学金，称为约翰·卢卡斯·沃克奖学金，奖学金的获得者应为计划投身于病理学基础研究的高级研究者，或者机会把所有时间用于病理学的训练和研究事业的初级研究者。

（b）在提供至少一个奖学金的资金后，通过在伦敦或在剑桥大学举办讲席、奖项或助学金的方式促进病理学的原创性研究。

学 生 奖 学 金

奖学金　　4. 高级奖学金的数额和初级奖学金的数额分别由经理在校务理事会批准的范围内决定，每项奖学金评定之前，经理须发出开始进行奖学金的评定的通知。

空额通告　　5. 在奖学金名额会发生空缺的三个月前，或者，当出现临时空缺时，在经理认为合适的情况下由病理学教授发布通告。病理学教授应向经理报告所有提交申请的候选人的资格评定情况，同时，病理学教授须从候选人中提

提名和选拔　　名一名其认为资格最优者以供选拔，经理可以选择该资格最优者，也可以经由所有经理一致同意后选出另外一名候选人。

6. 本奖学金的提名和选拔应提前进行，以便出现空缺或者可能出现空缺时，新选出的学生可以及时填补名额。

7. 本奖学金的授予不应依据某项竞争性考试的结果。

8. 在满足前述条款的前提下，病理学教授或者经理均可采取他们认为

合适的评定候选人的标准来选择一个候选人。

9. 本奖学金的候选人条件应是开放的,但如果候选人不是本大学学生,则须在当选后的第一个学期获得本大学成员身份,并且应在奖学金持续期间一直保持该成员身份。

10. 获奖学生在奖学金持续期间,如果是高级研究者,则须从事病理学的基础研究;如果是初级研究者,则须进行全日制的病理学研究和学习。且不得系统性地从事任何基金管理机构认为会妨碍其科研工作的商业活动、工作,以及参与教育或其他方面的活动。奖学金获得者在出版奖学金期间的研究成果时,在切实可行范围内应冠以"约翰·卢卡斯·沃克研究者"的称号。

持续期间的条件

11. 如果病理学教授在任何时间知道某个奖学金获得者从事了任何在教授看来会影响其科研工作的商业活动或工作,或者参与了相关活动,那么教授应立即要求该学生停止。如果该学生拒绝或无视教授的要求,那么教授应将此情况报告给经理。如果认为合适,经理可以取消该学生的奖学金资格。

12. 奖学金获得者的研究地点和研究性质应经病理学教授批准,该学生应在奖学金持续期间的至少三个学期在本大学进行科研工作,除非病理学教授经由经理批准后,因为特殊原因而免除了这项要求。病理学教授和经理应采取他们认为必要的可促使获奖学生勤勉和进步的措施,并且在必要时可要求学生就其科研成果提交报告或者其他信息。

学生的科研工作

13. 在满足前文所述要求的前提下,本奖学金应持续三年,在持续期的最后,应进行新的提名和选拔;如病理学教授或经理认为某学生在持有奖学金期间表现非常突出,那么,为了推动病理学研究,病理学教授可推荐、经理可选拔该生第二次获得为期不超过两年的奖学金,这种做法是合法的。

奖学金持续时间

14. 本奖学金的收入应从获奖者被选拔后的第一天开始支付,并且应按季度支付,每季度的奖学金应预先支付。

15. 在发出空缺通知之后,如果经理认为该奖学金仍然没有合适的候选人,那么,经由经理同意,由病理学教授推迟选拔时间,但不得超过一年。如果发出空缺通知后接下来的时间仍没有合适的候选人,那么再次按照这种方式延长时间,直到出现经理认为合适的候选人为止。

奖学金选拔的延迟

奖 学 金 和 奖 项

16. 本奖学金或奖项可以由经理授予给病理学科研工作的论文作者、发明者,或者为此领域做出杰出贡献的人。

奖学金和奖项

17. 本奖学金和奖项的价值都不得超过 50 英镑,并且任何一年的奖学金或奖项的总额不得超过 50 英镑。

18. 本奖学金或奖项不得授予任何已经获得约翰·卢卡斯·沃克学生的人。

19. 本奖学金或奖项的获得者不必限定为本大学学生。

收 支 均 衡

收入结余的使用　20. 在提供学生奖学金、奖学金和其他可能授予的奖项，以及所有用于该信托基金的管理和使用的必要支出以后，本信托基金的收入结余可用于促进和鼓励病理学的原创性研究。

赞助　21. 赞助的发放经病理学教授建议后由经理决定。可以是约翰·卢卡斯·沃克学生，也可以是任何在此项研究中的任职者。所有研究的主题应由病理学教授决定并经经理批准。本赞助的获得者不必限定为本大学学生。

额外名额　22. 如果在某种情况下，经病理学教授推荐后，经理认为应指定两名奖学金获得者，并且如果该基金允许指定两名得奖者，那么，第二名候选人可以依照前述规定成为奖学金获得者。由这种方式产生的奖学金持续时间不得超过三年，并且年价值不得超过 400 英镑，经由经理批准后，由病理学教授决定具体数额。

罗伯特·沃克外科医学奖

基金和目的　1. 为了纪念逝世于 1980 年 11 月 23 日的三一学院文学硕士、大学动物外科医学讲师罗伯特·乔治·沃克而捐助的一笔资金应构成一项基金，称为罗伯特·沃克外科医学基金，以鼓励兽医学的学习和研究。

奖项　2. 本奖项应由兽医学期末考试第三部分的考试官授予给这样的候选人：该候选人须在最后一年的小型动物外科医学的临床实验中获得最高评价，并且在该年的小型动物外科医学的考试中获得优异成绩。

价值　3. 本奖项的价值应为本基金的收入。

沃伦贝格奖

名称经理和主题　1. 沃伦贝格奖应每年授予给有关某些主题的优秀论文，该主题由候选人自己选择并经斯堪的纳维亚研究基金的经理批准，主题应涉及一种或多种斯堪的纳维亚民族的语言、文学、历史或者文明。

价值　2. 本奖项的价值应由经理在校务理事会批准的范围内决定。本奖项应从斯堪的纳维亚研究基金的收入中支出。

3. 本奖学金应开放给本大学的所有成员,但截止到提交论文的最后时限,该候选人应已经就读了7个学期,并且,如果他或她是一个研究生,自其获准在本大学或其他大学攻读他或她的第一个学位开始,就读时间不得多于9个完整学期。 — 参选资格

4. 经理可以提名然后由学部总委员会任命一个或多个评议人向其报告有关提交的论文的情况,应用斯堪的纳维亚研究基金的收入之外的收入支付给每一个评议人酬金,其数额由经理经由校务理事会批准后决定。本奖项应由经理授予。 — 评议人

5. 已获得本奖项的人不得再次参与竞争。

6. 经理应于每年四旬斋学期的第一天发出关于本奖项的通告,并且所有提交的论文须在四旬斋学期的第一天提交至剑桥大学教务长处。候选人所选主题应在四旬斋学期以前提交到剑桥大学教务长处,以便经理批准。 — 通告

沃尔斯顿基金

由本大学根据1911年11月23日的第一号动议接受的查尔斯爵士和沃尔斯顿夫人的捐赠而成立的基金,称为沃尔斯顿基金,从该基金获得的收入,应当在建筑与美学史学部委员会酌情决定之下用于促进建筑学研究和扩大美学史的教学。

沃尔斯顿奖学金

1. 沃尔斯顿捐赠的托管人应是大学校长、驻雅典的英国学校管理委员会的主席以及英国皇家建筑学会的会长。 — 托管人

2. 本奖学金的目的是通过为剑桥大学考古学或建筑学的学生访问希腊提供便利,以此促进古典建筑学的研究和发展。获奖学生须从事古典建筑学或古希腊建筑艺术学前沿问题的研究或学习,并遵守古典学学部总委员会制定的行程安排。该行程须包括在希腊的旅行和住宿安排,时间不得少于三个月。 — 目的

3. 本学校的所有注册研究生均有机会申请本奖学金,只要选拔之日距该学生被录取为研究生之时不少于两个完整学期即可。 — 申请资格

4. 本奖学金的推选者应为古典学学部委员会的成员,他们可以制定他们认为合适的选拔候选人的规则,但选拔候选人不得采取竞争性考试的方式。 — 选拔

申请	5. 在每年的复活节学期中期以前，学部委员会应发出通知，告知奖学金的申请截止时间和申请方式。奖学金的选拔应在米迦勒学期举行，具体时间由学部委员会决定。
持续时间	6. 奖学金的持续时间应从选拔之日开始，到第二年的 9 月 30 日结束。每名学生获得本奖学金的次数不得超过两次。
酬金	7. 本奖学金的数额应不得超过本基金的可用收入，具体数额由学部委员会在校务理事会随时批准的范围内决定。奖学金应以学部委员会随时确定的分期付款的方式进行支付，但学部委员会因获奖学生在该课程学习中不够勤勉而感到不满时，可取消任何一期的支付。
未使用收入	8. 所有本基金的未使用收入，经学部委员会慎重考虑后，应按照第 2 条的规定，用于与沃尔斯顿捐赠的目的有关的各个方面。
报告	9. 在奖学金发放的最后时间，获奖者须向学部委员会秘书处提交一份报告，秘书应给尊敬的奥利弗·沃尔斯顿或者由其指定的代理人提交一份报告复件。
	10. 根据前述规则的规定，以及任何由动议随时批准的与前述规则规定不一致的附加规则之规定，托管人有权随时制定——如果他们认为有必要改变——有利于程序规范和基金管理的细则。

皮特·瓦诺克基金

名称	1. 由 H. E. 瓦诺克夫妇为纪念其子皮特·瓦诺克——唐宁学院文科学士而设立的基金，称为皮特·瓦诺克基金。
目的	2. 本基金的赞助每年应当由植物学教授酌情决定，提供给出生于大不列颠及北爱尔兰联合王国的一位或多位植物学院的研究者，以使他们有足够的资金度假。优先考虑具有文科硕士和哲学博士学位的研究者。
积累的收入	3. 若在任何一年中没有提供赞助，则本基金积累的收入，在植物学教授的全权决定下，可用作随后一年或多年的赞助。

乔治·查尔斯·温特·瓦尔奖学金

名称	1. 应设立一个古典学研究的奖学金，称为乔治·查尔斯·温特·瓦尔奖学金。
申请资格	2. 在读研究生只要在读已满两个学期，均可申请本奖学金。
选拔	3. 本奖学金的推选者应当是古典学学部委员会，它可采取其认为合适的措施去调查候选人的资格，但本奖学金的授予不得以竞争性的考试结果

作为选择标准。

4. 在每年复活节中期以前学部委员会须公告本奖学金提交申请的截止时间和提交方式。本奖学金选拔应在米迦勒学期期间举行，具体日期由学部委员会决定。　　申请

5. 本奖学金的持续期间从第一年的选拔日起，截止到第二年的9月30日。奖学金获得者可再次参加选拔，但不得超过两次。　　持续时间

6. 本奖学金的数额不得超过本基金的可用收入，具体数额由学部委员会在校务理事会随时确定的范围内决定。奖学金应由学部委员会决定后分期支付，如果学部委员会因获奖学生在该课程学习中不够勤勉而感到不满，可取消任何分期的支付。　　酬金

7. 学部委员会可从基金积累的任何未使用收入中提供赞助，以促进古典学的学习和研究。　　未使用收入

8. 学部委员会可任命一个不以学部委员会成员为限的委员会，以履行其对本奖学金和前述赞助所享有的任何职权。

9. 除第1条之外，上述规章可经由动议加以变更。

休·华生基金

1. 由已故的三一学院文学硕士休·华生遗赠给本大学的资金，应构成一项基金，称为休·华生基金，本基金的收入应用于促进软体动物学的研究。　　名称和目的

2. 本基金的首要支出应是支付给本大学动物学系软体动物学（华生）助理管理员的薪金、国民保险和退休金。在向助理管理员提供资金后，本基金余下的款项应用于保持和丰富软体动物收藏品并促进软体动物学相关利益之目的，其应在经动物学系主任与动物学博物馆馆长磋商后建议的基础上，由生命科学学部委员会随时做出决定。　　申请基金

3. 除第1条之外，上述规章可经由动议加以变更，但，本基金的主要目的应始终得到坚持，即促进软体动物学的研究。

汉纳和土格尔格·魏斯—福格基金

1. 为纪念汉纳和土格尔格·魏斯—福格教授在丹麦和英国的动物学和动物生理学领域的卓越贡献，应成立一项基金，称为汉纳和土格尔格·魏斯—福格基金。　　名称

2. 本基金的本金应首先包括汉纳和土格尔格·魏斯—福格遗赠给本大　　本金

学的英国地产资金。

目的　3. 本基金的目的是促进丹麦的哥本哈根大学和奥尔胡斯大学里的动物学和动物生理学系与本大学的动物学系在动物学和动物生理学方面的研究，以增强该领域的知识传播。

经理　4. 本基金的收入应由一个经理委员会加以管理，其组成为：两名由学部委员会任命的人员，一名由生物学学部委员会任命的人员，该经理应为动物学系的大学职员，但不要求是学部委员会成员。应在米迦勒学期任命经理，从其任命之后的 1 月 1 日开始，任职 5 年。

赞助　5. 根据第 3 条的规定，本基金的收入应用于提供赞助：

（a）促进本规章指定的几所大学的学系在动物学和动物生理学领域的研究；

（b）促进两所丹麦大学和本大学中从事这两项研究的人员的交流（包括学生）；

（c）协助这些大学中那些想要在动物学或动物生理学领域从事研究的学生。

申请　6. 任何申请由第 5 条规定目的之赞助的申请书，应通过以下方式向经理委员会提交：(1) 通过任何一名或多名代表哥本哈根大学或奥尔胡斯大学并在其中工作的人员；(2) 任何在本大学工作的人员。在所有年份中，支付本基金的各项必要的管理费用后，本基金的收入应分成两个相等的部分，其中一部分用于授予第(1)部分的成功申请者，另一部分授予第(2)部分的成功申请者。任何一个部分的未使用收入都应单独积累，然后连同其相应部分用于随后几年的收入和消费。

条件　7. 依照第 5 条的规定，所有获得赞助的人，作为本赞助的条件可能会被要求向本大学的财务主管——在其要求时——提交一份关于赞助花费的详细清单，并在经理要求时，向其提交一份关于在该赞助帮助之下的研究进展的报告。

魏茨曼科学研究所基金会交换讲师奖

基金　1. 从伦敦魏茨曼科学研究所基金会每年获得的款项总额，应构成一项基金，称为**魏茨曼科学研究所基金会交换讲师基金**。

目的　2. 本基金应当用来向魏茨曼交换讲师提供支持，使他们能够访问位于以色列的魏茨曼科学研究所。

经理　3. 本基金的管理和讲师的选拔工作，由经理委员会负责，其组成为：

（a）地球科学系、应用数学系、物理理论学系、化学系、物理学系、植物学系、遗传学系、动物学系、生物化学系的主任,天文研究院的主任,皇家医学教授,或者他们的代理人。

（2）由魏茨曼科学研究所基金会任命的一人,或者其代理人。

由生物学院的秘书担任经理委员会的秘书一职。

4. 经经理选拔获研究奖学金的人可以是任何在本大学或某个学院,或某个通过审批的社团从事以下任何一个学科领域的教学或研究的人员：天文学、地球科学、应用数学及理论物理、化学、免疫学、物理学、植物学、遗传学、动物学、分子生物学、生物化学。

<small>研究奖学金</small>

5. 本基金的首要支出应该是支付给讲师的费用,具体由经理在选拔时加以确定,包括旅游花费、生活支出；当经理认为合适的时候,其有权支付其他费用。

6. 本讲师职位的持续期间通常为至少一个月,最多不超过六个月。

7. 在和魏茨曼科学研究所基金会磋商后,经理也可从魏茨曼科学研究所基金会的工作人员中选取魏茨曼交换讲师成员,从而使他们能够访问剑桥大学,为该讲师提供由魏茨曼科学研究所基金会负担的而不是由本基金负担的旅行费用或者生活费用。

8. 除非通知了所有的经理成员开会并经出席成员的至少 4 人或大多数（取二者中较大者）通过,否则经理的任何决议均为无效。

<small>法定人数</small>

西米德兰考试委员会基金（WMEB 基金）

1. 从西米德兰考试委员会转移到大学的财产,应构成一项基金,称为 WMEB 基金。

2. 本基金的资产和收益应当在地方考试委员会的酌情决定之下用于：

（a）促进和发展由牛津剑桥和 RSA 考试机构（OCR）管理的考试；

（b）每年为在西米德兰地区居住和受教育的学生提供一个或者多个奖学金或奖项；

（c）每年为在西米德兰地区任职的教师提供一个或多个奖学金,使他们能够协同地方考试委员会或 OCR 从事一段时间有关教育发展方面,尤其是知识和评估方面的离职学习或研究。

3. 地方考试委员会在必要时,可制定相关的规定,以管理根据第 2 条（b）和（c）授予的奖学金和奖项。

沃 利 奖

基金名称　　1. 由国王学院的文科硕士、哲学博士、大学德语讲师乔夫里·彼得·库宾捐赠的款项，应构成一项基金，称为沃利基金。

资格　　2. 应设立一个沃利奖，授予给合格的候选人。本大学可随时进一步确定候选人的资格，但这种资质总是应该包括能够直接以下列一种或者多种语言进行阅读的知识：中世纪威尔士语、哥特语、老教堂斯拉夫语、中世纪爱尔兰语、欧西坦语。

奖项　　3. 沃利奖应当每年由现代和中世纪语言学荣誉学位考试第二部分的考试官授予在这一部分考试中表现最优秀的学生，但该学生应符合第4条所规定的目的之资格。

4. 现代和中世纪语言学部需从现代与中世纪语言学荣誉学位考试第二部分的试卷中指定一份或一份以上的试卷，供候选人回答，候选人在回答试卷时，需如第2条所规定的那样，证明其能直接阅读这些语言。

价值　　5. 奖项的价值应当是基金的收入。

基金和奖项名称的改变　　6. 本大学可在库宾博士有生之年征得其同意，或者在其去世后，决定本基金的名称为乔夫里·库宾基金，根据第2条的规定设立的奖项称为乔夫里·库宾奖学金。

条例的修正　　7. 第1条和第2条及本条只能依照第6条的规定进行修改。剩余条款可经由动议加以修改。

惠威尔信托基金和惠威尔奖学金

章程 E，第二十章

1904 年《捐赠》，第 136—140 页

惠威尔信托基金的应用

基金　　1. 惠威尔信托基金由每年三一学院按照章程 E 第二十章的规定支付给大学的款项而组成。

第一项支出　　2. 本基金的第一项支出为每年支付至惠威尔国际法教授薪金资金库的 300 英镑。

第二项支出　　3. 本基金的第二项支出为每年提供给一个惠威尔奖学金基金的 200 英镑（或可获得的金额），该基金用来提供惠威尔国际法奖学金，或用于下文所说的目的。

剩余收入　　4. 如果在任何一年信托基金的净收入超过 500 英镑，则超出的最多为

200 英镑的部分应当支付至惠威尔教授薪金资金库。

5. 如果在任何一年信托基金的净收入超过了 700 英镑，则超出部分应当支付给惠威尔奖学金基金。

6. 在任何一年中未向奖学金获得者支付的惠威尔奖学金基金的任何部分应当由推选者酌情决定，既可用于支付随后年度的奖学金，亦可为支付奖学金而进行投资，或以其他方式促进国际法之研究；但倘若推选者授权的支付用于奖学金以外的目的，则应得到法学学部委员会的同意。

未使用收入

惠威尔奖学金

7. 每年至少提供一项惠威尔国际法奖学金。

8. 奖学金的竞争应当开放给在奖学金候选当年作为法学硕士考试候选人的本大学任何成员，或者在奖学金候选的前一年中满足主考官要求的候选人，但已经被授予奖学金的人员不得参与第二次的竞争。

资格

9. 推选者可授出一个或者多个奖学金，每一奖学金的价值由其确定，但：(a) 每一奖学金的价值应当不超过法学学部委员会在校务理事会随时批准的范围内确定的数额；(b) 每次选拔授予奖学金的总额不应当超过校务理事会财政委员为此选拔确定的固定数额。

价值

10. 奖学金从其选拔之后的 10 月 1 日起持续一年。在奖学金的延续期内，获奖学生享有章程 E 第二十章界定的作为三一学院院士和占用惠威尔法院房间的权利。

任期

11. 推选者应为惠威尔教授（或经惠威尔教授提名、由学部总委员会任命的代理人），并由其担任主席，以及两名经法学学部委员会提名、由学部总委员会在每年的四旬斋学期任命的人员。由推选者组织考试。

推选者

12. 考试应该包括由法学学部委员会为法学硕士考试而准备的不少于三套国际法试题，第四套试题由候选人从为前述考试准备的所有试卷中抽选，还有一套有关国际法问题和争议的试卷。

考试

法学学部委员会应当在每年的米迦勒学期宣布当年考试所设置的试卷以及提交申请的截止日期、方式。

推选者可随时向法学学部委员会提交其认为合适的、与考试主题和时间有关的陈述。

R. S. 惠普尔基金

1. 由 R. S. 惠普尔先生捐赠和遗赠给本大学的款项应当构成一项基金，称为 R. S. 惠普尔基金。

名称

	2. 本基金的收入应当用于为惠普尔科学史博物馆购买仪器、模型或书籍,但不得用于购买设备或用作博物馆运营费用。
使用
管理	3. 科学史和科学哲学学部委员会负责本基金的管理工作。

莱昂内尔·惠特爵士奖章和奖项

1. 莱昂内尔·惠特爵士奖章和奖项应当每年由医学博士论文委员会授予给其认为特别优秀的医学博士论文,该论文内容有关在实验室进行的调查研究,优先考虑血液病学研究主题的论文;如果任何一年医学博士委员会宣布没有论文应获得本奖项,则当年就不授予奖章和奖项。

2. 本奖项可获得的奖金总额为医学博士委员会在校务理事会随时批准的范围内确定的数额。

莱昂内尔·惠特爵士纪念基金

	1. 由美国军人和其他美国公民在英国发起的自愿捐款而获得、并在美国空军第7510部队医院(温伯勒公园)医务人员和病人的建议下捐赠给本大学的总价值3500英镑的款项,应当构成一项基金,称为莱昂内尔·惠特爵士纪念基金。
名称
应用	2. 本基金的收入应在应用病理学系主任的酌情决定下,用于支持病理学系工作之目的。

蒂姆·怀特摩尔地理学和动物学基金

从温迪·怀特摩尔女士为纪念她的丈夫、前约翰学院和地理学系的蒂莫西·查尔斯·怀特摩尔博士而捐赠的10万英镑而获得的收入,应当平均划分为两个基金,分别称为蒂姆·怀特摩尔地理学基金和蒂姆·怀特摩尔动物学基金。

蒂姆·怀特摩尔地理学基金

	1. 蒂姆·怀特摩尔地理学基金应当由菲利普·雷克二号基金的经理进行管理。
经理
基金的使用	2. 本基金的收入应当由经理谨慎地用于为地理学系毕业生在旅游、实地调查、对自然环境保护领域和可持续发展领域的研究提供赞助。
未使用收入	3. 一个财政年度的本基金任何未使用收入应当累积起来以作为未来年

度的收入。

蒂姆·怀特摩尔动物学基金

1. 蒂姆·怀特摩尔动物学基金的经理为：动物学系的主任和两名由动物学系主任在米迦勒学期任命的动物学系大学职员，从其任命之后的 1 月 1 日起任职两年。 _{经理}

2. 经理应当谨慎地使用基金的收入，支持动物学系毕业生培训工作，尤其是那些来自发展中国家的、从事科学自然环境保护或者生物学资源的可持续使用的毕业生。 _{基金的使用}

3. 一个财政年度的本基金任何未使用收入应当累积起来以作为未来年度的收入。 _{未使用收入}

H.B 和多洛泰·A.怀廷顿基金

1. 由本大学退休地质学沃华德教授哈里·布莱克默·怀廷顿教授捐赠给大学的资产总额，应当成立一个 H.B 和多洛泰·A.怀廷顿基金，用于促进和鼓励地球科学系的古生物学研究。 _{名称与目的}

2. 本基金的经理为地理学沃华德教授、塞奇威克地球科学博物馆的主任，以及一名或两名由地球科学系主任随时任命的从事古生物学研究的研究人员。 _{经理}

3. 基金的收入应当通过以下赞助方式致力于支持： _{赞助}

（a）地球科学系的毕业生和博士生访问塞奇威克地球科学博物馆以进行现有收藏品的研究、收集该领域的新材料、与专家就相关研究问题进行商谈、参加会议、获取有关的设备部件进行特殊项目的研究，以及提供允许的收入；

（b）到地球科学系进行为期不多于六个月访问的人，其希望从事特定领域古生物学的研究，但该研究应至少涉及一些塞奇威克地球科学博物馆收藏品的研究。

4. 本基金任何未动用的收入既可增加到本基金的本金之中，也可累积起来以作为随后年度的收入，由经理决定。 _{未使用收入}

5. 基金不得用于提供薪金，也不得用于除第 3 条规定之外的塞奇威克地球科学博物馆的有关花费。 _{限制性规定}

惠特尔实验室奖学金基金

名称和目的
1. 本大学通过剑桥大学技术服务有限公司出售 J. D. 登顿教授——工程院院士、皇家学会会员、前涡轮动力学教授、三一学院院士——研发的软件而获得的 41 万英镑，应构成一项基金，称为惠特尔实验室奖学金基金，以造福工作在惠特尔实验室的工程学系研究生。

2. 本大学通过销售登顿教授软件而获得的任何更多收入均应当增加到本基金之中。

奖学金
3. 基金的本金和收入都应当用于提供一个奖学金，称为惠特尔实验室奖学金。

推选者
4. 奖学金的推选者一般应该是惠特尔实验室的所有大学教员。

有资格获得者
5. 为了获得奖学金的资格，候选人必须已经获得或寻求获得本大学的在册研究生身份，并且一般应有在惠特尔实验室工作的打算。

持续期间
6. 本奖学金的持续期间初次为一年。可由经理在第二年或第三年进行延续，但是一般不得用来支持一个奖学金获得者第三年以后的研究工作。

7. 在任何时候分配这样的奖学金不得多于一个。

提供
8. 奖学金应当用来提供：

（a）由推选者决定的生活费，但是一般情况下不得超过或者等于物理工程科学研究学部委员会同期的水准；

（b）提供包含该学生所有或者部分的大学或学院费用。

9. 当惠特尔实验室不再是增压涡轮的研究中心时，则奖学金可以用于支持工程学系的其他研究生。在这种情况下一般应由与研究增压涡轮关系最密切的部门主任加以处置。

戈登·维冈基金

名称
1. 由已故文科硕士、三一学院的戈登·泰勒·本廷克·维冈遗赠给大学的款项，应当构成戈登·维冈基金。

收入的使用
2. 戈登·维冈基金每年的收入应当用于提升和鼓励剑桥大学中的科学教育或科学研究，或者用于科学教育和科学研究之目的，为此，本基金收入的五分之二可由物理和化学学部委员会随时决定以这种方式加以使用，本基金收入的五分之二可由生物科学学院理事会随时决定以这种方式加以使用，本基金收入的五分之一可由地球科学和地质学学部委员会为矿物学和地质学学科的利益，而随时决定以这种方式加以使用。

3. 本基金收入的任何一部分用于一个特定的目的均不得超过五年的期限，但在进行这类使用的续期时，每次可确定一个不超过五年的期限。 收入使用的限制

4. 上述规章应经由动议进行变更，但本规章应当始终符合维冈先生的遗嘱的规定。 限制性条件

安东尼·威尔金民族学和考古学奖学金

1. 本奖学金应当被称为安东尼·威尔金民族学和考古学奖学金，并且应该致力于促进这些学科的研究。 名称

2. 除非本基金总额达到了100英镑以上，否则不得根据第9条的规定选拔奖学金获得者或从本基金中提供赞助。 收入

3. 根据前述规章的规定，考古学和人类学学部委员会可在其认为合适的时候随时选拔一个学生，但具有足够资格的候选人也可申请。学部委员会应至少在接受申请截止之日以前的四个星期内，在《通讯》上发布其打算进行选拔的通告。 选拔日期

4. 大学里的成员应当有资格竞选奖学金，优先考虑在考古学和人类学荣誉学位考试中取得荣誉的候选人，或者获得了在考古学和人类学学部学位委员会监督下攻读一门哲学硕士学位课程的资格的候选人。 有资格当选者

5. 由考古学和人类学学部委员会委派奖学金。 选拔者

6. 学生应当在由学部委员会特意指派的一位名誉监管者的指导下从事民族学、人类学或者考古学的研究，监管者应当决定研究的先决条件，并通常应当与学生的研究工作保持联系。 条件

7. 学生的奖金为100英镑或者更多，具体应当由学部委员会在校务理事会随时批准范围内决定。奖金应当按照两个等额分期付款的方式加以支付，第一笔分期在选拔后一个月内支付，第二笔分期在选拔后六个月内支付，但第二笔分期支付时，需要导师对学生从事学科研究表示满意。如果导师不满意，他或她可以通过秘书告知学部委员会，学部委员会有权终止第二次分期款项的支付。 收入

8. 获得本奖学金的学生在任何一本书、报纸或者其他刊物中发表于奖学金期间所取得的研究成果时，应冠以安东尼·威尔金学生的称号。 学生称号

9. 另外，学部委员会有权为从事民族学、人类学或者考古学研究的本大学成员提供赞助，但这样做的时候，他们不能使本基金的总额减少到100英镑以下。该赞助的接受者应当在任何出版物上进行得体的答谢。该赞助的价值应当由学部委员会在校务理事会随时批准的范围内加以确定。

10. 申请奖学金或从信托基金中申请赞助的申请书，应当提交给考古学

和人类学学部委员会的秘书。申请书应当包括申请者资质和拟议工作的全部详情。

限制性条件

11. 本规章除了第1条外,可经由动议加以修改,但本基金的主要目标应始终予以坚持,即,最好是通过对原始民族(除了希腊、意大利或埃及以外)的地域进行实地调查的方式,促进民族学和考古学的研究。

章程E,第三十章

乔治·威廉斯奖

1904年《捐赠》,第418页

名称

1. 乔治·威廉斯奖应当每年授予给一些由候选人提议并得到由考试官批准的礼拜仪式研究相关主题的优秀论文。本奖项的价值为神学学部委员会在校务理事会随时批准的范围内确定的数额。

有资格获得者

2. 本大学的任何成员均是本奖项的候选人,但在考试时:

(a) 他或她应已经就读了五学期;

(b) 当其是研究生时,则距其获得第一个学位(不论是本大学或其他大学的)之日,不超过10年;

同时,先前的奖学金获得者不具有再次作为候选人的资格。

由考试官

3. 神学学部委员会应当指派不多于三个但不少于两个评议会成员作为考试官,其中一位应当是教授,应当从三名神学学院教授和戴谢教会史教授中选拔。应当在米迦勒学期任命考试官,从其任命之后的1月1日起任职18个月。除了没有论文提交的年份外,考试官的报酬应当由本基金予以支付,报酬的总额应当由神学学部委员会在校务理事会随时批准的范围内加以确定。

提交主题和论文

4. 候选人应当在2月1日前把他或者她的论文的主题提交给教务长。教务长应当将主题递交给考试官,并在四旬斋学期的最后一天以前将考试官对该主题的批准或拒绝情况告知候选人。候选人应当在12月19日以前将其论文提交至教务长处。

条件

5. 奖项获得者应当向图书馆交存一份其论文的印刷本或打印本的副本。

未使用收入

6. 基金积累的任何未使用收入应当按照章程E第三十章第9条的规定转移至神学研究基金中。

格兰维尔·威廉姆斯奖

奖项

1. 洛娜·威廉姆斯夫人和伦道尔·威廉姆斯博士为纪念格兰维尔·李

维林·威廉姆斯——法学博士（荣誉学位）、基督学院文学博士、劳斯·鲍尔英国法荣休教授，而给予的款项，应构成一项基金，称为格兰维尔·威廉姆斯奖，其收入应当用来提供一个格兰维尔·威廉姆斯刑法奖。

2. 本奖项应当由法学荣誉学位考试第一部分 A 或第二部的考试官授予在此次考试试卷三的刑法科目考试中表现优异的学生。 <small>如何奖励</small>

3. 本奖项的价值为法学学部委员会在校务理事会随时批准的范围内确定的数额。 <small>价值</small>

4. 在一个财政年度内未使用的收入应增加到基金的本金之中。 <small>未使用收入</small>

弗雷德里克·威廉姆森纪念基金

1. 由玛格丽特·D. 威廉姆森为纪念其丈夫——已故的伊曼纽尔学院文学士弗雷德里克·威廉姆森，而向本大学捐赠的款项，应构成一项基金，称为弗雷德里克·威廉姆森纪念基金。其收入应当作以下使用： <small>基金和目的</small>

(a) 进一步促进有关对中国西藏、不丹、锡金附近的喜马拉雅地区的民族、社会、宗教以及物质文化的研究；

(b) 促进人类学和考古学博物馆的威廉姆森收藏的发展。

2. 基金应当由一个经理委员会进行管理，其成员包括： <small>经理</small>

(a) 人类学和考古学博物馆的馆长，由其担任秘书；

(b) 两名由人类学和考古学学部委员会指派的人员，其中一名是从事社会人类学研究的人员；

(c) 一名由亚洲和中东研究学部委员会指派的人员；

(d) 一名由伊曼纽尔学院指派的人员。

列入(b)、(c)、(d)项的经理，应当在米迦勒学期进行任命，从其任命后的 1 月 1 日起任职四年。

3. 根据第 1 条的规定，本基金的收入应当在经理的酌情决定之下，并遵照其认为合适的条件，用于以下目的： <small>基金的应用</small>

(a) 为从事高级学习或者研究的人员提供赞助；

(b) 提供一个或者多个研究奖学金，应冠以威廉姆森研究奖学金的称号；

(c) 为人类学和考古学博物馆购买样品或者材料；

(d) 以其他任何方式促进第 1 条所规定的基金之目的的实现。

本基金不应当用于人类学和考古学博物馆的日常维护。

4. 每年米迦勒学期结束以前，经理应发布一个通知，邀请研究员申请研究奖学金或赞助，或二者兼有。 <small>通知</small>

研究奖学金	5. 经理可以选拔任何他们认为合适的人员获取奖学金,不管他是不是大学成员。研究员需要从事经学部委员会确定的课题的研究。
持续期间	6. 研究奖学金的持续期间由经理在每次选拔时加以确定。研究员有资格连选连任,但一个研究奖学金的持续期间通常情况下不得超过三年。
奖金	7. 研究员的奖金应当在每次选拔的时候经经理建议由学部总委员会加以确定。

雷蒙德和伊迪丝·威廉姆森基金

名称和目的	1. 根据前病态组织副教授、克莱尔学院的雷蒙德·威廉姆森及其夫人伊迪丝·伊赛尔·威廉姆森的遗嘱而获得的款项,应构成一项基金,称为雷蒙德和伊迪丝·威廉姆森历史学和哲学科学基金,其收入应当用于促进生物科学史,包括医学科学史的研究。
经理	2. 本基金的经理为:

（a）科学史和科学哲学系的主任;
（b）科学史和科学哲学学部委员会的秘书;
（c）科学史和科学哲学系的秘书;
（d）惠普尔科学史博物馆的馆长;
（e）三名由科学史和科学哲学学部委员会任命的人员,其应在米迦勒学期进行任命,从其任命后的1月1日起任职三年。

奖学金	3. 本基金收入的首要支出应当是提供一个或者多个奖学金,称为威廉姆森奖学金,其应当对所有在大学注册的研究生,或者想要从事生物科学史、包括医学科学史的高级学习或者研究的人员开放。
	4. 经理应当提前至少三个月发布其打算进行选拔的公告。奖学金初次持续期间为一年。学生有资格连选连任,但奖学金的持续期总共不超过三年。
奖金	5. 奖学金的奖金总额不得超过本基金可获得收入总额,具体由经理在校务理事会随时批准的范围内加以确定,经理应考虑获奖学生可资获得的其他财政资源。
	6. 奖金应当按季度提前支付,但当经理对学生的表现不满意,即该学生未能以足够的勤勉从事其课程的学习或研究时,经理可终止任何分期款项的支付。
对研究的支持	7. 在根据第3条的规定提供奖学金之后,本基金的收入应当在经理的酌情决定之下,通过其认为合适的手段,用来支持生物科学史,包括医学科学史的研究。

8. 本基金任何未使用的收入既可增加到本基金的本金之中,也可累积起来作为随后年度的收入,由经理决定。 — 未使用收入

爱德华·威尔逊纪念基金

由出版文学士、文科硕士、冈维尔与凯斯学院的爱德华·艾德里安·威尔逊博士(1912年与罗伯特·法尔肯·司各特船长从南极返回时一同遇难)南极日记而获得的版税收入,以及为此目的而获得的其他资金,应成立两个基金,称为爱德华·威尔逊纪念基金(I)和爱德华·威尔逊纪念基金(II)。 — 名称

爱德华·威尔逊纪念基金(I)

1. 爱德华·威尔逊纪念基金(I)的收入应当向希望从事野外工作或者在极地地区探险的人员提供赞助。 — 目的

2. 本基金的经理为苏格兰极地研究协会的主任和两名由该协会经理委员会任命的人员,每次任期为三年。 — 管理

3. 经理应当邀请人们向基金申请赞助,并应当每年一起开会,对符合基金宗旨的申请和赞助进行商议。 — 赞助的申请

4. 在授予赞助时,经理应当考虑野外工作或者考察工作是否具有突出的重点:(1) 科学工作,特别是有关生物学、生态学或自然历史以及更具体的鸟类学的项目;(2) 极地艺术品,尤其是风景绘画和野生动物绘画。

5. 所有获得本基金赞助的受益人应当在完成探险和野外工作时,向经理提交一份相关报告。报告应当留存于该协会的图书馆。在合适的情况下,受益人应当将此次探险或实地调查的成果的副本或出版物捐赠给该协会图书馆,或将艺术品原始样本捐赠给协会档案馆。 — 奖励的条件

6. 在任何一财政年度内,未使用的收入可增加到本基金的本金之中,或根据本规章的规定,累积起来以作为随后年度的收入。 — 未使用收入

爱德华·威尔逊纪念基金(II)

1. 爱德华·威尔逊基金(II)的收入应当用于为苏格兰极地研究协会的极地艺术收藏品的维护、保存和增加的费用提供支持。 — 目的

2. 本基金的经理为苏格兰极地研究协会的主任和两名由该协会经理委员会任命的人员,每次任期为三年。 — 经理

3. 经理应当满足这样的条件,即至少一年一次考虑协会艺术收藏的需要,并将本基金的收入应用于促进其目标实现之目的。

4. 在任何一财政年度,未使用的收入可增加到本基金的本金之中,或根 — 未使用收入

据本规章的规定，累积起来以作为随后年度的收入。

朱迪恩·E.威尔逊基金

名称　　　　1. 由朱迪恩·E.威尔逊女士捐赠给本大学的款项应当构成一项基金，称为朱迪恩·E.威尔逊基金，其收入应当用于鼓励文学研究，尤其是和戏剧小说有关的文学研究。

经理　　　　2. 本基金的经理应当是英语学部委员会，该学部委员会可任命一个其组成不于学部委员会成员的委员会，以履行其根据本规章所享有的任何职权。

本基金收入的支出　　3. 本基金收入的首要支出应当是为英语系的诗歌和戏剧副教授或大学诗歌和戏剧副教授或大学诗歌和戏剧讲师提供薪金、退休金缴纳款和国民保险。本基金收入的第二项支出应当是提供一个或多个朱迪恩·E.威尔逊诗歌和戏剧讲师的诗歌和戏剧讲座。本基金收入的第三项支出应当是支持与英语系的戏剧工作室有关的活动。经理可酌情支付发生在基金管理中的费用和与讲师相关的费用。

本职务的职责　　4. 大学诗歌和戏剧副教授或大学诗歌和戏剧讲师应按照《剑桥大学章程和条例》所规定的职责去履行其义务，并应当鼓励戏剧和诗歌尤其是当代戏剧文学的研究。

5. 朱迪恩·E.威尔逊讲师应当是由英语学部委员会任命的卓越的戏剧和诗歌的讲授者（包括诗人、编剧、演员或者导演）。应当在英语系宣布的时间和地点举办讲座，且应该对任何有兴趣参加的人免费开放。

酬劳　　　　6. 朱迪恩·E.威尔逊讲师所应获得的酬劳，应由学部总委员会在听取英语学部委员会的建议后确定，并且对其旅行和生活费用的支付，亦应由学部总委员会在听取英语学部委员会的建议后确定。

未使用收入　　7. 在根据第3条相关的规定提供资金以后，本基金剩下的收入和积累的任何未使用收入，可随时在英语学部委员会的酌情决定之下，按照其认为合适的条件，用于促进文学尤其是与戏剧和诗歌相关的文学（特别强调当代实践）的研究之目的：

访问　　　　（a）通过在任何学年任命不超过两名朱迪恩·E.威尔逊访问研究员的方式，该研究员应当由英语学部委员会认为具有合适资格的任何人担任，但：

（1）所有本大学职员不具有当选资格；

（2）只有其先前任期期满1年，该朱迪恩·E.威尔逊访问研究员才能获得再次当选的资格；

(3) 在任何一个学年中,如果任命了两名朱迪恩·E.威尔逊访问研究员,则一名应当是戏剧研究员,另一名应当是诗歌研究员;

(b) 通过其他手段。

8. 朱迪恩·E.威尔逊访问研究员的任期应当由学部委员会确定。 　任期

威尔逊—彼得巴克沃斯基金

由本大学据1929年5月11日第一号动议接受的文学士、法学硕士、基督学院的亚瑟·布朗比·威尔逊—彼得巴克沃斯的捐赠而成立的基金,称为威尔逊—彼得巴克沃斯基金,该基金的收入应当在图书馆委员会的酌情决定之下,用于"购买大学图书馆所需的原始手稿或者复印件或任何文件或书籍,以及特别是任何阐述或涉及英国地方史特别是约克郡东区的地方史的书稿、文件或书籍"。

威尔特希尔奖
1904年《捐赠》,第435页 　章程E,第三十一章

1. 威尔特希尔基金的收入,应当用来提供一个或多个年度奖项,称为威尔特希尔奖,授予精通地质学或者矿物学的候选人。 　名称和目的

2. 威尔特希尔奖的价值应当是威尔特希尔基金的年度收入。 　价值

3. 授奖者应是沃华德地质学教授、矿物学和岩石学教授,和当年举行的自然科学荣誉学位考试第一部分B之地质科学A和地质科学B的考试官。除非有三名授奖者出席,否则不能在任何会议上决定任何有关事宜。 　授奖者:法定人数

4. 威尔特希尔奖应当在每年六月颁发给一名在当年的自然科学荣誉学位考试第一部分B中获得优等成绩的学生,并且其攻读了地质科学A和地质科学B的课程,并被授奖者认为已经在矿物学和岩石学科目上有一定造诣。如果本基金中积累了足够的收入,则授奖者可每年授予一个以上的奖项。 　如何授予

不止一个奖项

约翰·温伯特奖
1904年《捐赠》,第624页

1. 每年均应通过竞赛颁发一项名为约翰·温伯特奖的奖项,该奖项应由约翰·温伯特基金的年度净收入组成。 　名称

2. 本奖项应当每年由工程学系的主任和一名经工程学学部委员会提 　评审者

名、由学部总委员会任命的评审者进行授予，应在每年提交本奖项参赛作品的复活节期间任命评审者。经学部总委员会任命的评审者的报酬应从本基金的收入中支付，除没有参赛作品提交的情况以外，报酬总额由工程学学部委员会在校务理事会随时批准的范围内加以确定。

条件

3. 奖项所授予的论文的主题应由候选人自己选定，且应与土木工程专业相关。论文应已经被一个在专业和学术上得到认可的杂志接受出版。参赛作品（限制为一个候选人一篇）应当提交至教务长处，其到达教务长处的时间不得迟于 5 月 1 日。

4. 候选人必须是大学的研究生或者在工程学系学位委员会管理之下的已注册研究生，并且提交参赛作品之日的年龄必须在 28 岁以下，但下列人员没有当选资格：

（a）其姓名提交到研究生教务长处的时间距离参赛作品应该提交的日期超过 4 年的候选人；

（b）拥有博士学位或者有资格去获取该学位的人。

限制性条款

5. 已经获得本奖项的人员无再次当选的资格。

联合候选人

6. 在任何一年中，本奖项可授予由两名候选人共同提交的参赛作品（限制为一篇），候选人须提交一份其合作完成该参赛作品的研究说明。合作作品的研究价值同单独作品的研究价值相比，对前者的参赛要求应更高一点。在奖项授予联合作品的情况下，奖项应当在有关的两个候选人之间均分。

未使用收入

7. 评审者有权在任何一年中，宣布没有任何参赛作品具有足够的价值从而具有获奖资格。从本基金累积的未使用收入授予的一个或多个额外奖项，其价值不得超过学部委员会在校务理事会随时批准的范围内确定的数额，可按照评审者决定的数额在任何一年中进行授予。

规章的修改限制性条款

8. 在听取工程学学部委员会建议的基础上，本大学有权随时变更本规章的规定。但应遵守以下条件：本奖项应始终称为约翰·温伯特奖，并应致力于鼓励与工木工程专业相关科目的学习和研究。根据本规则之目的，工程学荣誉学位考试第二部分 A 和第二部分 B 所规定的所有科目，应当被认为是与民航工程专业相关的科目。

9. 在奖项授出的所有年度，获胜的候选人应当向大学图书馆交存一份其参赛作品的副本。

温彻斯特朗诵奖

1904 年《捐赠》，第 406 页

基金和奖项

1. 由 1867 年约翰·诺贝尔赠给大学的款项，应当构成一项基金，其收入应当用来提供两个奖项,称为温彻斯特朗诵奖。

2. 本奖项应当用于每年的竞赛,并且应当对所有居住在本大学的成员开放。 <!-- 有资格参加竞争者 -->

3. 本奖项应当由两名经英语学部委员会提名的考试官裁决。在每年的四旬斋学期来临之前,学部委员会应当提名一名评审者以供任命,其任期为两年。 <!-- 评审者 -->

4. 本奖项考试的时间为学部委员会在每年的复活节学期选定的某一天。候选人名单应当由其导师递交到教务长处,到达时间不得迟于开考前的 14 天。 <!-- 考试日期 -->

5. 考试应当限于公开朗读数段: <!-- 考试主题 -->

(a) 古典英文诗歌和戏剧;

(b)《新约》和《旧约》以及英文祈祷书;

(c) 一些标准神学英文作品的一部分或一篇,由评审者在每年的考试结束时宣布。

6. 评审者可自由对前述全部或部分主题进行初步的评判,并且仅接受那些在此次评判中令评审者满意的考试候选人。 <!-- 初步的评判 -->

7. 本奖项的可用总额应当由学部委员会在校务理事会随时批准的范围内加以确定。评审者拥有自由裁量权,如果获奖者具有足够的获奖资格,评审者可授予一个一等奖和一个二等奖,或两个具有同等价值的奖项。 <!-- 奖项的价值 -->

8. 评审者的报酬应当从本基金的收入中支付,其报酬总额为学部委员会在校务理事会随时批准的范围内确定的数额。任何因举行考试而发生的费用均应当从基金收入中进行支付。 <!-- 评审者报酬的支付 -->

9. 奖项的获胜者无资格参与第二次竞争。

10. 在根据第 7 条和第 8 条的规定提供资金以后,本基金的剩余收入应当由学部委员会用于促进本大学学生的演讲或者良好朗读之目的。学部委员会可将其根据本规章享有的职权委托给一个其成员不以学部委员会委员为限的委员会。 <!-- 基金的其他使用 -->

11. 本基金任何未使用的收入既可增加到本基金的本金之中,也可累积起来以作为随后年度的收入,由经理决定。 <!-- 未使用收入 -->

12. 本大学有权随时通过动议改变或变更前述规章之规定,如举行考试和授予奖项的方式,制定发挥本奖项更有效地促进本大学学生的演讲或者良好朗读之作用的新规则,但必须符合捐赠者的意愿,也就是说,朗读《新约》和《旧约》、英文祈祷书、一些标准的神学英文作品的一部分或一篇,在任何情况下均应是考试的组成部分。 <!-- 变更的权力限制性条款 -->

温顿公众风险了解基金

基金和教授之职
1. 温顿慈善基金会捐赠给公众风险了解教授的款项,应当构成一项基金,称为温顿公众风险了解基金。

经理
2. 本基金应当由三名经理进行管理,其分别是纯数学和数学统计系主任、统计实验室主任和温顿公众风险了解教授,但假如两个或者更多职位被同一个人占据或者一个或者更多这样的职位是空缺的,则数学学部委员会应当任命一名或者更多额外的经理以确保有三名经理。

基金收入的使用
3. 本基金收入的第一项支出是本大学应支付的该教授的薪金、国民保险、退休金缴款和相关的间接费用。

其他使用
4. 根据第3条的规定提供资金以后,本基金的收入可用来支持教授的活动,以经经理建议、由学部总委员会批准的方式使用。

未使用的收入
5. 在一个财政年中,未使用的收入可用来:(1) 积累或增加到本基金的本金之中;(2) 作为收入储备起来,根据第3条和第4条的规定作为随后一年或多年的花费;(3) 用于促进数学的教学和研究,包括公众对风险和数学的了解,以经经理建议、由学部总委员会批准的方式使用。

收入不足
6. 在任何一年中,本基金的收入若不能满足第3条和第4条设定的费用,则经理在得到数学学部委员会批准后,可以使用其可以决定的本基金的所有或者部分本金,以满足这些费用之需。

供替换使用的收入
7. 如果数学学部委员会认为按照第3条和第4条的规定向该教授职位提供的捐赠不再是对于本基金的有效且合理的使用,并且学部总委员会也认可这一点,则本大学有权设法控制本基金的收入和资本作为促进数学(尤其是公众风险了解和数学)的教学和研究。

奈尔·怀斯曼基金

标题
1. 本大学所获得的为纪念奈尔·恩斯特·怀斯曼——计算机图形图像副教授和沃尔森学院院士而捐赠的款项,应构成一项基金,称为奈尔·怀斯曼基金。

目的
2. 本基金的收入和本金,以及累积的任何未使用收入,应当在计算机实验室主任的酌情决定下加以使用,并应当用于资助在计算机实验室工作的研究生。

维希特基金

1. 由已故的奥利弗·维希特捐赠给本大学的款项,应当构成一项基金,称为维希特基金。 名称

2. 本基金的年收入和累积的未使用收入应当用来提供一个或多个奖项,称为约翰·维希特奖项,以纪念克莱尔学院的约翰·维希特——前统计实验室主任和统计学副教授。本奖项应当每年由统计科学哲学硕士学位考试的考试官授予在此次考试的统计学科目中表现优异的一个或多个候选人。 目的

3. 约翰·维希特奖项的价值为数学学部委员会在校务理事会批准的范围内加以确定的数额。 价值

4. 除第1条和本条以外,前述规则可在听取数学学部委员会建议后经动议加以变更,以使所有或者部分基金的资源用于与第2条之规定相类似的目的。 变更条例的权力

伯纳德·乌尔夫健康神经系统基金

1. 沃可基金会为支持健康神经学研究而捐赠的370万英镑,应成立一个永久性基金,称为伯纳德·乌尔夫健康神经学系统基金。 名称和目的

2. 本基金收入的第一项支出应当是由本大学支付的与伯纳德·乌尔夫健康神经教授有关的薪金、国民保险、退休金缴纳款,以及与新增奖项费用相关的资金。 教授之职

3. 本基金收入的第二项支出应当是本大学来自临床医学院的主要经费,是为支持教授之职而从本基金中支付的公平和合适的费用。

4. 学部总委员会可随时在临床医学部委员会建议的基础上设立一个单一任期的职位以代替教授之职。在任何一个时期内,如从本基金收入中用第一项和第二项支出来负担这样的职位,则该职位应该按照上述第2条和第3条的规定来建立,但给予伯纳德·乌尔夫健康神经学教授的报酬应与给予根据本条建立的职位的报酬相同。 设立一个职务以代替教授之职

5. 在根据第2条至第4条的规定提供资金以后,本基金的收入应当用来满足秘书协助、研究支持、办公室用品和设备(按照这个顺序)的费用,以实现第4条提到的职位担当者或教授的不受限制的决定权。

6. 在任何一个财政年度中,本基金任何未使用的收入应当: 未使用收入
(a) 增加到本基金未动用的本金之中;或者

(b) 用于为第 4 条的提到的职位担当者或教授的工作提供资助；
　　(c) 积累以作为未来年度收入之用(按照这些规则中提到的先后顺序)；
　　(a)(b)(c)三款在临床医学学部建议的基础上,由学部总委员会加以确定。但任何未使用收入不得按照(b)款的规定加以使用,并且任何根据(c)款积累的收入不得加以使用,除非学部总委员会同意:在使用合理审慎推断以后,本基金中未使用的本金所产生的收入足以支持本基金主要目的(根据第 2 条到第 4 条设立的永久性目的)的实现。

　　7. 直到任命了第一个伯纳德乌尔夫健康神经学教授或(如果更早)任命了第 4 条提到的职位的第一个担当者时,则本基金的收入应向沃可基金会书面同意的健康神经学的研究工作提供资助,除非学部总委员会同意:在合理审慎推断以后,本基金未动用的资本所产生的收入足以支持本基金主要目的(根据在第 2 条到 4 条设立的永久性目的)的实现。

年度报告
　　8. 临床医学学部委员会每年应当向沃可基金会提交一份年度报告,向其报告本基金财政情况、由其资助的工作和本基金对此项工作根据第 2 条到第 7 条的规定的详细开支的情况。

沃尔夫森产业合作基金

名称
　　1. 由沃尔夫森基金会捐赠的款项,应当构成一项基金,称为沃尔夫森产业合作基金。

产业联络主任
　　2. 本基金的第一项支出应当是保持一个产业联络主任职位的费用。

　　3. 在根据第 2 条的规定满足第一项支出后,本基金的本金和收入应用于促进大学成员和工业之间的合作之目的,合作方式应由学部总委员会随时加以批准。

T. B. 伍德奖金

名称
　　1. 由印度茶叶协会捐赠的款项,应当分开投资,本基金的收入应当用来提供 T. B. 伍德奖金。

如何授予
　　2. 本奖金应当由自然科学荣誉学位考试第 2 部分的植物科学学科的考试官授予在该科目的考试中表现优异的学生。

　　3. 如果没有候选人被认为值得授予这个奖项,则当年的收入应当增加到本基金的本金之中。

伍德—雷格奖

1. 为感谢历史系,由凯瑟琳·路易斯·雷格——文学博士、前露西·卡文迪什学院式学会(现露西·卡文迪什学院)院士捐赠给本大学的款项,应当构成一项基金,称为伍德—雷格基金。 — 基金

2. 该基金的收入应当用来提供一个称为伍德—雷格奖的奖项,其应当每年由历史系学位委员会在中世纪史哲学硕士学位(一年课程)考试的考试官提名的基础上,授予给在此次考试中提交最佳论文的候选人。 — 奖项

3. 本奖的价值应当是基金的年度收入。 — 价值

4. 如果在任何一年,本奖项未能授出,则当年的收入应当增加到基金的本金之中。

H.E.伍德曼基金和 H.E.伍德曼奖

1. 由 L.伍德曼夫人为纪念其已故的丈夫 H.E.伍德曼——文学硕士、动物营养学的副教授而捐赠的 300 英镑,应当构成一项基金,称为 H.E.伍德曼基金,其收入应当用于提供 H.E.伍德曼奖。 — 名称

2. 本奖项的授奖者应当是植物学和遗传学教授。应当在每年四旬斋学期将本奖项授予那些成功获得了哲学博士和哲学硕士学位的候选人,其在授奖者的评判中,已经提交了一篇有关食品化学主题的学位论文。 — 授奖者和目的

3. 有资格获得本奖项的学生应在一年前得到研究生教育委员会的批准,根据研究生条例之规定获得了哲学博士学位或获得了哲学硕士学位。 — 有资格获得者

4. 本奖的价值应当是基金的年度收入。如果在任何一年,本奖项未能授出,则当年的收入应当增加到基金的本金之中。 — 价值

华兹华斯基金和奖学金

1. 已故的威廉·尼克尔森捐赠的款项,应当构成一项基金,称为华兹华斯基金,以纪念已故的尊敬的克里斯多夫·华兹华斯——D.D.林肯主教,以及他对教会的服务,尤其是他在担任哈罗学校校长期间的服务。 — 名称

2. 本基金的收入应当用于维持一个或者多个华兹华斯奖学金,使在剑桥大学接受教育且已经获得荣誉学位并打算在英国教会谋求牧师职位的学生能继续在剑桥大学居住一段不少于 12 个月的时间,以便研究神学。 — 目的

3. 奖学金的推选者应当是皇家神学教授和两名由神学部委员会在米 — 推选者

|选拔公告| 迦勒学期任命的神学院成员，从其任命之后的 1 月 1 日起任职两年。

4. 推选者应当在其打算举行选拔的三个月内发布该公告。

|有资格获得者| 5. 本大学每个成员均有资格获得本奖学金，但距离其入住的第一个学期，不得超过五个学期，并且他或她亦应：

（a）已经在至少一个荣誉学位考试中获得了荣誉学位；

（b）已经向推选者书面声明他或她：(i) 打算去获得，或已经获得英国教会的牧师职位，以及(ii) 如果当选了，将在本大学居住至少一年的时间，从其获得奖学金之日开始；并将按照推选者的要求，参加至少一部分的神学和宗教学荣誉学位考试，或哲学硕士学位的神学和宗教学研究考试，或哲学博士学位的神学和宗教学研究考试，或神学和宗教学研究毕业文凭考试，或（2）从事由推选者批准的神学的某些形式的研究。

|申请| 6. 任何有资格的人员均可申请奖学金，但距离他或者她在本大学居住的第一个学期，已经经过了三个学期。每份申请应当附带：

（a）一份候选人先前的教育记录；

（b）第 5 条（b）款所要求的声明；

（c）一份候选人经济状况的全面说明，包括预期从其他来源获得任何援助的详细说明。

|选拔| 7. 选拔应当不得迟于 9 月 30 日举行。如果两个或者两个以上的候选人同等优秀，则推选者应当优先考虑那些在哈罗学校或者温彻斯特学院接受不少于两年教育的候选人。

|任期| 8. 奖学金的持续期间为 12 个月，从选拔之后的 10 月 1 日或紧接着的一年的 10 月 1 日起开始计算。一个学生应该有资格重复当选，但任何人拥有奖学金的总计时间不得超过四年。

|价值| 9. 奖学金的价值为推选者在校务理事会随时批准的范围内结合每个具体情况加以确定的数额。在决定奖学金的价值时，推选者应当考虑获得者的经济状况。

|奖金的支付| 10. 奖学金的奖金应当提前以半年分期付款的方式支付，但当推选者对学生的表现不满意时，即该学生未能勤勉地从事他或她的研究时，则其可随时终止第二次分期的全部或部分款项。

|变更| 11. 上述规章，除第 1 条和第 2 条，以及本条规章以外，可以经动议在坎特伯里大主教的认可下加以改变。

唐纳德·沃特基金 I

|基金和目的| 1. 由已故的文科硕士、休斯学院和圣体学院的唐纳德·亚瑟·沃特遗

赠给本大学的款项,应当构成一项基金,称为唐纳德·沃特基金I,本基金的收入应当用来促进本大学的音乐研究,以及有关本大学音乐研究的其他目的,应由音乐学部委员会随时加以决定。

2. 本基金收入的第一项支出应当是提供以下三个唐纳德·沃特奖: 奖项

(a) 一个奖项应当授予经音乐荣誉学位考试第一部分A的考试官评判,在此次考试中对音乐表现最佳的候选人;

(b) 另一个奖项应当授予经音乐荣誉学位考试第一部分B的考试官评判,在此次考试中音乐表现最佳的候选人;

(c) 最后一个奖项应当授予经音乐荣誉学位考试第二部分的考试官评判,在此次考试中音乐表现最佳的候选人。

3. 本奖项的价值为音乐学部委员会在校务理事会随时批准的范围内确定的数额。 价值

4. 在根据第2条的规定向唐纳德·沃特奖提供资金后,本基金积累的任何未使用收入应当在音乐学部委员会的酌情决定之下,用于: 未使用的收入

(a) 使杰出的学者能够不定期地访问音乐学部,以便举办讲座或从事有利于学部的其他工作;

(b) 为音乐学部图书馆购买书籍;

(c) 以其他任何方式帮助推进本大学的音乐研究;

(d) 提供与本大学音乐研究有关之目的的赞助。

唐纳德·沃特基金 II

1. 由已故的文科硕士、休斯学院和圣体学院的唐纳德·亚瑟·沃特的受托人捐赠给本大学的款项,应构成一项基金,称为唐纳德·沃特基金II,其收入应当用来支持本大学的音乐制作。 基金和目的

2. 本基金的经理为音乐学部委员会,其可任命一个其成员不限于学部委员会委员的委员会,以履行其根据本条例所享有的任何职权。 经理

3. 本基金的收入应当在经理的酌情决定下,通过任何或所有下列方式用来为本大学的音乐制作提供便利: 收入的使用

(a) 为本大学成员的乐器表演或演唱提供团队教练;

(b) 提供赞助以支持由音乐学部委员会或者本大学,或者学院音乐协会,或者个人联合团体组织的音乐会或者其他音乐活动;

(c) 经理认为合适的其他方式。

4. 在一个财政年度,本基金任何未使用的收入既可增加到本基金的本金之中,也可累积起来作为随后年度的收入,具体事宜由经理决定。 未使用的收入

沃茨旅行学者基金

章程 E，第十三章

由学部总委员会决定

1. 沃茨旅行学者基金应当在学部总委员会的酌情决定之下提供赞助，以促进和鼓励对大不列颠以外国家进行有关宗教、学术、法律、政治、习俗、礼仪、珍品、自然的或者人造的物质之调查，或在这些国家中的地理发现或古文物研究或科学研究之目的，遵照在提供赞助时制订的有关出版调查结果的所有条件。

可获得赞助者

2. 赞助应限于本大学成员。可不考虑申请人的地位而向其提供赞助。

支付的方法

3. 每个赞助应根据相关人员或被指派人员的申请，在其申请被批准的那个财政年度中，当年的赞助通告刊登在《通讯》以后进行支付。

调查报告

4. 每一赞助的获得者应在其返回到这个国家后的合理时间内，向教务长提交一份他或她调查的简短报告。

莱恩伯利奖学金基金

根据 1974 年 8 月 5 日制定的第三号动议
于 1974 年 8 月 5 日生效的单务契约

单务契约

莱恩伯利奖学金基金的信托宣言是由校长和剑桥大学（在下文中简称为"本大学"）学者在取得尊敬的约翰·伯顿·莱恩伯利男爵（在下文中简称"莱恩伯利爵士"）的同意和批准后做出的。

此契约是补充 1918 年 3 月 22 日的一份契约（以下简称"主契约"），该契约由第一男爵莱恩伯利·亨利·伯顿、罗伯特·伯顿·巴克利、阿尔贝·查尔斯·克劳森、布莱恩·伯顿·勃克穆利作为一方，本大学作为另一方，是为捐赠和促进政治经济学的研究而需要宣布特定的信托而签订的。另外，此契约亦是补充 1949 年 7 月 2 日的一份单务契约（以下简称"主要单务契约"），该契约由莱恩伯利爵士和本大学因为同样目标的信托而签订，这些目标是为代替由主契约和上述 1928 年 5 月 5 日的单边契约宣布的信托。

并且在本大学看来，现在用为原始目标设定的其他信托代替那些由主要的单务契约宣布的信托是可取的。

此外，由在主契约的清单中规定的现金和投资构成的信托基金现在由该清单中规定的投资所代表。

鉴于以上几点，现在对此契约做如下说明：

1. 在行使为此目的而由主单务契约第 16 条授予本大学的权力，和所有或任何使本大学为此利益并经莱恩伯利爵士通过其参与和执行此契约的方式以证实的同意和认可的权力时,本大学因此可废除或决定由主契约所代替的信托,和因此在代替中宣布信托基金应当建立在信托的基础上并应遵照下文中所包含的权力和规定。

2. 应当在剑桥大学保持莱恩伯利奖学金基金,其收入应当通过提供莱恩伯利政治经济学奖学金,或以其他方式用于经济学和政治经济学的研究。

3. 本大学可随时为基金制定规则。

4. 此契约的第 2 条和第 3 条应具有效力,尽管他们是根据《1923 年牛津大学和剑桥大学章程》的规定而制定的剑桥大学的条例,但其仅能按照第 5 条规定的程序加以修改。在不对上述规定的普遍性带来损害的情况下,章程 E、I、F、IV、K 等五个章程,应当适用于此契约的第 2 条和第 3 条,尽管其是剑桥大学的章程。

5. 如果在任何时候本大学认为,目前指导信托基金拨款的目的,不再是最有效的,或目前为此目的指导信托基金拨款的方式不是最有效和最合适的,则本大学可借助根据公章规定的单务契约,除此以外还需取得有权处理自己事务和有能力的人(其应目前是男爵爵位的持有者,但现在由古老城堡的莱恩伯利爵士持有)的书面同意,决定目前已宣布的信托和宣布其他信托用于鼓励经济学研究和他们认为合适的任何其他分支学科的研究之信托。

单务契约的改变

上文提到的附录为

大学联合基金中的 3934 单位。

附录(APPENDIX)

莱恩伯利奖学金基金

1. 莱恩伯利奖学金基金的经理为经济学学部委员会。

经理

2. 学部委员会应当有权任命一个其成员不限于学部委员会委员的委员会,以履行其根据本条例所享有的部分或全部职权。

3. 本基金的收入应当用来提供一定数量的奖学金,称为莱恩伯利政治经济学奖学金,其数量由经理根据校务理事会每次批准的最大限额而随时加以确定。

奖学金

4. 奖学金的价值为经理在考虑该奖学金获得者可资获得的其他财政资源后,在校务理事会随时批准的范围内加以确定的数额。

价值

5. 奖学金的持续期间为 1 年,从选拔后的 10 月 1 日起或从经理确定的日期开始计算。

任期

6. 奖学金的奖金应当以两个半年分期付款的方式提前进行支付。除非

奖金

经理对学生的表现满意，即该学生能勤勉地从事经经理批准的课程学习和研究训练，否则不得支付第二次的分期款项。

资格　　　7. 奖学金应向所有已经或即将注册成为研究生的本大学成员开放，其应在经济学学部学位委员会的管理下从事研究工作。奖学金获得者有义务在奖学金持续期间，攻读某个经济学分支，或政治经济学，或1800年以后的经济史学的全职课程学习和研究训练。获奖学生在获得奖学金的期间不得从事任何商业或职业活动，或从事任何其他在经理看来会妨碍其课程学习和研究训练的工作，但经理可特别许可奖学金获得者在经济学院担任助教的工作。

8. 经理可经正当理由推迟、减少或终止对获奖学生的奖学金的支付，并可经正当理由剥夺一个奖学金获得者的奖学金。

选拔通告　　9. 由经理决定提交奖学金申请表的日期和方式。在每年四旬斋学期的期末以前，经理应当发布一个关于其已经确定的日期和方式的通告，并且应当表明他们期望进行选拔的日期。

未使用收入　　10. 任何未动用的收入既可增加到本基金的本金之中，也可累积起来作为随后年度的收入，由经理决定。

赖特奖学金

目标　　　1. 赖特奖学金的目标应当是鼓励阿拉伯语言和文学以及与之相关学科的研究。

推选者　　2. 本奖学金的推选者应当是亚洲和中东研究学部学位委员会。

有资格获得者　　3. 本奖学金应当对任何获准在本大学攻读学位的本大学成员开放。

4. 选拔应当在每年的复活节学期下半期举行。

选拔　　　5. 选拔公告应当由推选者在选拔以前的四旬斋学期发布。

申请　　　6. 申请表应当在选拔举行的复活节学期来临以前或复活节学期来临时提交至教务长处，并应附带一份候选人打算从事的研究课程的陈述，以及候选人可能希望提交的其本人的资质证明。

任期　　　7. 奖学金的期限应当是一年，但是奖学金获得者可在第二年、第三年连选连任，但不能长于三年。在例外的情况下，推选者可以推迟期限至随后的一年。

价值　　　8. 本奖学金的价值为推选者在校务理事会随时批准的范围内确定的数额。应按照两次半年分期付款的方式提前进行支付，但当推选者对学生的表现不满意，即该学生未能勤勉地从事他或她的研究时，则推选者可随时终止第二次的分期款项。

9. 本基金所累积的任何未使用收入,应当首先在推选者的酌情决定之下用于授予第二项研究生奖学金。任何此后余留的收入可以由亚洲和中东研究学部委员会自由裁定用于为本大学的大学生提供奖学金,或以其他任何经学部委员会决定的方式促进本大学的阿拉伯研究。 未使用收入

赖特·罗杰斯奖学金基金

1. 为了纪念其丈夫赫伯特·艾迪文·赖特·罗杰斯,由已故的 E. M. B. 赖特·罗杰斯女士遗赠给本大学的款项,意在为精通英格兰法的研究者创建两个赖特·罗杰斯奖学金,应构成一项基金,称为赖特·罗杰斯奖学金基金。 名称

2. 奖学金的推选者应当是法学学部委员会,其可以将其根据本条例所享有的职权委托一个由不少于三人组成的委员会,其中法学学部委员会的成员至少为一名。 推选者

3. 在每年的四旬斋学期期末以前,剑桥大学教务长应当发布一个公告,宣布提供两个奖学金。 公告

4. 任何在(大不列颠)联合王国的任何大学或者理工学院中顺利完成了一个有学位的课程并至少进行了为期一年法学学习的人员,应当具有本奖学金的资格。 有资格获得者

5. 候选人应当将其申请表,随函附上其职业以及准备在剑桥大学学习的课程的提纲,提交给法学学部委员会的秘书,到达秘书的时间应当不迟于 8 月 1 日。每一候选人应当需要两个人分别将其对他或她资质的书面评价提交到法学学部委员会秘书处,其送达的时间与前者相同。 申请

6. 举行选拔的时间应当不迟于每年的 9 月 30 日。 选拔

7. 奖学金的期限为 1 年,从选拔后的 10 月 1 日开始计算,并应受到奖学金获得者具有或将具有本大学成员资格的制约。奖学金获得者可在第二年、第三年连选连任,但不能长于三年。 任期

8. 奖学金获得者有义务在推选者的指导之下在本大学从事与英格兰法有关的研究或学习。 获奖学生的义务

9. 本奖学金的价值为推选者在校务理事会随时批准的范围内确定的数额,在确定奖学金价值时,推选者应考虑获奖学生可以获得的任何其他财政资源。 价值

10. 本基金所累积的任何未使用收入,可在推选者的酌情决定之下,用于促进英格兰法的研究之目的,通过以下方式: 剩余收入

(a)向赖特·罗杰斯法律奖学金获得者和需要经济资助的法学学部的

其他研究生提供赞助；

(b) 满足法律研究的费用；

(c) 以法学学部委员会随时确定的其他方式。

安田信托和银行公司基金

基金和目的　　1. 由安田信托和银行有限公司在其伦敦经营开业的第 15 周年纪念日上捐赠的款项，应构成一项基金，以促进本大学的日本研究。本基金的流通时间应当包括从 1990 年到 2001 年的时间。

经理　　2. 本基金的经理应当是亚洲和中东研究学部委员会，其可以将其根据本条例享有的职能委托给一个委员会，该委员会由日本研究教授（或者他或她的代理人）作为主席，以及由学部委员会确定的评议会的其他成员组成，但不限于学部委员会的委员。

奖学金和研究奖学金　　3. 本基金的本金和收入应当用于提供本大学中的有关日本研究的研究生奖学金和博士后研究奖学金，和提供赞助以满足这些奖项获得者的费用。每一年经理应当发布奖项竞争公告。候选人的资格不受本大学成员的限制，但是获得奖学金或者研究奖学金的人员应当在他或者她的任期开始以前取得本大学成员的资格。

任期和价值　　4. 奖学金的任期应当由经理来决定。奖学金的价值以及因奖学金获得者发生的费用或将要发生的费用而提供任何赞助的价值，应当由经理在校务理事会每次批准的范围内加以确定。

至少每年任命一次　　5. 在基金流通期间，经理应当寻求至少每年任命一次奖学金获得者或研究员，并应在这期间寻求使用本基金的本金和收入。

剩余收入和本金　　6. 任何剩余收入或本金，可由经理在获得校务理事会的批准以后，用于支持本大学的日本研究工作。

古拉姆·亚兹达尼论文奖基金

名称和目的　　1. 由古拉姆·亚兹达尼女士捐赠给本大学的 1000 英镑，应构成一项基金，称为古拉姆·亚兹达尼论文奖基金，其收入应当用于授予一个古拉姆·亚兹达尼古德干历史和考古学论文奖。

经理　　2. 本基金的经理为三名由亚洲和中东研究学部委员会在四旬斋学期任命的人员，从其任命后的 1 月 1 日起任职三年。

奖项　　3. 经理应当将本奖项授予本大学任何成员所提交的最优秀论文，该论文的主题是经经理批准的有关古德干历史和考古学领域的研究。经理每年应当发布一个有关拟议论文主题和论文提交日期和方式的通告。

4. 本奖项的价值应当是基金的年收入。 价值

5. 如果在任何一年,本奖项未能授出,则收入应当累积到本基金之中, 赞助
并可由经理随时用来提供赞助,以促进印度考古学的总体进步。

约 克 奖

章程E,第二十一章

1. 每年应当提供一个或多个约克奖,授予给一篇法律主题(包括法律历 奖项
史、法律分析、法律管理和法律改革)的优秀论文。

2. 本奖项应当开放给大学的任何毕业生,或者任何已经或将注册成为 可以参
本大学的研究生的人员,但论文提交的日期应满足以下条件: 与竞争
者

(a) 如果候选人已经根据哲学博士、科学硕士和文学硕士学位的条例,
获得研究生学部委员会批准的哲学博士或文学硕士学位,则距获得该批准,
不超过四年;

(b) 如果候选人没有得到批准,则距他或她在本大学或其他任何大学获
取第一个学位不超过10年。

3. 每一个候选人应该获得法学学部委员会对他或她的论文提议主题的 选择主
批准。 题

4. 论文应当在不迟于四旬斋学期的最后一天送达剑桥大学教务长处。 论文的
论文应当采取印刷或打印的形式,在长度上应当不少于3万字但不超过10 提交
万字,但学部委员会经候选人申请可免除这些要求。

5. 学部委员会应当有权将论文提交给一个或多个评议人以获得其报 评议人
告。每一评议人应当获得的费用为学部委员会在校务理事会批准的范围内
确定的数额。

6. 学部委员会应当决定奖金,而且这个决定应当是最终的。 奖项

7. 学部委员会应当有权:

(a) 授出一个或者多个约克奖,每一奖项的价值为学部委员会在校务理
事会批准的范围内确定的数额;

(b) 向论文没有获得约克奖的候选人提供奖项,因为其论文也值得
称赞;

(c) 提供赞助以协助作者出版他或她的约克奖论文。

8. 获奖的候选人应当向斯奎尔法律图书馆提存一份他或者她的论文的
复印本。

9. 应在根据第8条向图书馆提存论文的副本后的第一时间内对奖项进
行支付。

收入的其他使用

10. 学部委员会也有权：

（a）授予奖学金或研究奖学金或者向从事法律研究的任何人员提供赞助；

（b）为举办讲座提供赞助；

（c）为作品的出版提供赞助〔此外，根据第 7 条（c）款的规定，协助作者出版约克奖论文〕；

（d）为促进与法学研究相关的任何其他工作提供赞助，以及将他们认为合适的条件附加到这些奖学金、研究奖学金或赞助的授予之中。

11. 应当从本基金的收入中或任何积累的未使用收入中支付任何根据第 5 条、第 7 条和第 10 条的规定而应支付的费用。

委员会

12. 法学学部委员会可将其就约克奖和基金所享有的任何职权委托给一个其成员并不限于学部委员会委员的委员会。

奥尔加·尤霍斯基和凯瑟琳·马修斯基金

名称

1. 由凯瑟琳·马修斯夫人和伊莲·格尔博士为纪念其母亲奥尔加·尤霍斯基夫人而捐赠的款项，以及格尔博士为纪念马修斯夫人而捐赠的款项，应构成一项基金，称为奥尔加·尤霍斯基和凯瑟琳·马修斯基金。

奖项

2. 应当设立一个奖项，称为奥尔加·尤霍斯基奖，每年应当由现代和中世纪语言学荣誉学位考试第二部分的考试官授予在此次考试中的俄语部分表现优异的学生。

3. 奖项应当由书籍组成，其价值为本基金的年度收入，书籍应当由奖项获得者根据斯拉夫语研究学院主任的批准加以选择。

托马斯·扬勋章

名称和目的

1. 托马斯·扬勋章应当授予在东方研究荣誉学位考试第二部分或者考古学与人类学荣誉学位考试第二部分 B 中任何东方考古学分支科目中表现突出的候选人。

授奖者

2. 授奖者应当在每年的 6 月举行会议，在该月中候选人应在第 1 条规定的考试中提供任何一个东方考古学分支的试卷。

3. 在任何一年中，授奖者应当是：

（a）赫伯特·汤姆森埃及古生物学副教授；

（b）不超过 6 名由亚洲和中东研究学部委员会在与人类学与考古学学部委员会磋商后任命的人员。

4. 除非至少三名授奖者出席,否则不得在会议上决定任何事宜。 　　法定人数

扎伊德酋长伊斯兰教研究基金

1. 为了促进和鼓励本大学的伊斯兰教研究,从阿布扎比的扎伊德基金会中获得的款项,应构成一项基金,称为扎伊德酋长伊斯兰教研究基金。 　　名称和目的

2. 本基金应当处于经理委员会的管理下,其组成为: 　　经理
(a) 校长(或经其正式任命的代理人),由其担任主席之职;
(b) 神学学部委员会的主席;
(c) 高级宗教和神学研究中心的主任;
(d) 两名由扎伊德酋长基金会受托人任命的人员。

3. 本基金的第一项支出为由本大学负担的一个建立在神学院内、与扎伊德酋长的名称有关的大学职位相关的薪金、国民保险、退休金缴纳款以及相关的间接费用。 　　大学职位

4. 本基金收入的第二项支出应当是提供一个奖项,称为扎伊德酋长伊斯兰教研究奖,其应当由神学和宗教学研究荣誉学位考试第二部分 A 和第二部分 B 的考试官授予在此次考试中的伊斯兰教研究方面表现突出的候选人,其表现突出表现在该考试的一份或多份试卷中,该试卷是神学学部委员会为此目的而指定的。奖项价值为经理在校务理事会每次批准的范围内确定的数额。

5. 根据第 3 条和第 4 条的规定提供资金以后,本基金的收入应在经理的酌情决定之下,用于鼓励本大学的伊斯兰教研究。

6. 在一个财政年度内,本基金中任何未使用的收入既可增加到本基金的本金之中,也可累积起来以作为随后年度的收入,由经理决定。 　　未使用收入

7. 根据扎伊德酋长基金会的受托人的批准,本大学有权在听取神学学部委员会的建议后经动议修改上述规章。

第十三章 财务和财产

财 务 问 题

财务委员

1. 校务理事会的财务委员会人员组成为：
(a) 校长或者由其正式任命的代理人，并由其担任主席；
(b) 三名由各学院代表推选出来的摄政院成员；
(c) 四名由校务理事会任命的成员，其中至少两名为摄政院成员；
(d) 一名由学部总委员会任命的学部总委员会成员；
(e) 三名由动议任命的摄政院成员；
(f) 不超过两名的由委员会增选的成员，但委员会增选人员并不是强制的；

必须符合要求：至少三名财务委员会成员是校务理事会成员（包括校长）。委员会临时秘书由校务理事会指定的剑桥大学教务长或者学校高级职员担任。

任命和任期

2. 应在米迦勒学期任命或推选列入(b)—(e)项的成员，该成员应从任命或推选之后的1月1日起开始任职。列入(b)项和(e)项的成员应任职三年，列入(c)项、(d)项的成员应任职四年。增选成员的任期至增选当年或下一年的12月31日，具体由委员会在其推选时加以确定。如果列入(b)项或者(e)项的成员不再是摄政院的成员，或者列入(d)项的成员不再是学部总委员会的成员，那么他们的位置就应列入空缺。

各学院代表

3. 在推选列入(b)项的委员会成员时，每个学院应当任命一个代表，并将其姓名告知教务长。选举应当遵照可转移单票制；选票用邮政投递。具体选举事宜由剑桥大学教务长安排决定。

法定人数

4. 非经至少五名成员出席，否则财务委员会会议不得议决任何事项。

职责

5. 以下是校务理事会的职责，通过财务委员会执行：
(a) 按照章程G第二章的规定各学院为大学募集捐赠；
(b) 公布若干学院的账目；
(c) 根据章程规定，对各学院的餐饮进行监督。

财产和有价证券

6. 财务委员会拥有校务理事会赋予的权力，依照章程F第三章1—3条

的规定行使职权,但需服从第 9 条,并应遵守以下限制:

(a) 大学的实物或者借贷财产出售或者转让,或者与大学签订长达 60 年或者更长的租约,须经摄政院动议正式批准,如果由校务理事会来决定出售或者租约,将剥夺大学的土地和建筑的现有的或者将来的可预见的使用权;

(b) 所有可登记的投资均应以剑桥大学名誉校长、教师和学生的名义,或者以财务委员会决议提名人的名义登记;

(c) 所有有价证券的证书均应存放于银行或者其他公认的且被财务委员会核准过的财务机构处妥善保管;

(d) 所有购买或者出售的无记名债券和仅可交割以及既可交割又可背书的有价证券只能通过财务委员会认可的银行办理移交手续。

7. 巴克莱银行股票上市公司(英国)为剑桥大学的指定银行,除非另有变动。   银行

8. 剑桥大学的财政年度截至每年 7 月 31 日。   财政年度

9. 第 6 条—第 8 条不适用于大学出版社的财务和财产。大学出版社的财务和财产必须以章程 J 和出版社工会根据该章程制定的规章为依据。

审计委员会

1. 校务理事会应有一个常务委员会,称为审计委员会,其人员组成包括: 成员

(a) 委员会主席为校务理事会委派并列入(e)项的理事会成员;   主席

(b) 两名校务理事会成员,由校务理事会从其同时为摄政院成员的成员中指定,但校长、副校长和直属学院理事会主席没有资格担任此职;

(c) 由校务理事会指定的四名成员,他们不能是摄政院成员或大学的雇员,应在公司的相应岗位上任职,并具备专业技能和经验,其中至少两人要有财务、会计或审计的经验;

(d) 不超过两名成员由委员会增选,其中至少一名成员必须既不是摄政院成员,也不是校务理事会成员,但委员会增选人选并不是强制性的。

2. 列入(a)、(b)和(c)项的成员应在米迦勒学期任命,从其任命后的下一个 1 月 1 日起任职三年。增选成员的任期至增选当年或下一年的 12 月 31 日,具体由委员会在其推选时加以确定。

3. 校务理事会的财务委员会成员不得列席审计委员会成员,如果审计委员会成员变更为财务委员会成员,那他(她)的位置即应空缺。   限制

4. 审计委员会在每个财政年度将至少进行两次会面。职责如下: 职责

(a) 持续复查大学内部财务系统的效率和其他相关事项；

(b) 向校务理事会提议与外部和内部审计员相关的事宜，包括他们的任命、审计员提供的超出其正常责任范围的附加服务、审计员的薪资，以及审计员辞职或解雇等相关问题；

(c) 确保得到足够的资源供内部审计之用；

(d) 批准内部审计员提出的内部审计提议；

(e) 每年定期同外部审计员复查外部审计工作的内容和范围；

(f) 评议外部和内部审计员递交的所有报告；

(g) 监督内部审计员提出的任何建议的实施；

(h) 以促进本大学经济、效率和效益的发展为本委员会开展工作之宗旨；

(i) 建立适当的工作指标，每年监测内、外部审计员的表现和效益；

(j) 经与外部审计员磋商，考虑：(1) 所有附属于账目摘要的财务报表，包括审计员的报告，(2) 校务理事会提供的有关大学治理的报告；

(k) 确保所有重大损失都能得到恰当的调查，同时确保将英格兰高等教育基金委员会的拨款事宜告知内、外部审计员；

(l) 监督大学政策以防有欺诈和不规范因素存在，并及时报告在那些政策下进行的各种活动；

(m) 向校务理事会、校长和英格兰高等教育基金委员会递交年度报告；

(n) 从国家审计办公室和英格兰高等教育基金委员会处接收报告，并向该委员会提供咨询；

(o) 转递其会议记录至校务理事会。

5. 非经至少五名成员出席，否则审计委员会会议不得议决任何事项，出席的成员中至少有列入(b)项的成员一名和列入(c)项的成员两名。

校务理事会通告

关于接受慈善捐赠的道德准则

1. 在校长规章的第 6 条中，摄政院已经将慈善捐赠的接收授权给校长。在行使该职责时，所有多于 100 万英镑或有可能引起重大公共利益的慈善捐赠，校长均应寻求校务理事会行政委员会的建议。

2. 《慈善法》在慈善行为上设置了某些限制，在推荐接收慈善捐赠的过程中，行政委员会必须给校长提供可以利用的信息，遵循以下几项：

（a）慈善捐赠的目的是否与大学章程中阐明的目的适宜？
（b）慈善捐赠的目的是否符合大学的使命和战略规划？
（c）大学接收慈善捐赠有可能产生什么样的额外代价和负担？
（d）是否有公开证据证明被提议的慈善捐赠全部或部分地出现以下活动：
—逃避征税？
—违背有关人权的国际公约？
—限制研究自由？
—抑制或歪曲学术科研？

如出现对潜在捐赠者的未经证实的罪行指控，校方不应仅将其视为谣言。在接受任何慈善捐赠，或对可能的慈善捐赠进行协商时，一旦出现使大学名誉蒙受重大损失的情况，均应予以特别关注。

（e）是否有证据表明被提议的慈善捐赠及其条款存在以下情形：
—非法的活动？
—限制研究的自由？
—抑制或歪曲学术科研？
—产生大学不能接受的利益冲突？

（f）是否有证据表明接受被提议的慈善捐赠或者遵照其条款会损害大学的声誉，包括使其他慈善捐赠者止步？

尽管有些慈善捐赠不会引起争议或价值少于100万英镑不会得到行政委员会仔细而彻底的检查，但是是否予以接受仍然要明确考虑这些道德准则。

3. 在约谈一个潜在捐赠者的早期，涉及募集活动的所有成员应多向发展办公室提出咨询。发展办公室可建议使用这些准则，同时咨询也会减低不协作手段对于单个潜在捐赠者的风险，使大家更熟悉接受慈善行为的过程，并尽早发现潜在捐赠者的捐赠可能是不被接受的。

财 政 规 章

根据通告（《通讯》，2007—2008，第974页）修正

财政规章的目的是确保资金和资源以一种恰当的方式利用，这种方式不仅要符合一个重要的和杰出的组织的内部控制要求，同时还要履行大学章程和条例、英国税务及海关、英国高等教育基金委员会和其他官方机构所施加的任何法律或财务责任。

财政规章适用于大学财政决算中的所有团体，同时它还包括除剑桥大学出版社和剑桥评估中心外的所有附属公司。这些条例已经周知所有系主

任、学部委员会主席和秘书、校务理事会监督下的机构负责人,包括大学事务处和那些指定的以金融管理和控制为目的的团体。所有的大学机构负责人的责任是确保在他们管辖之下的工作人员知晓这些财政规章的存在和内容,同时有足够的副本可供在机构内部参考。特别是必须确保所有工作人员都知道不遵守财政规章所带来的各种后果。

财政条例的额外副本可以从财务副主任办公室(财务活动)、财务分部、大学行政、旧校建筑处获得,此外,对条例实施过程中产生的问题亦可咨询上述部门。这些财政条例也可以在部门的网站(http://www.admin.cam.ac.uk/offices/finance/regulations/index.shtml)上找到。

2008 年 7 月 21 日,在咨询财务委员会以后,被校务理事会采用和认可

A. 序言

资本项目在作为解释帮助的附录 5 中有显示

校务理事会负责大学资源和财务的监督与管理,这些规章的目的是为内部财务管理、会计和控制提供合理的制度安排,最大程度地促进财政利益并履行大学的法律和财务责任。

1. 范围

1.1. 这些规章适用于
- 所有大学收入和商务;
- 所有员工;
- 所有部门和大学的附属公司(不含剑桥大学出版社和剑桥评估中心)。

2. 道德准则

2.1. 大学商务处理必须遵守诺兰准则:无私、正直、客观、责任、公开、诚实和富有领导才干。

2.2. 员工不得利用其权力或职权谋取私利,并且必须始终努力维护和提高大学声誉。

2.3. 员工必须向部门主管申报其可能会影响大学商务的任何个人利益,同时遵照指示来处理任何冲突。

2.4. 员工必须在直接或间接接受供应商礼物和款待之前获得部门主任的书面批准,价值较低的项目(例如价值少于 25 英镑的礼物或低于 50 英镑的款待)除外。礼物或款待的接受不允许影响或间接影响供应商的选择,亦或损害大学的声誉,如有疑问,则不可接受礼物与款待。

2.5. 当部门主管有利益冲突或者想要接受礼物或款待（价值较低的项目除外）时，必须努力寻求对他们负责的机构或个人的建议，例如学院院长、管理委员会或学部总委员会，并遵照建议行事。

3. 员工责任

3.1. 不考虑资助来源，员工应该：

- 遵守规章、章程、条例和大学政策；
- 接受所有必要的建议；
- 评定和处理他们因经手大学商务而涉及的风险（包括健康和安全）；
- 保护他们负责的大学财产和收入；
- 经济、高效、有效地利用大学资源，使其物有所值；
- 遵守大学的法律、财务、行政管理和其他的义务，包括向英国高等教育基金委员会、英国税务和海关，还有其他政府当局所负的义务。

3.2. 不遵守这些规章可能会导致纪律处分。

B. 部门主管

4. 限定和责任

4.1. "部门主管"是指下列人员：学系或并非由学系构成的学部的负责人，学部秘书，处于学部总委员会或校务理事会监督下的中心、研究所或其他机构的负责人，统一行政服务中心之内的分部的负责人。"部门"应做相应的解释。

4.2. 部门主管必须确保

- 恰当的资金分配；
- 合理的财务控制、授权和责任分离；
- 将账单予以合规保留；
- 可利用的消费资金没有超限；
- 规章在其部门得到宣传和遵守；
- 及时地向大学内部和外部审计员提供所需要的所有资料和信息。

5. 部门的管理

5.1. 部门主管需以书面形式委任一人或多人执行部门主管指定的任务同时受部门主管的监督。部门主管仍负有相关责任。

C. 合同执行和开始

6. 签订合同的权限

6.1. 依照6.2、6.3和18.4，部门主管有权在其部门正常商务流程中所涉及的合同上签字，但仅限于他们所负责的可利用资金。

6.2. 关于土地或房产的购买、租赁和执照的合同,以及关于建筑物建造、拆毁、大量修补和变更样式的合同都必须参考物业管理和建筑服务(EMBS),同时受制于场所和建筑物规章(参见第 31 条和 M 节的说明性注释)。

6.3. 科研服务办公室(RSD)主管应批准和签订与受资助的科研活动相关的所有合同。

6.4. 依照 6.2 和 6.3,下述人员有权签订涉及多个部门的合同:
- 校长;
- 副校长;
- 学部委员会主席或直属学院负责人,其中所涉及的部门均在上述学部或直属学院内;
- 教务长;
- 财务主管;
- 采购主管。

7. 盖章

7.1. 下列人员在任何必要的许可都到位的情况下有权批准加盖剑桥大学的印章:
- 校长;
- 副校长;
- 教务长;
- (处置大学知识产权的转让时)科研服务办公室(RSD)主管。

8. 文档、责任和执行

8.1. 有权执行合同的人也要对它的保管负责,如有需要,教务长可以保存涉及多个部门的合同文档。

8.2. 各部门有责任履行合同义务,同时也对因执行合同而产生的花费和损失负责。

8.3. 合同的执行不应早于下列情况之前:
- 所有必要的许可已经获得;
- 合同已经生效,或者有权执行合同的负责人给予事先的书面同意,只有当关键条件均获得同意,并且合同延迟产生的风险超过超前带来的风险之时,才可给予该书面同意。

D. 收入和支出

9. 现金和银行业务

9.1. 所有大学收入,包括资助个人科研的捐款,必须及时过户到以学校的名义开设的银行账户(不可以是其他账户)并在剑桥大学财务系统(CUFS)进行登记。所有大学支出必须从大学银行账户支付并在剑桥大学财务系统(CUFS)进行登记。

9.2. 各部门和员工在没有得到财务主管的事先书面同意前,无权就任何大学活动开设银行账户(无论在英国或国外)。

9.3. 在可能的情况下,各部门对于接收和记录大学收入应分离责任。在无法实现的情况下,则应当进行定期的独立检查。

9.4. 更详细的现金、备用金、银行业务及相关要求显示在附录1中。

10. 支出管理

10.1. 部门主管有权承付数额不超过部门可用资金限额的费用。他们负责确保充分的监督和控制措施以防出现过度支出,同时确保他们控制下的所有资金得到安全的保管和仅用于初始分配的用途。由部门主管(或部门主管授权的预算主持者)批准支出。

11. 会计和其他记录

11.1. 部门主管应该:

- 依章程、条例规定保留财务记录;
- 核实每年的会计报表是否真实和公正,以及是否按规履职;
- 如实在剑桥大学财务系统(CUFS)及获得财务主管授权使用的其他财务系统记录所有的业务。

11.2. 员工必须遵守剑桥大学财务系统(CUFS)规定。

11.3. 记录保存必须遵照《数据保护法》(1998年)。大学要遵守《自由信息公开法》(2000年),公众可以要求获得大学文档的副本。关于这些问题的建议必须从大学的数据保护和信息自由办公室的高级职员处获得。

12. 货品与包括科研在内的服务的提供

12.1. 部门主管必须建立程序来确保:

- 所有货品和服务的提供均经过授权并且合规;
- 交易账目均被保留在信贷记录中(赤字只有在事先得到财务主管的书面同意时才被允许);
- 新的活动遵循第24条;
- 有合适的信贷控制程序,且仅在信贷风险可接受时完成提供;
- 与大学有关的所有风险须得到审慎考虑并予以控制;
- 大学的标准条款和条件不论在什么情况下均有效;
- 科研赞助经费(参见13.3)以外的发票在开具时
    —应以剑桥大学的名义,展示大学的增值税号码;
    —经由剑桥大学财务系统(CUFS),除非获得财务主管事先给予的书面同意；

—尽可能使用英镑解决英镑商务（英镑之外的其他货币的发票汇兑风险由部门承担）；

• 建立应税负债，并按规及时缴税、计税；

• 除受制于第13条的科研合同以外，对大学的所有经济损失须及时予以账面恢复，收到税务办公室通知的情况除外，或有其他特别情况下的适用原则（更多信息参见第28条）；

• 任何物品均应以最大价值出售给外部机构或员工（向税务办公室查阅增值税和税款含意）；

• 因有部门补贴而以低于成本价出售给员工或其家庭的销售收入，在税务年底应将其记为应税收入；

• 当进行现金支付时，任何单个交易总额均不能超过等值的€15000（£9000）（根据洗钱规章2003 SI 3075）；

• 及时开具发票（继相关交易后不超过一个月）并正确地记录和进账；

• 应对税账户进行有效跟进；

• 如存在不支付或争端情况，通知财务分部介入。

12.2. 债务管理规章显示在附录2中。

13. 科研经费

13.1. 员工必须在提交之前向科研服务办公室（RSD）递交科研合同的经费申请和方案。

13.2. 部门主管必须确保合理安排

（a）与科研服务办公室（RSD）保持一致

• 基于科研的全部经济费用来申请资助并提交方案；

• 设备维护费和经常费用要与学校政策指定的比率范围相一致，并且在部门主任同意不使用学校政策规定比率的特殊情况下，记录给予补助金的数额及理由；

（b）资助的科研须符合经费使用条件。

13.3. 科研服务办公室（RSD）应开具科研赞助经费的所有发票。所有科研经费或合同收入和支出，不管资金是何来源，都必须向科研服务办公室（RSD）通报，并且该项收入不允许划转入捐赠账户或其他特殊经费，除非完成科研后资金仍有节余，得到经费赞助者同意后部门才可以保留。

13.4. 部门主管必须确保科研活动的支出遵循这些规章。财务支配和记账也应服从科研理事会或其他经费赞助者的任何额外的要求。

14. 捐赠账户和信托基金

14.1. 部门主管必须确保

- 捐赠账户和信托基金须保持在信贷中；
- 基金只可应用于以慈善、教育和科研为目的的公共事业；
- 遵守了任何适用于签收捐赠及个别账户管理的条例或规章。

14.2. 捐赠账户必须只能用于捐赠，同时资金必须是慈善基金，属于大学而不是个人。

14.3. 大学信托基金受章程和条例中相关规定的支配，信托基金经理必须确保基金用于与指定基金原则相一致的恰当目的以及大学的常规慈善目的。

14.4. 捐赠基金转让给其他机构时必须获得部门主管的认同，并且与馈赠的条件和大学常规慈善目的相一致。当接收机构以书面形式确认遵守馈赠条件时转让才可以进行转让。凡转让涉及部门主管所参与的研究项目，必须事先得到财务主管的书面同意。

14.5. 捐赠不能转让给个人，除非该个人是捐赠者并且大学不能够满足最初的馈赠条件，在这样的情况下捐赠可以被收回。除非大学在捐赠形成的时候接受该项条件，否则不得对于捐赠价值的利息积累及其他形式的价值增加作出调整。

E. 投资和借贷

15. 剑桥大学捐赠基金（CUEF）

15.1. 大学的首席投资官对所有的剑桥大学捐赠基金的投资管理活动负责。首席投资官任命和监管外部投资经理。

15.2. 任何部门或大学的信托机构在没有事先得到财务委员会认可的情况下，均不能投资任何证券或从事其他投资活动（包括土地和建筑物）。

15.3. 土地的获得同样也受制于场所和建筑物规章（参见后面的31.1）。

16. 剑桥大学捐赠基金和定期存款账户的投资

16.1. （只有）剩余资金可投资于剑桥大学捐赠基金和定期存款账户。剑桥大学捐赠基金名下财产的任何新增与变动均由财务主管负责批准。定期存款账户的合规性和利率均由财务主管随时予以公布。

17. 借款、担保和贷款

17.1. 所有部门均不能从校外融资。

17.2. 除非事先有财务主管的书面同意，否则不能发起担保以及签署同意担保的协议。

17.3. 没有财务主管的事先书面同意,任何部门都不能贷款给职员或者(在正常商务程序之外)延长信贷安排。

F. 采购

18. 获得货品、服务或建筑工程

18.1. 资本项目为£2,000,000及以上的支出(包括增值税)需要计划与资源委员会的同意。

18.2. 采购环节可使用招标竞争来使经济效益最大化。下表展示了采购货品、服务和建筑工程时的最小竞争要求,此表适用于所有开支,而不论资金来源(包括经费花费和租赁安排)如何。如果有任何理由相信已经接到的报价没有竞争力,那么务必要组织新一轮报价并拿到更具竞争力的出价。

总价值 (不含增值税)	邀请报价的程序		
	标准购买	合同框架*	交易市场*
<£250 £250—£500 >£500—£10,000 >£10,000—£50,000 >£50,000 欧盟阀值,一般: >£139,893(货品和服务) >£3,497,313(工程)	不需要报价 电话/网站报价 3家竞争报价*	采用中央采购办公室为合同推荐的程序 3家竞争方案* 3家邀请投标 欧盟投标	只需提供报价

*参见附录5说明。
欧盟阀值为2008年1月份数值(每两年修订)。

18.3. 只有在特殊情况下,获得事先书面同意时可以不执行以上竞争程序

- 对于建筑和建筑相关的采购
  —当采购总价值低于欧盟阀值时,由物业管理和建筑服务(EMBS)主管批示;
  —当总价值达到或超过欧盟阀值时,由教务长批示;
- 对于其他的采购
  —当总价值小于或等于£10,000时,在咨询过部门的经理之后,由部门主管批示;
  —总价值超过£10,000的,由财务主管批示。

18.4. 部门必须寻求所有必要的建议。

(a) 对于涉及一个或多个合同且总价小于或等于£10,000 的预付款，需要得到部门主管的事先书面同意。

(b) 下列情况需要得到财务主管的建议和事先书面同意：
- 采购（除建筑）总价值超过£100,000（仅需建议）；
- 采购总价值超过£10,000 并且使用供应商条款（仅需建议）；
- 租赁或分期付款购买总价值超过£10,000；
- 超过£10,000 的预付款项；
- 金额超过£250,000 的提前结算支付；

(c) 涉及 6.2 的采购需要得到物业管理和建筑服务（EMBS）主管的批示。

18.5. 所有招标竞争都必须基于一个在咨询预计用户和估计采购相关风险后起草的规格说明。采购程序提供更多关于购买的指南。

18.6. 只有满足下列条件时，才能从外部采购货品和服务
- 这些货品和服务是完成财务、学术或组织计划所必需的；
- 这些货品和服务不能从大学内部获得；
- 资金的来源、充足量和条件已经被检查和确认。

18.7. 如总价值超过£500,部门主任必须建立对合同责任的授权和职责分割用于：
- 招投标的初选和确定；
- 货品和服务的定购与检查；
- 支付。

当支付责任不能分离时，必须定期对交易进行独立检查。

18.8. 订单必须说明货品和服务的性质、数量并提供价格，并且尽量使用大学的条款和条件。订单的副本必须予以完整保留。凡通过剑桥大学财务系统（CUFS）发出的订单，存有电子记录即可。

18.9. 所有高于 100 英镑或其他由部门主管设定的较低阈值的交易，其正式订单必须按照财务主管批准的模板制作。

19. 货品或服务的签收，个人服务的支付

19.1. 收货时必须及时检查所有货品和服务，以便确保与订单的要求一致，并且供应商要及时告知任何不一致的地方。签署的提货单副本必须予以保留。如果必须在检查前完成收货，应在提货单背面签字"货品已收，但未检查"。

19.2. 必须检查发票，除非已得到预付的授权，否则在检查货品或服务后才能授权支付（参见 18.4）。

19.3. 对个人的支付必须依照30.6。

19.4. 部门主管必须对采购活动的监督和常规估价做出安排,来确保当前及未来的采购均已实现经济效益最大化。

G. 欺诈

20. 欺诈和不正当行为

20.1. 部门主管必须

- 设立程序来防止欺诈或不正当行为;
- 当存在潜在欺诈或不正当行为时,应立刻报告给财务主管,他将会通知大学的内部审计员,如有必要,也将通知大学安全顾问或警察;
- 任何有下列特征的欺诈或不正当行为,需向审计委员会和校长报告:
  — 金额超过£10,000
  — 异乎寻常或很复杂
  — 可能涉及公共利益

20.2. 任何职员,只要确信存在与大学举报政策所规定的"受保护问题"相关的严重渎职行为,就可依照指定程序反映上述议题。

H. 团体要求

21. 征税

21.1. 部门主管必须确保其部门对增值税和公司所得税负有应税义务。凡对标准增值税和交易的税收处理有疑问的,必须向税务办公室咨询。

21.2. 部门主管必须确保向人力资源办公室报告支付给个人的应税收入,以便反映在P11D报告中。

22. 法律咨询和诉讼

22.1. 校务理事会的行政委员会和教务长有权征询法律意见和主持法律诉讼。各部门不能采取任何行动来发起或辩护法律诉讼,或者在没有法律服务办公室首先介入的情况下寻求外部的法律建议,法律服务办公室如有必要将会寻求教务长和行政委员会的同意。如果法律诉讼涉及大学的任何部分或大学的任何附属公司,必须立即上报法律服务办公室。

23. 保险

23.1. 各部门必须遵守公布在财务程序和保险办公室网页上的保险要求。

23.2. 无论是拥有的、借来的或者租赁的财产都必须估价、记录和上报给保险公司。部门要定期复查所持财产的价值并上报保险办公室下述情况

- 部门的变迁；
- 高价值项目的获得和处置（金额超过£1,000,000）；
- 暂时从大学内移除（凡单个物件超过£50,000 或总计超过£100,000）。

23.3. 各部门必须采取所有必要措施来阻止损失和意外，并确保任何新增、不寻常或重大风险发生时立即通报给保险办公室。未经审慎考虑，不可以学校名义进行负债，所有未被保险覆盖的负债将由各部门自行负责。

23.4. 第三方索赔必须在没有对第三方发表意见前上报保险办公室，以确保大学的法律地位和保险政策没有被危及。

I. 商业活动

24. 新增收入和商业活动

24.1. 除核心教学、科研和会议组织外，当出现新增收入与商业活动时（不论是否在英国或国外），部门主管必须预先咨询税务办公室来处理有关增值税事宜，此外，活动是否包含应缴公司所得税的交易环节，也应予以考虑。

24.2. 财务主管应引导通过大学附属公司完成交易。

25. 大学公司

25.1. 未经财务委员会的事先批准，无论因何目的都不能创立大学公司（不论是否在英国或国外）。必须从财务主管处得到相关建议。

25.2. 大学附属公司必须向大学提交一份谅解备忘录并保持复查。每个公司的运作都必须与上述备忘录和规章所提供的构架（包括考虑采购的条款和董事会附加的额外要求）相一致。

26. 大学嵌入式公司

26.1. 部门主管和物业管理和建筑服务（EMBS）必须保留嵌入式公司的分部和团体登记。

26.2. 当涉及嵌入式公司时，部门主管应：
- 对所有新增和（周期性）现存的嵌入式公司承担财务和空间成本效益分析；
- 遵循第 28 条；
- 参考大学政策（包括关于嵌入式公司创建和运转的大学指导原则）；
- 确保嵌入式公司遵循健康和安全要求；
- 设置合适的合同安排以协调大学和公司之间的关系。

27. 咨询业务和个人活动

27.1. 当以个人身份从事咨询业务或其他商业活动时，员工不得代表大学行事，不能用有大学标题的文具（符合第 28 条的除外），也不能利用大学的场所、设施或者资源。

27.2. 大学不承担员工因以个人名义从事工作、提供建议或进行活动而带来的责任。对于上述工作、建议和活动，需要提醒员工扣除专业保险赔偿，并对由此产生的所有责任负责，包括税收事宜。供职于剑桥大学技术服务有限公司的员工，依据大学保险政策将获得相应保险。

28. 非大学活动——利用场所、设施等

28.1. 除非部门主管给予事先的书面同意，并且与大学签有相应的合同协议，否则非大学活动不得在大学场所进行，也不得利用大学的设施或资源。此处需小心避免违反大学对第三方负有的责任（比如说涉及计算机设施和软件的使用）。

28.2. 部门主管必须确保向因非大学目的而利用大学场所、设施或资源等活动进行收费（参见第 12 条）。

28.3. 对于非大学目的而利用任何大学空间，在做出任何安排（包括租约或许可）之前必须咨询物业管理和建筑服务（EMBS）主管。

29. 知识产权

29.1. 通过大学活动产生的知识产权受知识产权法规（2005 年 12 月 12 日修订）管理。

J. 员工配置

30. 薪水和员工任命

30.1. 所有大学受雇人员必须持有一份相应的任命授权书，该任命授权书应以人力资源委员会认可或由其授权的形式进行印制。

30.2. 员工的职位由可获得的资金予以支持，任何员工的聘用合同期都不应超过此基金的承受能力。

30.3. 向大学受雇人员支付的唯一报酬是与经认可的大学薪水等级相一致的报酬，以及人力资源委员会特别指定的其他报酬。补偿费用的规则参见附录 3。

30.4. 部门主管必须向薪资办公室提供约定清单（由部门主管签字），清单上是授权签署的薪水文件，通过薪水册来支付给部门的职员。凡被提及的签约者非大学雇员的，还需得到财务主管的认可。

30.5. 对于所有新进的雇员，部门主管和其他授权的签约者都必须确保雇员合法地取得在英国工作的资格。薪资办公室不会将非欧盟公民添加到薪水册里，除非很明显的是，任何有必要的工作许可都已经得到，或者该人员的移民身份相对工作而言不需要大学来办理许可。

30.6. 对个人不能像对供应商那样通过剑桥大学财务系统（CUFS）进行支付，除非税务办公室已经给予了事先的书面同意。

K. 财产

31. 财产

31.1. 大学的不动产受含有场所和建筑物规章的章程和条例的支配。

31.2. 在没有咨询财务主管和物业管理和建筑服务（EMBS）主管的情况下，各部门不能采购/购置或处理不动产。详情参见第6条。

31.3. 凡财产购置、处理和使用中涉及增值税等税项的，必须咨询大学的税务办公室。

32. 存货和设备

32.1. 存货和设备必须依附录4所规定的程序进行处理。由大学收入购置的任何资产仍是大学的财产，直到其被出售或销毁时为止，但外部捐赠人所要求的合同须另外对待。

L. 权限

33. 校务理事会授权和指导

33.1. 校务理事会通过这些规章提供所有授权和指导。

34. 修正

34.1. 每三年，或视情况而缩减周期，财务主管需要安排复查此类规章，并将提案呈送财务委员会，同时呈请校务理事会，并由校务理事会公告采纳。

M. 注释

- 大学在处理大学商务时要尽量遵守与诺兰准则。
- 校务理事会是大学首要的执行机构和政策制定机构。校务理事会对行政、工作规划和资源管理负总责，并全面负责包括所有大学机构在内的财务监督，大学出版社除外。校务理事会有权代表大学征询法律意见和主持法律诉讼。校务理事会和其财务委员会能使用部分受限的大学投资权力。校务理事会对财产相关的处置、管理和维护负责。
- 校长拥有部门习惯上的权利和义务，并且是被委任的高级职员，在英国高等教育基金委员会的大学财务备忘录下任职，并对政府账目委员会负责。
- 副校长履行章程和条例、校务理事会或校长规定的义务。
- 大学系主任和学部委员会秘书在章程和条例下承担财务责任，同时对资金的合理应用负责。其他机构的负责人在章程和条例的特定条款下承担相应的责任。

- 在职位空缺时，代理系主任被任命并视为系主任。学部总委员会任命代理系主任并规定他们的义务和权利。
- 教务长是校务理事会指导下的大学的首要行政管理人员，同时是统一行政服务中心的负责人。
- 统一行政服务中心由大学员工组成，接受校务理事会监管，并以部门为组织单位。
- 章程K第9(b)条由大学团体根据章程和条例提供授权给任何委员会或大学高级职员（包括财务事宜）。
- 审计委员在章程和条例下承担责任。大学的外部和内部审计员可以自由使用所有的记录、资产、人员和建筑物，同时只要他们认为有必要，有权利获得上述信息和说明。英国高等教育基金委员会、英国税务及海关和其他相关机构同样有权审核大学商务。
- 欧盟公共采购指令和英国实施规章的目的是鼓励在整个欧盟内对公共合同竞价招投标。2003年12月校务理事会在其财务委员会的建议下宣布大学在上述规定的适用范围之外，对该项规定每年予以复查和确认。校务理事会认为，大学的采购程序必须要继续遵循规章的相关规定。
- 建新建筑物，或对大学财产进行重大修葺或变更产权，需要报告给校务理事会或其建筑委员会。变更建筑物用途需要得到校务理事会的批准。重大修葺和变更产权需要建筑委员会的批准。任何新建或现存建筑的毁坏或重大修葺都需要进行动议。
- 对通过校长职权接受捐赠的道德准则及详细条款参见条例。

附录1——现金和银行业务安排，信用卡，外币

1. 当接收现金或支票时部门主管必须建立程序和职员指导手册以确保：

- 所有的支票应付给"剑桥大学"；
- 接收以部门为名义的所有收入；
- 如实说明和记录所有收入，包括银行自动结算系统（BACS）收入；
- 在一个星期内及时地将收入如数存入银行（使用当地巴克莱银行支行），如果接收数目超过£250则需缩短周期（对限额的增加财务主管必须给予书面同意，且仅当调整是可操作的以及部门已做出保障安排时，才给予书面同意）；
- 接收到的现金及时存入银行才能保证其安全性（可利用保险箱，或当

现金/支票金额低于£250时,可放入上锁的抽屉和橱柜);
- 员工须熟知并遵守部门保险箱的保险限额;
- 接收到的现金不能用作支付款;
- 及时地将所有支票、邮政汇票和现金等如数存入银行(将现金进款/收入兑换成个人支票是不允许的)。

2. 金钱的保管和转移必须遵守大学的保险要求。不能用邮政服务和大学信使服务寄送现金。

3. 所有收入必须附有汇款通知单和财务编码细节,如为中心存入银行账目,则交给出纳,如为地方存入银行账目或电子收入,则交给财务办公室的现金管理部门。各部门对各自的银行自动结算业务收据的鉴定负责。财务办公室会帮助提供相关的信息。

4. 备用金安排
- 备用金(正常情况下不超过£100,除非财务主管给予书面同意而增加限额),被提供给各部门用来支付员工在部门活动中产生的小额花费。
- 各部门负责备用金的安全并确保所有的花费合理地报销和批准。
- 不管在任何情况下,备用金都不能被用来支付给个人提供的服务(比如支付给访问学者)或外部供应商的服务报酬。
- 在财务年末,要求各部门核查各自的备用金。
- 从大学安全顾问那里可以得到关于现金安全措施的建议。
- 备用金不能被用作私人花费,即使事后予以偿还,也是禁止的。
- 所有下列情况适用于任何备用金的支付:
  —项目支付应限制在£25以内(除非有财务主管的书面同意增加限额)。
  —支付必须有收讫凭证。
  —原告收到赔偿时必须签署收据。
- 员工负责备用金时必须确保记录一直是最新的,包括备用金日记账的及时过账和及时将支付款划给剑桥大学财务系统。
- 当日记账为最新时,备用金不需补充。
- 定期独立检查备用金的余额与使用情况。

5. 信用卡:在有关部门使用信用卡之前财务主管必须授权每一个信用卡设施。持卡人必须签署一份声明接受条件和协议,这样卡片才能使用。卡片只能用作大学商务。使用必须要保留相应的支付凭证。在雇员离开大学前必须回收卡片。凡是卡片被用来接待,则必须依照下面附录3的情况。部门主管必须依照大学信用卡的程序行使职权。没有财务主管的事先书面同意,利用大学信用卡提取现金是不允许的。

6. 电子收讫机器（PDQ 机器）：只有在财务主管事先给予书面同意的情况下，各部门才能使用 PDQ 机器进行电子收据结算。财务办公室会提供设施给需要的部门，并解释在什么样情况下设施是可用的。各部门应承担 PDQ 机器的费用。

7. 基于因特网的收讫设施（e-PDQ）：必须有财务主管授权才能通过因特网接收资金。财务办公室将提供这方面的建议。各部门应承担 e-PDQ 设施的费用。

8. 外币：关于国外支付和收入的建议必须从财务主管那里获得。任何银行费用和汇率差额对各部门都是一种费用。

9. 支票：大学账户的所有支票都必须有财务主管的签名。超过£10,000 的英镑支票必须由财务办公室指定的一位高级职员会签，他可能要求提供额外的信息，以使支付符合规章的要求。对于其他外币的支票，则在财务办公室内有单独的签署安排。

附录 2——收账

1. 收账：

当出现赊账销售或对大学的应付账款有所增加时，便产生债务。除了科研补助金索取，各部门负责赊账控制的各个方面并在收账时将发票开予第三方。部门主管必须确保设置合适的程序来监督所有的债务并跟进到期的未付款账目，同时必须设立一个条款来应对任何无法收回的债务。当考虑采取法律行动追回款项时必须征求财务主管的意见。

2. 销账和结算程序：

坏账，包括赞助的科研活动，将成为部门的成本。下列权力机构的设置是为了注销坏账或者为了分期结算，它们可以采取所有合理的措施来回收坏账。这些权力机构的权限适用于所有债务。

- 应收账款多达£10,000——部门主任批准销账
- 应收账款在£10,000—£25,000——财务主管批准销账
- 应收账款超过£25,000——财务委员会批准销账
- 销账应通过财务办公室在剑桥大学财务系统（CUFS）上做出变更
- 必须通知税务办公室有关增值税的销账事宜，因为增值税是可收回的。

附录 3——交通、生活和接待

1. 下列规则适用于大学雇员。

2. 交通和生活补助金报销必须以大学报销的形式或其他财务主管批准的形式或方法进行。补助金的比率由财务委员会设定并由财务办公室通知

各部门。

3. 下列条件适用于交通和生活花费：
- 只有因大学商务而产生的实际费用才可报销，并与财务委员会设定的比率一致。
- 要提供住宿、饮食和其他项目花费开销的所附凭证。
- 对因使用雇员车辆进行报销时，该车辆必须已投保。
- 生活开销只有在雇员被要求出差时才支付。
- 除在特殊情况下或者有部门主管给予的事先书面同意，否则雇员从家里到正常工作地点的交通花费不予报销。上述补助金必须征税且须通过薪水册制定，除非税务办公室给予事先书面同意。
- 对雇员个人移动电话和租金开销的报销一般不予批准。
- 任何人不得对个人花费自行授权进行报销。任何情况下，报销必须通过报销者的上级雇员批准。凡上级雇员不能授权报销的，部门主管以书面形式做出相应调整。
- 预付款允许部门主管自行决定，并以一个月生活支出为上限。如有需要，财务主管可以给予事先书面同意来批准长于一个月的生活津贴。预付请求必须按照大学花费报销的格式列明具体的时间和访问地区，并且要求有预付的详细条目。
- 报销者必须及时呈送完整资料。预付报销费用的结算必须在返回日期的一个月内完成。
- 各部门负责保留上述记录，以完成每年的应税收益 P11D 报告。

4. 下列条款适用于以下各类接待：
- 接待必须在大学自己的区域内举办，或是在各系或各学院里。
- 接待花费必须合理使用大学资金。必须在报销中加一份附录，以列示接待的细节账、接待的部门和接待的目的。
- 当接待中大学雇员多于非大学雇员时，该商务接待会产生纳税义务。上述事项必须在每年的 P11D 上公开。
- 接待花费报销必须提供凭证和部门主管的授权（在报销者是负责人的情况下，任何时候必须对授权制定相应调整）。
- 那些经授权的和呈送的接待支付必须做出一项公开的声明，称此次开销完全是必要的和为大学而设的专项支付。
- 如果在任何情况下出现税收支付，从个人受益者处无法收回的开销将由各部门予以承担。

5. 对非雇员花费的规定参见财务程序手册。

附录4——存货和设备

存货

1. 部门主管必须保留完整的、真实的和正确的存货记录。除定期存货提取外,存货提取必须在每年的6月1日至7月31日之间进行。存货的价值必须以低于成本价(剑桥大学财务系统运用平均成本来核算成本)或以净可变现价值报告给财务办公室。为了包含在年末账目中,财务办公室需要货品细则。

2. 部门主管必须设立程序以便确保:
- 在正常申请和许可之后,存货只有在质量过硬且数量合适时才可以被定购;
- 充分防备存货的遗失、误用或废弃;
- 存货要维持在满足部门要求的最低数量;
- 所有存货的变动都要予以记录并恰当地分配给适合的用户;
- 要定期复查过期的存货,这些存货必须在适当的时间处理掉从而为大学获得可能的最佳价值(一般以存货的市场价值来计算最佳价值)。

3. 各部门必须确保对外部主体或员工出售货品时,要以经济效益最大化为原则。

设备

4. 设备(包括车辆)

部门主任必须设定程序来确保设备项下的所有条目都能充分防范遗失和误用,并确保设备的购买和处理均获得妥善的授权、入账和记录。

5. 科研合同中的设备购买需要依据第18条中的竞争要求。员工必须把大学设备采购的全生命周期成本作为中标标准的一部分来予以考虑(并考虑物业管理和建筑服务关于基础设施建设的意见)。关于欧盟补助金的折旧成本参见特定规则。除非资助者另外要求,由大学购买的资产一律保留为大学的财产,直到出售或处置时为止。

6. 固定资产登记表必须予以保留(最低要求项目成本超过£10,000)。财务办公室将制订这个登记表,但前提是相关发票正在剑桥大学财务系统办理,并标记为"追踪资产"。

7. 凡对追踪资产的任何处理,必须通知财务办公室。来自设备出售的任何收益一般会存入部门的账户之中。

8. 在借贷中无论是借出或收到设备,各系必须有相应程序来确保设置一份适当的协议和保险,同时确保设备归还时完好无损。

9. 车辆:

大学所拥有的车辆只可以在大学商务中由授权的人员使用。授权司机的行车记录必须由各部门保留。大学车辆一般不可被用作上下班的代步工具,同时晚上车辆必须停留在大学场所内。凡被授权使用大学车辆上下班,且在晚上不停留在大学场所内的,则应对其享有的收益予以收税。上述情况必须在P11D报告中申明。

附录5——释义,建议和指导

定义和解释

标书	在规定时间内呈递的书面投标书(采购程序提供样本文件)进行的报价
报价	书面报价,包括通过传真和电子邮件(采购程序提供样本文件)进行的报价
CPO	大学中央采购办公室
CUEF	剑桥大学捐赠基金会,提供主要的大学捐赠
CUFS	剑桥大学财务系统
部门和部门主管	见4.1中的解释
存款账户	大学房义所有设施,允许各部门投资盈余
EMBS	大学的物业管理和建筑服务
校内公司	占用校内建筑物或其员工日常工作地点设于校内的公司,除临时访问者或向大学提供服务的公司外
欧盟阀值	一个长期有效的阀值,与之相关的公共合同必须与公共采购法律相一致
框架合同	由大学中央采购办公室批准的任何构架合同
HEFCE	英国高等教育基金委员会
投资委员会	管理剑桥大学捐赠基金会投资的委员会
市场范围	获得报价的任何供应商目录和报价程序,报价可以通过剑桥大学捐赠基金会进行
诺兰准则	由公众生活标准委员会规定的七条准则
PRC	校务理事会和学部总委员会的规划和资源委员会
采购程序	财务程序手册中或公布在大学中央采购办公室网页上的关于采购的指导和文件模板
RSD	科研服务办公室
员工	指所有员工,无论他们的任命是否包含特殊的财务责任,或他们是否与其他负责大学收入的行政、管理、支出的人员一起进行财务支付,或他们是否与其他从事任何大学事务的人员一起进行财政支付
场所规范	大学的场所和建筑物规范参见条例

(续表)

总值	合同价值或估算价值如下： (a) 固定期限合同：支付的总价或在整个时期内支付的价钱； (b) 相同类型项目周期性交易：未来 12 个月中所发生的交易的合计价值； (c) 不确定期间：每个月支付 48 英镑； (d) 可行性研究：随后方案的价值。
大学	剑桥大学的名誉校长、教师和学生
大学商务	大学里有财务影响的工作
大学收入	不考虑来源和去向，应支付或已支付给大学的或者因与大学存在财务关系而支付给个人的所有资金

除规章中的另外规定，上述解释与章程和条例中使用的一致。

"包括"、"包含"等字眼前面的名词范围不受这些字眼后面所列名词的限制。

更多指导包含在

- 财务程序手册
- 网页

—财务部（包括大学中央采购办公室和保险办公室）

—科研服务部

—人力资源部

—秘书处（资料保护和信息公开）

—信息管理服务部

—法律服务办公室

—剑桥公司（剑桥大学技术服务有限公司）

知 识 产 权

总 则

1. 下列规章适用于所有大学高级职员，与章程和条例中规定的一致，同时也适用于大学的其他所有雇佣人员。这些条例中的"大学员工"[①]均指上述人员。这些规章的条款也适用于大学的访问者，以及大学的非正式成员

---

① 大学员工（University Staff）包括大学高级职员/教职员（University Officers）以及所有其他被大学雇佣的人员。——校者注

与学生,参见第12、13和14条。

2. 这些规章中的任何规定均不能推翻以下要求:雇员和学生要保守机密材料,这些材料的泄露将会违反其专业守则中的义务,或这些材料由相关的道德委员会裁定为机密的,或这些材料在同意一个保密协议条款后方可获得。此外,这些规章的任何规定均不能推翻,学生或者大学在大学员工或大学学生知情的情况下,代表大学员工或大学学生,以赞助或科研基金为条件加入第三方团体的协议。

定　义

3. 在下列规章中,下列定义将适用:

"创作者":一个发明、策划、设计、发展、培育、解决、发现、构思、执行、生产、翻译表达自己意见的人;

"创造":发明、策划、设计、发展、培育、解决、发现、构思、执行、生产、翻译表达自己的意见;

"相关创作者":在对可注册权利进行申请时,有权获得提名的创作者,例如一项专利的发明者;或与不可注册权利有关的任何创作者。以上均为相关创作者。

公开研究的自由

4. 在符合学术规范的前提下大学员工有权按其意愿决定在受雇过程中,由其负责的任何研究是否发表或交由其他人使用或公开。

然而,如果大学员工决定将他们研究的成果商业化,他们必须意识到,这将涉及发明或新技术中的专利与类似权利,在已经向负责部门提出所有相关保护的申请之前,若有关发明的信息已在世界范围内公开,那么对上述发明和随后的商业化的保护将受到损失。在许多国家,如果对没有保密义务的他人作出任何口头或书面的申明,将视为无效。

知识产权的初始权利

5. 如知识产权或申请知识产权的权利产生于大学员工受雇于大学期间的工作,则这些权利的初始权利应由以下规章提供。大学员工在其受雇过程中负责的研究,包括要做的义务性研究,明确地或隐含地包含在他们的雇佣条件中。员工是否在受雇过程中进行研究,应考虑发现、获得具体研究成果的时间和地点。凡非大学员工就某一问题咨询了大学员工,那这个意见一般会视为私人的,因此不构成该大学员工在本大学雇佣过程中的义务。

6. 大学应有初始权利在全世界申请专利,某个发明、新技术(例如某种实用模型）或小专利，设备多样化或设备，某一产品已注册的设计，与大学的另一个可注册权有关的任何贸易商标注册，或者在这些规章被认可期间，任何其他与大学有关的注册、存款或基金的知识产权。大学或其代表人、大学当前的所有附属公司、剑桥大学技术服务有限公司（CUTS），会成为那些已允许或注册的任何知识产权的所有者。大学员工如果是相关创作者，将会同样地在申请中被指明。

7. 大学员工在其受雇过程中产生的其他知识产权，若规章规定其存在无需任何正式申请，那这些产权属于创作这些成果的大学员工，并受限于他或她事先已同意的任何第三方权利。此条主要适用于文学、戏剧、音乐和艺术上的版权和道德权利；软件中的版权，尽管已取得专利的成果有可能包含在该软件中；数据库作者的版权；表演者的权利；未注册的设计权利；以及信息上的权利（比如含有商业秘密和机密的专业技术）。

8. 任何利用大学进行产品或服务开发的注册商标均归大学所有。尽管第 7 条有规定，但大学将拥有来自于大学员工在其受雇过程中所产生的版权、数据库权利和其他未注册的权利，包括：（a）出于大学行政或管理目的而产生的题材，包括教学材料之外的对学生的建议；（b）试卷和图书馆目录；和（c）通过大学委托的其他题材，例如关于大学政策和管理的专题报告。规章规定，受剑桥大学出版社在其商务过程中委托而产生的作品将不被视为上述受委托的题材。

9. 在大学里创作的资料或其他题材，版权归大学所有，包括任何符合第 8 条的资料，将会在资料所产生部门负责人的授权下，在开放资源（Open Source）或类似安排下提供给公众。部门主管在部门内授予上述权力将不受任何限制。（当资料是从开放资源安排下得到时，要求得到的资料要在相同的安排下进行配置，且无需授权。）

10. 法律给予创作者权利来防范某些产品被第三方剥削；这些产品的生产是由第三方来组织的，包括录音带、胶卷、广播、出版作品（以及与之相关的印刷品）和数据库（以及对其内容的任何选取与利用）。这些对于产品的权利附加于第 7 条中有关版权和执行者的权利，同时互不影响，从而来保护包括在产品中的工作和表现。在任何情况下，因为大学是上述产品的投资者或共同投资者，大学拥有的此类权利受法律保护：

（a）这些规章给予每个创作者无偿使用权利的许可及其他义务；

（b）对于所有参与产品创造的人的共同请求，以免费或附带义务的条件将这些权利转让给这些人。

11. 按第 6—8 条的规定，最初被授予知识产权的一方，不论是大学还是大学员工，在这些权利生效之前或之后应通过转让、许可、放弃或其他行为在法律许可范围内处理这些权利。大学应在一个合适的情况下决定是否转让其知识产权给被提名的公司。

12. 大学要求学院教学人员或学院研究员在从事大学科研项目时,接受与大学员工同样的规章约束,或在特定情况下,接受双方同意的条款。有关学院须与大学达成协议根据第25条的规定纯利润(若有的话)中的多少份额应给予中央基金而不是分配给学院。

13. 大学员工有责任来确保访问学者或其他非大学雇员在从事那些以大学员工为首席科学家(PI)的大学项目时,不会变更大学的知识产权义务给第三方。那些在研究基金与合同中被指定为首席科学家的大学员工,必须考虑是否应邀请访问学者或其他非大学雇员来订立协议以便完成此项目。

14. 学生所创作的作品的知识产权归于学生,但下列情形除外:

(a) 凡学生由第三方赞助,且赞助者拥有在赞助期间产生的任何知识产权。因此,建议受赞助的学生检查其赞助协议的条款。

(b) 凡学生正在从事一个受赞助的项目作为他或她的课程作业或研究的一部分,赞助者将拥有学生的任何知识产权。这将会在研究合同中予以明确规定;指导者或部门必须通知学生,而且应当在录取过程或研究开始前尽早通知学生。

(c) 凡学生以合作的方式与他人共同从事研究,那将涉及知识产权的共同创造,或互相依存的知识产权,学生将被要求转让知识产权给大学或将研究成果不受限制地公之于众。他或她将根据这些规章的规定被视为大学员工。如果这种情况有可能产生,应在发录取通知以及在研究开始前,告知学生。

学生若认为上述条款(c)应用不合理,可以向大学技术仲裁委员会提出申请,参见第15条。

一份赞助协议要求学生及他(或她)的审查员为结果保守机密,同时采取措施来保护知识产权或设立开发利用安排。学生还被要求在用作品参加考试以前要将专题论文提交给赞助者进行彻底的检查。出于保护目的而延迟公开披露的任何机密性协议,从将出版意愿告知赞助方算起,协议生效期不超过三个月。当大学获得学生所转让的知识产权时,大学同意提供给学生一份通过开发利用上述产权获得的财务收益,与适用于大学员工的第25条中的规定一致。

15. 凡大学与大学员工(第12条中涉及的人员或学生),或大学员工相互之间(第12条中涉及的人员和/或学生),在这些规章的实施或他们签署的协议的应用,或他们已经同意续签的协议的应用,关于任何知识产权的商业开发,或与上述权利有关的题材方面存在争议,无论是哪一方提出要求,争议都必须依照第32—39条提交给大学技术仲裁委员会。

适 用 范 围

16. 这些规章适用于在2005年12月12日或之后创作的所有题材的知识产权,不包括该日期之前大学员工已经加入其他相悖的项目,或大学已经就那些权利与第三方签订的协议。该日期之前,在题材创作、发明、制造或创造中产生的知识产权受大学之前的协议、规则、政策和通告的支配。在所有其他方面,当前规章必须代替和取代展示在学部总委员会通告中的有关对研究理事会所资助的发明进行商业开发并由2001年3月21日第六号动议批准的政策。

解 释

17. 在这些规章中,凡涉及行使任何权利或权力,或履行任何义务或责任,由大学完成的行为或与大学有关的行为,将被视为是通过或代表校务理事会或通过正式任命的高级职员完成和通过校务理事会给予指导的行为。

大学知识产权管理条款

总 则

18. 如果大学员工决定他们所做研究工作的成果必须成为商业开发的对象,同时这些研究成果的权利能合理地包含第6条赋予大学的初始权利,那么他们必须通过研究服务部、相关学部委员会主席、系或其他机构的主管通知大学,并向大学完全公开相关研究成果以使第19—24条规定的步骤得以顺利进行。大学职员必须协助科研服务部采取合理的措施来确定谁是这些题材的创作者,是否有协议对题材的所有权或开发进行管制。科研服务部将会确保学生的指导者或合同研究员的直接经理了解研究成果的商业开发意图。

19. 大学员工必须与剑桥公司协商开发的方式,以便能在机密性上达成一致,并商讨专利申请是否必须归档,以及是否需成立一个公司来开发技术。

20. 如果剑桥公司在大学员工同意的情况下,决定申请需要注册的专利或其他形式的知识产权,剑桥公司可根据第6条以大学的名义或大学指定的提名人的名义来进行申请。关于任何上述申请,如有需要,所有发明者将被包括在任何申请中。

21. 题材的相关创作者或联合创作者,可以决定不通过剑桥公司来从事成果的商业开发,而且可根据第 6 条和 20 条转让权利。如果不违背任何支配题材的所有权或开发利用的协议,在创作者决定准许或转让权利给第三方的情况下,或者在协商的许可/股权条款下,当创作者正成立一个公司来利用这些权利时,这个转让将会给创作者,需要缴纳一固定比例的专利权使用费。在后一提到的情况中,指导性原则是,在公平和合理的基础上,固定比例的知识产权(常指发明者权利)必须转让给大学。必须在偿还剑桥公司为保护知识产权的花费的前提下,大学才可以做出权利转让。如果创作者不能达成一致,剑桥公司将会做出决定;对于此决定,任何第三方可向技术仲裁委员会提出异议。在规章中涉及的固定比例参见附录中的规定。

科研服务办公室在获知所有相关信息后将会在 30 天内做出上述转让是否违反任何协议的决定。任何决定都可能是一个参考的对象,此处参见第 32—39 条。

22. 在创作者确实希望通过剑桥公司将研究成果商业化的情况下,剑桥公司应在 30 天内或大学员工同意的更长时间内,接受详细叙述研究成果的报告书,并决定是否在英国或其他地方进行任何类型的申请,参照第 6 条和 20 条。

23. 剑桥公司如果决定不再申请、撤回申请,或不再保留授权或注册权利,必须将这一决定马上通知创造这个题材的大学员工。大学将同相关人员共同对涉及第 21 条中的财务安排做出调整。

24. 在接到大学员工关于研究成果的报告后,剑桥公司应与该员工一起考虑如何对研究成果进行商业开发,并考虑该员工对开发的合理建议。剑桥公司和大学员工将保持各自的知情并互相合作以便达成协议。凡大学员工在第 7 条下获得涉及发明的信息或其他材料的权利,以及根据第 6 条获得有关开发的大学权利,员工可同意转让或准许她或他的知识产权移交给大学、大学的指定代表,或能促成开发利用的上述安排的第三方中的其中一人。

25. 凡大学及其指定代表依据第 6 条从知识产权商业化中所获得的合法收入,或根据第 7 条向大学或其代表转让员工知识产权而获得的收入,无论其是与第 6 条中对大学权利的利用有关,还是与第 27 条中的大学权利有关,这些规章附录里所定义的任何直接成本均可扣除,净收入将在有关题材的创造者(这里称为发明者,受知识产权保护),发明者所在的系、学部或机构以及大学之间共同分享。

对于由员工共同创造并得到开发利用的知识产权,发明者的利润分配份额事宜由上述员工来决定,如有问题可参见第 15 条。协商结果应上报剑桥公司。如果员工没有达成一致,剑桥公司将会根据第 33 条的规定通过申请将问题送交技术仲裁委员会以寻求帮助。

此规章下的专利权使用费分享安排应继续有效,无论相关员工是离职还是不再担任相关职务。上述员工死亡后,她或他的应得部分应继续作为她或他的遗产或相关继承人的所得。

26. 剑桥公司得到相关大学员工的同意后,在考虑是否提出知识产权申请这段时期内,必须要预先确保题材未公开,在提交申请之前,剑桥公司以及其他有关各方须保密研究成果并确保研究成果不被提前公开。如果大学员工决定在申请被提出之前公开相关结果,她或他必须意识到那些申请可能会失败,同时必须尽早通知剑桥公司。

任何大学员工根据第7条被单独给予知识产权

27. 凡大学员工根据第7条被给予任何知识产权,他或她可以就知识产权的开发寻求剑桥公司的帮助,例如,开发知识产权所采用的方式可以是:他或她同意支付由大学指定的代表进行管理的管理费;也可以将权利转让给大学代表以换取对大学的名字、徽章或商标的使用,并服从第25条中的相关收益分配规定。

外部赞助

28. 大学可能会与外部研究赞助商或第三方达成一致协议,在此协议下,作为对协定资金或赞助的回报以及对成果转让或其他合作的回报,第三方或大学将会获得研究结果的相关知识产权,或第三方将会获得上述权利的分配权或有权申请分配,或大学将会在随后拥有上述权利的许可或其他收益。到目前为止,尽管此类知识产权由版权或其他在第7条和10条中涉及的非正规权利组成,此条款只能在将上述权力明确规定在协议里时才能生效,大学员工在遵循上述协议的条件下同意开展研究,将被视为已经同意遵守协议中的条款。特别地,大学职员应必须按照协议要求完成知识产权转让并遵守协议中明确规定的任何保密要求。上述协议将会指定某人,大学员工必须通知其相关研究结果,同时在这段时期内必须向其递交报告书。这些项目的标准格式包括在研究合作协议模板中,从科研服务办公室可以获取。

关于版权和数据权的特例

29. 凡大学参与或设立一个非针对本大学学生的专门项目来开展教学或进行其他类型的知识传播,或者一个用以创立和维护数据库的项目,那么,在有关项目管理的协议中,与项目题材有关的知识产权或项目产生的知识产权应归大学所有,或授予大学。如有上述需求,在项目开始之前必须制定有关协议。

30. 凡由大学员工所准备的主要用于本校学生教学的资料,除非学部委员会或其他负责教学的机构完全不同意,否则大学对此类资料拥有非专属的、免专利权使用费的永久许可权。

利用大学的名称、徽章、贸易和服务商标

31. 大学是被授权使用其名称、徽章、贸易商标、服务商标、公司名称和域名的唯一实体。凡使用名称、徽章或商标等则表明大学参加某项活动,或与该活动有联系,或赞助该活动。在适当的情况下校务理事会或正式授权的高级职员,根据上述情况,可允许那些希望将其知识产权依照第7条或21条的规定商业化的员工在所参与的商业活动中使用大学的名称、徽章或标记。

判决和上诉

32. 校务理事会应设置一专门小组作为大学技术仲裁委员会。其成人员不必须是大学的成员。校务理事会指定专门小组的一员作为主席。如果在特殊情况下主席不能或不想担任此工作,校务理事会委任一个代理主席来担任。应依照第39条委任大学技术仲裁委员会专门小组的一个秘书。应在《通讯》上公布大学技术仲裁委员会专门小组成员(包括主席和秘书)的身份。

校务理事会还应依照第35条设置一专门小组作为技术上诉审判团。

33. 当产生下述规章所示的争议时:

(a) 大学员工,或第12条下的人员,或学生,或代表大学的正式授权人员,以下简称"申请人",必须在争议产生的30天内,将有关争议事实的书面通知寄送给仲裁委员会专门小组秘书,并同时寄送给争议的其他当事人;

(b) 任何其他争议当事人可以在呈递材料接收的14天内就申请人的呈递材料呈递评论给秘书;

(c) 秘书在特殊情况下必须通知主席(或代理主席),他(她)必须亲自或指定专门小组的一个成员充任仲裁者的角色;秘书必须将该任命通知申请人和其他争议当事人;

(d) 仲裁者必须考虑由申请人和其他争议当事人呈递的资料;

(e) 依据各方见解,仲裁者可以举行听证会,所有争议当事人有权出席,并进行陈述。仲裁者也可以要求其他大学员工、学院教学人员、学院研究员,或学生以书面形式或口头听证的方式提供证据。

(f) 通过考虑和听证,仲裁者应把一个书面判决呈递给教务长和争议的当事人。上述判决应包括争议所涉及问题的解决建议。仲裁者需要尽快在

45天内公布该项判决,该时间从最初向仲裁委员会专门小组秘书递交申请之日算起。

(g) 主席或仲裁者(如有一个仲裁者已被任命),可以立刻驳回在其看来不重要的、令人困惑的或不合时宜的投诉。

34. 任何参与方对仲裁者的判决感到不满的,可以在判决通知下达后的30天内,向技术上诉审判团上诉。上述上诉必须以书面形式交给审判团的书记员,同时必须包括完整的资料。上述文档的副本将由上诉人寄送给第33(a)条中涉及的相关人员。

35. 技术上诉审判团必须由下列人员构成:

(a) 一个法律上符合资格的主席,由教务长为具体个案在校务理事会设置的专门主席小组内指定;

(b) 以下两者之一

(1)(当没有牵涉学生时)摄政院的两名成员,由教务长从由校务理事会设置的审判团的成员中进行指定。

(2)(当确实牵涉学生时)摄政院的两名成员,一名由教务长指定,来自于由校务理事会设置的审判团的成员所组成的专门小组,另一名由高级导师委员会指定。

(c)(当牵涉学生时)一名由校务理事会任命的学生,选自大学受保护成员所组成的专门小组,按选择纪律法庭的学生成员的程序。

如果某人曾担任过该案子最初仲裁主席或代理主席、仲裁者,或有利益冲突,那么他或她将不能担任审判团的工作。

36. 对某一具体的案件,审判团主席必须决定诉讼程序是采取书面表述的形式,还是以听证会的形式,又或者是两者兼有的形式;然而只要当事人中的一方要求,主席通常应举行听证会。

37. 审判团的决定必须书面通知各当事人和教务长。

38. 仲裁委员会专门小组主席和审判团主席需要及时制定针对各自程序的规则,不管是一般的申请,还是涉及特殊情况的申请。在特殊情况下审判团做出的决定必须约束各当事人,上述情形受制于章程U下教师成员拥有的任何权利,以及章程B和U下大学提出的任何训诫性的程序,章程D和V下任何先于代表人的复查程序,且受制于任何合法的程序;另外,当涉及学生时,则受制于相关学生的投诉或判决程序。

39. 教务长必须指定一人担任仲裁委员会专门小组秘书,并担任审判团的书记员。

附 录

专利权使用费收入

如下所示,涉及专利权使用费收入的净收益需更少花费在:

(a) 所有在大学和剑桥公司以外产生的合理开销支付,包括因知识产权的备案、控诉和维护而产生的专利代理商费用;

(b) 知识产权商业化中产生的所有合理的外部法律费用;

(c) 花费在诉讼上的所有合理的外部法律费用;

(d) 涉及知识产权的维护和执行的保险的所有合理的花费;

(e) 需要支付给第三方(例如赞助商)的任何收入;

(f) 发明者同意的任何其他花费。

凡牵涉到剑桥公司的开发利用,来自净收益的收入分配如下:

净收入	发明者(联名的)	部门	剑桥公司
第一笔 10 万英镑	90%	5%	5%
接下来的 10 万英镑	60%	20%	20%
超过 20 万英镑	34%	33%	33%

凡不牵涉到剑桥公司的开发利用,来自净收益的收入分配如下:

净收入	发明者(联名的)	部门	中央基金
第一笔 5 万英镑	100%	0%	0%
超过 5 万英镑	85%	7.5%	7.5%

凡发明者来自第 21 条中列示的一个公司,在剑桥公司没有参与的情况下,涉及发明者权利的固定比例将是 15%。

这些附录中的阀值必须与 2005 年 12 月 12 日的零售物价指数(Retail Prices Index)相挂钩。

新商务中权益的分配

新商务中权益的分配需要根据情况进行协商,需将下述情况考虑在内,即创作者对商务的贡献意义不仅仅是知识产权的创造,也不仅是为大学或剑桥公司带来可利用资金。

大学财产:场所与建筑物

一般规章

1. 下列规章中的第 2 条—第 10 条不适用于大学出版社,第 11 条只有在涉及剑桥中的建筑物和周围土地时才适用于大学出版社。

2. 凡对大学现存建筑物的新增或改建都必须要向校务理事会报告。如果涉及一个学部总委员会监管下的机构,那么必须报告学部总委员会并传达给校务理事会。上述报告均要指出所提议工作的范围。

3. 以下是校务理事会和学部总委员会的建筑委员会的义务:

(a) 评审由校务理事会呈送给他们的建筑提案;

(b) 就提议建筑工程的估计资本成本、经常性维护费用的可得性等事宜,向校务理事会提供咨询;

(c) 遵循校务理事会关于先后顺序和成本估算的决定,来安排大学建筑的规划。

(d) 监督新建筑的建设或任何现存建筑的改建。

4. 任何涉及大学新建筑的建设或大学现存建筑的拆除或改建的提案需要获得摄政院动议的批准。

5. 校务理事会将负责:

(a) 分配大学建筑物给各学院、各系和其他机构和团体;

(b) 将大学建筑物内的房间分配给大学的成员和其他人短期使用,但建筑物内房间需分配给特殊的机构或团体使用的情况除外。

6. 没有校务理事会的批准,获批使用建筑的团体不能对大学建筑及属于该建筑的场地进行改建。

7. 建筑委员会在校务理事会领导下将负责所有大学场所、建筑物与周围土地的看护、管理和维修。

8. 影响大学建筑结构的重大修缮或改造,以及对附属于建筑的周围土地的重大改造,必须获得建筑委员会的批准。

9. 凡涉及大学建筑物和周围土地的看护、管理和维修,校务理事会和建筑委员会需与相关团体磋商:

(a) 为了建筑物的安全需要采取一定的措施,并确保对开放和关闭建筑物做出令公众满意的安排;

(b) 为防止火灾需要采取一定措施,并确保建筑委员会了解灭火设备负责人员的具体情况；

（c）负责和监督建筑物和周围土地的维护，包括所有修葺和装饰；

依据已获得大学建筑物使用权的团体所提的条件，校务理事会和建筑委员会将上述职责的全部或部分移交给他们行使。

在建筑委员会看来，执行这些措施的花费需要由建筑维修基金列支，除非指名应由部门维修基金或其他基金列支。

10. 建筑委员会必须公布一份机构清单，这些机构已按第9条被委以职责，随同清单一起还应公布所规定的任何具体条件，建筑委员会有权在与相关机构磋商之后不断完善该清单。

11. 任何对大学新增建筑物及对现有建筑或土地改建的提案，建筑委员会应：

（a）负责与政府当局协商并获得批准；

（b）在向除政府当局之外的其他部门申请财务支持时，接受咨询。

附　录

依照有关大学财产（场所和建筑物）一般规章的第9条，并依据（1）在章程F第一章第2条下校务理事会的一般义务和（2）第8条和第11条的规定，校务理事会和由第9条授权的建筑委员会的职责如下：

1. 对获得大楼分配的所有机构的规定

（a）为日常建筑和周围土地的维修、打扫和安全（包括防火）采取所有必要措施，但前提是：

（1）依照第9(b)条的规定建筑委员会应一直知晓由什么机构负责保留必要灭火设备；

（2）当建筑或周围土地被一些机构共用时，在建筑委员会的监管下，现有的安排必须得到维持，或在与相关机构磋商后予以变动。

（b）专用的固定设置、配件和家具的提供和维修的花费由相关机构的基金列支，在此情况下，在与相关机构磋商后或应其要求，建筑委员会将提供和保养任何上述专用的固定设置、配件和家具。

（c）有权与物业管理和建筑服务机构进行协商，并执行预期成本不超过100英镑的常规性修葺。

2. 有关继续教育学院、费兹威廉博物馆委员会、图书馆委员会、地方考试委员会与工程学系、化学系和物理学系之管理委员会的规定

完全负责内部修葺和重新装饰，在事先未与建筑委员会磋商的情况下，不可安排预期成本超过200英镑的工作。

3. 对植物园委员会的规定

完全负责周围土地的维护,包括温室,并负责建筑的内部修葺和重新装修,在没有事先与建筑委员会磋商前,不可安排预期成本超过 200 英镑的建筑工作。

格兰塔中枢网络管理委员会

通过 2007 年 10 月 24 日第一号动议废除

电信联合管理委员会

通过 2007 年 10 月 24 日第一号动议废除

大 学 基 金

一 般 规 章

除了章程规定的基金外还有大学教育基金、建筑维修基金、五年平衡基金、土地基金,及其他由条例规定或由校务理事会随时设立的基金。

联合基金分配

1. 依章程 F 第三章第 6 条,如何对任何联合基金的公允价值(the fair value)所产生的开销进行支出与分配将在第 2 条中予以具体规定。校务理事会在财务委员会的建议下将随时建议摄政院通过动议批准第 2 条中所列示的公式修订。

2. 总额将根据下列公式计算分配给每个单位:
$$(PYD \times 0.7) + (0.0425 \times BMV \times 0.3)$$

其中:

(i) 2005—2006 的 PYD 是 110.5 p,该值受通货膨胀影响而被抬高,通货膨胀因子是 2005 年 6 月的零售物价指数加上百分之一,对于 2006—2007 年以及随后的年份,PYD 是每个单位在上一年从联合基金中获得的分配额,并经通货膨胀调整而提高,通货膨胀因子是上一个财务年的 6 月的零售物价指数加上百分之一,或其他由校务理事会确定的通货膨胀因子。

(ii) BMV 是联合基金中一单位的资本价值,是最近连续 6 个半年初始资本价值的平均值,包括当前财务年的第一个半年(即当年 7 月 31 日的基金收盘价值,加上两个先前7月31日的收盘价值和三个先前1月31日的收盘价值)。

学院、系与其他机构的基金

1. 为每个学院、系或其他机构设立的独立账户应按照由校务理事会财务委员会在与校务理事会或学部总委员会磋商之后决定的方式加以保留。

2. 根据章程或条例的要求,负责处理学院、系或其他机构基金的正常申请的高级职员,应在每个财务年末,确认由其负责的账单报表是正确的,并且基金已被合理利用。

3. 在财务年度末,任何学院、系或其他机构的基金结余,对于该学院、系或其他机构而言,必须是可用的。

分配给校务理事会的基金

每一年校务理事会获得来自切斯特基金(Chest Fund)的分配额必须由动议批准。校务理事会将被授权批准,将此分配额拨款给校务理事会监管下的机构的基金及其他他们可能认为合适的大学基金(除大学教育基金和交通花费基金),用作经常性开支和非经常性开支。

预　　算

1. 每年四旬斋学期学部总委员会和有关当局、部门和其他机构的负责人,必须准备好下一个财务年的开支预算。上述预算,在机构受校务理事会监管的情况下,必须呈送给校务理事会,在机构受学部总委员会监管的情况下,则必须呈送给学部总委员会,以供参考。

2. 依照第1条,呈送的预算将交由校务理事会的财务委员会处理,并视情况由校务理事会或学部总委员会批准。

3. 在复活节学期的前半段,或此后尽早的时间内,财务委员会必须呈送给校务理事会一份切斯特基金上一财年的收付款报告,一份当前财务年相应数据的修正预算和一份下一财年相应数据的预算。

4. 在复活节学期结束之前或结束之后尽可能早的时间里,校务理事会必须公布一份切斯特基金的财务状况报告,并建议在下一财年的分配给:

(a) 涉及大学教育基金的学部总委员会;

(b) 在上述财务报告中包含的其他推荐案而涉及到的校务理事会。

账　目

1. 校务理事会应公布一份年度大学账目摘要,由校长和一位由校务理事会指定的大学高级职员签字。

2. 校务理事会还应公布下列每一个账目的摘要:地方考试委员会账目、大学农场账目、供款退休基金账目、学院基金账目,以及任何由校务理事会依据章程F第三章第6条而设立的联合基金账目。

特殊规章

建筑维修基金

建筑维修基金由校务理事会管理,并负责大学建筑的维护和维修。在建筑委员会的建议下,校务理事会将不时拨款给该基金,数额不超过动议所批准的总分配额。

学院基金

1. 在章程G第二章第18条下成立的学院基金用以拨款给学院用作经常性或非经常性开支。

2. 基金必须由一个委员会管理,其人员构成为:
(a) 校长(或正式委任的代理人),担任主席;
(b) 一名由财务委员会提名并经校务理事会委任的人员;
(c) 一名由校务理事会自己提名并委任的人员;
(d) 两名由学院委任的人员。
(b)—(d)项中的成员任职时间为六年。

3. 委员会秘书应是教务长或一名由校务理事会指定的大学高级职员。

4. 委员会每年必须开一次会来评审学院的提议。委员会可自行决定根据学院的需要和基金的资源不时拨款给学院。拨款可以是一次性的也可以按照委员会规定的期间进行周期性支付。所有的拨款必须由委员会报告给校务理事会,校务理事会将在大学内公布相关事宜。

通 用 基 金

1. 为一般的或未指定的目的而从大学的捐赠活动中设立起来的基金将被视为通用基金,并要求保有以下基金的余额:达维、哈里森、柯克派翠克、瓦金斯和怀特曼基金以及其他由大学指定的基金。

2. 任何由第1条指定的基金的收入或本金将任由校务理事会处理并被用来进行其认为合适的投资,条件是需要在《通讯》上列示各类开支。

土 地 基 金

所有土地租赁费用的支付和土地出售(不包括土地用作投资目的)的收入将被记入土地基金中。基金的本金和收入将被用来:(a)购买有利于大学发展的场所;(b)满足大学内部基础设施建设的花费需要,包括与城乡规划法律需求有关的花费需要。

贷款基金 I

1. 贷款基金 I 将由一个委员会管理,其人员构成为:
(a) 校长(或正式委任的代理人),由其担任主席;
(b) 两名由校务理事会财务委员会提名并经校务理事会委任的摄政院成员;
(c) 两名由校务理事会提名并委任的摄政院成员。
(b)、(c)项中的成员任期为两年,从任命时的下一年的1月1日算起。

2. 委员会每学期开会必须不少于一次。

3. 贷款申请由学院导师递交给教务长。

4. 新生入住后第一年内提出的申请只有在非常特殊的情况下才会被考虑。

5. 除非在委员会看来,申请者所在的学院已经给予其预期的补助,否则贷款将不会被同意。

6. 贷款将是免息的。接受者需要签署一份偿还贷款的担保,适当情况下接受者的父母或监护人将与这份担保联系起来。委员会将决定并有权放宽偿还贷款的条件。

贷款基金 II

1. 为了帮助资金缺乏或资金不足的大学高级职员和大学助理购买、修建或扩充房子,贷款基金 II 将给予其贷款,贷款的利率是可变的,且与剑桥建筑互助会所定的标准利率一致。

2. 贷款总额不超过物业管理和建筑服务处评定的房子的全部价值减去由财务委员会批准的银行、建筑互助会或保险公司的第一次抵押债额的数额,而且财务委员会须确保其已获得最高额度的抵押贷款。贷款的额度不超过 10000 英镑。

3. 贷款基金 II 可以发放二次房贷。

4. 贷款、贷款的给予和贷款偿还的资格条件将由财务委员会确定,财务委员会将有权在特殊的情况下自行决定。

5. 按规定,贷款的批准应接受校务理事会财务委员会的年度审查(1998—1999),并在此后每隔 5 年进行审查。

退休基金 II

在退休金计划管理委员会的建议下,退休基金 II 将被校务理事会用于如下目的:
（a）拨款或预付给贫困人员；
（b）发放给过世职员的眷属。

五年平衡基金

切斯特基金的剩余收入将会在财务年末转移到五年平衡基金中,它被用来偿付任何一年的收入短缺,即该年中切斯特基金授权的开支超过其收入。

科研维持补助基金

1. 学院导师可代表学生从科研维持补助基金中申请补助,但申请补助的学生需要满足下列条件:
（a）他们必须已经攻读、有资格或即将有资格攻读学士学位,并且其在校已不少于九个学期(包括任何得到许可的),同时他们必须在有资格获该学位之前一个学年结束之前提交申请。

(b) 他们必须已经是或即将是研究生教育委员会批准的注册研究生，正作为博士候选人攻读或即将攻读研究生课程。

2. 在考虑申请者可能已经接受的其他奖金数额之后，每年的补助金额由研究生教育委员会确定。在补助已经确定之后，奖金额度的变动和新奖金的接受必须由持有者上报委员会，同时委员会将鉴于任何上述变动或新增的奖金而对补助总额进行变更。

3. 补助将会每季度预先支付给持有者，在第三次支付后，需要证明持有者正在继续进行学位委员会委任的导师的研究，且相关研究过程令人满意。

4. 一般给学生的补助将持续两年，并可以延续一年，但总计不得超过三年。补助的持有者如果不再是注册研究生或即将成为博士候选人，则将停止接受补助。

5. 补助申请必须上交给研究生教育委员会秘书。委员会将不定期公布申请结果。

6. 研究生教育委员会应将已经授予科研维持补助的学生名单公布在《通讯》上，但是不会公布个人接受的补助总额。

战略规划储备基金

战略规划储备基金由大学在校务理事会的建议下对其进行的不定期转移支付构成。基金必须由校务理事会处理，并服务于校务理事会认为合适的战略目标。基金分配额的清单将会每年公布在《通讯》上。

学生住房基金

1. 学生住房基金将拨款给学院或大学以便为大学的学生提供住房。

2. 基金由一个管理委员会支配，其人员构成为：

(a) 校长（或正式委任的代理人），由其担任主席；

(b) 两名由校务理事会委任的人员；

(c) 一名由建筑委员会提名并经校务理事会委任的人员；

(d) 三名由学院委员会委任的人员。

列入(b)—(d)项的成员必须在米迦勒学期任命，从其任命后的下一年的1月1日起任职六年。

3. 委员会秘书应是教务长或一名由校务理事会指定的大学高级职员。

4. 管理委员会每个财务年必须开一次会来审议来自学院或校务理事

会的提议。委员会可以自行决定根据其需要和基金的资源不定期拨款给学院或大学。参照委员会的有关规定,拨款可以是一次性的也可以是周期性的。所有的拨款必须由委员会报告给校务理事会,校务理事会将在大学公布。

交通花费基金

1. 学部总委员会从大学教育基金划拨的资金将是交通花费基金的收入来源。

2. 依据学部总委员会的规定,基金的收入将被用来资助大学高级职员在参加学术会议中或与之相关的学习或研究的旅行中所产生的交通花费和其他花费;但学校不予发放薪酬的职员,以及已从其他基金获得资助的人员将没有资格接受资助。

3. 资助申请必须在相关花费发生之前上报,同时还需上报预期花费总额以及学部总委员会所需要的其他任何信息。资助申请通过系主任呈交给学部总委员会秘书,在不由学系组成的学部中,通过学部委员会的主席,在非学部总委员会监管下的机构中,通过相关机构的负责人,呈递给学部总委员会秘书,上述负责人需向秘书说明其是否建议给予资助。

4. 学部总委员会必须至少每学期评议一次基金资助申请,同时他们将被授权预先支付资助,条件是接受者随后证明其已经进行了申请中列示的开销,并且没有接受其他未在申请中表明的资助。

5. 基金收入的任何部分在任何一年中有结余的,可允许积累起来,同时依照第 2 条在随后的年份使用。

大学教育基金

1. 每一年学部总委员会从切斯特基金为大学教育基金申请拨付,必须由动议批准以下事宜:学部总委员会将被授权批准,从大学教育基金中拨款给各学院、系和其他在校务理事会监管下的机构的基金,以用作经常性开支和非经常性开支,以及拨款给交通花费基金。

2. 校务理事会的财务委员会在与学部总委员会磋商之后将被授权在任一年中对切斯特基金拨付给大学教育基金的额度进行调整,调整基于学部总委员会监管下的各机构实际开支和预算开支间的差额,这些开支包括可领取退休金的薪金、工资、退休金、国民保险缴款、家庭补助和其他个人酬金,除非该余款已被禁止使用或不支付给任何职员,否则上述余款可用于投资或其他学部总委员会指定的用途。在上述调整之后，如果在财务年末仍有结余，则结余款需继续留存在基金中。

3. 如果学部总委员会监管下的一个或多个机构的账户出现赤字，学部总委员会应从基金调出非经常性拨款来弥补全部或部分赤字。

第十四章 学院

学院账目

1. 各学院提交的年度账目和根据章程 G 第三章提交的审计报告都要符合剑桥学院发布的建议账目格式,格式清单详见下文。若学院未被通知要求采用按照章程 T 第 54 条所列的剑桥学院建议账目格式,则按照 2002 年 10 月 1 日发布的章程 G 第三章进行统计。

2. 学校根据财务委员会考虑内部校委会对学院账目的意见后作出的推荐定期修正"剑桥学院建议账目格式"。

3. 附录 G 中与章程 G 第二章中学院捐赠有关的清单,应为《高等教育学费和价目表》。

计　　划
剑桥学院建议账目格式

A. 学校财务报告
（适用于监管机构的年度汇报或报告）

此报告与慈善账目的信托人报告具同等效力,提倡纳入此报告,但账目统计标准并没有强制规定,所以学院可以省去该报告。

一般涉及的主题包括：

- 财务报表的范围和内容,包括整合程度、主要附属担保方的名字和营业状况等等(如有必要)。
- 与财务重点相关的内容,交易和财政措施的回顾,主要收入来源和支出状况,当年的盈亏状况,以及引起较大波动的原因和其他相关的金额指标。
- 投资表现(如有必要)。
- 现金流,主要方面的评价。

- 固定资产(fixed assets)或者资本项目,对以往或现在的重要项目的评价。
- 财产管理,对学院融资、流动性及财务风险管理的评价。
- 信用担保支付政策。
- 未来发展(包括可持续计划的细节)。
- 残缺报告(如有必要)。
- 风险评估。

B. 管理团体的责任和义务说明

(下述说明仅作解释用,每个学院需根据自身规定来运用这些说明)

管理团体负责根据英国账户标准和相关适用法律来编制年度财务报表。

根据学院规定,管理团体每个财务年度编制的财务报表须真实而客观地反映该年度学院的各项事务和盈亏状况。为此,管理团体必须做到以下几点:

- 选择适合的会计政策并延续使用;
- 合理谨慎的做出判断和评估;
- 是否采用了适用的会计准则及信息披露规定,需在财务报告中加以解释;
- 在可持续发展的基础上编制财务报表,除非该学院已无法继续运作。
- 管理团体必须对学院的财务状况进行即时准确的账目记录和更新,以确保财务报表符合剑桥大学章程的规定。他们也负责保护学院财产,所以需要采取一些合理的措施来预防和监察欺诈及其他违规行为;

(管理团体须对财务状况的持续披露工作、团队的公正性及学院网上财务信息的准确性负责。)

此处需注意,英国有关财务报表编制与披露的法律可能不同于其他法律体系。

C. 提交给剑桥大学学院管理团体的审计报告

(以下标题为格式说明)

1. 学院管理团体的各项责任
2. 审计意见的基础
3. 意见

公司地址、名称

英国特许会计师(Chartered Accountants)

注册审计员

日期

D. 主要会计政策的说明

下述政策说明分为适用的和不适用的两种,方括号中的说明表示可选政策。

编制报告的原则

编制的财务报表必须符合学院及剑桥大学的章程规定以及相关施行的会计准则。

另外,财务报表要根据高等教育推荐账目实施细则编制,而资金负债表要根据剑桥大学规定用相关部门发布的不同格式进行编制。高等教育推荐账目实施细则要求捐赠、递延资助、重估储备在资金负债表中一一显示罗列,而剑桥大学规定则要求这部分信息在账户目录中显示。

账目制作的原则

财务报表编制时要遵循历史成本法,并根据所投资产[或指定的土地和房屋]的重新估值进行修正。

[合并账目的原则]

[合并财务报表合并了学院和子公司截至[6月30日][或其他日期]的财务报表,[该周期内买入或卖出的子公司的财务结果要纳入合并的收入和支出账户,该账户从买入时算起或者截至卖出日期为止][学生团体的活动不会被纳入合并范围]]。

收入的认定

永久性资本金和短期存款的收益必须成为应收时才可以纳入收支账目。

[研究基金,合约和服务提供中获得的收入按照合约或服务的完成比例进行计算。]

[各类捐助资助只有当成为应收时才被认定为收入。]

各类捐助资助被接收为永久性资本基金的条件是,该项收入须记入资产负债表。永久资本金的收益只有到可以支取的年份才可以认定为收入。不可支取年份的基金收益会在当年末从收支账目适当的转入一个限制或非限制的可支出资本金。当某个限制性资本金累积的收益有随后的支出时，限制性可支出资本金上的收入会转回消费支出账户来抵消上述支出。

用作基金项目的限制性捐赠最初就被转入限制性可支出资本金，这笔资金在存放超过资本项目折旧费用的年限后，即予解冻。

学院收费，包括对学生及其监护人的所有收费在其接收期间可界定为收入［学院取消或废除的学费算作支出］。

退休金制度

学院加入了大学退休金体系，这是一个在校外募集和实施的收益体系，该体系退出了国家第二退休金制度。这个体制的资产由一个专门的政府信托基金管理。学院无法在一般基础上确认其在该体系的实际资产，所以，根据 FRS 第 17 条关于"退休金收益"的规定，实际资产在该体系内所占的比例跟固定缴款体制相似。因此，在收支账目里的费用额代表在该会计期间内体系的应付款项。

［如果学院参与了其他体制，同样需遵守该体制的会计政策，比如剑桥学院联合退休金体系。］

有形固定资产

a. 土地和房屋

土地和房屋可以记为［费用］［或者］［估值］。当房屋以折旧重置成本进行估值时，才能重新评估它们的价值。［［公司名称，特许测量师（Chartered Sarveyors）］在［约定日期］进行此项估值］。永久持有的房屋在其有经济价值的使用寿命内采用直线折旧法。永久持有的土地不会折旧。［租赁的土地或者房屋可以在 50 年内或者更短的租赁期限内摊分］。

捐赠或资助情况下获得的土地或房屋也按上述进行估价和折旧。［相关的捐赠会被放入一个信托基金，按照折旧政策，在相关固定资产有效经济寿命后，该基金会被记入收支账目。］［相关的捐赠会被记入永久资本金。］

与房屋建造直接相关的财务费用会［不会］视作一项成本记入该固定资产。

一些环境的事件或变化导致固定资产有无法修复的损坏时，相关部门将对固定资产损坏情况进行检查。

在建房屋进行价值评估时参照的内容有：建筑师的资质，其他直接相关的截至［6 月 30 日］［或 7 月 31 日］［或其他日期］的费用。它们在投入使用前不折旧。

［用来开发、投资，随后进行销售的土地，会以较低成本和净变现价值包括在当前资产中。］

［资产负债表中持有运营物业的额外费用包括土地成本。］

b. 房屋的维护

［学院有一个［五年期］或其他周期］的滚动维护计划，每年复查一次。］

这些常规维护的费用［会在发生时计入收支账目］［在相关固定资产的经济寿命内进行资产化和贬值。］［学院也会在常规基础上设立一些资金来应对非常规情况下出现的维护费用，被称为专项基金。］

c. 家具，装置，设备

家具，装置，设备（在购置年份里摊提）。［花费少于 x 英镑］的每单件物品或一组相关物品在购置年限里摊提。其他资产在有用年限中的折旧率如下：

家具和装置	［10％/年］
机动车和一般设备	［20％/年］
计算机设备	［25％/年］

［捐赠或资助情况下获得的设备也按上述进行估价和折旧。［相关捐赠会被放入一个信托基金，按照贬值政策，在相关资产有效经济寿命后，该基金会被记入收支账目。］［相关的捐赠会被记入永久资本金。］］

d. 珍稀书本，银器，艺术作品和其他与教育无关的财产

珍稀书本，银器，艺术作品和其他与教育无关的财产按照［成本］［市场价值］［保险价值］进行估值。［不可转让的资产不能计入资产负债表。］

［捐赠或资助情况下获得的珍稀书本，银器，艺术作品和其他与教育无关的财产也按上述进行估价和折旧。相关捐赠会被放入［可支出资本金］［或永久资本金］］。

e. 出租的财产

出租或其他相关租赁合同下的固定资产，以其在合同开始时的平均价格记录在资产负债表。超过租赁合同支付的费用作为财务费用分摊至每个租赁周期，在剩下的租约内形成固定的利率。管理租赁业务产生的费用会在每个租赁周期折合成等量的支出。

投资

投资以市场价值计入资产负债表。没有在公开股票交易中列出来的投资在没有价值贬损的规定时以历史成本进行计算。

股票

股票以较低成本和净变现价值进行估值。

备用金

当学院因历史因素有一个合法的或正在买入的证券时,备用金才被予以认可。购买证券可能需要经济收益的转换,需对证券的价值总额形成一个可靠的估值。

外币

外币交易的买卖以交易当天的汇率进行计算。按照年底汇率或者相关的国际贸易约定的利率,外币形式的金融资产或债务要转换成英镑。此类交易因汇率而产生的差额将纳入该财务年的收入和成本核算。

税金

根据《1993慈善法》附录2,学院是一个免税的慈善团体;根据《1988税法》506(1)部,学院是一个慈善团体。所以,根据《1988税法》第505部或《1992可征收收入税法》第256部包含的种类,学院收入或得到的资本收入仅用于慈善目的部分可以免税。

学院不被免除增值税。

章程G第二章下的捐献

在剑桥大学章程G第二章规定下,学院有义务评估其所受捐献。捐助用于学院建立的补助基金。且学院一直有资格接受此类捐助。

E. [合并]收入和支出账目

目录		上半年 £	去年上半年 £
		总计	总计
收入			
学术费用,收费	1	x	x
住宿,餐饮,会议	2	x	x
捐助收入	3	x	x
[学院基金收入		x	x]
[其他收入	[n]	x	x]
总收入		x	x
支出			
教育	4	x	x
住宿,餐饮,会议	5	x	x
[其他支出	[n]	x	x]

（续表）

	目录	上半年 £ 总计	去年上半年 £ 总计
总支出		x	x
盈余/赤字		x	x
章程 G 第二章下的捐献	6	x	x]
		x	x]
转入/出		x	x
受限可支出资本的累计收入			
净盈余(赤字)		£x	£x
[转入(或转出)非限制性(或指定的)基金	14	£x	£x]

F. [合并]损益表

	目录	上半年					前一年 上半年
		限制型基金		非限制型基金		总计 £	总计 £
		学院意图 £	非学院意图 £	指定基金 £	非指定基金 £		
上期余额		x	x	x	x	x	x
未兑现的固定资产重估盈余	8	x	x	x	x	x	x
投资资产的升值/贬值	8	x	x	x	x	x	x
留存盈余/赤字		—	—	x	x	x	x
不可消费的基金或其他限制性基金收入		x	x	—	—	x	x
捐赠和资助	14	x	x	x	x	x	x
[学院基金获得的资本拨款		x	x	x	x	x	x]
当年出让的递延资本金		(x)	(x)	(x)	(x)	(x)	(x)
已转		x	x	x	x	x	x
退休金系统资产的实际回报	19	x	x	x	x	x	x
计划负债现值的假定变动	19	x	x	x	x	x	x
计划负债的实际损益	19	x	x	x	x	x	x
当年收益/损失总计		x	x	x	x	x	x
结转余额	14	£x	£x	£x	£x	£x	£x

G. [合并]资产负债表

注：方括号中所列项将列入财务报表附注中，而非以下主要财务报表中。当附属机构报表被合并后，主要报表及附注中的财务信息要一并上报给学院和集团。

	目录	上半年末 £	前一年上半年末 £
固定资产	8		
有形资产			
[永久持有的土地和房屋		x	x
长期租赁的土地和房屋		x	x
设备		x	x]
		x	x
投资			
[永久持有的土地和房屋		x	x
长期租赁的土地和房屋		x	x
优先股		x	x
普通股		x	x
现金		x	x]
		x	x
		x	x
流动资产			
股票		x	x
债权	9	x	x
现金	10	x	x
		x	x
债权：一年到期总量	11	x	x
流动资产净额/(债务)		x	x
总资产减流动负债			
债权：一年以上到期总量	12	x	x
债务和收费用的备付金	13	x	x
不包括退休金负债/资产的净资产		x	x
退休金负债/资产			
包括退休金负债/资产的净资产		£x	£x

(续表)

目录			上半年末 £	前一年上半年末 £
资本和储备金	14	收入/可支出资本金	永久资本金	
		£	£	£	£
学院用的限制型资金*		x	x	x	x
非学院用的限制型资金*		x	x	x	x
非限制型资金(含退休金资产/债务)		x	x	x	x
养老储备金		x	x	x	x
总计		£x	£x	£x	£x

* 按照大学章程 G 第二章规定。
这些账户被监管机构批准　　　　　　　　　　批准人：
由签署人代表该方签字　　　　　　　　　　　签署人：

H. [合并]现金流量表

注：方括号中所列项将列入财务报表附注，而非以下主要财务报表中。

	目录	上半年 £	前一年上半年 £
A. 经营活动			
[经营盈余/(赤字)]		x	x
折价	8	x	x
投资资产的销售利润	8	x	x
应付利息		x	x
退休金赤字/盈余的变动		x	x
股票的增长/(下跌)		x	x
债务的增长/(下跌)		x	x
债权的增长/(下跌)	11	x	x]
经营活动中流入/(流出)的净现金流		x	x

（续表）

	目录	上半年 £	前一年 上半年 £
B. 投融资活动所得回报		x	x
〔留存的捐赠收入	14	x	x
收到的利息		x	x
付出的利息		x	x
投融资活动流入/（流出）的净现金流		x	x〕
〔C. 对学院基金的供款	6	x	x〕
D. 资本支出和财务投资			
〔投资资产销售收入	8	x	x
捐赠和资助	14	x	x
〔学院基金拨入的资本补助		x	x〕
资本收入总计		x	x
购置有形固定资产所付	8	x	x
购置投资资产所付	8	x	x
资本金支出	14	x	x
资本支出总计			
投资活动流入/（流出）的净现金流		x	x〕
融资前的净现金流入/（流出）		x	x
E. 融资			
〔收到的长期贷款	12	x	x
偿还的长期贷款	12	x	x
长期贷款的净变动		x	x
预付给学院员工和成员的款项		x	x
学院员工和成员偿还的预付款		x	x
预付给学院员工和成员款项的变动		x	x〕
融资时的净现金流流入/（流出）		x	x
F. 现金的增加/减少		£ x	£ x
净流动资产变动产生净现金流的对账			
当期现金增长	10	x	x
新增贷款的现金流入		x	x
流动资源的现金流入		x	x
现金流产生的债务变动		x	x
该周期内净资金的变动		x	x
承上页的资金净额		x	x
移下页的资金净额		£ x	£ x

I. 会计报表附注

(1) 学院酬金和收费

	上半年 £	前一年 £
学院收费		
用于支持学生的本科生收费（每位收取£_____）	x	x
其他本科生的费用收入（每位收取£_____）	x	x
研究生费用收入（每位收取£_____）	x	x
	x	x
其他	x	x
总计	x	x

以上所示数据必须和学院的教学备忘录相符。

(2) 安排住宿、餐饮和会议获得的收入

		上半年 £	前一年 £
住宿	学院成员	x	x
	会议	x	x
餐饮	学院成员	x	x
	会议	x	x
总计		£x	£x

(3) 捐赠收入

	上半年				以前的年份
	学院用 限制型 资金收入* £	非学院用 限制型 资金* £	非限制型 资金收入 £	总计 £	总计 £
捐赠资产转移	x	x	x	x	x
来自以下方面的收入：					
有价证券—普通股	x	x	x	x	x
永久持有的土地和房屋	x	x	x	x	x
有价证券—优先股	x	x	x	x	x
总计	£x	£x	£x	£x	£x

*参见大学章程 G 第二章的规定。

大学章程 G 第二章规定下的捐助债务：

	目录	上半年 £	前一年 £
与资助相关的捐赠收入	6	x	x
与资助无关的捐赠收入		x	x
总计		£x	£x

投资管理成本：

	目录	上半年 £	前一年 £
永久持有的土地和房屋	8	x	x
有价证券—普通股	8	x	x
有价证券—优先股	8	x	x
现金	8	x	x
总计		£x	£x

（4）教育支出

	目录	上半年 £	前一年 £
教学		x	x
辅导		x	x
招生		x	x
研究		x	x
奖学金和奖励		x	x
其他教学设施		x	x
总计		£x	£x

以上所示数据必须和学院的教学备忘录相符。

（5）住宿、餐饮和会议支出

		目录	上半年 £	前一年 £
住宿	学院成员		x	x
	会议		x	x
餐饮	学院成员		x	x
	会议		x	x
总计			£x	£x

(6) 大学章程 G 第二章规定下的捐助

	目录	上半年 £	前一年 £
每个收支账目的捐助收入	3	x	x
不计入收支账目的资金收入		x	x
		x	x
减:不计税收的项:			
资助和遗产		x	
非学院用的资金收入		x	
		x	x
应税收入	22a	x	x
减:可减免项目	22b	x	x
		x	x
承上页在前[s]年内可减免项目		x	x
净应税收入		£x	£x
估值(根据章程 G):			
第一团队	@x%	x	x
第二团队	@y%	x	x
第三团队	£xx,xxx@z%	x	x
可支取的捐助		£x	£x
结转可减免项目超出部分		£x	£x

(7a) 当年活动支出的分析

	员工成本 (序号 18) £	其他运营 成本 £	折价 £	合计 £
教育(第 4 条)	x	x	x	x
食宿和会议(第 5 条)	x	x	x	x
其他	x	x	x	x
	£x	£x	£x	£x

    其他支出包括募集资金的成本£x。该支出[包括][不包括]维系校友关系而产生的成本。

(7b) 往年活动支出的分析

	员工成本 (序号 18) £	其他运营 成本 £	折价 £	合计 £
教育(第 5 条)	x	x	x	x
食宿和会议(第 5 条)	x	x	x	x
其他	x	x	x	x
	£x	£x	£x	£x

其他支出包括募集资金的成本£x。该支出[包括][不包括]维系校友关系而产生的成本。

(8) 固定资产

有形资产	上半年				上一年
	永久持有的 土地和房屋 £	家具、仪器 和设备 £	珍贵书籍和 艺术品等 £	总计 £	总计 £
成本/估值					
上一年下半年初的价值	x	x	x	x	x
成本增加	x	x	x	x	x
按成本/估值出售	x	x	x	x	x
当年的重新估值	x	x	x	x	x
当年上半年末的价值	x	x	x	x	x
累计的贬值					
上一年下半年初的价值	x	x	x	x	x
当年的费用	x	x	x	x	x
累计折旧转出	x	x	x	x	x
重估后拨回	x	x	x	x	x
当年上半年末的价值	x	x	x	x	x
净账面价值					
当年上半年末的价值	x	x	x	x	x
上一年上半年末的价值	£x	£x	£x	£x	£x

永久持有的土地和房屋的当年上半年末的保险价值为£xxx,xxx,xxx(上一年为£yyy,yyy,yyy)。

[有形固定资产的净账面价值包括总额为£xxx,xxx,xxx(上一年为£yyy,yyy,yyy)的融资租赁资产。这些固定资产当年的折旧额为£xxx,xxx,xxx(上一年为£yyy,yyy,yyy)。]

投资资产	上半年 £	去年 £
去年[7 月][8 月]1 日的结余	x	x
增加	x	x
处理	x	x
处理/重估带来的升值/(或贬值)	x	x
基金经理管理的现金结余的增长或下跌	x	x
当年[6 月 30 日][或 7 月 31 日]的结余	£x	£x
包含的内容有：		
永久持有的土地和房屋	x	x
有价证券—普通股	x	x
有价证券—优先股	x	x
非有价证券—普通股	x	x
再投资用的现金	x	x
总计	£x	£x

(9) 债务

	上半年 £	去年 £
学院成员	x	x
其他	x	x
	£x	£x

(10) 现金

	上半年 £	去年 £
短期货币市场投资	x	x
银行存款	x	x
往来账户	x	x
持有的现金	x	x
	£x	£x

(11) 债权：一年内到期量

	上半年 £	去年 £
示例		
商人和其他人	x	x
学院的成员	x	x
大学收费	x	x
给学院基金的捐赠	x	x
其他	x	x
	£x	£x

(12) 债权：一年以上到期量

	上半年 £	去年 £
示例		
银行贷款	x	x
融资租赁合约	x	x
	£x	£x

(13) [债务和收费的准备金

	上半年 £	去年 £
上页所述 7 月 1 日的结余	x	x
当期支出	x	x
自收支账目转出	x	x
下页所述 6 月 30 日的结余	x	x
	£x	£x]

(14) 准备金

目录	上半年 收入/可支出资本金 £	上半年 永久资本金 £	上半年 总计 £	上一年 总计 £
限制型基金:				
<u>学院用基金</u>*				
信托基金	x	x	x	x
捐赠和资助	x	x	x	x
递延基金	x	x	x	x
	x	x	x	x
<u>非学院用基金</u>*				
信托基金	x	x	x	x
捐赠和资助	x	x	x	x
递延基金	x	x	x	x
	x	x	x	x
非限制型基金:				
<u>指定的基金</u>				
信托基金	x	x	x	x
特别基金	x	x	x	x
捐赠和资助	x	x	x	x
	x	x	x	x
<u>非指定基金</u>				
公司资本	15	—	x	x	x
捐赠和资助		x	x	x	x
保留盈余	15	x	x	x	x
总资本		x	—	x	x
退休金准备		x	—	x	x
		x	x	x	x
		£x	£x	£x	£x

*参见大学章程 G 第二章的规定。

准备金变动对账：

	上半年								上一年
	限制型基金				非限制型基金				
	学院用基金		非学院用基金		指定基金		非指定基金		
	收入/可支出资本金 £	永久资本金 £	收入/可支出资本金 £	永久资本金 £	收入/可支出资本金 £	永久资本金 £	收入/可支出资本金 £	永久资本金 £	总计 £	总计 £
承前页所述7月1日的结余	x	x	x	x	x	x	x	x	x	x
当年的增长	x	x	x	x	x	x	x	x	x	x
当年的减少	x	x	x	x	x	x	x	x	x	x
下页所述6月30日的结余	x	x	x	x	x	x	x	x	x	x

限制型指定基金的分析：

示例	限制型基金 £	上半年 非限制型基金 £	总计 £	上一年 总计 £
研究生奖学金基金	x	x	x	x
本科奖学金基金	x	x	x	x
奖项基金	x	x	x	x
困难基金	x	x	x	x
助学基金	x	x	x	x
游学基金	x	x	x	x
其他基金	x	x	x	x
总计	£x	£x	£x	£x

在下列几类资产的投资资金：

	上半年								上一年
	限制型基金				非限制型基金				
	学院用基金		非学院用基金		指定基金		非指定基金		
	收入/可支出资本金 £	永久资本金 £	收入/可支出资本金 £	永久资本金 £	收入/可支出资本金 £	永久资本金 £	收入/可支出资本金 £	永久资本金 £	总计 £	总计 £
有形固定资产(序号8)	x	x	x	x	x	x	x	x	x	x
投资资产(序号8)	x	x	x	x	x	x	x	x	x	x
现有净资产	x	x	x	x	x	x	x	x	x	x
退休金债务(序号19)	x	x	x	x	x	x	x	x	x	x
合计	x	x	x	x	x	x	x	x	x	x

(15) 重估储备

［企业资本］［保留盈余］（第 14 条）包括下述有形固定资产的重估储备：

	上半年 £	上一年 £
上述 7 月 1 日的结余	x	x
当年重估	x	x
［其他与当年重估储备挂钩的项目］	x	x
下述 6 月 30 日的结余	x	x
	£x	£x

(16) 储备金的管理政策

［插入的储备金管理政策］

(17a) 资本承付款项

6 月 30 日资本承付款项如下：

	上半年 £	上一年 £
授权并已签合约	x	x
授权但并未签合同	x	x
融资租赁中的资本承付款项，在财务报表中供参考并不作为依据	£x	£x

(17b) 财政承担

学院 6 月 30 日必须执行的不可撤销经营租赁下的年度承担如下：

	上半年 £	上一年 £
一年内到期的土地和房屋	x	x
两到五年内到期	x	x
五年后到期	x	x
	£x	£x
一年内到期的其他项	x	x
两到五年内到期	x	x
五年后到期	x	x
	£x	£x

(18) 员工

	上半年				上一年
	学院研究员 £	其他大学教师 £	非大学教师 £	总计 £	总计 £
员工支出：					
工资	x	x	x	x	x
社保成本	x	x	x	x	x
其他补助金支出(参见第19项)	x	x	x	x	x
	£x	£x	£x	£x	£x
平均员工数额：					
大学教师([属于管理团体][领薪水员工的数量])	x	x	x	x	x
非大学教师(同样全职)	x	x	x	x	x
	x	x	x	x	x

[管理团体有 xx 位研究员，其中 x 位是要领薪水的。][其中上述 x 位研究员，y 位是要付薪水的。]

学院的办公人员和员工，包括最高行政长官，在下述薪水范围的人数分别为：

	上半年	上一年
£70,000—£79,999	x	x
£80,000—£89,999	x	x

(以 10,000 英镑为间隔类似罗列，罗列至所有纳税工资收入最高的一位。)*

* 或者(如果可能)包括最高行政长官内，所有的学院职员没有收入超过 70,000 英镑的。

(19) 退休金计划

学院的职员加入了两个退休金体系，大学退休金体系(USS)，和[剑桥联盟退休金体系][或其他退休金体系]。该时期内总共的退休金费用为：£xxx,xxx(上一年为£xxx,xxx)。

大学退休金体系

学院加入了大学退休金体系，这是一个在校外募集和履行的收益体系，该体系退出了国家第二退休金制度。这个体制的资产由一个专门的政府信托基金管理。一般情况下，学院无法确认其在该体系资产负债中所占的份额，所以，根据 FRS 第 17 条关于"退休金收益"的规定，实际资产在该体系内所占的比例跟固定缴款体制相似。因此,在收支账目里的费用额代表着当期的应付款项。

最近的精确估值的日期是在[日期]。对估值结果影响最大的假设条件是那些和投资回报率相关的因素(比如利率的估值)以及薪水、退休金的增长率。关于过去的服务负债,财务上的假设都来自于估值时市场的普遍收益率。假定估值的年利率为 x‰,薪水的年增长率为 x‰(加上额外的薪金——因工作年限增加而带来的薪水增长,因近期工作经验积累而升职带来的薪水增长),退休金的年增长率为 x‰。对于以后的服务负债,假定年利率估值为 x‰,含假定为 x‰ 的额外投资年回报率,薪水的年增长率为 x‰(同样需加上额外的薪金——因年限增加和升职带来的薪水增长),退休金的年增长率为 x‰。以应计福利的方法完成估值过程。

在估值当日,体系的资产市场价值为 xx.xxx 百万英镑,过往的服务负债的价值为 xx,xxx 百万英镑,表明有 xxx 百万英镑的赤字。因此,上述资产可以覆盖 x‰ 的因未来收入增长而给成员带来的收益。根据 1995 年颁布的退休金法令中规定的假定,在最少资金需求下,这个体制在估值日期有 x‰ 是打包成基金的,而根据 2004 年颁布的退休法令中的退休金保护基金规定,有 x‰ 是基金化的。

作为估值日未来单独的服务收益,学校捐助的比例为 xx,xx‰ 的退休金薪水。而在精算师的建议下,信托公司决定将这个比例维持在 xx,xx‰。

在未来估值中的盈亏将可能影响学院未来的捐助任务。还有一个可能影响该体系的基金化程度的因素,就是自从 2006 年 3 月 16 日生效以来,USS 把自己定位为"最坚挺"的退休体系,参加 USS 体系的职员一旦破产,该员工退休基金的不足(不可恢复的)会传递至所有参保的员工,在下一次精确估值中会反映此项内容。

下一个正式的三年期精确估值是在[日期]进行的,每次估值都会复查贡献率。

学院总共的退休金成本为 xx,xxx 英镑(上一年为 xx,xxx 英镑)。学院可以支取的贡献率为退休金薪水的 xx‰。

[剑桥学院联合退休金体系][其他体系]

注意,学院需要任命一个精算师来准备这个通告需要的 FRS 17 计算。

学院也加入了剑桥联合退休金体系,这个体系最初是 1977 年 7 月 19 日在一个临时的信用契约上建立的固定薪水收益体系。在 1988 年颁布的收入和企业税法令中 14 章第一段的前提下,这个体系已经得到 HM 收入和惯例部门(前身是内陆收入存款、退休金、股份体系)的认可。加入这一体系的学院职员须退出国家第二退休金体系(S2P)[其他退休金体系]。

学院已决定自2004年4月1日起变更所有成员的工作回报：
- 工作年限最长为40年(以前没有限制)
- 从65岁开始支付不会减少的退休金(以前是60岁)。

最近的一次估值日期是在[日期]。这些FRS 17估值结果的依据是估值数据，而这些估值数据是由一个非该学院或子部门员工的精算师来准备的。

学院的贡献为£xx,xxx(上一年为£xx,xxx)，包括PHI薪金。

精算师会用到的主要条件有：

	上年半	去年(往年)
薪水的增长率	x.xx%	x.xx%
延期的退休金增长率		
—最低退休保证金(GMP)	x.xx%	x.xx%
—超出最低退休保证金和1997年4月5日以来积累的退休金	x.xx%	x.xx%
支付的退休金的增长率		
—1998年4月5日以前的最低退休保证金	x.xx%	x.xx%
—1998年4月6日到1997年4月5日之间积累的最低退休保证金	x.xx%	x.xx%
—超出最低退休保证金和1997年4月5日以来积累的退休金	x.xx%	x.xx%
贴现率	x.xx%	x.xx%
假定的通胀率	x.xx%	x.xx%

另外，也会用到供委托人做精确估值的标准死亡率。

体系资产和预计的回报率：

	上半年		往年	
	预计的长期回报率	估值 £	预计的长期回报率	估值 £
股份	x.xx%	xxx	x.xx%	xxx
债券(包括现金)	x.xx%	xxx	x.xx%	xxx
财产	x.xx%	xxx	x.xx%	xxx
资产的总市场价值		x,xxx		x,xxx
该体系债务的现有估值		(x,xxx)		(x,xxx)
退休金净资产/(债务)		xxx		xxx

以下各项已经包含在财务报表里：

运营利润总量的分析

	上半年 £ 000	往年 £ 000
目前的服务成本	xxx	xxx
养老保险津贴	xx	xx
运营收费总计	xxx	xxx

其他财务收入的总量分析

	上半年 £ 000	往年 £ 000
养老体系资产的预计回报	xx	xx
养老体系债务的利息	(xx)	(xx)
净回报	xx	xx

全部已确认利得和损失表总量分析(STRGL)

	上半年 £ 000	往年 £ 000
未预计的养老体系资产回报	xxx	xxx
体系债务的经验损益	xxx	xxx
体系债务的现值假设的变动	xxx	xxx
核定的精确收益/(损失)	xx	xx

年内的盈利变动

	上半年 £ 000	往年 £ 000
年初该体系的盈余/(亏损)	xxx	xxx
年内的变动：		
包括养老保险在内的当期服务成本	(xxx)	(xxx)
过往的服务成本	(xx)	(xx)
捐赠	xxx	xxx
其他财务收入	xx	xx
实际的收益/(损失)	(xx)	(xx)
年底该体系的盈余/(亏损)	xxx	xxx

该体系财务状况变化的主要原因是……

经验损益回报

	上年半	往年
体系资产预期与实际的回报差额：		
数额（£000）	xx	xx
该体系资产的百分比	xx％	xx％
体系债务的经验损益：		
数额（£000）	（xx）	（xx）
该体系债务的现值百分比	（xx）％	（xx）％
STRGL 中的总计：		
数额（£000）	xx	xx
该体系债务的现值百分比	xx％	xx％

（20）结账后会计事项

提供一些资产负债表制作日后的捐赠和资助材料。

（21）其他债务

提供相关信息。

（22）捐赠评估

（22a）应纳税收入

	上半年			往年
	£	£	£	£
i. 外部的收入：				
高额租金的学院地产	x			
房屋出租形式的学院地产	x			
家居出租的净收入	x			
材料收入的三分之一	x			
地产行业的其他收入	x			
股息和利息总额	x			
	x	x		
减：				
利率	x			
学院建筑的保险	x			
代理、管理的费用	x			
转入房屋维修和改善基金的金额	x			
利息支付	x			
章程 G 第二章第 4 条规定的公积金支付	x			
外部收入的其他扣减项	x	x	x	x

（续表）

	上半年			往年
	£	£	£	£
ii. 捐赠信托基金和其他基金项目				
［特别基金列表］	x			
	x	x		
信托和其他基金的总和		x		
永久性的资助收入		x		
综合型储备信托基金或未分摊的综合型信托基金		x	x	x
应纳税收入			x	x
iii. 不属于捐赠的信托和其他基金				
［特别基金列表］	x			
	x	x		
信托和其他基金的总和		x	x	x

(22b) 可减免项

	上半年			往年
	£	£	£	£
支付于获奖学者、获奖学生、研究生总和金额的一半		x		
奖金		x		
教堂维护费用的一半		x		
学院图书馆的净支出		x		
学院的教师		x		
学院的研究员		x		
学院的建筑基金（见章程G第二章第4条）		x		
学院用的捐赠：				
捐给聘任委员会的款项	x			
学生的儿童保育	x			
大学辅导服务	x			
运动致伤诊所	x			
费兹威廉图书馆的朋友	x			
凯特庭院申诉	x			
大学图书馆的朋友	x	x		
章程G第二章第4条(xxiii)通过的其他数额		x	x	x
			x	x

（22c）章程 G 第二章第 4 条规定下的建筑基金

	上半年 £	上半年 £	去年 £
年初余额			x
根据章程 G 第二章第 4 条规定对今年的转移支付			x
利息			x
减：			
［阶段 C 的发展			x］
今年 6 月 30 日的余额		x	x

（22d）房屋维修和改善基金

	上半年 £	上半年 £	去年 £
年初余额		x	
根据章程 G 第二章第 4 条规定对今年的转移支付			
25％的：学院持有的高利率地产	x		
闲置物业的假定租金	x		
	x　@25％		x
减：			
房屋的维修和改善		x	
今年 6 月 30 日余额		x	x

（22e）保险基金

	上半年 £	上半年 £	去年 £
年初余额		x	
外部收入的转移支付（恐怖袭击保险）	x		
其他转移支付（特定的）	x		
减：			
支出（特定的）	x	x	
年底余额		x	x

(22f) 养老基金

	上半年 £	上半年 £	去年 £
年初的结算		x	
收入（特定的）	x		
减：			
支出（特定的）	x	x	
年底余额		x	x

(23) 相关的组织合约——说明条例

鉴于学院运营的特点和学院管理团体的组成，管理团体涉及股份的合约不可避免。管理团体成员所在组织签订的所有合约都是公正和符合学院正常程序的。〔合约总价：£_____，内容_____，签署方_____公司，_____拥有多数股权。在结算日，该部分并不占很大比例。〕

学院：候选人特定学位的注册与授予

休 斯 学 院

1. 休斯学院有资格为学生举办入学考试，举办文学学士、音乐学士、教育学士、神学学士考试并授予学生上述学位，只要是满21周岁的学生或是被批准为附属学生的即可。

2. 除要符合第1条规定，除非校务理事会对休斯学院的申请表示放弃如下一个或几个限制条件，对于一个学生，休斯学院将不允许进行下列事宜：
（a）为一个没有文学学士学位或硕士学位的学生举行入学考试；
（b）允许学生作为考生参加文学学士、教育学士（非荣誉学位的考试除外）、音乐学士，神学学士考试；
（c）授予候选文学学士、教育学士音乐学士、神学学士学位。

露西·卡文迪什学院

1. 卡文迪什学院有资格为学生举办入学考试，举办文学学士、音乐学士、教育学士、神学学士考试并授予学生上述学位，只要是满21周岁的学生或是被批准为附属学生的即可。

2. 除要符合第 1 条的规定,校务理事会对卡文迪什学院的申请表示放弃下面一个或几个限制条件,对于一个学生,卡文迪什学院将不允许进行下列事宜:

(a) 为一个没有文学学士学位或硕士学位的学生举行入学考试;

(b) 允许学生作为考生参加文学学士教育学士(非荣誉学位的考试除外)、音乐学士、神学学士考试;

(c) 授予候选文学学士、教育学士音乐学士、神学学士学位。

圣·埃德蒙学院

1. 圣·埃德蒙学院有资格为学生举办入学考试,举办文学学士、音乐学士、教育学士、神学学士考试并授予学生上述学位,只要是满 21 周岁的学生或是被批准为附属学生的即可。

2. 除要符合第 1 条的规定,校务理事会对圣埃德蒙学院的申请表示放弃下面的一个或几个限制条件,对于一个学生,圣埃德蒙学院将不允许进行下列事宜:

(a) 为一个没有文学学士学位或硕士学位的学生举行入学考试;

(b) 允许学生作为考生参加文学学士、教育学士(非荣誉学位的考试除外)、音乐学士,神学学士考试;

(c) 授予候选文学学士、教育学士音乐学士、神学学士学位。

沃尔夫森学院

1. 沃尔夫森学院有资格为学生举办入学考试,并授予学生文学学士、音乐学士、教育学士、神学学士,只要是满 21 周岁的学生或是被批准为附属学生的即可。

2. 除要符合第 1 条的规定,校务理事会对沃尔夫森学院的申请表示放弃下面的一个或几个限制条件,对于一个学生,沃尔夫森学院将不允许进行下列事宜:

(a) 为一个没有文学学士学位或硕士学位的学生举行入学考试;

(b) 授予候选文学学士、教育学士音乐学士、神学学士学位;

第十五章 章程 H 下的机构规定

获批团体

哈默顿学院

1. 哈默顿学院自 1977 年 9 月 1 日起被正式接纳为获批团体。

2. 哈默顿学院有权行使：

(a) 为学生举办入学考试，举办教育学学士考试并授予学生上述学位，为初入学院的学生在其第一学年末安排上述学位的资格考试。

(b) 为已被录取为学院本科生的学生举办考试，举办文学学士考试并授予学生上述学位。

(c) 为学生举办入学考试，并根据证书颁发规定，向合格的教育学硕士学位候选人颁发证书。

(d) 根据教育学硕士有关规定，为已被录取为教育硕士候选人的学生举办入学考试，并授予其教育学硕士学位。

(e) 根据神学硕士有关规定，并由校务理事会批准，为已被录取为神学硕士候选人的学生举办入学考试，并授予其神学硕士学位。

(f) 为研究生举办入学考试，为通过考试且获得研究生教育委员会批准的研究生授予相关学位。

有以下情况的，学院不得在任何一年中举办入学考试：

(i) 文学学士、教育学学士候选人的总数超过 210 人；

(ii) 教育学研究生证书的候选获得者超过 500 人，特别地，处于过渡期时超过 650 人；

(iii) 教育学硕士候选人的总数超过 25 人；

(iv) 神学硕士候选人的总数超过 25 人。

3. 除要符合第 2 条规定，除非校务理事会对哈默顿学院的申请表示放弃如下一个或几个限制条件，对于一个学生，哈默顿学院将不允许进行下列事宜：

（a）允许学生作为考生参加任何学位的考试，或大学其他任何学位证书的考试；

（b）授予学生除文学硕士外的其他任何学位，或其他由团体授予的学位。

4. 作为录取条件，每一位进入哈默顿学院的学生在接下来的一个学期要签署一份声明，同意在成为大学成员之日起，愿意接受大学相关规定的约束。

5. 在学生正式注册入学前的任何一个学期，若其居住于大学周围地区，根据章程 B 第三章第 5 条的规定，此类情况下该学生并不属于大学居民。上述情况可参见适用于机动车辆管理的第 1 条规定和适用于大学图书馆使用的第 5(3) 条规定，其他法规暂不适用。

6. 对于哈默顿学院成员的奖金评定事宜，所涉及人员均为大学正式居民。

7. 如果"学院"一项包含哈默顿学院，则针对大学周围地区和居民的第 2 条规定是适用的。

8. 不得对哈默顿学院设备与物品管理条例做出任何修改，除非学院事先向大学上报有关提议的修改内容，以及大学授权或校务理事会认为所提议的修改不会影响、损害大学的利益。

后　记

《大学章程》第五卷收录的是"剑桥大学章程与条例"。由于篇幅太大，此卷分三册出版。按照此次选录国内外大学章程的计划，第一次选录工作分五卷七册出版。这里的"七册"之数，就来自第五卷的"剑桥大学章程与条例"分三册印制，可见剑桥大学章程与条例内容的丰富及多元化。

2009年1月，正值剑桥大学建校800周年（1209—2009）之际，张国有副校长集中了大家的想法，将剑桥大学章程纳入研究与翻译的计划，设计了研究专题。3月16日，北京大学章程起草委员会起草工作小组秘书组将组织翻译"剑桥大学章程2008版"作为北大章程起草的参考内容，并决定由北京大学科学研究部海外项目办公室廖日坤牵头负责。

"剑桥大学章程与条例"是所有选编的大学章程中篇幅最大的，英文有一千余页，当时觉得这么大篇幅的翻译工作量，想起来都让人头疼。张国有副校长给大家的基本原则是"再难也要全部翻译出来，不要节选"。于是，秘书组积极筹划，廖日坤老师在秘书组的协助下精心组织，力邀学校各院系部门的青年才俊参与工作，高大应、郭鹏、吴昕栋、鲍楠、滕雅姝、鲍楠、田甜等先后加入到译者的行列中来。

2009年5月23日，廖日坤召集了第一次"剑桥大学章程与条例"翻译工作会，讨论了翻译中应注意的问题，分配了各自对应的翻译及工作内容：廖日坤（章程A—E、词汇表及统稿校对），滕雅姝（章程F—U），郭鹏（章程附录），高大应、高二妹（条例第1—2章），田甜、褚颖春、易青（条例第3—4章），鲍楠（条例第5—8章），张惢煜（条例第9—11章），黄小林、吴昕栋（条例第12章），李晓强（条例第13—14章），沈文钦（条例第15章）等。8月26日，"剑桥大学章程与条例"翻译小组提交了翻译初稿。由于章程与条例体量太大和翻译时间匆促，初稿的水平参差不齐。9月23日，秘书组召开了翻译工作会议。外国语学院王逢鑫教授与会指导，结合剑桥大学组织系统讲解大学机构专名的译法，梳理了"剑桥大学章程与条例"翻译工作中普遍存在的理论和语言问题，并共同商议了解决的办法。在此基础上，秘书组提出了修改建议，要求进一步了解剑桥大学的基本情况，厘清组织结构，并参阅一些规范文本,使译文更加符合规范用语的要求,同时给译者提供了搜集的有关剑桥大学章程和治理的研究论文。会后,廖日坤进一步研究剑桥大学的学术组织框图、行政组织框图以及核心词汇,以此为基础对每一部分章程译稿提出了具体的修改意见。译者对各自的译稿又进行了修订,形成第二版译稿。

2010年1月,经国际合作部马岚老师与剑桥大学原国际合作办公室主任(Head, International Office)Tao-Tao Chang和教务主任私人助理(Registrary's Personal Assistant)Alison Heyn沟通,剑桥大学教务长Jonathan Nicholls博士签署了"剑桥大学章程与条例"翻译出版授权书。

剑桥大学章程与条例具有深厚的文化积淀和完整的规范体系,非亲历者不能深刻领会。秘书组专门请曾在剑桥留学的政府管理学院田凯副教授帮助核改译出的剑桥大学组织系统图,田老师表示,尽管有些机构他在留学时曾亲往办事,但要想找到易于国人理解和对应的译名,却颇有难度。2010年初,秘书组请到剑桥大学博士、历史学系博士后王献华进行校订。至5月下旬,秘书组将整理好的《大学章程》第五卷书稿陆续交出版社进行录排。

9月7日,冯支越副部长召集译者及教育学院沈文钦老师、出版社相关编辑开会,肯定了译稿及校订工作的成就,总结了一校过程中发现的主要问题,进一步协调了相关的工作及进度。会后,秘书组还请章程的翻译者签署了著作权归属和保护方面的承诺书,将"剑桥大学章程与条例"译稿相关的版权工作做得更加完善。

2010年10月,《大学章程》第五卷进入第二次校订。沈文钦老师负责总体校订,廖日坤负责章程部分的校订及全书词汇表,高大应负责条例1—4章的校订、重译及补译,鲍楠负责条例5—11章的校订,吴昕栋负责条例12—15章的校订及重译工作。大家的齐心努力,保证了全书文稿的翻译质量及行文风格的一致。在二校过程中,沈文钦老师对全书进行了逐章的校订,对一些关键术语进行了改译,纠正了大量翻译上的错误,对误译较多的段落进行了重译。为解决翻译上的疑难,沈文钦老师查阅了大量有关剑桥大学的文献资料,其细心及耐心,加上独具匠心的校订工作,使一系列难以理解和难以对应的中英文翻译问题得到了合理的解决。

在此后的一年时间中,沈文钦、廖日坤、高大应等积极配合编辑,推进译稿的统改、核正工作,哲学系吴天岳副教授和社会学系王晓宁同学将条例中的拉丁文条款先后转译成英文和中文,至2011年5月,"剑桥大学章程与条例"稿件已基本清定。7月,编辑提出"剑桥大学条例"第13、14章相关内容(约60页)涉及较多财务等方面的专业名词,应当请相关专业人员再行校订,冯支越特别请光华管理学院姜国华教授通读了稿件,沈文钦老师又联系了一位相关专业人士进行校订,这部分译稿最终由沈文钦负责核改完成。在主编张国有教授组织编写序言的过程中,沈文钦老师收集整理了基本资料,并对剑桥大学的章程背景及治理结构提出了许多见解。成稿后,冯支越、陈丹提出了修改建议,北京大学对外汉语教育学院赵杨副院长就相关问题提供了真诚的帮助。

"剑桥大学章程与条例"的编译工作,凝结了科研部、燕园街道办、教育学院、法学院、国际关系学院、外国语学院、哲学系等单位译校师生的辛劳和智慧。学校领导、光华管理学院、教育学院、发展规划部、国际合作部、出版社、校长法律顾问办公室的同仁们为此也倾注了大量心血。在此,我们深致谢意。

我们在组织章程翻译、校订和编辑工作的过程中,力求使译稿准确、流畅和文雅,然而国内对英国大学的研究见仁见智,相关专业术语的翻译并无统一标准,加之多种语言的转译,译稿中错误在所难免,敬请读者不吝赐教,我们将在此卷再版时进一步完善。

至此,我们五卷七册出版完成。第一卷,我们辑录了我国不同时期的33所大学的章程,工作量很大。从第二卷到第五卷,我们组织翻译了20所国外大学的章程或条例,遇到的问题更多。在后期工作中,北京大学刘伟副校长、杨开忠秘书长等领导从不同方面给予及时的支持。朱善璐书记到任之后,对章程建设非常重视,听取相关人员的汇报,亲自阅看一些大学的章程。周其凤校长在几次有关章程建设的会议上都强调,要重视大学发展和管理机制的研究。我们遇到问题,需要相关职能部门的帮助时,部门领导总是给予有效的回应。对此,我们心存感激。

整体出版推迟了半年,主要是20所国外大学章程与条例的译校方面费时很多,但总体质量比预想的要好。此过程中,参与资料收集、翻译、译校、编审、版权、组织、协调、出版、经费、征询等方面的工作有130人之多,涉及二十余个机构,时间达三年之久。大家历经磨难与坚持、曲折与进步、烦恼与快乐,有争论但目标明确,虽艰辛但志同道合,不计利益,以大局为重,力求为提升中国的大学治理尽微薄之力。在五卷出版齐全之际,感谢各方领导、同仁、朋友的关爱、呵护、相助。每当我们回忆这个过程,我们都充满感激之情。

编者
2011年10月10日

《大学章程》第五卷译校分工

主　　译：廖日坤、沈文钦
主　　校：高大应、鲍楠、吴昕栋
参　　译：郭鹏、李晓强、滕雅姝、高二妹、田甜、褚颖春、易青、张恣煜、黄小林
拉丁文翻译：吴天岳、王晓宁
初　　校：王献华
指　　导：王逢鑫、姜国华、赵杨、田凯